제I권

하루에 3장씩 말씀 따라가기

[성경66권 개관]

하루에 3장씩 말씀 따라가기(제 1권)

2023년 12월 20일 초판 1쇄 인쇄
2023년 12월 30일 초판 1쇄 발행

저 자 • 박 형 대
발행인 • 조 경 혜
발행처 • 도서출판 그리심
07030 서울시 동작구 사당로2길 72 (B01)

등록번호 • 제 7-258호(1998. 4. 23)
출 판 사 • 전화 523-7589 팩스 523-7590
전자우편 • grisimcho@hanmail.net
홈페이지 • grisim.net
• grisim.biz

ISBN 89-5799-495-5 (94230)
ISBN 89-5799-494-8 (세트)

성경은 하나님의 말씀입니다.

하나님의 말씀을 읽을 때 인간은 쉽니다.

하나님의 말씀에서 인간은 배웁니다.

그런데 성경이 쉽지 않습니다.

에디오피아 여왕 간다게의 엘리트 관리가 말합니다.

"지도해 주는 사람이 없으니 어찌 깨달을 수 있느냐"(행 8:31).

아멘

들어가는 말

성경은 하나님의 말씀입니다. 하나님의 말씀을 읽을 때 인간은 쉽니다. 하나님의 말씀에서 인간은 배웁니다. 그런데 성경이 쉽지 않습니다. 에디오피아 여왕 간다게의 엘리트 관리가 말합니다. “지도해 주는 사람이 없으니 어찌 깨달을 수 있느냐”(행 8:31). 성령의 조명, 선배들의 지도, 동료들과의 논의 등을 통해 하나님의 말씀을 깨달은 인생은 덜 방황합니다. 지혜를 얻고 변화를 경험합니다. 인간 개조 변화의 보화를 발견합니다. 생명 근원과 건강한 삶의 원천을 얻습니다. 하나님을 배워 알면서 그분을 기뻐하기 시작합니다. 그분 기뻐함의 가치를 어렴풋이나마 느낍니다. 하나님을 영원토록 기뻐함이 인생 최고의 목적이라는 고백을 왜 하게 되었는지 알 것 같습니다. “사람이 떡으로만 살 것이 아니요 하나님의 입으로부터 나오는 모든 말씀으로 살 것이라”(마 4:4)는 말씀에서 마귀를 물리칠 근거를 만납니다.

꾸준히 성경을 읽으면서 열매가 하나 열려 수확하려 합니다. 2012년 9월에 ‘청소년을 위한 성경해석학’ 책으로 『10대와 함께 성경을 어떻게 읽을 것인가』(서울: 한국성서유니온선교회, 2012)를 출판했는데, 이제는 성경 자체에 대한 설명을 담은 글을 써 보았습니다. 섬기던 교회 일대일 양육자를 위한 성경 통독을 목적으로 2020년 10월 7일에 시작해서 2022년 8월 26일에 마쳤습니다. 일주일에 스물한 장씩 하루에 세 장 분량을 읽는 통독이었습니다. 어쩌다 보니 시로 시작하게 되어, 스물한 장의 내용을 시로 표현해 보았습니다. 무르익는 작업은 ‘대학생성경읽기선교회(UBF)’의 목자님들이 2022년 2월 1일부터 2023년 9월 2일까지, 일 년 반의 시간 동안 매우 성실하게 참여하며 질문을 해주셨습니다. 더구나 강의 이후에 진행된 질의응답 시간의 내용은 이여호수아 목자님이 매우 꼼꼼하게 정리하여 파일까지 보내주셨습니다. 감사의 말씀을 드립니다. 그리고 총신대학교 신학대학원 신약학회 스터디 동아리 회원들과 신약성경을 통독하는 시간을 통해서도 큰 유익이 있었습니다.

본서는 모두 네 권으로 구성되어 있습니다. 제1권은 요한계시록에서 출발하여 창세기로 가서 모세오경을 지나 사사기 19장까지입니다. 제2권은 사사기 20장에서 시작하여 역사서를 지나 시편 88편까지입니다. 제3권은 시편 89편부터 시가서를 마무리하고 선지서로 들어가서 나훔서 2장까지입니다. 제4권은 나훔 3장부터 신약성경 유다서까지입니다. 하나의 책으로 끝나지 못한 것은 '하루에 3장씩' 이라고 하는 원칙을 지키다 보니 그리되었습니다.

우선 1권의 개요는 이렇습니다. "하늘과 땅의 만남"(1과)이라는 제목으로 요한계시록이 시작됩니다. '끝을 보고 시작을 보면 이해가 쉽다.' 생각하시는 이영애 권사님의 고견이 반영되었습니다. 하늘과 땅이 만나는 장면을 보고 창세기로 돌아가니 '씨앗' 이 보입니다. 그래서 "비움과 채움"(2과)을 다시 생각했습니다. 족장들이 세워지며 대가 이어집니다. 낙엽이 지듯 인생도 슬어지는 듯하나, '하나님 경외' 가 "대를 이어"(3과) 확장됩니다. 이어지는 요셉과 모세 부분에서는, 힘을 외면한 주인공들을 "좋아하고 추구하고 바라고 사랑하고 존중하고 사모하고 갖고자 하는 것"(4과)에 담아 보았습니다.

이제 이스라엘은 민족으로, 집단으로 하나님을 만납니다. 그들의 출애굽은 새가 나는 것 같습니다. 홍해를 건너고 광야를 지나는 그들의 모습을 "훨훨 날아"(5과)로 그려 보았습니다. 이제 하나님과 이스라엘 백성은 함께 지내는 관계가 되었습니다. '품' 과 같은 성소가 세워집니다. 백성이 "하나님 아버지의 품에서"(6과) 삽니다. 하나님 품을 경험한 백성이 "노예에서 군대로"(7과) 달라집니다. '쓴잔' 과 같은 고난을 통과하며 "오합지졸이 정규군으로"(8과) 다시 태어납니다. 그러다 보니 "광야 졸업, 가나안 입학”(9과)이 이뤄집니다.

하나님께서 이스라엘을 부르신 목적은 ‘영원토록 광야에서 사는 것’이 아니었습니다. 광야를 지나 가나안으로 가고, ‘홀로’를 지나 ‘함께’로 가고, ‘나만’을 지나 ‘우리’와 ‘그들’로 가야 했습니다. 이에 교장 선생님 “모세의 훈시”(10과)가 회고와 재교육, 노래 및 축복과 함께 베풀어집니다. 이제 가나안입니다. ‘싸움꾼, 판단이 미숙한 사람, 진 바깥 회막을 떠나지 않는 사람, 먼저 나서지 않는 사람’의 특징을 가진 여호수아가 달라집니다. 그와 이스라엘 백성이 “하나님 손에 들린 칼이 되어”(11과) 섭니다. 그런데 세대가 달라지면서, “다름을 좇아”(12과) 살아가는 백성을 발견합니다.

여기까지가 제1권의 내용입니다. 필자의 글을 책으로 펴주시기 위해 늘 수고해주시는 그리심 출판사의 조경혜 사장님, 편집을 맡아주시는 장종길 장로님, 행정을 맡아주시는 서모은 자매님께 감사드립니다. 성경통독을 제안해주신 이영애 권사님, UBF 목자님들과 나눌 수 있도록 기회를 주신 송노원 목사님께 감사드립니다. 격려와 도움을 아낌없이 주며 이번에는 교정까지 봐준 아내, 조선녀 사모와 아빠를 기다려 주는 아이들에게 고마움을 전합니다. 무엇보다도 은혜와 깨달음, 영감(靈感)을 주신 하나님께 감사와 찬송을 올립니다. 이 책을 통해 독자와 의미 있는 만남이 이뤄지기를 바라는 마음 간절합니다.

2023년 여름에 양지 본관 연구실에서

저자 박형대

이 책의 특징

하나. 이 책의 통독은 요한계시록에서 시작해서 창세기로 가서 구약성경을 모두 읽은 다음에 다시 신약성경으로 넘어와서 유다서에서 끝납니다.

둘. 과마다 21장씩 다뤄집니다. 가끔 다룰 내용이 너무 많아 다룰 범위 가운데 일부에 집중하기도 했지만, 대체로 정해진 내용에 집중하여 집필했습니다.

셋. 해석하기 어려운 부분을 중점적으로 다뤄서 전체를 볼 수 있도록 돕기도 했습니다. 가끔 필자만의 독특한 입장이 개진되기도 하는데, 부담 갖지 마시고 동의가 되는 만큼만 수용하시면 됩니다.

넷. 다뤄지는 부분의 내용이 이어지지만, 통독이 지루하지 않도록 매번 새롭게 시작했습니다.

다섯. 처음 집필될 때의 사회 상황이 반영되기도 했습니다. 2020년 10월부터 2022년 8월까지는 코로나19가 한창일 때였지요.

여섯. 하나의 교회 일대일 양육팀이라는 1차 독자가 집필에 영향을 주기도 했습니다. 이런 부분은 UBF 목자님들과 함께 읽고 대화하면서 많이 줄어들었고 이번 편집을 통해 더 많이 줄였지만, 그래도 남아 있는 부분에 대해서는 양해 부탁드립니다.

일곱. 성경 본문은 대한성서공회에서 발행한 『개역개정』을 사용했습니다. 인용된 성경 말씀 안에 몇 가지 표시가 있는데, 꺾쇠묶음([ ])은 본문의 직역(直譯)을, 중괄호({ })는 이해를 돕기 위해 추가된 표현을, 꺾쇠묶음과 함께 사용된 빗금([/])은 대체역(代替譯)을 의미합니다.

Contents 제I권

제 II 권

13 사사기 20장 – 사무엘상 15장
14 사무엘상 16장 – 사무엘하 5장
15 사무엘하 6장 – 열왕기상 2장
16 열왕기상 3장 – 열왕기하 1장
17 열왕기하 2–22장
18 열왕기하 23장 – 역대상 18장
19 역대상 19장 – 역대하 10장
20 역대하 11–31장
21 역대하 32장 – 느헤미아 6장
22 느헤미아 7장 – 욥기 4장
23 욥기 5–25장
24 욥기 26장 – 시편 4장
25 시편 5–25편
26 시편 26–46편
27 시편 47–67편
28 시편 68–88편

제 III 권

29 시편 89–109편
30 시편 110–130편
31 시편 131편 – 잠언 1장
32 잠언 2–22장
33 잠언 23장 – 전도서 12장
34 아가 1장 – 이사야 13장
35 이사야 14–34장
36 이사야 35–55장
37 이사야 56장 – 예레미야 10장
38 예레미야 11–31장
39 예레미야 32–52장
40 예레미야애가 1장 – 에스겔 16장
41 에스겔 17–37장
42 에스겔 38장 – 다니엘 10장
43 다니엘 11장 – 아모스 2장
44 아모스 3장 – 나훔 2장

제 IV 권

45 나훔 3장 – 스가랴 12장
46 스가랴 13장 – 마태복음 15장
47 마태복음 16장 – 마가복음 8장
48 마가복음 9장 – 누가복음 13장
49 누가복음 14장 – 요한복음 10장
50 요한복음 11장 – 사도행전 10장
51 사도행전 11장 – 로마서 3장
52 로마서 4장 – 고린도전서 8장
53 고린도전서 9장 – 고린도후서 13장
54 갈라디아서 1장 – 데살로니가전서 1장
55 데살로니가전서 2장 – 빌레몬서
56 히브리서 1장 – 베드로전서 3장
57 베드로전서 4장 – 유다서

제I권

하루에 3장씩 말씀 따라가기

[성경66권 개관]

Weekly Reading

1

요한계시록 1-21장

"하늘과 땅의 만남"

계 1-3장	계 4-6장	계 7-9장	계 10-12장	계 13-15장	계 16-18장	계 19-21장

check

요한계시록을 '하늘과 땅의 만남' 이라는 측면에서 읽어보겠습니다. 만남이 그리운 시기이니, 하늘과의 만남을 생각해봅니다. 교회 뒷산을 산책하면서 성경통독을 떠올리며 마음에 들어온 생각을 적어보았습니다.

산책 산길과 성경 산책

늘 가는 길을 걷지만
다른 길을 걷는다.

산수유 열매는
어제보다 오늘 더 붉다.

늘어진 가지는
좀 더 늘어져 있다.

열매 따느라
내가 잡아당겼기 때문이다.

색깔은

늘 변한다.

연두 초록 진갈색 황토색
저 너머 푸른색
사계절을 주신
하나님의 은혜다.

그루터기 나무 둥치는
계속 늘어난다.

구청 아저씨들이
잘라내기 때문이다.

인간의 영역은
계속 늘어난다.

산에 오르는 사람이
점점 더 많아지기 때문이다.

비둘기도 늘고
물까치도 는다.

이제는 꿩도
간간이 보인다.

단맛 신맛 짠맛 매운맛 떫은맛
야리꼬리한 맛까지
늘 오르내리는
산책 산길은
오늘도 새로움을 더해 준다.

늘 읽는 성경도 그렇다.

읽을 때마다 맛이 다르다.

보이는 게 다르고
와닿는 게 다르다.

성경통독의 짐이
오늘부터 시작이다.

무겁지 않다.
하나님의 말씀이기 때문이다.

우선, 요한계시록을 읽을 때의 제 느낌을 일곱 가지로 정리해보겠습니다. 첫째, 요한계시록은 따뜻한 책입니다. 불이 많이 나옵니다. 이 불이 심판의 불로 임하는 사람에게는 두려움의 책이겠지만, 이 불이 보호의 불인 사람들은 따뜻함을 느낍니다.

둘째, 요한계시록은 위로의 책입니다. 예수님을 따르는 사람들에게는 그렇습니다. 예수님을 대적하는 자들에게는 두려움의 책이지만, 어린양을 따르는 자들에게는 용기와 위로를 줍니다.

셋째, 요한계시록은 계시의 책입니다. 가려져 보이지 않는 것을 열어 보여줍니다. 실상을 알게 합니다. 속지 않게 합니다. 세상을 두려워하지 않도록 돕습니다.

넷째, 요한계시록은 교훈을 줍니다. 이 땅에서 살 때 어찌 살아야 하는지 가르쳐 줍니다. 돈과 명예와 즐거움을 위해 그리스도를 배반하면 안 된다는 것을 가르쳐 줍니다. 몸은 죽여도 영혼은 어쩌지 못하는 이들을 두려워하지 말아야겠다는(마 10:28; 눅 12:4) 결심이 서게 합니다.

다섯째, 요한계시록은 우리의 책입니다. 요한계시록은 성도 모두를 겨냥한 계시의 책입니다. '적은 무리여, 두려워 마라.' (눅 12:32) 말씀하신 예수님의 말씀이 생각나게 하고, 이 말씀을 함께 들을 자가 누구인지 생각하게 하는 책입니다. 이 말씀으로 위로를 받는 사람은 모두 '우리' 입니다. 듣고, 읽고, 지키어 보는 자들입니다.

여섯째, 요한계시록은 길지 않습니다. 두 시간이면 읽을 수 있습니다. 더구나 '인, 나팔, 대접' 이라고 하는 세 가지 요소가 세 번 반복되기에 더구나 이해가 쉽고 길지 않습니다. 애굽의 열 재앙이, 일곱 재앙으로 세 번 반복된다 생각하시면 됩니다.

일곱째, 요한계시록에는 상징이 많습니다. 상징이 많기는 하지만, 의미를 예상할 수 있습니다. 구약성경을 배경으로 삼고 있기 때문입니다. '뱀' 그러면 마귀입니다. 창세기 3장에 나와 있습니다. '바벨론' 하면, 하나님의 백성을 괴롭히는 존재입니다. 십사만사천도 그리 어렵지 않습니다. 정말 중요한 것은 이들의 정체입니다. 그들은 보좌 앞에서 삽니다. 밤낮 성전에서 기도와 예배로 섬기며 삽니다. 성부의 보호막 아래에서 삽니다.

요한계시록 하면 소아시아의 '일곱 교회' 가 유명합니다. 에베소, 서머나, 버가모, 두아디라, 사데, 빌라델비아, 라오디게아 교회입니다. 교회마다 '하늘과 땅의 만남' 이 있습니다. '예수님과 별과 같이 빛나는 성도들' 이 만납니다.

에베소 교회
교회와 당신의 사람들을 살피시는 예수님
타인에 대한 사랑을 가진 별들

서머나 교회
역사를 통해 실제를 선하게 이끌어가시는 예수님
끝, 속, 실제를 좋게 하는 별들

버가모 교회
필요하면 전쟁도 불사하시는 예수님
순결을 유지하는 별들

두아디라 교회
의중과 마음을 살피시는 예수님
질그릇을 다듬는 별들

사데 교회
근본을 붙드시고, 실질을 가진 일꾼들을 붙드시는 예수님

근본을 지키고 실질을 유지하여 형식과 내용, 모두를 지키는 별들

빌라델비아 교회
역사의 주관자, 결정자, 판단자, 심판주가 되시는 예수님
속성이 변하지 않는 별들

라오디게아 교회
피조물과 진실하게 교제하시는 예수님
주님과 교제하는 별들

'교회와 당신의 사람들을 살피시는 예수님, 역사를 통해 실제를 선하게 이끌어가시는 예수님, 필요하면 전쟁도 불사하시는 예수님, 의중과 마음을 살피시는 예수님, 근본을 붙드시고, 실질을 가진 일꾼들을 붙드시는 예수님, 역사의 주관자, 결정자, 판단자, 심판주가 되시는 예수님, 피조물과 진실하게 교제하시는 예수님' 이 '타인에 대한 사랑을 가진 별들, 끝, 속, 실제를 좋게 하는 별들, 순결을 유지하는 별들, 질그릇을 다듬는 별들, 근본을 지키고 실질을 유지하여 형식과 내용, 모두를 지키는 별들, 속성이 변하지 않는 별들, 주님과 교제하는 별들' 을 만나십니다.

이제 요한계시록의 구조를 서론과 일곱 부분으로 나눠 살펴봅니다. '일곱' 이 중요하기에 본문을 '일곱 부분' 으로 나누어보았습니다. 22장 6-21절은 '결론' 이겠네요.

서론(1:1-8)
1. 예수님과 일곱교회(1:9-3:22)
2. 사자이신 어린 양(4:1-5:14)
3. 일곱 인(6:1-8:5)
4. 일곱 나팔(8:6-11:18)
5. 여자와 용(11:19-15:4)
6. 일곱 대접(15:5-19:10)
7. 예수님과 새 교회(19:11-22:5)

서론(1:1-8)을 보면, 하나님께서 요한에게 '반드시 속히 일어날 일들'을 알게 하십니다. 하나님은 하늘이고, 요한은 땅이지요. 하늘과 땅이 만납니다. 매개체는 천사입니다. 1-2절입니다. "예수 그리스도의 계시라 이는 하나님이 그에게 주사 반드시 속히 일어날 일들을 그 종들에게 보이시려고 그의 천사를 그 종 요한에게 보내어 알게 하신 것이라 요한은 하나님의 말씀과 예수 그리스도의 증거 곧 자기가 본 것을 다 증언하였느니라" 아멘.

1. 예수님과 일곱교회(1:9-3:22)의 모습에서 하늘에 계신 예수님과 땅에 있는 사자 및 별과 같이 빛나는 성도들의 만남이 있습니다. 편지로 만납니다. 요한은 밧모라는 섬에 있습니다. 이유는 "하나님의 말씀과 예수를 증언하였음"(1:2)입니다. 요한은 하나님의 말씀을 증언했습니다. 하나님 말씀의 중심에 예수님이 계십니다. 그리고 요한은 예수님에게서 배운 제자입니다. 보냄을 받은 사도입니다. 예수님의 십자가 죽음과 부활과 승천을 목격한 목격자입니다. 목격한 것이 무엇을 의미하는 지를 분명하게 알고 이해하고 믿고 증거 한 사람입니다. 그런데 그것 때문에 섬에 있습니다. 그런데 '주의 날' 다시 말해, 주일에 성령에 감동되어 큰 음성을 듣습니다. 그 음성은 예수님의 음성입니다. 성령에 감동되었는데, 예수님의 음성을 듣습니다. 10-11절입니다. "주의 날에 내가 성령에 감동되어 내 뒤에서 나는 나팔 소리 같은 큰 음성을 들으니 이르되 네가 보는 것을 두루마리에 써서 에베소, 서머나, 버가모, 두아디라, 사데, 빌라델비아, 라오디게아 등 일곱 교회에 보내라 하시기로" 아멘.

여기서 '등'은 빼는 것이 좋겠습니다. 헤아려보면 일곱이거든요. '에베소, 서머나, 버가모, 두아디라, 사데, 빌라델비아, 라오디게아' 일곱이지요. 이 일곱을 외우기가 쉽지 않았는데, 이제는 외울 수 있습니다. 최근에 갔던 '튀르키예 그리스 이탈리아 여행'에서 역순으로 모두 방문했기 때문이지요. 라오디게아를 먼저 갔습니다. 라오디게아에 가서 왜 골로새가 중심도시의 자리를 잃었는지 알게 되었습니다. 수로를 통해 라오디게아에 물을 끌어 들임으로써 라오디게아가 중심도시가 되었기 때문이지요. 로마로 갈 때 거리도 더 가까워지는 장점도 있습니다. 도로가 생기면서 상권이 바뀌는 것과 같습니다. 라오디게아의 상권을 확인하고 라오디게아에 물을 공급하는 히에라볼리로 가는 바람에 자동차가 진흙에 빠지는 일이 생기기도 했습니다.

빌라델비아서는 잠을 잤습니다. 칭찬 들은 교회여서 가보고 싶기는 했는데, 제가 맡고 있던 기도회를 비대면 줌으로 인도하느라 저는 호텔에 있었습니다. 빌라델비아 교회를 가보는 것보다, 맡겨진 부서가 빌라델비아 교회처럼 되는 것이 더 중요하다고 생각했지요. 가보지 않았지만 아쉽지 않습니다. 빌라델비아 교회는 기도회를 인도한 곳입니다. 사데는 자동차를 고친 곳입니다. 진흙에 빠진 차를 빼내는 과정에서 휠이 휘었는지 자동차가 많이 흔들려서 휠 얼라인먼트를 하고 세차를 했습니다. 매우 친절한, 그리고 금호 타이어가 매우 좋다는 정비소 사장님을 만났습니다.

두아디라는 유적지가 작았는데, 시내 중심에 유적지가 있어서 주차가 어려웠습니다. 그래서 경찰서에 차를 댔는데, 경찰관 아저씨가 나와서 주차가 안 된다고 했지요. 그래서 5분만 대자고 하고 얼른 한 바퀴를 돌고 나왔습니다. 버가모에서는 곤돌라를 탔습니다. 곤돌라 덕에 구경을 쉽게 했지요. 버가모에서는 주일예배를 드렸습니다. 서머나에서는 교회 구경을 못했습니다. 현재까지 교회에서 예배가 드려지고 있었고, 개방 시간이 오후 3시부터 5시까지여서 방문을 할 수가 없었습니다. 인터폰으로 부탁했지만 거절당했지요. 그래서 얻은 교훈이 있습니다. 구경거리가 되는 교회가 되는 것보다 예배가 드려지는 교회로 남는 것이 훨씬 더 좋다는 교훈입니다.

마지막으로 에베소에서는 마차를 탔습니다. 에베소 유적지가 워낙 커서 시간이 꽤 걸린다며, 후문까지 태워다 줄 테니 구경하면서 정문으로 나오라는 마차 아저씨의 제안을 받아들였기 때문이지요. 덕분에 이제는 소아시아 일곱 교회를 이미지화할 수 있게 되었습니다. 왜 그 일곱 교회를 특화하여 편지를 쓰라고 하셨을까? 하는 질문에 대해서도 조금은 대답을 할 수 있게 되었습니다.

에베소는 당시 아시아의 물류를 집결시켜 로마로 보내는 중요한 항구였습니다. 에베소에서 집결된 물류는 고린도를 거쳐 이탈리아로 넘어갔습니다. 지금이야 비행기나 기차, 트럭과 같은 운송수단이 있지만, 당시에는 배가 중요한 운송수단이었습니다.

로마, 알렉산드리아, 수리아의 안디옥 다음으로 큰 도시가 에베소였습니다. 인구는 25만 정도입니다. 지금 에베소를 가면, 당시 모습이 상당히 많이 복원되어 있습니다. 19,000석을 자랑하는 극장이 있습니다. 에베소는 매우 독특한 구조로 되어있는 도시였습니다. 항구에서 들어오는 대로가 두 산 사이에 펼쳐지면서, 입구에는 바다, 좌우에는 산, 후면에는 성벽으로 구성된 도시였습니다. 당시 도시는 대체로 높은 산 하나를 중심으로 형성되었습니다. 일종의 요새 역할을 하는데 에베소는 두 산 사이의 길목을 막아서 도시를 형성했습니다. 그러다 보니, 넓은 공간을 확보할 수 있었습니다.

에베소 교회와 관련하여, '사랑과 미움' 이 중요하게 등장합니다. '사랑과 미움' 은 오래된, 그리고 우리 곁에 늘 있는 두 개의 감정입니다. 4절을 보면, "그러나 너를 책망할 것이 있나니 너의 처음 사랑을 버렸느니라" 하셨고, 6절에 보면, "오직 네게 이것이 있으니 네가 니골라 당의 행위를 미워하는도다 나도 이것을 미워하노라" 하셨습니다. 먼저 하던 사랑을 떠나보내고 미움의 감정으로 많이 채워진 에베소 교회 모습을 읽습니다.

서머나는 현재 터키에서 인구가 세 번째로 많은 도시입니다. 이스탄불은 해협을 사이에 두고 대륙을 연결하는 도시이기에 인구가 단연 가장 많을 수밖에 없습니다. 현재 천오백만 명에 달하는 인구가 살고 있습니다. 두 번째로 큰 도시는 수도 앙카라로 인근 지역까지 해서 오백칠십만 명이 살고 있습니다. 그리고 세 번째가 서머나입니다. 현재 이름은 이즈미르입니다. 약 사백오십만 명이 살고 있습니다. 지리적으로 보면, 부산 같은 느낌입니다. 인구 삼백삼십만 명이 사는 항구도시로 일본과 인접해 있지요.

서머나는 그리스 문화권에 속해 있던 항구도시입니다. 주전 900년경부터 그리스 사람들 가운데 이오니아 방언을 쓰는 사람들이 그곳에서 살기 시작했습니다. 그러나 이것이 싫었던 뤼디아 왕이 주전 600년경에 서머나를 완전히 멸망시켰습니다. 그러나 이 도시는 남은 사람들에 의해 다시 재건되었습니다. 죽었다가 살아난 도시라고 할 수 있지요. 이곳이 지리적으로 매우 중요한 항구도시였기에 가능했다고 생각합니다. 일리아드와 오딧세이를 지었다고 알려진 호머의 고향으로도 알려져 있습니다.

서머나는 꽤 크고 오래된 중요한 항구도시입니다. 지금도 그렇습니다. 중요한 길목에 자리 잡은 도시이죠. 대한민국은 통째로 서머나 같은 곳이라고도 볼 수 있지요. 통일만 된다면, 아메리카, 오세아니아, 아시아와 유럽을 잇는 중요한 길목이 될 나라가 우리나라입니다. 아직 길이 뚫리기 전에 힘을 길러야 밟히지 않을 나라가 우리나라입니다. 어떤 힘을 길러야 하는가? 경건의 힘입니다. 온갖 잡동사니가 들어와도 거룩하고 경건하게 바뀔 '경건의 용광로'와 같은 힘 말입니다. 그 힘이 없다면, 고린도나 에베소처럼 되겠지요. 모든 문화 속에 있는 모든 부정적인 요소가 힘을 발하는 곳 말입니다.

서머나는 지금도 큰 도시로 자리 잡고 있습니다. 이러한 대도시에서 믿음으로 산다는 것은 무엇을 말할까요? 이것이 우리에게 중요한 것은 우리도 그러한 대도시에서, 그러한 대도시에 힘이 쏠려 있는 나라에서 믿는 자로 살고 있기 때문입니다. 2장 9절입니다. "내가 네 환난과 궁핍을 알거니와 실상은 네가 부요한 자니라 자칭 유대인이라 하는 자들의 비방도 알거니와 실상은 유대인이 아니요 사탄의 회당이라" 아멘.

짧은 한 절이지만 많은 내용을 담고 있습니다. 일단 그들은 가난합니다. 어려움을 겪고 있습니다. 환난과 궁핍이 있습니다. 서머나 교회의 사자는 환난과 궁핍 가운데 있습니다. 주님은 그의 환난과 궁핍을 알고 계십니다. 그러면 좀 해결해 주시면 좋을 것 같은데, "실상은 네가 부요한 자니라" 이렇게 말씀하십니다. 해결해 주실 의도가 없어 보이십니다. 상황을 바꿔 주실 것 같지 않습니다. 우리는 괜찮은 것 같지 않은데, 주님께서는 '아니야, 괜찮아. 잘하고 있어.' 그렇게 말씀하시는 것 같습니다.

버가모 교회는 어떤 교회였을까요? 2장 13절입니다. "네가 어디에 사는지를 내가 아노니 거기는 사탄의 권좌가 있는 데라 네가 내 이름을 굳게 잡아서 내 충성된 증인 안디바가 너희 가운데 곧 사탄이 사는 곳에서 죽임을 당할 때에도 나를 믿는 믿음을 저버리지 아니하였도다" 아멘. 버가모 교회는 버가모에 있는 교회입니다. 그런데 그곳을 아신다고 하십니다. 사탄의 권좌가 있는 곳이라고 하시네요. 버가모는 본래 갈라디아에 조공을 바치고 살다가 주전 241년부터 갈라디아의 지배로부터 벗어나게 됩니다. 이후 유메네스 2세(Eumenes II, 주전 197-159년)에 이르러서는 강력한 왕권을 가졌고 로마에게 귀속되기 전까지 아시아의 수도 역할을 했습니다. 예술과 문학을 좋아했던 유메네스 2세는 알렉산드리아 도서관에 버금가는 도서관을 만들고자 했는데, 이를 시기한 애굽 사람들이 파피루스 수출을 하지 않자, 동물 가죽으로 책을 만들어 이십만 권의 책이 있는 도서관을 갖추게 됩니다. 이후 이 장서는 애굽으로 옮겨지는데, 이유는 시저가 애굽을 정벌할 때 타버린 알렉산드리아 도서관의 장서를 보충하고자 안토니오가 클레오파트라에게 선물로 보냈기 때문입니다.

해안가에 있지도, 그렇다고 내륙 깊숙이 있지도 않지만, 남북 육로와 동서 길의 사거리에 있는 버가모는 역사적으로 힘을 가졌던 도시였습니다. 300미터 높이의 산을 기반으로 형성된 버가모 시는 '하층 도시, 중간 도시, 상층 도시' 세 부분으로 도시가 형성되어 있었습니다. 하층 도시는 로마 시대에 형성된 것으로 교육과 훈련이 이뤄지는 체육관과 같은 곳이 세 개나 있었고, 입장권으로 하얀 돌이 사용되었습니다. 17절의 '흰 돌'은 그 입장권입니다. 상층 도시에는 주로 신전과 왕궁이 있었는데, 상층 도시 아랫부분에는 '제우스 제단'이라 불리는 제단이 있었습니다. 높이 12미터, 가로와 세로가 69미터와 77미터인 이 제단은 갈라디아에 대한 승리를 기념하기 위해 세워졌습니다. 제단의 크기가 엄청나서 이 제단을 '사탄의 권좌'라고 불렀을 가능성을 생각합니다.

도시를 세 부분으로 나누어 형성함으로써 도시 전체를 요새화한 버가모는 쳐들어오는 적을 막기에 매우 유익한 형태를 가지고 있었습니다. 도시 반대쪽에는 강물이 흘렀는데, 경사가 심해서 거의 절벽에 가까웠습니다. 도시의 가장 높은 곳에는 병기고가 있었습니다. 정말 자신의 안전을 위해 얼마나 치밀하게 쌓고 준비했는가를 엿볼 수 있는 곳이 버가모였습니다. 저는 이번 여행에서 버가모를 곤돌라를 타고 올라갔는데, 5분 정도 걸려서 올라갔습니다. 상층 도시에서 주일예배를 드리기도 했습니다. 야외에서 드렸습니다. 마땅히 예배드릴 곳을 찾기가 어려워서 버가모 유적지의 한 곳에 자리 잡고 앉아서 예배를 드렸지요.

사탄의 권좌가 있던 그곳은 지금은 폐허가 되었습니다. 곤돌라로 올라가는 관광객들의 구경거리가 되었습니다. 그러나 사도 요한 당시에 그곳은 여전히 서슬 퍼런 곳이었습니다. 하나님을 대적하는 사탄이 살고 있는 곳이었습니다. 각종 우상 신전에서 우상에게 제물이 드려졌고, 우상 제사는 음행과 함께 이뤄졌습니다. 예수님의 충성된 증인 안디바는 죽임을 당했습니다. 아마도 예수님의 가르침을 지키고자 당시 그 지역에서 이뤄지는 것을 거부하다가 죽임을 당했겠지요. 안디바의 뜻이 특별합니다. '안디'는 '안티'이고, '바'는 '파스'입니다. '안티'는 '대신에'이고, '파스'는 '모두'입니다.

그러므로 '안디바'는 '모두를 대신하여'라는 의미를 갖습니다. 모든 성도를 대신하여 그는 죽임을 당했겠지요. 위기의 순간에 버가모 교회의 사자는 예수님의 이름을 붙들고 믿음을 지켰습니다.

두아디라 교회에는 이세벨이 있습니다. 스스로 선지자라고 하면서 미래를 말해줍니다. 그러면서 사람들을 가르칩니다. 음행하고 우상을 섬기라고 합니다. 무슨 일일까요? 두아디라는 에베소나 서머나처럼 해안가에 있는 항구도시가 아닙니다. 버가모처럼 높은 산을 배경으로 요새를 구축할 수 있는 곳도 아닙니다. 두아디라는 평지에 있습니다. 그러다 보니, 기술을 가진 사람들이 많았습니다. 이들은 상품을 생산했습니다. 이들은 정권이 바뀌면 주인을 바꾸었습니다. 스스로가 주인이 될 마음은 없었습니다. 그럴 만한 지역도 아니었으니까요. 그래서 '길드'와 같은 '상호 부조적인 동업 조합'이 많았습니다. 이들은 생산도 함께했지만, 놀이도 같이했고, 우상도 같이 섬겼습니다.

그런데 예수님을 믿게 되면서, 길드에 소속되기가 어려워졌습니다. 길드에 속하려면 그들과 놀이 문화나 종교 생활을 공유해야 하는데, 예수님을 믿으니 그럴 수가 없었습니다. 그런데 이세벨이 나타나서, 예수를 믿는다고 해도 길드 참여를 위해 종교 활동이나 문화생활을 함께 해도 된다고 가르친 것입니다. 그런데 '종교 활동이나 문화생활' 안에는 '음행과 우상숭배'가 포함되어 있었습니다. 2장 20절입니다. "그러나 네게 책망할 일이 있노라 자칭 선지자라 하는 여자 이세벨을 네가 용납함이니 그가 내 종들을 가르쳐 꾀어 행음하게 하고 우상의 제물을 먹게 하는도다" 아멘. 이세벨은 심지어 '내 종들' 다시 말해, 예수님의 종들까지 유혹하여 행음하고 우상 제물을 먹게 하는데 성공했습니다. 이에 예수님께서는 이세벨에게 그렇게 하지 말라고 경고하셨습니다. 기회를 주셨습니다. 21절입니다. "또 내가 그에게 회개할 기회를 주었으되 자기의 음행을 회개하고자 하지 아니하는도다" 아멘.

사람들이 말합니다. '회사에 붙어있으려면 그렇게 해야 하는데요.' 교회는 달라야 하는데, 두아디라 교회를 보니, 주님의 종들마저 이세벨에게 넘어가 있습니다. 음행하고 우상 제물을 먹습니다. 이세벨이 대단했나 봅니다. 그리고 그의 교훈은 유익이 있어 보였습니다. '예수도 믿고 안정적인 직업도 갖고'라고 하는 두 마리 토끼를 모두 잡을 수 있는 가르침을 주었으니까요.

그러나 음행을 하면 몸에 죄를 짓는 것입니다. 고린도전서 6장 18절입니다. "음행을 피하라 사람이 범하는 죄마다 몸 밖에 있거니와 음행하는 자는 자기 몸에 죄를 범하느니라" 아멘. 우상 제물을 먹는 것은 우상숭배입니다. 십계명의 제1, 2계명을 어기는 것으로 가장 심각한 죄에 들어갑니다. 그런데 생활 안정을 위해, 넉넉한 삶을 위해 사람들이 이세벨의 교훈을 따릅니다. 이세벨과 그를 따르는 이들은 어떻게 될까요? 22-23절입니다. "볼지어다 내가 그를 침상에 던질 것이요 또 그와 더불어 간음하는 자들도 만일 그의 행위를 회개하지 아니하면 큰 환난 가운데에 던지고 또 내가 사망으로 그의 자녀를 죽이리니 모든 교회가 나는 사람의 뜻과 마음을 살피는 자인 줄 알지라 내가 너희 각 사람의 행위대로 갚아 주리라" 아멘. 한마디로 죽습니다. 누리려다 죽습니다. 천 원 벌려다 집 태우고, 기분 좋게 만들려다 망합니다.

'음행과 우상숭배'를 24절에서는 '사탄의 깊은 것'이라고 표현합니다. 그냥 사람들이 하는 것처럼 따르는 것이었는데, 나의 유익을 위해 허용되는 것인 줄 알았는데, 그것은 '사탄의 깊은 것'이었습니다. 예수님을 믿어 하나님의 깊은 것을 깨닫고 그 안에서 기뻐하며, 그 우물에서 맑은 샘물을 떠먹어야 하는데, 사탄의 우물에서 사탄의 깊은 우물에서 썩은 우물물을 마신 것입니다. 그러니 몸이 썩고 마음이 썩고 영이 썩어 죽게 된 것입니다. 내 몸이 썩는 줄도 모르고 마음이 병들어 있는 줄도 모르고 한 걸음 한 걸음 마귀의 뒤를 따라간 것이었습니다.

그런데 아직 이세벨의 교훈을 따르지 않는 이들이 있습니다. 이들은 양쪽에서 욕을 먹겠죠. 길드 안의 세상 사람들로부터, 그리고 이세벨의 가르침을 따르는 사람들로부터 욕을 먹겠죠. 이세벨의 가르침을 따르는 이들 때문에 욕을 더 먹게 되었을 것입니다. '야, 너만 예수 믿냐? 나도 믿어. 그러나 선지자 이세벨님이 말씀하셨잖아. 송충이는 솔잎을 먹고 살아야 한다고. 우리는 어차피 기술쟁이야. 길드를 떠나면 살 수가 없어요. 주일에는 예배드리고, 주 중에는 길드 사람들과 섞여 사는 것이 우리의 삶이라고. 그리고 기분도 좋아. 괜찮다고. 나름 좋아. 너도 빠지면 헤어 나오기 어려울 거야. 너도 옛날에는 그랬잖아. 나쁜 자식! 네가 그러니까, 우리가 문제가 있는 것 같잖아.'

사람들이 눈감아 주는 것을 눈감아 주지 않으면 문제가 발생합니다. 사람들이 할 수 없는 것을 할 수 있으면 문제가 발생합니다. 뛰어나도 문제입니다. 뛰어난 것도 모난 것이 될 때가 있습니다. 하나님을 사랑하는 것이 문제가 될 수 있습니다. 이웃을 사랑하는 것이 문제가 될 수 있습니다. 정직한 것이, 착한 것이 문제가 될 수 있습니다. 그때 어떻게 할까요? '현상 유지'를 하십시오. 착한 것을 유지하십시오. 정직한 것을 유지하십시오. 이웃 사랑을 계속하시고, 계속 하나님을 사랑하십시오. 계속 뛰어나십시오. 잘못에 대해 눈 감지 마십시오. 주님께 맡기십시오. 욕먹을 수 있고 어려울 수 있습니다. 그러나 불꽃같은 눈으로 보시는 빛난 주석과 같은 발로 견고하게 버티고 서계시는 주님께서 말씀하십니다. 25-28절입니다. "다만 너희에게 있는 것을 내가 올 때까지 굳게 잡으라 이기는 자와 끝까지 내 일을 지키는 그에게 만국을 다스리는 권세를 주리니 그가 철장을 가지고 그들을 다스려 질그릇 깨뜨리는 것과 같이 하리라 나도 내 아버지께 받은 것이 그러하니라 내가 또 그에게 새벽 별을 주리라" 아멘. '현상유지'로 충분할 때가 있습니다.

사데 교회에게는 '분발하라'고 말씀하시는 것 같습니다. 3장 2절을 보니 "일깨어 그 남은 바 죽게 된 것을 굳건하게 하라"고 말씀하십니다. '일어나라. 깨어나라. 죽게 된 것들이 있다. 그것들이 죽지 않도록 하라.' 그렇게 말씀하십니다. 3절에서는 "네가 어떻게 받았으며 어떻게 들었는지 생각하고 지켜 회개하라" 말씀하십니다. 받은 것이 있습니다. 어떻게 받았을까요? 무엇을 들었을까요? 받고 들은 것을 기억하라고 하십니다. 받고 들은 것을 기억하고 간직하라고 하십니다.

이미 받은 은혜가 있고 이미 들은 말씀이 있습니다. 죽게 된 것들이 있는 것을 보니, 아직 살아 있습니다. 죽기 일보 직전이라고 해도 아직 살아 있으니 가능성이 있습니다. 죽지 않을 가능성이고, 생명이 충만하게 될 가능성입니다. 분발하라! "마음과 힘을 다하여 떨쳐 일어나다"입니다. 헬라어 '일깨다'는 단어의 기본 개념은 '일어나다'입니다. '굳건하게 하다'로 번역된 헬라어의 기본 개념은 '지지하다, 버티다'입니다.

'파이팅', "운동 경기에서, 선수들끼리 잘 싸우자는 뜻으로 외치는 소리. 또는 응원하는 사람이 선수에게 잘 싸우라는 뜻으로 외치는 소리"입니다. 파이팅을 한다고 해서 꼭 승리한다는 보장은 없습니다. 최선을 다하자는 뜻으로 '파이팅'을 외치겠지요. 예수님은 만왕의 왕이시고 만주의 주가 되시기에, 그분을 의지하고 가면 패배는 없습니다. 그런데도 그분이 '파이팅' 하라고 하십니다. 그분은 일곱 영을 가지신 분입니다. 일곱별을 가지셨습니다. 이미 그분은 일곱 영을 가지신, 근본을 붙드시는 분입니다. 일곱 별을 가지신, 실질을 가진 일꾼들을 붙드시는 분입니다. 그분에게 실질이란 기본입니다. 그런데도 파이팅하십니다.

우리에게 이미 주셨기 때문입니다. 싸울 힘도, 무기도 주셨기 때문입니다. 함께하시기 때문입니다. 그런데도 죽을 수 있을까요? 그분이 함께 계시는데, 왜 일깨어 굳건하게 해야 하나요? 우리는 로봇이 아닙니다. 우리는 프로그램화된 AI가 아닙니다. 우리가 하나님의 형상을 따라 지음 받은 사람이기 때문입니다. 문을 두드리시지만 문을 부수고 들어오지는 않으시는 주님이십니다. 믿는 것마저 프로그램화되어 있다면, 우리의 믿음은 우리의 의지가 아닙니다. 지나가는 개미에게도 의지가 있습니다. 본능도 있지만 의지도 있습니다. 타고난 것도 있지만 학습된 것도 있습니다. 유전자가 모든 것을 결정하지는 않습니다. 그럼, 구원도 혈통으로 나야겠지요.

매일의 삶 속에서 우리는 결정합니다. 무엇을 할지, 무슨 생각을 할지, 어떤 마음을 가지려고 할지 결정합니다. 무심코 한 결정이든, 강요를 받아들여 한 결정이든, 모두가 반대하는 길을 가기로 한 결정이든 우리의 결정입니다. 우리는 그 결정에 대한 책임을 집니다. 그래서 생긴 것이 '결정 장애' 입니다. 결정을 하면 책임을 져야 합니다. 그래서 결정을 미루거나 넘깁니다. 그러나 수비만 하지 말고 공격도 하기로 결정해야 첫사랑이 유지됩니다. 죽기까지 그리스도만을 바라보기로 결정해야 변질되지 않습니다. 공동체의 순결을 위해 싸우기로 결정해야 마귀와 타협하지 않습니다. 모두가 망할 때는 현상을 유지하기로 결정하기 위해서도 용기가 필요합니다.

분발은 결정입니다. 햄릿이 말했지요. '사느냐 죽느냐 그것이 문제로다. To be or not to be, that is the question.' 당위를 따를 것인가, 마음을 따를 것인가? 법을 따를 것인가, 상황을 따를 것인가? 그의 결정이 무엇이었지요? '복수' 였습니다. 결국 모두 죽지요. 로미오의 결정이 무엇이었지요? 본래 사귀던 여자를 버리고 어린 줄리엣과 결혼하는 것이었지요. 그렇게 어떻게 되었나요? 줄리엣과 정혼한 남자도 죽고 로미오도 죽고 줄리엣도 죽지요. 로미오에게서 버림받은 여자만 살았습니다. 브루투스의 결정이 무엇이었지요? 시저의 암살이었습니다. 결국 어떻게 되나요? 시저도 죽고, 브루투스와 카시우스도 죽고, 안토니오도 죽습니다. 시저의 양자 옥타비아누스가 살아남아 황제가 되지만, 로마 황제들은 하나님을 대적하는 자리에 서게 됩니다.

여러분은 왜 학교에 다니십니까? '하나님의 뜻' 과 같은 고상한 이유인가요? 아니면 이익 증가나, 손해 감소라는 세속적인 이유인가요? 아니면, '이것밖에 할 게 없어서' 라는 '어쩔 수 없음' 이 이유인가요? 그럼, 제게 물어봅니다. 박형대씨는 왜 아직도 학교에 다니시나요? 아직도 배울 것이 남아 있어서? 목구멍이 포도청이라? 하나님께서 원하시니까? 교수라는 직업은 안정적인 생활을 보장할 만큼 월급을 보장합니다. 공부해야 할 영역은 여전히 많이 남아 있습니다. 제 방에는 남은 평생 읽어도 다 못 읽을 만큼의 책이 책꽂이에 꽂혀 있습니다. 하나님께서 원하시니까? 그게 가장 결정적인 이유 같습니다. 그럼, 분발해야 하지 않을까요? 하나님께서 원하시는 일을 하는데, 미적대거나 미루거나 하면 안 되지 않을까요? 나를 사랑하시는 주님, 사랑한다고 고백하는 주님께서 말씀하시니 분발하는 것이 마땅하지 않을까요?

그럼, 무엇을 위해 분발해야 할까요? '완성' 을 위해 분발해야 합니다. 3장 2절을 읽습니다. "너는 일깨어 그 남은 바 죽게 된 것을 굳건하게 하라 내 하나님 앞에 네 행위의 온전한 것을 찾지 못하였노니" 아멘. 여기 '온전한 것' 이란 '채워진 것' 을 말합니다. 속까지 꽉 찬 것을 발견하지 못하셨다고 합니다. 무가 바람이 들면 휑합니다. 여기서 휑하다는 "속이 비고 넓기만 하여 매우 허전하다"를 의미합니다. 시험지 채점을 했는데, 휑합니다. 답안지는 넓은데 채워진 것이 적습니다. 교실이 휑합니다. 공부 열기가 느껴지지 않습니다. 학생들 눈치 보며 가르쳐도 되는지 고민이 될 때가 많습니다.

차지 않았습니다. 채워져 있지 않습니다. 머리도 비어있지만, 마음도 비어있습니다. 채우기 위해 분발해야 합니다. 무엇을 위해, 누구를 위해 분발해야 하는가? 답은 하나밖에 없습니다. 주님을 위해. 사데 교회에도 옷을 더럽히지 않고 깨끗한 상태로 예수님과 함께 다니는 이들이 있습니다. 3장 4절입니다. "그러나 사데에 그 옷을 더럽히지 아니한 자 몇 명이 네게 있어 흰 옷을 입고 나와 함께 다니리니 그들은 합당한 자인 연고라" 아멘. 그들에게 약속하신 것이 있습니다. '흰 옷 입고 주님의 인정을 받는 것' 입니다. 3장 5절입니다. "이기는 자는 이와 같이 흰 옷을 입을 것이요 내가 그 이름을 생명책에서 결코 지우지 아니하고 그 이름을 내 아버지 앞과 그의 천사들 앞에서 시인하리라" 아멘.

빌라델비아의 '인내의 별들' 에게 '새 교회' 의 약속이 주어집니다(3:11-12). 라오디게아 교회에게도 말씀을 주십니다(3:14-22).

2. 사자이신 어린 양(4:1–5:14)을 요한은 하늘에서 만납니다. 하늘 쪽으로 열린 문이 있습니다. 그 안에서 요한은 하늘의 모습을 봅니다. 4장 1절입니다. "이 일 후에 내가 보니 하늘에 열린 문이 있는데 내가 들은 바 처음에 내게 말하던 나팔 소리 같은 그 음성이 이르되 이리로 올라오라 이 후에 마땅히 일어날 일들을 내가 네게 보이리라 하시더라" 아멘. "올라오라"는 명령에 땅이 하늘을 만납니다. 하늘을 만난 요한은 예수 그리스도를 만납니다. 사자이신 어린 양입니다. 그런데 두루마리를 보고 웁니다(5:4). 두루마리를 열거나 볼 자격을 갖춘 이가 없기 때문입니다. 그러나 유다 지파의 사자, 다윗의 뿌리이신, 도륙당하신 어린양이 두루마리와 일곱 인을 여실 것이라는 말씀을 듣습니다(5:5). 이제 두루마리와 일곱 인이 열리면서 하늘과 땅이 만날 것입니다.

땅의 삶이 하늘의 삶과 연결되어 있습니다. 땅에서 한 기도가 하늘의 기도 향이 됩니다(5:8). 땅과 하늘이 연결되어 있지만, 잘 인식하지 못합니다. 하늘의 문이 닫혀 있기 때문입니다. 하늘에서 무슨 일이 일어나는지 보이지 않습니다. 그런데 사도 요한에게 하늘 문이 열립니다(4:1). 우리에게 알려 주시기 위함입니다. 사도 요한 외에도 하늘 문이 열린 것을 본 사람이 있었습니다. 스데반입니다(행 7:55-56). 스데반은 하늘이 열리고 예수님이 하나님 보좌 우편에 서 계신 것을 봤습니다. 너무나 놀라워 말하지 않을 수 없었고, 이 말을 했기 때문에 돌에 맞아 죽었습니다. 다른 사람들의 눈에는 열린 하늘 문이 보이지 않았기 때문입니다. 하늘 문이 열린 것을 본 사람이 또 있습니다. 사도 바울입니다. 바울은 교회를 잔해하기 위해 다메섹으로 가고 있었습니다. 이때 "홀연히 하늘로부터 빛이 그를 둘러 비추"었습니다(행 9:3). 하늘의 빛이 그를 비추었고 그는 예수님을 보았으며 눈이 멀어 다른 사람의 손에 끌려 다메섹으로 들어갔고,

사흘 동안 보지 못하고 먹지도 마시지도 않았습니다(행 9:8-9).

하늘이 열린 것을 보는 것은 독특한 경험입니다. 드문 경험입니다. 그 경험을 밧모섬에 감금되어있던 사도 요한이 합니다. 요한은 하늘 안을 봤을 뿐 아니라 하늘 안으로 들어갑니다. 이러한 요한의 경험은 매우 특별한 경험입니다. 아무나 할 수 없는 경험입니다. 그가 사도였고 나이도 많은 사도였기에 감당할 수 있었을 경험이라는 생각이 듭니다. 모든 게 수준이 있는데, 영적인 것의 수준은 그 단계가 더욱 분명하여 범접하기 어렵고 흉내 내기도 어렵기 때문입니다. 4장 1절의 '열린 문'은 빌라델비아 교회와 연결됩니다. 3장 8절을 보면, "볼지어다 내게 네 앞에 열린 문을 두었으되 능히 닫을 사람이 없으리라 내가 네 행위를 아노니 네가 작은 능력을 가지고서도 내 말을 지키며 내 이름을 배반하지 아니하였도다" 말씀하셨습니다. '적은 능력을 가지고도 주님의 말씀을 지킨 교회'에게 약속하신 것이 '열린 문'이었습니다. 그 열린 문을 요한에게 보이셨습니다.

더구나 요한은 보좌가 있는 곳으로 올라갔습니다. 이 은혜는 라오디게아 교회에게 주신 말씀에 나옵니다. 3장 20-21절입니다. "볼지어다 내가 문 밖에 서서 두드리노니 누구든지 내 음성을 듣고 문을 열면 내가 그에게로 들어가 그와 더불어 먹고 그는 나와 더불어 먹으리라 이기는 그에게는 내가 내 보좌와 함께 앉게 하여 주기를 내가 이기고 아버지 보좌에 함께 앉은 것과 같이 하리라" 아멘. 주님께 문을 열고 교제하는 자에게, 미지근함을 버리고 뜨겁게 열심히 믿음으로 사는 이에게 약속하신 바가 '하늘 보좌에서의 교제'입니다.

하나님 보좌 앞으로 나아가는 것, 그것이 진짜 기적이고 진짜 축복입니다. '다른 세상과 같은 부자 동네에 사는 것', '왕이나 대통령이 되는 것'을 사람들이 바라지만, 그곳이나 거기에 참 행복이 있지는 않은가 봅니다. 그곳의 삶을 만족스러워하지 못하기 때문입니다. 세상은 소수 0.1%에게만 좋은 것을 약속합니다. 그러나 하나님께서는 예수님을 주님과 그리스도로 믿기만 하면 하늘 보좌에 나아가는 것을 허락하셨습니다. 요한뿐 아니라 우리 모두에게 하늘 성전으로 나아가는 것이 약속되어 있습니다. 히브리서 4장 15-16절입니다. "우리에게 있는 대제사장은 우리의 연약함을 동정하지 못하실 이가 아니요 모든 일에 우리와 똑같이 시험을 받으신 이로되 죄는 없으시니라 그러므로 우리는 긍휼하심을 받고 때를 따라 돕는 은혜를 얻기 위하여 은혜의 보좌 앞에 담대히 나아갈 것이니라" 아멘.

사도 요한이 하늘 성소에 들어가 보니 구약성경에 소개된 하늘과 다른 게 있습니다. 그게 뭘까요? 바로 사람입니다. 얼굴이 넷인 생물은 이사야서와 에스겔서에도 나옵니다. 4장 4절입니다. "또 보좌에 둘려 이십사 보좌들이 있고 그 보좌들 위에 이십사 장로들이 흰 옷을 입고 머리에 금관을 쓰고 앉았더라" 아멘. 이십사 장로들이 있습니다. 이들은 천사들이 아닙니다. 구약의 열두 지파 족장들과 신약의 열두 사도들의 합이기에 이십사라고들 생각합니다. 4장 10절도 봅니다. "이십사 장로들이 보좌에 앉으신 이 앞에 엎드려 세세토록 살아 계시는 이에게 경배하고 자기의 관을 보좌 앞에 드리며 이르되" 아멘.

장로들이 입고 있는 흰옷은 사데 교회에 약속하신 것입니다. 3장 5절입니다. "이기는 자는 이와 같이 흰 옷을 입을 것이요" 아멘. 또한 라오디게아 교회에게 돈을 주고 사라고 권하신 것입니다. 3장 18절입니다. "흰 옷을 사서 입어 벌거벗은 수치를 보이지 않게 하고" 아멘. 장로들이 쓰고 있는 면류관은 서머나 교회 및 빌라델비아 교회와 관련하여 언급하신 것입니다. 2장 10절을 보면, "네가 죽도록 충성하라 그리하면 내가 생명의 관을 네게 주리라" 하셨고, 3장 11절을 보면 "내가 속히 오리니 네가 가진 것을 굳게 잡아 아무도 네 면류관을 빼앗지 못하게 하라" 말씀하셨습니다. 흰옷을 입고 금 면류관을 쓴 이십사 장로들은 '하나님의 말씀을 간직하여 보좌 위에서의 교제까지 누리게 된 이들'을 대표합니다. 구약과 신약의 성도들을 대표합니다.

어떻게 해서 하늘 보좌에 사람들이 있게 된 것일까요? 바로 5장에 소개된 어린 양 때문입니다. '인자와 같은 이'는 에스겔의 환상에도 보였습니다. 그러나 죽임당하신 어린 양은 없었습니다. 하늘 성전의 모습이 바뀌게 된 근본적인 이유가 '죽임당하신 어린양'입니다. 이 어린양 때문에 이십사 장로들도 흰옷을 입고 관을 쓰고 보좌 앞에서 찬송할 수 있었습니다. 구약의 성도들도 하늘 성소로 들어가게 되었습니다.

구약과 신약의 성도들이 하늘에서 무엇을 하는지 장로들을 보면 알 수 있습니다. 바로 찬송입니다. 장로들의 첫 찬송이 4장 11절에 있습니다. "우리 주 하나님이여 영광과 존귀와 권능을 받으시는 것이 합당하오니 주께서 만물을 지으신지라 만물이 주의 뜻대로 있었고 또 지으심을 받았나이다 하더라" 아멘. 장로들은 성부 하나님을 찬송합니다. 그분이 하신 일을 찬송합니다. 장로들의 두 번째 찬송이 5장 9-10절에 있습니다. "그들이 새 노래를 불러 이르되 두루마리를 가지시고 그 인봉을 떼기에 합당하시도다 일찍이 죽임을 당하사 각 족속과 방언과 백성과 나라 가운데에서 사람들을 피로 사서 하나님께 드리시고 그들로 우리 하나님 앞에서 나라와 제사장들을 삼으셨으니 그들이 땅에서 왕 노릇 하리로다 하더라" 아멘. 누구를 찬송합니까? 네, 바로 어린양을 찬송합니다.

어린양은, 5장 5절에 보니, "유대 지파의 사자 다윗의 뿌리"입니다. 6절에 보니, "일곱 뿔과 일곱 눈"이 있습니다. 그는 사자입니다. 왕입니다. 다윗의 뿌리입니다. 다윗을 있게 한 뿌리입니다. 다윗의 자손이지만 다윗의 근원입니다. 뿔은 권위와 권세를 상징합니다. 일곱 뿔은 모든 권세를 가지셨음을 의미합니다. 마태복음 28장 18절입니다. "예수께서 나아와 말씀하여 이르시되 하늘과 땅의 모든 권세를 내게 주셨으니" 아멘. 일곱 눈은 하나님의 영이라 했습니다. 요한복음 3장 34절입니다. "하나님이 보내신 이는 하나님의 말씀을 하나니 이는 하나님이 성령을 한량없이 주심이니라" 아멘.

예수님이 세상에 계실 때 사람들은 그분의 가치를 잘 몰랐습니다. 표면적인 가치만을 아는 헤롯은 예수님을 죽이려 했습니다. 종교지도자들은 질투했습니다. 그분으로부터 은혜를 받은 사람들도 그분을 배반하거나 잊었습니다. 그러나 하늘 성전에서 그분은 가장 중요한 위치에 계십니다. 하나님만을 경배하는 네 생물과 장로들과 천사들의 경배를 받는 위치에 계십니다. 5장 11-12절을 보면, 만만과 천천의 천사들이 어린양을 찬송합니다. "내가 또 보고 들으매 보좌와 생물들과 장로들을 둘러 선 많은 천사의 음성이 있으니 그 수가 만만이요 천천이라 큰 음성으로 이르되 죽임을 당하신 어린 양은 능력과 부와 지혜와 힘과 존귀와 영광과 찬송을 받으시기에 합당하도다 하더라" 아멘. 그뿐 아닙니다. 온 땅의 피조물이 하나님과 어린양을 찬송합니다. 13-14절입니다. 성부 하나님과 성자 예수님을 향한 찬송이 있습니다.

요한계시록이 기록되던 당시에 믿는 성도들은 핍박받았습니다. 사도 요한도 밧모섬에 감금되었습니다. 많은 사람이 하나님의 어린양이신 예수 그리스도를 믿는 믿음으로 인해 고난을 받습니다. 그런데 그때 하늘 성전의 모습은 달랐습니다. 어린양이 중심이 되어 있습니다. 어린양이 하나님과 함께 찬송과 경배를 받습니다. 오직 어린양만이 두루마리의 인을 뗄 수가 있습니다. 하나님의 재창조와 새 창조가 실현되게 할, 말씀이 기록된 두루마리가 오직 어린양 예수 그리스도를 통해서만 열릴 것입니다.

이 모습은 요한에게 큰 위로가 되었을 것입니다. 그는 이미 예수님이 하나님의 아들이심을 알고 믿었으며 이 기쁜 소식을 전하며 살았습니다. 그런데 현실은 녹녹하지 않습니다. 성도들이 환난을 당하고 자신도 섬에 갇혀있습니다. 그런데 하늘에 들어가 보니 하늘 성전의 상황은 달랐습니다. 어린양이 중심이 되어있습니다. 로마 황제, 로마 군인들 그런 사람들은 하늘 성전에 없습니다. 하늘 성전에 셀 수 없이 많은 천사와 성도들이 있습니다. 특별히 성도들이 눈에 띕니다.

3. 일곱 인(6:1−8:5)이 어린양에 의해 열립니다. 일곱 인이 모두 열리면 두루마리가 열리고 두루마리 안에 기록된 하나님의 뜻이 모두 성취될 것입니다. 6장 1절입니다. "내가 보매 어린 양이 일곱 인 중의 하나를 떼시는데 그 때에 내가 들으니 네 생물 중의 하나가 우렛소리 같이 말하되 오라 하기로" 아멘. 어린양이 일곱 개의 봉인 가운데 하나를 여십니다. 그러자 일이 진행됩니다. 진행되는 일들은 두려운 심판과 관계됩니다. 봉인된 부분이 열리면 심판이 진행될 거라는 것을 다들 알고 있었을까요? 뜻밖일 수 있지만, 일곱교회에 주신 예수님의 경고를 생각하면 예견된 상황일 수 있습니다. 그런데 인이 떼일 때 인을 받는 이들이 있습니다. 7장 2-3절입니다. "또 보매 다른 천사가 살아 계신 하나님의 인을 가지고 해 돋는 데로부터 올라와서 땅과 바다를 해롭게 할 권세를 받은 네 천사를 향하여 큰 소리로 외쳐 이르되 우리가 우리 하나님의 종들의 이마에 인치기까지 땅이나 바다나 나무들을 해하지 말라 하더라" 아멘. 살아계신 하나님의 도장을 가진 천사가 있습니다. 이들은 하나님 종들의 이마에 도장을 찍을 것입니다. 종들이 하나님 소유라는 도장이 찍히니 아무도 그들을 함부로 대하지 못할 것입니다.

요한계시록 7장에 나오는 이스라엘 열두 지파의 순서와 '단' 지파가 빠진 이유에 대해 생각해 봅니다.

야곱의 열두 아들

창 29-35	*의미*	창 49	민 1	민 2	민 26	신 33	수 13-21	계 7
르우벤	보라 아들이라	르우벤	르우벤	유다	르우벤	르우벤	르우벤	유다
시므온	***들으심***	시므온	시므온	잇사갈	시므온	유다	갓	르우벤
레위	***연합함***	레위	유다	스불론	갓	레위	므낫세(동)	갓
유다	***찬송함***	유다						
				르우벤	유다	베냐민	유다	아셀
단	억울함을 푸심(판단하다)	스불론	스불론	시므온	잇사갈	에브라임	에브라임	납달리
납달리	***경쟁함***	잇사갈	잇사갈	갓	스불론	므낫세	므낫세(서)	므낫세
							베냐민	
갓	***복됨***	단	에브라임	레위	므낫세	스불론		시므온
아셀	***기쁨***	갓	므낫세		에브라임	잇사갈	시므온	레위
			베냐민	에브라임	베냐민	갓	스불론	잇사갈
잇사갈	***값***	아셀		므낫세			잇사갈	
스불론	***거함***	납달리	단	베냐민	단	단		스불론
			아셀		아셀	납달리	아셀	요셉
요셉	***더함***	요셉		단	납달리	아셀	납달리	베냐민
베냐민	**오른손의 아들**	베냐민	갓	아셀			단	
			납달리	납달리				
			레위		*레위*	*시므온*	*레위*	*단*

단 지파가 빠진 이유와 이름의 순서를 이름의 의미에서 찾을 수 있을 것 같습니다. 하나님의 백성은 찬송하는 자(유다)이고, 아들(르우벤)이고, 복된 자(갓)이고, 기뻐하는 자(아셀)이고, 경쟁하는[비트는] 자(납달리)이고, 잊는 자(므낫세)이고, 듣는 자(시므온)이고, 연합하는 자(레위)이고, 값이 치러진 자(잇사갈)이고, 거하는 자(스불론)이고, 더하는 자(요셉)이며, 오른손의 아들(베냐민)입니다. 그러나 하나님의 백성은 '판단하는 자' '단'으로 있지 않습니다.

4. 일곱 나팔(8:6-11:18)은 일곱째 인에 포함되어 있었습니다. 8장 1-2절을 읽습니다. 일곱째 인을 떼신 분은 누구십니까? 네, 사자 어린양이신 예수님이십니다. 그

분이 일곱째 인을 여시자 일곱 나팔이 일곱 천사에게 주어집니다. 일곱 나팔이 불릴 때마다 하늘에서 땅으로 심판이 임합니다. 그러나 굵은 베옷을 입고 천이백육십일(한때와 두 때와 반 때, 마흔두 달, 삼 년 육 개월)을 예언하는 '두 증인' (11:3)이 있습니다. 이들은 모세와 엘리야로 대표되는 '구약성경' 을 가리키는 것으로 보는 것이 어떨까 싶습니다.

이 부분에서는 세 가지 화에 대해 말합니다(8:13; 9:12; 11:14). 8장 13절입니다. "내가 또 보고 들으니 공중에 날아가는 독수리가 큰 소리로 이르되 땅에 사는 자들에게 화, 화, 화가 있으리니 이는 세 천사들이 불어야 할 나팔 소리가 남아 있음이로다 하더라" 아멘. 넷째 천사가 네 번째 나팔을 분 다음에 독수리가 날아가며, "화, 화, 화가 있으리니 이는 세 천사들이 불어야 할 나팔 소리가 남아 있음이로다" 말합니다. 독수리가 말을 하는 것이 이상하기는 하지만, 발람의 나귀가 말했던 것을(민 22:28-30) 생각하면 가능하다고 받아들일 수 있습니다.

'화' 라는 표현은 '고통과 분노의 감정을 표현하는 단어의 번역' 입니다. 역사가 상당히 많이 진행되면서, 고통과 분노를 표현할 일들이 생깁니다. 그것도 세 번이나 일어납니다. 첫 번째 화는 다섯째 천사가 나팔을 불 때 일어납니다. 무저갱에서 황충이 올라와 사람들을 괴롭히는 화입니다. 이마에 하나님의 인침을 받지 않은 사람들이 괴로움을 당합니다. 둘째 화는 여섯째 천사가 나팔을 불 때 일어납니다. 유브라데 강에 결박된 네 천사가 놓임을 받습니다. 사람 삼분의 일이 이만만의 마병대에 의해 죽임을 당합니다. '죽임을 당하지 않고 남은 사람들이 우상숭배를 회개하지 않는다.' (9:20-21) 하는 표현을 통해 죽임을 당하는 삼분의 일 모두 우상숭배자들임을 알 수 있습니다. 이마에 인침을 받지 못한 이들입니다.

인침을 받은 자 십사만 사천은 하나님의 백성을 구성하는 기본 숫자 12에 숫자 1000을 곱한 만 이천이 열두 번 반복되어 만들어진 숫자입니다. 하나님의 백성들이 많다는 것을 표현한 것입니다. 그러나 십사만사천에 한정되지 않고 조건만 충족되는 사람 모두 십사만사천에 들어갑니다. 어떤 조건입니까? 7장 14하반절에 나옵니다. "큰 환난에서 나오는 자들인데 어린 양의 피에 그 옷을 씻어 희게 하였느니라" 아멘. 그리스도로 인하여 환란을 겪은 자들입니다. 자신들의 옷을 빨고 그리스도의 피로 표백시킨 이들입니다. 그들은 하나님 보좌 앞에 있습니다. 밤낮 성전에서 예배합니다. 기도와 제사로 섬깁니다. 성부께서는 그들 위에 장막을 치십니다. 하나님의 보호를 받는 이들은 황충의 화로부터 안전합니다. 유브라데에서 놓인 네 천사와 이억[이만만] 마병대로부터도 안전합니다.

안전한 그들에게 주어진 임무가 있습니다. '증인이 되는 것' 입니다. 10장 11절입니다. "그가 내게 말하기를 네가 많은 백성과 나라와 방언과 임금에게 다시 예언하여야 하리라 하더라" 아멘. 요한에게 작은 두루마리를 주며 먹으라 하였고 요한은 먹었습니다. 요한은 많은 것을 보았는데, 보는 것으로 그의 임무가 끝나지 않았습니다. 하나님의 말씀을 먹고 그 말씀을 전달하는 사명을 받았습니다. 화를 당하지 않는 대신에 복음을 전할 사명을 받은 것입니다. 그리스도인들에게는 복지가 보장되었습니다. 시냇가에 심긴 나무와 같습니다. 그러나 그들에게도 할 일이 있습니다. 그것이 증인의 삶을 사는 것입니다. 11장 앞부분을 보면, 증인의 삶을 사는 그들에게는 어려움도 있습니다. 그러나 어려움은 잠시이고 그들에게는 항상 승리가 약속되어 있습니다. 그들에게는 권능도 있습니다.

세 번째 화는 11장 15절에서 시작합니다. 이미 나온 첫째와 둘째 화를 보면 셋째 화의 모습을 예상할 수 있습니다. 십사만 사천에 속하지 않는 우상숭배자들은 더 극심한 고통을 겪게 될 것입니다. 그러나 어린양의 피에 자기 옷을 빨고 보좌 앞에서 예배자로 살아가는 이들은 자신들의 사명에 더욱 집중할 것입니다. 둘째 화에 해당하는 부분에서 '삼일 반 동안' 죽임을 당한 교회는, 셋째 화에 해당하는 부분에서 '삼 년 반 동안' 고난을 받을 것입니다. 고난의 정도가 더 심해집니다. 11장 3절을 읽을까요? "내가 나의 두 증인에게 권세를 주리니 그들이 굵은 베옷을 입고 천이백육십일을 예언하리라" 아멘. 천이백육십일은 1년을 360일로 계산하면 3년 6개월입니다. 음력으로 계산했다 여기시면 됩니다. '삼 년 반', '한 때와 두 때와 반 때', '천이백육십일', '마흔 두 달' 모두 같은 표현입니다. 하나님의 뜻이 이루어지기까지 성도들이 인내해야 할 기간입니다.

삼 년 반은 꽤 긴 시간입니다. 중학교 삼 년보다 긴 시간입니다. 군대 삼 년보다 긴 시간입니다. 하나의 과정을 마치고도 남는 시간입니다. 그런데 두 증인은 삼 일 반 동안만 시체 상태로 있습니다. 11장 11절입니다. "삼 일 반 후에 하나님으로부터 생기가 그들 속에 들어가매 그들이 발로 일어서니 구경하는 자들이 크게 두려워하더라" 아멘. 삼 년 반 사역했는데, 삼 일 반만 시체로 있었습니다. 고난의 정도가 '360분의 1' 입니다. 일 년에 하루 정도입니다. 그런데 세 번째 화의 시기를 보면, 삼 년 반 내내 힘든 시간을 보냅니다. 고난의 정도가 심해졌다는 것을 알 수 있습니다. 12장 6절입니다. "그 여자가 광야로 도망하매 거기서 천이백육십 일 동안 그를 양육하기 위하여 하나님께서 예비하신 곳이 있더라" 아멘. 12장 14절도 읽습니다. "그 여자가 큰 독수리의 두 날개를 받아 광야 자기 곳으로 날아가 거기서 그 뱀의 낯을 피하여 한 때와 두 때와 반 때를 양육 받으매" 아멘. '한 때, 두 때, 반 때' 이니 삼 년 반입니다. 13장 5절도 읽습니다. "또 짐승이 과장되고 신성모독을 말하는 입을 받고 또 마흔두 달 동안 일할 권세를 받으니라" 아멘. 마흔두 달도 삼 년 반입니다.

셋째 화의 시기란 하나님 백성들의 고난 정도가 깊어진 시기입니다. 고난의 정도가 깊어지는 만큼 하나님의 나라도 더 분명하게 임하는 시기입니다. 11장 15절입니다. "일곱째 천사가 나팔을 불매 하늘에 큰 음성들이 나서 이르되 세상 나라가 우리 주와 그의 그리스도의 나라가 되어 그가 세세토록 왕 노릇 하시리로다 하니" 아멘. 하나님과 그리스도의 영원한 통치에 대한 믿음의 선포가 이뤄집니다. 하늘 음성들의 선포입니다.

이에 대해 하나님의 백성의 대표인 이십사 장로가 엎드려 경배하며 말합니다. 11장 17-18절입니다. 두 가지 분노가 등장합니다. '이방들' 즉, '모든 민족' 의 분노와 '주님' 의 분노입니다. 이 두 가지 분노는 시편 2편 1-6절에 잘 소개되어 있습니다. 민족들이 분노한 이유는 예수님이 받는 인기와 사랑 때문입니다. 거저 주시는 은혜와 베푸시는 사랑 때문에 사람들의 마음이 예수님께로 향하기 때문입니다. 하나님의 인정이 예수님을 향하기 때문입니다. 그럼, 하나님 분노의 이유는 무엇입니까? 민족들이 예수님에 대해 부적절한 분노와 시기를 발한 것입니다. 사도행전 4장 23절 이하를 보면, 시편 2편의 인용과 해석을 읽을 수 있습니다.

민족들의 분노와 하나님의 분노가 언급된 다음에, 하나님께서 하실 세 가지 일을 말합니다. 11장 18절을 보면, "죽은 자를 심판하시며"가 하나입니다. 믿지 않는 이들에 대한 심판입니다. "종 선지자들과 성도들과 또 작은 자든지 큰 자든지 주의 이름을 경외하는 자들에게 상 주시며"가 그다음입니다. '보상'의 때입니다. 마지막이 "땅을 망하게 하는 자들을 멸망시키실 때"입니다. 마귀, 사탄의 심판입니다. 백보좌 심판까지를 내다보는 찬송이고 믿음의 선포입니다.

이들 믿음의 선포와 찬송으로 하늘이 열립니다. 11장 19절입니다. "이에 하늘에 있는 하나님의 성전이 열리니 성전 안에 하나님의 언약궤가 보이며 또 번개와 음성들과 우레와 지진과 큰 우박이 있더라" 아멘. '번개, 음성, 우레, 지진, 우박'은 하나님의 반응입니다. 하나님의 언약궤가 보인다 했으니, 하나님께서 언약하신 대로 이루시겠다는 것을 확실하게 표현하신 것입니다. 우상을 하나님으로 섬기는 자들에 대한 심판, 하나님을 경외하기 때문에 말씀을 소중하게 여기고 이 땅에서 예배자로 살아가는 자들에 대한 포상, 모든 불신과 악의 근원인 사탄의 멸망, 이 세 가지입니다.

고통과 분노가 있습니다. 믿지 않는 자들의 고통과 분노가 있습니다. 반면, 신자들의 고통과 하나님의 분노가 있습니다. 믿지 않는 자들은 사탄의 종이 되어 고통합니다. 그러면서도 사탄과 함께 그리스도의 다스림에 대해 분노합니다. 신자들은 진리를 선포하느라 고통스럽습니다. 그러나 이들을 바라보시는 하나님께 분노가 있습니다. 진리를 선포하는 자들이 고난받는 것에 대해 분노하십니다.

그러므로, 신자인 우리는 분노하지 않고 찬송합니다. 하나님께서 하나님의 때에 하나님의 계획을 따라 악의 근원을 심판하실 것을 기대하고 찬송합니다. 악이 영원하지 않다는 것을 알기에 찬송합니다. 권능이 하나님께 속한 것을 알기에 두렵지 않습니다. 비웃으시는 하나님을 시편 2편에서 읽습니다. 악인들은 자신들이 악하다는 것을 끝까지 자신 있게 표현합니다. 처음에는 형통한 것처럼 보이기 때문입니다. 그러나 이것이 하나님이 지혜입니다. 결국, 마음까지 드러나게 하시는 하나님의 방법입니다.

이러한 점을 아는 신자들은 고통과 분노의 때에 믿음으로 선포합니다. 하나님의 하나님 되심을 선포합니다. 하나님께서 이루실 일을 선포합니다. 11장 17-18절을 믿음으로 선포합니다. 우리 자신의 선포로 선포해봅니다. "이르되 감사하옵나니 옛적에도 계셨고 지금도 계신 주 하나님 곧 전능하신 이여 친히 큰 권능을 잡으시고 왕노릇 하시도다 이방들이 분노하매 주의 진노가 내려 죽은 자를 심판하시며 종 선지자들과 성도들과 또 작은 자든지 큰 자든지 주의 이름을 경외하는 자들에게 상 주시며 또 땅을 망하게 하는 자들을 멸망시키실 때로소이다 하더라" 아멘.

우리의 상황을 생각하며 선포할 수 있습니다. 우리가 의롭기에, 성경적이기 때문에, 하나님의 사랑을 받기에 분노하는 이들이 있을 수 있습니다. 그러나 우리는 그들의 분노에 분노하지 않습니다. 다만, 하나님께서 악인들을 심판하신다고, 하나님만을 의지하여 의를 위하여 고난도 감수하는 이들에게 상을 주신다고, 악한 분노의 근원을 멸하신다고 선포합니다. 성경이 진리임을 선포합니다.

5. 여자와 용(11:19－15:4) 부분은 하늘 성전이 열리고 언약궤가 보이는 장면으로 시작됩니다(11:19). 이제 교회로 대표되는 '여자' 가 예수님을 가리키는 '아들' 을 낳고 '사탄, 마귀, 옛 뱀, 인간 거주지를 꾀던 자' 인 '큰 용' 이 하늘에서 땅으로 내쫓깁니다(12:5-9). 예수님은 승천하시고 교회는 천이백육십 일(한때와 두 때와 반 때, 마흔 두 달, 삼 년 육 개월) 동안 돌봄을 받아 자랍니다. 여자를 따르는 자들과 용을 따르는 자들이 있습니다. 여자를 따르는 자들은 "하나님의 계명을 지키며 예수의 증거를 가진 자들"(12:17)이고 "어린 양이 어디로 인도하든지 따라가는 자며 사람 가운데에서 속량함을 받아 처음 익은 열매로 하나님과 어린 양에게 속한 자들"(14:4)이며 "그 입에 거짓말이 없고 흠이 없는 자들"(14:5)입니다. 땅에 거하지만 늘 하늘에 잇대어 사는 이들이죠. 반면, 용을 따르는 자들은 '두 짐승' 과 '짐승의 표' 를 오른손이나 이마에 가진 자들입니다(13:16). '표' 는 이름이 새겨진 '인(도장)' 과 달리, 단지 표식일 따름입니다.

하나님의 역사는 다양하며, 하나님께서 지으신 피조물을 보면 다양성을 기본적으로 가지고 있습니다. 오감이 그렇고, 네 가지 미각이 그렇고, 무지개 색깔이 그렇습니다. 사람들의 성격 테스트를 해도 한 가지 성격이 아니라, 여덟 개, 열여섯 개 등 여러 가지로 분류됩니다. 사람들이 얼굴도 다릅니다. 쌍둥이도 다릅니다. 그래서 하나님의 사람으로 산다는 것은 다양성을 인정하는 것을 의미합니다. 조화와 균형을 하나님 지으신 세계에서 읽습니다.

반면, 사탄은 대개 획일성을 추구합니다. 인류를 파괴했던 사상들의 공통점에는 '획일성 추구'가 있습니다. 유대인 육백만 명을 학살한 나치의 사상에는 하나의 민족에 대한 우월사상이 있었습니다. 독재, 제국주의, 전제정치, 파시즘, 이런 사상들이 인류를 파괴했는데, 다양성을 인정하지 않고 획일성을 추구했습니다. 다양한 인종을 인정하기보다 하나의 인종이 가장 좋다고 생각합니다. 한 사람의 지도자를 절대화시킵니다.

어린양의 피로 옷을 하얗게 만든 이들은 '십사만 사천'으로 표현됩니다. 열두 가지 이름을 가졌습니다. 그런데 사탄은 한 가지 종류의 사람을 원합니다. 자기에게 복종하는 사람입니다. 사탄은 자기에게 복종하는 사람들을 위해 뭔가 희생하거나 내놓는 게 없습니다. 하나님의 관계 원칙은 '피차 복종'입니다(엡 5:21). 하나님은 우리 구원을 위해 아들을 내놓으셨습니다. 하나님께서는 우리의 기도를 들으십니다. 아브라함이 소돔에 의인 열 명이 있으면 멸망시키지 말아 달라 기도했을 때, 그러겠다고 대답하셨습니다. 예수님의 겟세마네 기도를 보면, '내 뜻대로 마시고, 아버지의 뜻대로 되기를 원합니다.' 하셨습니다. 다시 말해, 예수님의 뜻이라는 게 있었습니다. 하나님 아버지의 경륜을 따라 십자가를 지시고 죄인들을 구속하실 마음이 있으시지만, 거절하실 수도 있었습니다.

하나님께서 보내신 그리스도도 보면, 다양성이 내포되어 있습니다. 요한계시록 5장 5-6절에 잘 표현되어 있습니다. 어린양이신데, 사자이십니다. 사자이지만, 일찍이 죽임을 당하셨습니다. 다윗의 자손이신데, 다윗의 뿌리이십니다. 그렇다고 머리가 여러 개이시지는 않습니다. 요한계시록 13장에는 '바다 모래 위에 선' 용이 세운 짐승, 그 짐승에게 입맞춤하는 땅, 땅에서 일어난 짐승, 우상을 만들고 우상에게 경배하는 사람들에 관한 이야기가 있습니다. 두 짐승을 보면, 하나는 사나운 맹수의 모습이고 다른 하나는 어린양의 모습입니다. 어린양이 동시에 사자인 것과 다릅니다.

우리는 그리스도와 그리스도를 흉내 내는 이들을 분별해야겠습니다. 중요한 분별의 기준으로 '군림, 강압'과 같은 것이 있습니다. 매매를 중시하는 것도 중요한 기준입니다. 다양성을 말살하는 것도 기준이 됩니다. 조화와 균형보다 획일성이 강조되는 것도 기준입니다. 이 사회가 점점 짐승과 짐승의 우상을 경배하는 방향으로 가고 있습니다. 획일성이 강조됩니다. 힘이 있으면 인격을 모독하고 생명을 경시해도 되는 것처럼 생각하고 행동합니다. 우리 안에서 이러한 경향들을 제거해야 그리스도의 온전함에 이르게 됩니다.

6. 일곱 대접(15:5－19:10) 부분은 하늘에 있는 '증거 장막'의 성전이 열리면서 시작됩니다. 뭔가 지상 성전의 회복을 느낄 수 있는 부분입니다. 일곱 대접이 쏟아지면서 심각한 재앙이 임하고 큰 음녀 바벨론은 망합니다. 18장 2-5절을 읽습니다. 더럽고 음란한 바벨론, 권력과 부를 추구하던 바벨론이 망합니다. 하나님의 백성은 바벨론의 죄에 참여하지 말아야 합니다. 바벨론의 죄를 떠나고 어린양의 혼인 잔치에 '예복'을 입고(참고. 마 22:11-14) 참여해야 합니다. 19장 9절입니다. "천사가 내게 말하기를 기록하라 어린 양의 혼인 잔치에 청함을 받은 자들은 복이 있도다 하고 또 내게 말하되 이것은 하나님의 참되신 말씀이라 하기로" 아멘.

7. 예수님과 새 교회(19:11－22:5) 부분에는 백마를 타신 예수님(19:11-13)과 "하늘에서 내려오는 거룩한 성 예루살렘"([21:2], 21:10)이 나옵니다. 모든 것이 정리되었고 교회도 '새 예루살렘'으로 완성됩니다.

'에덴으로부터 흘러나온 강'(창 2:10)의 이미지가 21장 1절에 있는 '수정 같이 맑은 생명수의 강'에 있습니다. 이 강은 하늘에서 내려온 새 예루살렘 안에 흐르는 강입니다. 성안에 강이 흐르는 이미지는 바벨론 성의 이미지이기도 합니다. 요한계시록에서 바벨론 성이 무너진 것을 매우 중요하게 다루기 때문에, 바벨론 성안에 강이 흘렀다는 것은 중요할 수 있습니다. 에덴동산과 새 예루살렘과 바벨론 성의 이미지는 서로 차이점이 있습니다.

우선 에덴동산은 오천 미터 이상 되는 매우 높은 산 앞에 넓은 평지가 있고 그 평지에서 네 강이 갈라지는 모습입니다. 에덴이 높은 산이라는 것은 어떻게 알 수 있을까요? 네 강 가운데 두 강이 힛데겔 즉, 티그리스강과 유브라데 즉, 유프라테스강이기 때문입니다. 티그리스강은 현재 상태로 길이가 1,890킬로미터나 됩니다. 유프라테스강은 2,680킬로미터나 되고요. 두 강 모두 터키 동부고원에서 발원됩니다. 해발고도가 이천 미터를 훌쩍 높은 곳이 많은 매우 넓은 고원입니다. 노아의 방주가 머문 아라랏산도 이곳에 있습니다. 아라랏산은 가장 높은 봉우리가 5,165미터나 됩니다. 에덴은 아라랏산처럼 오천 미터가 넘는 산이었을 가능성이 큽니다.

바벨론의 이미지는 넓은 평원에 가로 3킬로 세로 2킬로 가까이 되는 넓고 견고한 성안으로 강이 흐르는 모습입니다. 헤로도투스에 따르면, 운하를 파서 강줄기를 잠시 다른 곳으로 흐르게 하여 건축을 마친 다음에 다시 흐르게 했다고 합니다. 강물이 성 안으로 흐르면 방어에 매우 유리합니다. 물 걱정을 할 필요가 없기 때문이죠.

반면 새 예루살렘은 엄청나게 큰 산기슭에 엄청나게 큰 성이 있고 그 성안에서 물이 발원하여 흐르는 모습입니다. 새 예루살렘의 크기를 21장 16절을 이렇게 소개합니다. "그 성은 네모가 반듯하여 길이와 너비가 같은지라 그 갈대 자로 그 성을 측량하니 만 이천 스다디온이요 길이와 너비와 높이가 같더라". 정육면체 모양의 성입니다. 일반적인 건물처럼 실내를 구분하여 사용할 수 있도록 만들었습니다. 솔로몬 성전이 그렇게 만들어졌습니다. 그런데 크기가 매우 큽니다. 스다디온은 200미터 정도입니다. 12,000 곱하기 200미터는 2,400킬로미터입니다. 지구 적도 지름이 12,756.270킬로미터이니, 적도 지름의 5분의 1정도가 일만이천 스다디온입니다. 21장 10절입니다. "성령으로 나를 데리고 크고 높은 산으로 올라가 하나님으로부터 하늘에서 내려오는 거룩한 성 예루살렘을 보이니" 아멘. 이 산은 높이 2,400킬로미터 건물보다 더 높은 산입니다. 이미지는 에덴동산과 비슷합니다. 차이가 있다면 에덴동산에는 성이 없었다는 것입니다. 또한, 에덴의 물은 산에서 흘러 내려온 물이었는데, 새 예루살렘의 물은 성안에 있는 보좌에서 흘러나옵니다. 22장 1절입니다. "또 그가 수정 같이 맑은 생명수의 강을 내게 보이니 하나님과 및 어린 양의 보좌로부터 나와서" 아멘.

에덴동산에 하나님께서 임재하시고 엄청나게 안전하고 견고한 성을 지으신 이미지가 새 예루살렘의 이미지입니다. 새 예루살렘은 건물로 표현되지만, 사람이고 교회입니다. 21장 2절을 보면, "또 내가 보매 거룩한 성 새 예루살렘이 하나님께로부터 하늘에서 내려오니 그 준비한 것이 신부가 남편을 위하여 단장한 것 같더라" 했습니다. 이 건물은 그리스도의 신부입니다. 교회입니다. 바울 사도가 에베소서에서 교회를 건물로 비한 것과 같습니다. "너희는 사도들과 선지자들의 터 위에 세우심을 입은 자라 그리스도 예수께서 친히 모퉁잇돌이 되셨느니라 그의 안에서 건물마다 서로 연결하여 주 안에서 성전이 되어 가고 너희도 성령 안에서 하나님이 거하실 처소가 되기 위하여 그리스도 예수 안에서 함께 지어져 가느니라"(엡 2:20-22) 아멘.

그리스도의 신부이자 몸인 교회의 크고 웅장하며 아름답고 견고한 모습이 건물로 표현되었습니다. 지구 지름의 5분의 1이 넘는 가로와 세로, 그리고 높이입니다. 가장 높은 에베레스트산 정상이 8,848미터입니다. 10킬로미터도 안 됩니다. 그런데 높이가 2,400킬로미터입니다. 에베레스트산보다 270배가 넘는 높이입니다. 무엇을 말합니까? 교회의 아름다움과 견고함, 웅장함을 표현합니다. 이 교회는 우리가 죽어서 가는 천국이 아닙니다. 왜냐하면, 하늘에서 내려온 새 예루살렘이기 때문입니다. 새 예루살렘은 지상 교회를 보여줍니다. 이게 본래 교회의 모습입니다. 보좌로부터 생명수의 강이 흐릅니다. 이 강은 밝은, 크리스탈처럼 빛나는 강입니다. 이 강은 하나님과 어린양의 보좌로부터 발원합니다. 보좌가 하나입니다. 하나의 보좌가 있고 하나의 강이 흐릅니다.

이 부분을 이해하기 위해 요한복음에 있는 예수님의 말씀에서 도움을 받겠습니다. 14장 23절입니다. "예수께서 대답하여 이르시되 사람이 나를 사랑하면 내 말을 지키리니 내 아버지께서 그를 사랑하실 것이요 우리가 그에게 가서 거처를 그와 함께 하리라" 아멘. 성부 하나님과 성자 예수님이 함께 거처를 삼는 자리가 보좌입니다. 본래 보좌는 하늘에 있습니다. 그런데 새 예루살렘에는 성부와 어린양의 보좌가 하나입니다. 그 보좌는 예수님을 사랑하는 사람의 마음자리입니다. 예수님을 사랑하는 교회입니다. 이 부분을 이해하기 위해 유명한 구절을 한 곳 인용합니다. 마태복음 18장 20절입니다. "두세 사람이 내 이름으로 모인 곳에는 나도 그들 중에 있느니라" 아멘.

요한계시록 통독을 통해 '하늘과 땅의 만남' 을 보다 구체적으로 확인하시면 되겠습니다.

질의와 응답

하나. "인, 나팔, 대접 재앙을 어떻게 보면 됩니까?"

인, 나팔, 대접으로 구성된 나선형 구조로 발전단계가 표현됩니다. 도는 것 같은데 전진하는 구조가 나선형 구조입니다. 고난의 강도가 점점 세집니다. 출애굽 당시의 열 재앙을 일곱 재앙으로 표현했습니다. 인은 도장(圖章)입니다. 결재가 떨어져야 일이 진행되지요. 나팔로 자유가 선포됩니다. 자유 선포가 자유를 대항하는 인간에게는 심판(審判)입니다. 나팔을 어떻게 부느냐에 따라 전쟁의 방향이 달라집니다. 대접은 용기(容器)로서, 당시에는 매우 귀한 것이죠. 성전 기명(器皿)을 떠올려 보세요. 인, 나팔, 대접과 함께, 사자, 어린양, 용, 바벨론, 음녀, 짐승과 같은 대상 표현 소재가 사용됩니다. 성전(聖殿), 장자 사망, 두 증인과 같은 개념적 소재도 사용됩니다.

둘. "요한계시록 22장 1절의 '보좌'를 '예수님을 사랑하는 사람의 마음자리'와 연결하셨는데, '하늘 성전'과 '하나님 나라'의 관계를 어떻게 봐야 하나요?"

이사야 66장 1절을 보면, '하늘'이 '보좌'입니다. 하나님의 보좌가 있는 하늘 성전은 참 성전입니다. 한편, 이 땅의 성전은 하늘 성전과 연결된, 하나님 임재(臨在)의 자리입니다. 지상 성막, 성전은 '임재의 자리' 역할을 했습니다. 예수님은 살아있는 성전이십니다. 모형 같은데 실제이십니다. 성도들도 유사합니다. 하늘 성전과 연결된 지상 성전으로서 '은혜의 보좌'로 나아가고(히 4:16) 하늘에 앉혀 있습니다(엡 2:6). 하나님 임재의 자리로 이 땅에서 살아가는 이들이 성도들입니다.

셋. "이긴다는 주제가 많이 나오는데, 마지막 때의 이김만을 의미합니까, 현재의 이김도 의미합니까?"

현재의 이김과 마지막 때의 이김은 연결되어 있습니다. 지금의 이김이 마지막 때의 이김을 예상하도록 돕습니다. 현재의 이김을 통해 장차의 이김이 얼마나 근본적이고 본질적일지 기대하게 합니다. 그러므로 지금 그리스도를 신뢰함으로 죄와 관계없는 삶을 사는 것이 중요합니다.

넷. "본문 두 번째 부분인 '사자이신 어린 양(4:1－5:14)' 부분에서 '하나님의 재창조와 새 창조'에 대해서 말씀하셨는데, 둘 사이에 차이가 있나요?"

새 창조는 '새 하늘과 새 땅'과 관련된 표현입니다. '재창조'를 통해 '새 창조가 오기 전이지만 구속을 통해 새롭게 된 이들'을 표현해 보았습니다. 고린도후서 5장 17절의 '새로운 피조물'이라는 개념과 연결되겠습니다.

다섯. '일곱 인'(5:5)이나 '인침을 받은 자'(7:4)와 관련된 '인'과 짐승의 우상과 관련된 '표'는 어떻게 다릅니까?"

인(印)은 도장입니다. 주인의 이름이 새겨져 있습니다. 도장은 정체성을 표현하지만, 표는 뭔가를 표시할 따름입니다. 하나님께서는 경외하는 자들에게 인 즉, 도장을 주십니다. 이름이 새겨진 도장에는 권위가 있습니다. 베드로 사도는 그 '이름'이 일한다고 증언합니다(행 3:16).

Weekly Reading

2

요한계시록 22장 – 창세기 20장

"비움과 채움"

계 22장-창2장	창 3-5장	창 6-8장	창 9-11장	창 12-14장	창 15-17장	창 18-20장

check

요한계시록 마지막 장과 창세기 앞부분을 연결하면서 '비움과 채움'에 대해 생각했습니다. 먼저, 요한계시록 22장을 보니, 땅이 하늘의 것으로 채워집니다. 에덴에서 시작된 임마누엘이 새 예루살렘에서 완성됩니다. 22장 1-2절입니다. "또 그가 수정 같이 맑은 생명수의 강을 내게 보이니 하나님과 및 어린 양의 보좌로부터 나와서 길 가운데로 흐르더라 강 좌우에 생명나무가 있어 열두 가지 열매를 맺되 달마다 그 열매를 맺고 그 나무 잎사귀들은 만국을 치료하기 위하여 있더라" 아멘. 하나님과 어린양의 보좌로부터 생명수 강이 흐릅니다. 에덴에서 4개의 강이 발원하여 흐르는 것처럼 새 예루살렘에도 강이 발원하여 흐르는데, 새 예루살렘에는 하나의 강이 흐릅니다. 그 강 이쪽저쪽으로 생명나무가 있는데, 매달 다른 열매를 맺습니다. 열두 가지 열매를 내는 생명나무의 잎은 치료제로 사용됩니다.

보좌로부터 생명수가 흐르는 모습은 에스겔 47장에서 읽을 수 있습니다. "그가 나를 데리고 성전 문에 이르시니 성전의 앞면이 동쪽을 향하였는데 그 문지방 밑에서 물이 나와 동쪽으로 흐르다가 성전 오른쪽 제단 남쪽으로 흘러 내리더라"(47:1) 아멘. 종말의 때에 지어질 성전 환상을 통해, 성전 문지방 밑에서 흘러나와 온 땅을 적시는 생명수 강 모습이 예견됩니다. 이제 요한계시록을 통해 그 성전이 바로 하나님과 어린 양으로 대체될 것이 예언됩니다. 이곳이 교회입니다. 세계 교회입니다. 이 교회의 시작을 창세기에서 읽습니다. 하여 창세기의 1차 독자인 '광야의 이스라엘 백성'의 마음으로 창세기 앞부분에서 생명(生命)과 은혜(恩惠)와 섭리(燮理)의 시작을 읽어보았습니다.

광야에서 씨앗을 보다.

나일의 물길에는 물이 늘 흘렀습니다.
그러나 광야의 물길에는 물이 없습니다.
비어 있는 물길에서 하나님의 은혜를 봅니다.

애굽의 매장지에는 웅장함이 있습니다.
광야에서는 매장되지 못한 뼛조각들을 만납니다.
삶과 죽음이 민낯으로 만나는 광야에서 생명의 주님을 뵙습니다.

애굽 신전의 벽화에는 인간의 생각이 있습니다.
모래 섞인 세찬 바람에 인간의 모든 잡스러운 생각이 날아갑니다.
바람을 견딘 것만이 남아 있는 광야에서 거룩하신 하나님의 본뜻을 봅니다.

스핑크스의 무표정에는 희로애락이 없습니다.
광야에서는 뜻밖에 발견한 도마뱀의 눈매에서도 희로애락을 읽습니다.
생명이 없는 것 같은 광야에도 생명이 가득 차 있음을 봅니다.

곡식 맺는 식물이 나일 강변에 꽉 차 있습니다.
광야에서는 살아남은 나무와 남을 살리기 위한 풀을 듬성듬성 찾습니다.
광야에도 존재하는 먹이사슬에서 하나님의 오묘한 섭리를 봅니다.

애굽 수로가 있는 어디든 사람이 있습니다.
광야에는 성막을 에둘러 진을 치다가, 언약궤의 움직임에 함께 움직이는 이스라엘 백성이 있습니다.
광야의 인생에게는 하나님의 임재와 말씀이 생명임을 봅니다.

수평을 벗고 수직을 추구하는 애굽 건축과 사회, 문화에는 하나님이 안 계십니다.

성막과 제사장, 레위인과 열두 지파가 나란히 뭉쳐있는 하나님 백성과 하나님께서 함께 계십니다.

광야에서 움직이는 하나님의 집에서 요한계시록 22장의 씨앗을 봅니다.

창세기의 구조를 따질 때 대개는 '낳다'를 뜻하는 단어에서 파생한 '톨레도쓰'를 중시합니다. '세대, 족보, 세계' 등을 뜻하는 이 단어로 창세기를 열 부분으로 나눠 봅니다. 『개역개정』에서 '내력, 계보, 족보'로 번역된 이 단어를 아래에서 '집안'이라는 표현으로 일관되게 표현해 보았습니다.

0. 서론: 1장 1절부터 2장 3절
1. 천지의 집안[내력]: 2장 4절부터 4장 26절까지
2. 아담 집안[계보]: 5장 1절부터 6장 8절까지
3. 노아 집안[족보]: 6장 9절부터 9장 29절까지
4. 노아 아들들의 집안[족보]: 10장 1절부터 11장 9절까지
5. 셈의 집안[족보]: 11장 10절부터 26절까지
6. 데라 집안[족보]: 11장 27절부터 25장 11절까지
7. 이스마엘 집안[족보]: 25장 12절부터 18절까지
8. 이삭 집안[족보]: 25장 19절부터 35장 29절까지
9. 에서 집안[족보]: 36장 1절부터 37장 1절까지
10. 야곱 집안[족보]: 37장 2절부터 50장 26절까지

이 가운데 여섯 번째 부분에 아브라함 얘기가 있고, 여덟 번째 부분에 이삭과 두 아들 얘기가 있으며, 마지막인 열 번째 부분에 야곱의 아들들 특별히 요셉과 유다 얘기가 있습니다.

이번 통독은 창세기 20장까지입니다. 앞의 구조를 보면 5번 '셈의 집안'을 지나고 6번 '데라 집안'은 아직 지나지 않는 부분까지입니다. 5번과 6번은 홍수 '이전'에 태어난 사람의 집안과 홍수 '이후'에 태어난 집안으로 나눠볼 수 있습니다. '하늘과 땅,

아담, 노아, 노아의 아들들, 셈' 은 홍수 이전에 태어난 사람들이지요. 6번은 '데라 집안' 인데, 데라는 홍수 이후에 태어난 사람입니다. '톨레도쓰' 로 보면, 창세기는 홍수 '이전 다섯' 과 '이후 다섯' 으로 나뉩니다. 그러니 이번에는 창조에서 시작하여 '홍수 집안' 을 지나 '홍수 이후 집안' 으로 접어드는 본문까지 읽습니다.

창조가 '채움' 이라면, 홍수는 '비움' 입니다. 땅을 물로 채워서 땅에서 생명을 비우는 시간이었습니다. '채움' 의 첫 시간인 창세기 1장 1-3절을 읽습니다. "태초에 하나님이 천지를 창조하시니라 땅이 혼돈하고 공허하며 흑암이 깊음 위에 있고 하나님의 영은 수면 위에 운행하시니라 하나님이 이르시되 빛이 있으라 하시니 빛이 있었고" 아멘. 하나님께서 '그' 하늘과 '그' 땅을 지으셨습니다. 이 '땅' 은 1차 독자들이 딛고 사는 '지구' 입니다. 독자들에게 익숙한 '그' 하늘과 '그' 땅은 '그들을 광야로 인도하시고 시내 산에서 언약을 맺으신 하나님' 께서 창조하셨습니다. 언제 창조하셨는가? 태초에 하셨습니다. 그런데 '그 땅' 이 비어 있었습니다. '공허' 했습니다. 어두웠습니다. 그런데 그곳이 채워지기 시작했습니다. 어둠밖에 없던 그곳에 하나님의 영이 임하고 운행하시더니 '채움' 이 시작됩니다. 하나님께서 "빛은 있게 되어라."(1:3) 말씀하셨습니다. 그랬더니 빛이 있게 되었습니다. 하늘이 채워지고 바다가 채워지고 뭍이 채워집니다. 빛과 생명으로 채워집니다.

마침내 하나님의 형상대로 사람을 지으시고 복을 주시고 먹거리도 주십니다. 1장 27-29절입니다. "하나님이 자기 형상 곧 하나님의 형상대로 사람을 창조하시되 남자와 여자를 창조하시고 하나님이 그들에게 복을 주시며 하나님이 그들에게 이르시되 생육하고 번성하여 땅에 충만하라, 땅을 정복하라, 바다의 물고기와 하늘의 새와 땅에 움직이는 모든 생물을 다스리라 하시니라 하나님이 이르시되 내가 온 지면의 씨 맺는 모든 채소와 씨 가진 열매 맺는 모든 나무를 너희에게 주노니 너희의 먹을 거리가 되리라" 아멘. 동물을 지으신 다음에 사람도 지으셨습니다. 사람을 하나님의 형상을 따라 지으셨고, 남자와 여자로 지으셨습니다. 그리고 복을 주셨습니다. '채우는 복' 입니다. '차는 복' 입니다. 땅을 채워 땅에 찹니다. 다스릴 만큼 채워지는 복입니다. 그 안에 채워진 생물들을 다스리는 복을 받습니다. 이들의 먹거리는 특별합니다. '씨' 와 연관된 먹거리들입니다. "온 지면의 씨 맺는 모든 채소와 씨 가진 열매 맺는 모든 나무" 입니다

(1:29). 그들이 씨앗이고 시작이기에, 먹거리도 '씨' 가 있는 채소와 실과입니다.

하나님은 비어 있는 곳을 채우신 하나님이십니다. 그리고 자신의 형상을 따라 창조된 사람에게 '채우는 것' 을 '복과 사명' 으로 주셨습니다. 그 '복과 사명' 이 하늘과 땅에서 어떻게 이루어졌을까요? 매우 큰 동산이지만 우주와 비교하면 작다고 할 수 있는 에덴에서 이 복이 이루어질까요? 하나님께서는 아담에게 채움을 시작할 수 있도록 돕는 배필을 만들어 주셨습니다. 어떻게 만드셨습니까? 2장 21-22절입니다. "여호와 하나님이 아담을 깊이 잠들게 하시니 잠들매 그가 그 갈빗대 하나를 취하고 살로 대신 채우시고 여호와 하나님이 아담에게서 취하신 그 갈빗대로 여자를 만드시고" 아멘. 아담에게서 갈비뼈를 하나 취하셨습니다. 아담 안에 비어 있는 공간이 만들어졌습니다. 그 공간은 살로 채워집니다. '비움과 채움' 의 과정을 지나 '세움' 이 있습니다. 여성이 세워집니다. 돕는 배필이 세워집니다.

창세기 2장 4-25절이 어떤 사람들에게는 불편했습니다. 1장과 2장이 달라 보였기 때문입니다. 창세기 2장 4-25절은 육 일째 인간 창조의 한 단면을 보여줍니다. 남자와 여자를 창조하셨는데, 둘 사이에 순서가 있었다는 것을, 여자 창조의 이유가 있었다는 것을, 둘의 만남과 처음 모습에는 신뢰와 기쁨과 아름다움이 있었다는 것을 보여줍니다. "이것이 천지가 창조될 때에 하늘과 땅의 내력이니 여호와 하나님이 땅과 하늘을 만드시던 날에"(2:4) 아멘. '내력(來歷)' 이라는 단어가 중요합니다. 이 단어는 '아이를 낳다.' 와 같이 '출생' 을 뜻하는 단어에서 파생된 단어입니다. '천지의 태어남' 에 대해 설명하십니다. 1장이 장엄한 천지창조를 선포하는 반면, 2장 4-25절은 장엄한 천지창조의 뒷이야기를 기록하고 있습니다. '하늘과 땅' 이라는 표현과 함께, '땅과 하늘' 이라는 표현을 곁들입니다. 하늘은 우리 인간이 경험하기 어려운 공간입니다. 해와 달이 눈에는 보이지만 손에 만져지기는 쉽지 않습니다. 달에는 우주인이 갔습니다. 그러나 태양에 갈 수 있을 것 같지는 않습니다. 인간이 경험할 수 있는 공간은 주로 땅입니다.

우리의 인식체계 속에서 경험할 수 있는 '천지의 출생' 에 대해 설명합니다. "여호와 하나님이 땅에 비를 내리지 아니하셨고 땅을 갈 사람도 없었으므로 들에는 초목이 아직 없었고 밭에는 채소가 나지 아니하였으며"(2:5) 아멘. 초목과 채소가 나지 않았습니다. 두 가지 이유에서입니다. 하나는 비가 내리지 않았기 때문이고, 다른 하나는 경작할 아담 즉, 경작자가 없었기 때문입니다. 비만 오면 채소와 초목이 땅에서 올라올 것입니다. 이 말은 채소 씨앗이 땅 아래에 있다는 말입니다. 하나님의 지음을 받아 자라날 때를 기다리고 있는 것입니다. 돌봄 받을 것도 기다리고 있습니다.

"안개만 땅에서 올라와 온 지면을 적셨더라"(2:6) 아멘. 여기서 '안개'는 '용천수'와 같은 시내를 가리킨다는 보는 것이 좋겠습니다.[1] 용천수는 "땅 밑에서 지표면으로 솟아 나오는 물"로 "지하수가 암석이나 지층의 틈새를 통해 뚫고 나"올 때 사용합니다. 안개로는 땅을 적시기가 어렵습니다. 더구나 여기서 '적시다'는 '마시게 하다'라는 단어입니다. 물이 흘러야 땅이 물을 마시겠죠. 6절은 9절로 연결됩니다. "여호와 하나님이 그 땅에서 보기에 아름답고 먹기에 좋은 나무가 나게 하시니 동산 가운데에는 생명나무와 선악을 알게 하는 나무도 있더라" 아멘. 비가 오지 않았지만, 용천수를 내셔서 온 지면이 수분을 흡수하게 하셨습니다. 식물이 솟아납니다. 과수가 자랍니다. 땅으로 용천수를 마시게 하신 하나님은 경작할 사람을 만드십니다. 1장에서는 인간이 '하나님의 형상'을 따라 창조된 것이 강조되었다면, 2장 7-8절에서는 인간이 땅의 경작자로, 땅의 티끌인 흙으로 형성된 것이 강조됩니다.

또한, 사람과 동물을 같은 표현으로 기술합니다. 7절의 '생령'과 19절의 '생물'은 같은 표현입니다. 7절을 읽습니다. "여호와 하나님이 땅의 흙으로 사람을 지으시고 생기를 그 코에 불어 넣으시니 사람이 생령이 되니라" 아멘. 땅의 '흙'이라는 재료와 하나님의 '살아 있는 숨'이라는 재료가 만나, '생령' 즉, '살아 있는 존재'가 되었습니다. 그런데 유사한 창조과정을 19절에서 읽을 수 있습니다. "여호와 하나님이 흙으로 각종 들짐승과 공중의 각종 새를 지으시고 아담이 무엇이라고 부르나 보시려고 그것들을 그에게로 이끌어 가시니 아담이 각 생물을 부르는 것이 곧 그 이름이 되었더라" 아멘. 들짐승과 새의 재료가 아담과 같이 '흙'입니다. 그리고 지음을 받은 최종 모습은 '생물' 즉 '생령'입니다.

그래서 전도서 3장 18-21절은 이렇게 말합니다. "내가 내 마음속으로 이르기를 인

---

1) *DCH* I, 118. *DCH* (David J. A. Clines [ed.], ***The Dictionary of Classical Hebrew*** I-VIII. Sheffield: Sheffield Phoenix, 2011 [1993-2011])는 히브리어 용례가 모두 표기된, 대우 방대하면서도 가장 괜찮은 히브리어 사전이라고 할 수 있습니다.

생들의 일에 대하여 하나님이 그들을 시험하시리니 그들이 자기가 짐승과 다름이 없는 줄을 깨닫게 하려 하심이라 하였노라 인생이 당하는 일을 짐승도 당하나니 그들이 당하는 일이 일반이라 다 동일한 호흡이 있어서 짐승이 죽음 같이 사람도 죽으니 사람이 짐승보다 뛰어남이 없음은 모든 것이 헛됨이로다 다 흙으로 말미암았으므로 다 흙으로 돌아가나니 다 한 곳으로 가거니와 인생들의 혼은 위로 올라가고 짐승의 혼은 아래 곧 땅으로 내려가는 줄을 누가 알랴" 아멘. 여기서 '혼'은 '영'이라는 뜻을 기본적으로 갖는 단어입니다. 사람 제조에 사용된 재료와 들짐승 및 새 제조에 사용된 재료가 같습니다. 결과물도 겉으로 보면 같습니다. 중요한 차이가 있다면 아담이 들짐승과 새의 이름을 지어주었다는 것입니다. 1장 27절에서는 보다 근본적인 차이를 말합니다. 바로 '하나님의 형상'입니다.

용천수로 땅을 적시고 경작자를 흙으로 만드신 하나님은 경작자를 위한 공간을 만드셨습니다. 동방의 에덴이라는 높은 산에 광활한 대지를 펼치시고 아담을 거기 두셨습니다. '에덴'은 '즐거움, 기쁨'을 뜻합니다. 에덴동산은 '기쁨의 동산'입니다. 가능성의 동산이고, 생명의 동산입니다. 쉼의 동산입니다. 어떻게 알 수 있습니까? 15절 때문입니다. 8절에도 '두시니라'가 있고, 15절에도 '두어'가 있는데, 단어가 다릅니다. 8절의 '두시니라'는 '놓다'는 의미이고, 15절의 '두어'는 '쉬게 하다'는 의미입니다. 창세기 5장 29절을 보면, 라멕이 아들을 낳고 이름을 노아라 했는데, "우리를 이 아들이 안위하리라" 했기 때문입니다. '안위' 즉, 쉬게 한다고 하여 '노아'라 이름 지었는데, 바로 그 단어가 15절에 나옵니다.

하나님께서는 아담을 일벌레로 두시지 않았습니다. 에덴동산은 아담의 안식처였습니다. 그곳은 아담의 첫 직장이었고 신혼집이었습니다. 벌거벗고 다녀도 부끄러워하지도, 그럴 필요도 없는 자유롭고 아름다운 광활한 대지였습니다. 그곳에는 모양이 기가 막히고 먹기에도 좋은 모든 나무가 돋아났습니다. 동산 가운데에는 생명나무와 '좋고 해로움에 대한 지식 나무'도 있었습니다. "선악을 알게 하는 나무"를 '좋고 해로움에 대한 지식 나무'라고 번역해 보았습니다. 느낌이 조금 다르지 않으십니까?

좋고 해로움에 대한 지식을 갓난아이는 가지고 있지 않습니다. 자라면서 좋고 해로움에 대한 지식을 부모로부터, 사회로부터 하나둘 배워갑니다. 어느새 '좋고 해로움에 대한 지식' 이 자신을 얽어맵니다. 하나님께서는 아담과 그의 아내가 신령해지기 전에 '좋고 해로움에 대한 지식' 갖는 것을 원하지 않으셨습니다. 그러한 지식을 갖는 순간 그들은 수치를 느끼기 시작할 것입니다. 해롭다고 여겨지는 생각이나 행동을 하는 순간 그들은 수치를 느낄 것입니다. '절대 선' 인 하나님과 함께 있기에, 굳이 '좋거나 나쁜' 것을 계산할 필요가 없습니다. 히브리서에서 말씀하시듯, 장차 '연단' 을 받으면 "선악을 분별하는 자들"(5:14)이 될 수 있을 것입니다.

동산에 있는, 아름답고 먹기에 좋은 나무는 축복이었습니다. 아담을 힘 있게 하고 생기 있게 만들어 줄 축복이었습니다. 생명나무는 '살아 있는 존재' 가 된 아담과 동질의 성격을 가졌습니다. 아담과 가장 비슷한 나무가 있다면 그것을 바로 '생명나무' 였습니다. 그리고 아담과 다른 성격을 가진 나무가 있었는데, 그 나무가 '지식 나무' 였습니다. 아담은 '아는 지식' 으로 사는 존재가 아니었습니다. 하나님의 형상과 그분이 부어주시는 '생명' 으로 살아가는 존재였습니다. 그는 '생명나무' 를 보면서 '자신에게 있는 생명' 의 가치를 확인할 수 있었을 것입니다. 그러나 '지식 나무' 를 보면서는 '이걸 먹으면 죽는다고 하셨어.' 하면서 자신의 정체성이 '지식' 에 있지 않다는 것을 확인할 수 있었을 것입니다.

'강' 이라는 단어가 2장 10절에 나옵니다. 용천수는 이제 강이 되어 동산을 적시고 네 강의 근원이 됩니다. 비손 강은 사사 드보라와 관계가 있는 '기손 강' 과 발음이 비슷합니다. 하윌라가 '아라비아' 와 관계된 것을 생각하면, 비손 강은 '기손강-갈릴리-사해-아라바' 로 이어지는 지역과 관계될 것 같습니다. 힛데겔이 티그리스 강이고, 유브라데가 유프라테스 강이니, 기혼은 '나일 강' 과 연결될 것 같습니다. 발음은 다르지만, 13절을 보면, 기혼이 '구스 온 땅을 둘렀다.' 이렇게 설명합니다. 구스는 함의 큰아들이고 니므롯의 아버지입니다. 함의 둘째 아들 미스라임이 '애굽' 이라는 것을 생각하면, 더욱 설득력이 있습니다.[2)] 나일강은 하류에 지류가 많은 매우 독특한 모습을 갖습니다. 상류와 하류가 바뀌지 않았나 싶습니다. 그렇다면 애굽 남쪽에 있는 구스 땅을 둘렀다는 표현이 이해됩니다. 순서도 기손, 나일, 티그리스, 유브라데는 시계 반대 방향

---

2) 구약성경의 '애굽' 은 히브리어로 모두 '미스라임' 입니다. 애굽이라는 단어는 미스라임의 헬라 이름입니다. 이해를 돕기 위해 헬라 제국 이후의 이름을 이전까지 적용한 것입니다.

으로 순차적입니다.

아담의 임무는 에덴동산의 '섬김' 과 '보존' 이었습니다. 15절에서 '경작' 은 '섬김' 을, '지키게' 는 '보존' 을 의미합니다. 그러면서 그곳에서 안식을 누리는 것이 기대되었습니다. '섬김과 보존' 은 '좋고 해로움의 지식' 으로 될 수 없었고, 하나님 주신 '생명' 의 힘으로만 되었습니다. 그래서 하나님께서는 '지식 나무' 의 열매를 먹으면 '죽는다.' 말씀하셨습니다. 오늘날 우리는 생명이 '좋고 해로움의 지식' 에 의해 난도질당하는 것을 보고 듣습니다. '인간 윤리와 문화, 탐욕과 자기 계산' 의 지식으로 인해 생명의 빛은 꺼져가고 '돈다발의 영광' 은 빛납니다. '생명' 을 팔아 '돈' 을 사는 것이 일상이 되었습니다. 그러나 하나님께서는 '섬김과 보존' 을 '생명' 으로 이뤄가기를 원하셨습니다. '사랑의 온기' 로 가정을, 교회를, 사회와 국가를 섬기고 보존할 수 있도록 해주셨습니다.

하나님께서는 아담이 홀로 있는 것이 좋지 않다고 하셨습니다. 1장을 보면, 좋지 않게 보신 적이 없었습니다. 2장 4-25절은 좋기 위해서 좋지 않은 상태를 벗어나야 했음을 설명합니다. 하나님은 아담에게 돕는 배필을 주셔서 생육하고 번성하여 '섬김과 보존' 의 짐을 같이 질 수 있도록 해주셨습니다. 여기서 '돕는 배필' 이란 '말하는 자' 입니다. '배필(配匹)' 에 해당하는 히브리어 단어가 '앞' 을 뜻하니, '배필' 은 동등함이나 적절함을 표현할 수 있습니다. 어근이 '말하다' 인 것을 생각하면 하와는 아담에게 말하는 자였습니다. 아마도 그래서 부인들이 돕는 말을 많이 하는 것 같습니다. 어쩌면 아내의 바가지는 '창조 목적' 에 부합되는 요소라고 할 수 있겠습니다.

아담이 토기장이의 작품이었다면, 하와는 의사의 작품이었습니다. 22절의 '만드시고' 에는 '집을 짓는' 것을 표현하는 단어를 사용했습니다. 하와는 아담의 갈빗대 하나로 지어졌습니다. 사랑받는 동등한 존재로 지어졌습니다. 갈빗대처럼 아담을 보호하는, 그러면서도 아담의 오장육부와 가장 가까이에 있는 소중한 존재로 지음을 받았습니다. 아담은 하와를 보자 다른 들짐승과 새들에게 이름을 지어주듯 이름을 지어주었습니다. 아담은 임무에 충실합니다. '예쁘다, 사랑한다' 이런 말 대신, "내 뼈 중의 뼈요 살 중의 살이라 이것을 남자에게서 취하였은즉 여자라 부르리라"(2:23) 하면서 매우 논리적인 반응을 보였습니다.

천지의 태어남의 묘사를 통해, 우리는 천지창조의 멋과 맛을 봅니다. 자동이 아니라 자발을 봅니다. 편협이 아니라 균형을 봅니다. 피조물을 존중하시는 하나님의 온유와 겸손을 읽습니다. 처음부터 있었던 멋과 맛, 자발과 균형, 온유하고 겸손하신 하나님의 성품은 지금도 변함없이 그분으로부터 흐릅니다. 아담이 그 멋과 맛, 자발과 균형, 온유와 겸손을 알았다면, 아가서의 대사를 했을 것입니다. 이를테면, "내 사랑아 너는 어여쁘고 어여쁘다 네 눈이 비둘기 같구나"(아 1:15) 아멘. 하나님 일하심의 멋과 맛, 자발과 균형, 부드러움과 겸손을 경험하시고 표현하실 수 있길 바랍니다.

이제 채움이 기대됩니다. 그러나 그 기대가 이뤄지기 전에 '죄'로 먼저 채워집니다. 죄로 인해 '저주'로 채워집니다. 그러나 약속도 있습니다. 3장 15절입니다. "내가 너로 여자와 원수가 되게 하고 네 후손도 여자의 후손과 원수가 되게 하리니 여자의 후손은 네 머리를 상하게 할 것이요 너는 그의 발꿈치를 상하게 할 것이니라" 아멘. 세상을 죄로 채운 뱀과 여자 사이에, 뱀의 씨[후손]와 여자의 씨[후손] 사이에 미움이 있을 것입니다. 3장 15절에 '후손'으로 번역된 단어는 기본적으로 '씨앗'을 의미하는 단어로, 1장 11절과 12절에서 '씨'로 번역되었습니다. 여자의 씨는 하나님의 창조 세계를 '복'이 아니라 '저주', '생명'이 아니라 '사망'으로 채운 뱀의 씨에 대해 강한 미움을 가지고 그의 머리를 상하게 할 것입니다. 뱀의 씨도 여자의 씨를 상하게 하는 일이 있을 것입니다. 머리는 아니고 발꿈치입니다.

죄가 들어온 다음에야, 저주가 선포된 다음에야, 사망이 일상이 된 다음에야, 아담과 그의 아내 하와[생명]는 뭍을 생명으로 채우기 시작합니다. 가인이 태어나고 아벨이 태어납니다. 뱀의 씨인 '죄'는 이 꼴을 싫어합니다. 가인을 유혹합니다. 가인이 아벨을 죽입니다. 이때 하신 하나님의 말씀 가운데 4장 7절을 읽습니다. "네가 선을 행하면 어찌 낯을 들지 못하겠느냐 선을 행하지 아니하면 죄가 문에 엎드려 있느니라 죄가 너를 원하나 너는 죄를 다스릴지니라" 아멘. 가인은 좋은 것을 취해야 합니다. '선의 보물창고이신 하나님'(눅 6:45)이 떠오릅니다. 좋은 것을 취했다면 얼굴을 못 들 이유가 없습니다. 그런데 좋은 것을 취하지 않으면 심각한 문제가 발생합니다. 죄가 문에 웅크리고 있다가 가인을 삼킬 것입니다. 죄는 가인이 이 땅을 좋은 것으로, 생명으로 채우는 것을 싫어하고 반대하고 방해합니다. 그러나 가인이 예배자로서 하나님을 의지하면 죄를 다스리고 이 땅을 생명과 좋은 것으로 채울 수 있습니다.

가인은 실패했지요. 아벨을 죽였습니다. 이에 하나님께서 다른 '씨'를 주셨습니다. 4장 25-26절입니다. "아담이 다시 자기 아내와 동침하매 그가 아들을 낳아 그의 이름을 셋이라 하였으니 이는 하나님이 내게 가인이 죽인 아벨 대신에 다른 씨를 주셨다 함이며 셋도 아들을 낳고 그의 이름을 에노스라 하였으며 그 때에 사람들이 비로소 여호와의 이름을 불렀더라[여호와의 이름을 부르는 것이 시작되었다]"[3] 아멘. 아담은 셋의 출생을 기뻐합니다. 하나님께서 다른 '씨'를 주셨다고 고백합니다. 이제 아담은 온 땅을 채우는 것이 얼마나 중요한지 마음으로 깨닫게 되었습니다. 5장 1-3절도 읽습니다. "이것은 아담의 계보를 적은 책이니라 하나님이 사람을 창조하실 때에 하나님의 모양대로 지으시되 남자와 여자를 창조하셨고 그들이 창조되던 날에 하나님이 그들에게 복을 주시고 그들의 이름을 사람이라 일컬으셨더라 아담은 백삼십 세에 자기의 모양 곧 자기의 형상과 같은 아들을 낳아 이름을 셋이라 하였고" 아멘. 하나님의 모양대로 지어진 아담이 "자기의 모양 곧 자기의 형상과 같은 아들"을 낳습니다. 이제 아담과 그의 '씨'들은 '채움'에 관심을 가집니다. 자녀를 낳습니다. 창세기 5장에서 가장 중요한 단어가 있다면 바로 '낳았더라' 입니다. '톨레도쓰'의 어근이 되는 단어이지요.

땅이 채워지기 시작했습니다. 고무적인 일입니다. 그런데 채워지니 비워질 이유가 생기기 시작합니다. 6장 5절입니다. "여호와께서 사람의 죄악이 세상에 가득함과 그의 마음으로 생각하는 모든 계획이 항상 악할 뿐임을 보시고" 아멘. 사람의 죄악으로 땅이 가득해집니다. 죄로 땅이 채워집니다. 사람의 마음과 머리가 악으로 채워집니다. 홍수가 예견됩니다. 홍수와 함께 등장하는 이름이 있습니다. '노아' 입니다. 노아 이름의 뜻은 5장 29절에 나옵니다. '안위함' 입니다. '쉼' 입니다. 죄로 인해 쉬지 못하는 땅, 사람으로 채워졌으나 죄와 악으로 더욱 차게 된 땅이 쉼을 얻을 것입니다. 이스라엘

---

3) '연약함'을 의미하는 에노스 때로부터 여호와의 이름이 불리기 시작합니다. '여호와의 이름을 부른다는 것'은 창세기에서 예배 표현으로 사용됩니다(12:8; 13:4; 21:33; 26:25). 그리고 장차 모든 육체가 '여호와의 이름을 부르는 때'가 올 것입니다(욜 2:32). 이 예언은 오순절 성령강림으로 성취됩니다(행 2:21). 제물이자 대제사장이신 예수님으로 예배드리는 때입니다.

자손들이 포로로 끌려가게 되자 약속의 땅이 쉼을 얻게 된 것처럼, 노아 홍수로 땅은 쉼을 얻을 것입니다.

이제 세 번째 집안 얘기가 나옵니다. 노아 집안입니다. 그의 순종으로 그가 지은 방주는 꽉 채워집니다. 7장 13-16절입니다. "곧 그 날에 노아와 그의 아들 셈, 함, 야벳과 노아의 아내와 세 며느리가 다 방주로 들어갔고 그들과 모든 들짐승이 그 종류대로, 모든 가축이 그 종류대로, 땅에 기는 모든 것이 그 종류대로, 모든 새가 그 종류대로 무릇 생명의 기운이 있는 육체가 둘씩 노아에게 나아와 방주로 들어갔으니 들어간 것들은 모든 것의 암수라 하나님이 그에게 명하신 대로 들어가매 여호와께서 그를 들여보내고 문을 닫으시니라" 아멘. 방주에 사람 여덟이 탑니다. 이어 모든 들짐승과 가축과 기는 모든 것과 새가 '종류대로' '암수로' 들어갑니다. 다시 땅을 채울 수 있도록 '종류대로, 암수로' 들어갑니다. 문이 닫히고 일주일 뒤 홍수가 시작됩니다(7:17).

분명 아담은 엄청난 선물과 축복을 받았습니다. 나라를 건설할 만큼 넓은 땅에, 셀 수 없이 많은 생물과 식물, 풍부한 지하자원과 가능성을 받았습니다. 생육, 번성, 충만, 정복, 다스림의 복, 차별화된 먹거리의 복, 완수하고 쉬는 복까지 모두 받았습니다. 자신이 한 것은 하나도 없었습니다. 금수저도 아니었습니다. 그는 티끌에서 나왔습니다. 흙에서 나왔습니다. 아직 성숙하지는 못했습니다. 그러나 성숙은 하루아침에 이뤄지는 것이 아닙니다. 하루에 백 살을 먹을 수는 없습니다. 입학한 날 졸업할 수는 없습니다. 하나님의 작품이고 하나님의 생기가 있으며 하나님의 형상을 따라 지어졌고 세 가지 복까지 약속으로 받았지만, 성장과 성숙은 그의 몫으로 남아 있었습니다. '좋고 해로움의 지식 나무 열매'를 먹지 않고, 하나님께서 주신 사명인 '경작'을 하면서 주어진 복이 열매를 맺도록 힘써야 했습니다.

생육과 번성에 마음을 기울여야 했고, 주신 땅이 자손들로 가득 차는 것에 관심을 두어야 했습니다. 자신과 같이 하나님의 형상을 가진 사람들로 인해 땅이 정복되고 다스려지도록 해야 했습니다. 그러나 아담의 어리석음으로 인해 땅은 사람으로 충만하지 못하고 물로 충만하게 됩니다. 창세기 7장 17절부터는 '물'이 주어인 문장이 많습니다. 17절을 읽습니다. "홍수가 땅에 사십 일 동안 계속된지라 물이 많아져 방주가 땅에서 떠올랐고" 아멘. '물이 많아져 방주가 땅에서 떠올랐다.' 이렇게 표현했지만, 직역하면 '물들이 많아졌습니다. 그러자 그들[즉, 물들]이 방주를 들었습니다. 그리고 땅으로부터 높이 올렸습니다.' 이렇게 됩니다. 이어지는 18절의 "물이 더 많아져 땅에 넘치매"의 주어가 '물들' 입니다. 직역하면, '그러자 물들이 강력해졌습니다. 그리고 땅 위에 심히 많아졌습니다.' 입니다. 19절의 앞부분인 "물이 땅에 더욱 넘치매"를 직역하면, '물이 땅 위에서 매우 심히 강력해졌습니다.' 입니다. 20절의 "물이 불어서 십오 규빗이나 오르니"를 직역하면, '십오 규빗이나 위로 물들이 강력해졌습니다.' 입니다. 24절을 읽습니다. "물이 백오십 일을 땅에 넘쳤더라" 아멘. 직역하면, "물들이 백오십 날 동안 땅 위에서 강력했습니다." 입니다. 7장 17절부터 24절까지 '물들' 을 주어 삼은 문장을 통해, 물이 강력해져서 땅을 이겼다고 표현합니다.

하나님께서는 천지를 창조하시던 셋째 날에 물을 한곳으로 모으시고 뭍이 드러나게 하셨습니다. 1장 9-10절입니다. "하나님이 이르시되 천하의 물이 한 곳으로 모이고 뭍이 드러나라 하시니 그대로 되니라 하나님이 뭍을 땅이라 부르시고 모인 물을 바다라 부르시니 하나님이 보시기에 좋았더라" 아멘. 뭍이 드러났기 때문에 식물이 자라게 되었습니다. 식물을 먹이 삼아 살아갈 생물들이 살게 되었습니다. 물이 한곳으로 모이고 뭍이 드러나, 식물과 동물이 살 수 있게 된 것이 하나님 보시기에 좋았습니다. 그런데, 물이 땅을 뒤덮어 땅에 살던 것들이 더 이상 살 수 없게 되었습니다. 이것을 창세기 7장은 '물이 많아졌고 힘이 세졌다.' 이렇게 기술합니다.

물이 어떻게 많아졌고 힘이 세졌을까요? 7장 11-12절이 힌트를 줍니다. "노아가 육백 세 되던 해 둘째 달 곧 그달 열이렛날이라 그 날에 큰 깊음의 샘들이 터지며 하늘의 창문들이 열려 사십 주야를 비가 땅에 쏟아졌더라" 아멘. '큰 깊음의 샘들' 이 터졌습니다. 땅속에서 물이 솟습니다. '하늘의 창문들' 이 열립니다. 하나님의 천지창조 둘째 날에 하나님께서 궁창 위로 올리신 물입니다. 1장 6-7절에 있지요. "하나님이 이르시되 물 가운데에 궁창이 있어 물과 물로 나뉘라 하시고 하나님이 궁창을 만드사 궁창 아래의 물과 궁창 위의 물로 나뉘게 하시니 그대로 되니라" 아멘. 하나님께서는 뭍이 드러날 수 있도록 물을 재단(裁斷)하셨습니다. 대기 위로 물을 올리시고, 대기 아래 물도 한곳으로 모으셨습니다. 그런데 하나님의 재단이 풀리면서, 물이 뭍을 다시 덮어

버린 것입니다. 하나님의 은혜가 걷히자 본래 무질서의 상태로 돌아갔습니다. 힘의 균형이 깨졌습니다.

균형은 은혜입니다. 균형이 깨지면 어려움이 커집니다. 사람도 균형감각을 잃으면 자꾸 넘어집니다. 술에 취한 사람은 균형을 잘 잡지 못합니다. 성령에 취한 사람은 균형을 잘 잡습니다. 영육의 균형입니다. 피조물과 하나님 자녀 사이의 균형을 잘 잡습니다. '피조물' 의 자리는 우리를 동물과 유사한 자리로 내려놓습니다. 7장 2절에 매우 재미있는 표현이 나옵니다. "너는 모든 정결한 짐승은 암수 일곱씩, 부정한 것은 암수 둘씩을 네게로 데려오며" 아멘. 여기 '암수' 라는 표현이 나옵니다. 그런데 히브리어를 보면, '이쉬와 이솨' 를 사용했습니다. 이쉬와 이솨를 사람에게만 쓸 것 같은데, 정결한 짐승과 부정한 짐승에 사용한 것입니다.

창세기 7장 3절을 보면, "공중의 새도 암수 일곱씩을 데려와 그 씨를 온 지면에 유전하게 하라" 했는데, 여기서 '암수' 는 '이쉬와 이솨' 가 아닙니다. '자카르, 너께바' 입니다. 본래는 '암수' 가 아니고 '수암' 이죠. 수컷과 암컷입니다. 더 재미있는 것도 있습니다. 창세기 1장 27절에 "하나님이 자기 형상 곧 하나님의 형상대로 사람을 창조하시되 남자와 여자로 창조하시고" 이렇게 되어있는데, 이 구절의 '남자와 여자' 가 '이쉬와 이솨' 가 아니고 '자카르와 너께바' 라는 사실입니다. '수컷 웅' 과 '암컷 자' 를 합쳐 '웅자' 라고 번역하면 딱 좋을 표현입니다. 흥미롭게도 남녀평등을 표현한 갈라디아서 3장 28절을 보면, 바울 사도가 '남자와 여자' 가 아니라 '수컷과 암컷' 으로 사람을 표현했다는 것입니다. "너희는 유대인이나 헬라인이나 종이나 자유인이나 남자나[남자와] 여자나 다 그리스도 예수 안에서 하나이니라" 아멘. 헬라어로 '남자와 여자' 하는 표현이 아니라, '수컷과 암컷' 이라는 표현이 여기에 사용됩니다. 바울 사도는 창세기 1장 27절의 표현을 가리키려고 '수컷과 암컷' 이라는 표현을 일부러 사용했다고 보는 것이 맞을 것입니다.

이처럼, 성경은 사람에게도 '수컷과 암컷' 이라는 표현을, 짐승에게도 '남자와 여자' 를 사용했지만, 대부분의 번역서는 사람에게 쓰인 단어와 동물에게 쓰인 단어를 구분 지으려 노력했습니다. 피조물의 자리로 내려오는 것이 부담스러운 것입니다. 창세기 7장 22절도 보시면, 사람을 포함한 모든 생물을 한 가지로 표현합니다. "육지에 있어 그 코에 생명의 기운의 숨이 있는 것은 다 죽었더라" 아멘. 코에 '생명의 기운의 숨이 있는 것' 이 앞에 있는 21절에 소개됩니다. '새와 가축과 들짐승과 땅에 기는 모든 것' 과 '모든 사람' 입니다.

전도자의 지혜가 여기에 있습니다. 전도서 3장 19-21절입니다. "인생이 당하는 일을 짐승도 당하나니 그들이 당하는 일이 일반이라 다 동일한 호흡이 있어서 짐승이 죽음 같이 사람도 죽으니 사람이 짐승보다 뛰어남이 없음은 모든 것이 헛됨이로다 다 흙으로 말미암았으므로 다 흙으로 돌아가나니 다 한 곳으로 가거니와 인생들의 혼은 위로 올라가고 짐승의 혼은 아래 곧 땅으로 내려가는 줄을 누가 알랴" 아멘. '피조물' 과 '하나님의 자녀' 라는 두 가지 지위의 균형을 잘 잡는 사람이 신령한 사람입니다. '균형을 잘 잡는다.' 하는 말은 '피조물' 과도 동일시할 수 있고, '하나님의 자녀' 와도 동일시할 수 있지만, 그 둘과 다른 지점에 자신을 위치시킬 수 있다는 말입니다.

다음은 노아가 육백 세이던 홍수 당시 일정입니다. 월일은 음력입니다.

2월 10일에 노아 가족과 모든 생물이 방주로 들어감(7:11 참조).

2월 17일에 큰 깊음의 샘들이 터지고 하늘의 창문들이 열리고 비가 오기 시작함(7:11).

2월 17일부터 40일간 비가 옴(7:12).

3월 27일에 비가 그침(7:12 참조).

2월 17일부터 7월 17일까지 다섯 달 동안 물이 세력을 얻음(7:24).

7월 17일에 방주가 아라랏산에 머무름(8:4). 물이 줄어들고 있음을 보여줌.

10월 1일에 산들의 봉우리가 보임(8:5).

11월 11일에 노아가 창문을 열고 까마귀를 내놓음(8:6). 까마귀는 땅이 마른 다음 해 2월 27일까지 방주와 방주 바깥을 왕래함(8:7, 14).

11월 중순부터 12월 말 사이에 노아가 비둘기를 세 번 내보냄(8:8-12).

다음 해 1월 1일에 노아가 방주 지붕을 걷어냄(8:13). 방주가 불필요함을 확실하게 깨달음.

2월 27일에 땅이 마름(8:14). 방주에서 나옴.

방주에서 나온 노아에게 하나님께서는 '무지개'를 언약으로 주십니다(9:13-17). 그러나, 노아는 긍휼 부족으로 가나안을 저주하게 됩니다. 9장 25절입니다. "이에 이르되 가나안은 저주를 받아 그의 형제의 종들의 종이 되기를 원하노라 하고" 아멘. 마음이 어렵습니다. 왜 하나님의 축복이 축복되지 못하고, 하나님이 원하시는 채움이 땅과 하늘에 채워지지 못할까요?

방주에서 나온 노아의 아들들은 다시 땅을 채우기 시작합니다. 그러나 이제는 다른 복병이 '채움'을 방해합니다. 11장 3-4절을 읽습니다. "서로 말하되 자, 벽돌을 만들어 견고히 굽자 하고 이에 벽돌로 돌을 대신하며 역청으로 진흙을 대신하고 또 말하되 자, 성읍과 탑을 건설하여 그 탑 꼭대기를 하늘에 닿게 하여 우리 이름을 내고 온 지면에 흩어짐을 면하자 하였더니" 아멘. 땅을 채우는 대신 성과 탑을 하늘 쪽으로 건설하려 합니다. 채우지 않고 쌓으려 합니다. 하나님의 형상과 모양이 아니라 자신들의 이름을 내려 합니다. 온 땅을 채우는 하나님의 축복을 '흩어짐'으로 봅니다. 한 번 더 '채움'에 실패한 이들에 대한 하나님의 반응은 '기회 주심'이었습니다. '흩어짐'이었습니다. 11장 9절입니다. "그러므로 그 이름을 바벨이라 하니 이는 여호와께서 거기서 온 땅의 언어를 혼잡하게 하셨음이니라 여호와께서 거기서 그들을 온 지면에 흩으셨더라" 아멘.

이런 가운데 '낳았더라'에 집중한 노아의 아들 집안이 있었습니다. 셈의 집안입니다. 그 집안에서 데라가 태어났고 그 집안에서 아브람이 태어납니다. 이제 우리는 데라 집안에 태어난 아브람이 갈 바를 알지 못하나 하나님의 인도를 따라 이동하는 이야기를 읽습니다. 온 땅을 믿음으로 채울 하나님 백성의 원조입니다. 그의 순종과 믿음을 하나님께서 얼마나 기뻐하셨으면 그의 믿음을 '의'로 여기셨습니다. 이제 '죄와 저주'가 채워지지 않고 '의와 복'이 차는 길이 열립니다. 15장 6-7절입니다. "아브람이 여호와를 믿으니 여호와께서 이를 그의 의로 여기시고 또 그에게 이르시되 나는 이 땅을 네게 주어 소유를 삼게 하려고 너를 갈대아인의 우르에서 이끌어 낸 여호와니라" 아멘.

하나님께서 때와 시기에 맞춰 일하신다는 것을 깨달은 아브람이 장차 있게 될 일에 대해 징표를 구합니다(15:8). 아직 태어나지도 않은 자손들에게 이 땅을 기업으로 주신다고 하시니, 증표를 구합니다. 증표라도 달라는 거죠. 그래서 하나님께서 증표로 주신 것이 창세기 15장 9절 이하에 소개됩니다. 삼 년 된 암소 한 마리, 삼 년 된 암 염소 한 마리, 삼 년 된 숫양 한 마리, 산비둘기 암컷 한 마리, 집비둘기 수컷 한 마리가 준비됩니다. 암소, 암염소, 수염소는 가운데를 쪼개어 마주 보도록 놓습니다. 날짐승이 제물을 손상하지 못하도록 아브람이 지킵니다.

날이 저뭅니다. 해질 때입니다. 피곤한 아브람에게 깊은 잠이 임합니다. 이때 두려움과 짙은 흑암도 임합니다. 흑암 가운데 하나님께서 임하셔서 말씀하십니다(15:13-16). 아직 아브람의 몸에서 씨가 나지 않았는데, 하나님께서는 '씨'와 씨로 이뤄질 '그들'에 대해 말씀하십니다. 15장 13절의 '자손'은 '씨'의 번역입니다. 아브람의 자손에 대한 표현은 12장부터 계속 '씨'라는 단어로 표현됩니다(12장 7절, 13장 15-16절, 15장 5, 13, 18절 등 참조). 아브람의 '씨앗들'인 그들이 400년 동안 나그네로 살 것을 말씀하십니다. 그들뿐 아니라 그들 주변에 대한 말씀도 주십니다. 아브람의 씨는 400년 동안 그들을 섬길 것입니다. 섬김을 받은 그들은 아브람의 씨를 낮출 것입니다. 하나님께서는 섬김을 받는 그들을 심판하실 것입니다. 아브람의 씨는 큰 재산을 가지고 나올 것입니다. 아브람은 평안히 죽고 장사 될 것입니다. 네 번째 세대가 돌아올 것입니다.

아브람의 역할이 있고, 아브람 씨의 역할이 있으며, 주변인의 역할이 있고, 하나님의 역할이 있습니다. 400년이라는 시간이 있습니다. 아브람은 이제 겨우 십 년 정도 하나님을 경험했습니다. 그런 아브람에게 하나님께서는 400년 이상 되는 시간에 대해 말씀하십니다. 아브람은 이제 겨우 자기 몸에서 자기 상속자가 날 것을 믿습니다. 그런 아브람에게 하나님께서는 그들이 나그네로 400년이나 어렵게 지낼 것을 말씀하십니다.

믿음이란 이런 것입니다. 신뢰가 없으면 무슨 말을 해도 의미가 없습니다. 믿지 않으니까요. 그러나 신뢰가 있으면 400년 이후의 일도 말할 수 있습니다. 아직 태어나지도 않은 사람들에 대해서도 말할 수 있습니다. 아브람이 하나님을 믿기 때문에 가능한 대화입니다. 아브람은 하나님을 믿었고 증표를 구했으며, 증표가 손상되지 않도록 솔

개를 쫓았습니다.

새를 쪼개지 않은 것은 문제 되지 않습니다. 이후 본문이기는 하지만, 레위기 5장 8절을 보면, "제사장은 그 속죄제물을 먼저 드리되 그 머리를 목에서 비틀어 끊고 몸은 아주 쪼개지 말며" 이렇게 규정하여, 산비둘기나 집비둘기의 경우 몸을 쪼개지 말라고 하셨습니다. 하나님께서 눈에 보이는 증표를 아브람에게 주신 것이 중요합니다. 홀로 제물 사이를 지나가셔서 홀로 담당하시겠다고 하신 것입니다. 아브람은 믿기만 하면 되었습니다. 아브람이 믿기만 하면 하나님께서는 계속 일하실 작정이셨습니다.

애굽에서의 종살이에 대해 말씀하신 하나님께서는 시간이 조금 더 지난 다음에 언약을 세우십니다. 15장 17절입니다. "해가 져서 어두울 때에 연기 나는 화로가 보이며 타는 횃불이 쪼갠 고기 사이로 지나더라" 아멘. 하나님께서 '연기 나는 화로'와 '불타는 횃불'의 모습으로 쪼개진 제물 사이를 지나가셨습니다. 이어 18-21절에는 하나님의 언약이 소개됩니다. 애굽의 나일강부터 우르가 있는 유브라데강까지가 아브람 자손의 기업이 될 것입니다. 아브람은 우르에서 나왔습니다. 그런데 하나님께서는 우르까지 아브람 자손의 땅이 될 것이라고 하십니다. 그가 기근을 피해 갔던 애굽강까지 그의 기업이 된다고 하십니다. 한 마디로 아브람이 바라본 땅은, 발로 밟은 곳은 모두 그의 기업이 될 것이라고 약속하신 것입니다. 이는 롯이 떠난 다음에 하나님께서 주신 약속이기도 합니다. "너는 눈을 들어 너 있는 곳에서 북쪽과 남쪽 그리고 동쪽과 서쪽을 바라보라 보이는 땅을 내가 너와 네 자손에게 주리니 영원히 이르리라"(13:14-15) 아멘. "너는 일어나 그 땅을 종과 횡으로 두루 다녀 보라 내가 그것을 네게 주리라" (13:17) 아멘.

아브람이 생각하지 못했던 축복입니다. 보기만 해도, 발로 지나가기만 해도 기업이 된다는 약속입니다. 이 약속이 예수 그리스도 안에서 이뤄졌습니다. 아버지께서 주신 사람을 예수님은 하나도 잃지 않으십니다(요 6:37-40). 그리스도를 바라보는 사람은 누구라도 영원한 생명을 얻습니다. 그러기에 믿는 사람은 아무 데나 자리 잡지 않고 아무나 바라보지 않습니다. 주님 주신 자리에 앉고, 주님 주신 사람을 바라봅니다. 내가 원하는 자리가 아닌, 주님이 주신 자리입니다. 내가 원하는 사람이 아니라, 주님이 붙여주시는 사람입니다. 교회도 주님이 정해주시는 교회에 다닙니다.

주님 주신 자리에 있는 것이 믿음입니다. 믿는 사람의 마음에 의문이 들기도 하고, 질문도 생깁니다. 불만이 있을 수 있습니다. 그러나 하나님께서는 단계에 맞게 말씀하시고 수준을 높이시고 경험을 주십니다. 우리는 역사의 한 시점에 있지만, 믿음으로 과거도 보고 미래도 봅니다. 그러면서 현재를 살아갑니다. 믿음에는 역사가 있고 신뢰가 있고 소망이 있습니다. 역사가 없는 믿음은 자기 확신일 수 있습니다. 신뢰가 없는 믿음은 자기기만일 수 있습니다. 자기를 속이는 것입니다. 거짓됩니다. 소망이 없는 믿음은 죽은 믿음입니다. 미래가 없는 믿음입니다. 믿음은 흘러온 과거가 있고 흘러갈 미래가 있습니다. 신뢰의 대상인 하나님이 있습니다. 믿음 안에서 살기에 소망과 기쁨이 있습니다. 부족해도 괜찮습니다. 그 수준에서 합격이면 됩니다.

그런데 의와 복으로 온 땅을 채울 아브람과 사래가 불임입니다. 이에 하갈을 통해 이스마엘을 낳으나, 이는 약속의 아들이 아닙니다. 우리가 읽을 20장까지 읽어도 이삭의 태어남은 없습니다. 그러나 그들의 이름이 바뀝니다. 17장 5절과 15-16절입니다. "이제 후로는 네 이름을 아브람이라 하지 아니하고 아브라함이라 하리니 이는 내가 너를 여러 민족의 아버지가 되게 함이니라 … 하나님이 또 아브라함에게 이르시되 네 아내 사래는 이름을 사래라 하지 말고 사라라 하라 내가 그에게 복을 주어 그가 네게 아들을 낳아 주게 하며 내가 그에게 복을 주어 그를 여러 민족의 어머니가 되게 하리니 민족의 여러 왕이 그에게서 나리라" 아멘. 할례 언약도 주어집니다(17:9-14). 이삭이 태어나기 전에 소돔과 고모라가 '비워지는' 일도 발생했네요(19장). 그러나 소돔과 고모라를 위해 기도하는 아브라함의 모습에서 충분하지는 않으나 긍정적인 변화를 읽습니다. '의인이 악인을 위해 죽는 복음'에는 미치지 못하나, '의인이 악인과 함께 죽는 것에 대한 부담감'을 읽습니다. 18장 23절입니다. "아브라함이 가까이 나아와 이르되 주께서 의인을 악인과 함께 멸하려 하시나이까" 아멘.

롯의 아버지가 누구입니까? 아브람의 형제 하란입니다. 창세기 11장 27-28절을 보면, "데라는 아브람과 나홀과 하란을 낳고 하란은 롯을 낳았으며 하란은 그 아비 데라보다 먼저 고향 갈대아인의 우르에서 죽었더라" 했습니다. 롯의 아버지 하란은 갈대아의 우르에서 죽었습니다. 아브람의 다른 형제 나홀은 하란의 딸 밀가와 결혼했습니다.

다시 말해, 하란의 딸 밀가는 삼촌 나홀의 아내가 되었고 하란의 아들 롯은 삼촌 아브람을 따라 가나안까지 왔습니다.

아브람에게 있어서 롯은 남자 형제의 아들입니다. 아버지보다도 더 먼저 죽은 남자 형제의 아들을 데리고 가나안까지 왔습니다. 그리고 기근을 피해 갈 때 애굽에도 데려갔습니다. 그런데 애굽에 갔다 오니 롯도 부자가 됩니다. 창세기 13장 5절을 보면 "아브람의 일행 롯도 양과 소와 장막이 있으므로" 했습니다. 사라로 인해 바로에게서 받은 가축과 재물을 아브람이 롯에게 나눠준 것이 분명합니다. 롯은 어떤 희생을 하거나 수고한 것이 없었습니다. 단지 삼촌 아브람을 따라온 것뿐이었습니다. 그러나 아브람은 그에게 재산을 나눠주었습니다. 그런데 다툼이 일어난 것입니다.

이유가 무엇이었습니까? 13장 6절에 나옵니다. "그 땅이 그들이 동거하기에 넉넉하지 못하였으니 이는 그들의 소유가 많아서 동거할 수 없었음이니라" 아멘. 7절에 보면 그때 거기에는 가나안 사람과 브리스 사람도 거주하고 있었습니다. 그러다 보니 떠돌이 아브람과 롯이 거주할 만한 땅이 그리 넓지 않았습니다. 애굽으로 내려가기 전에는 그러지 않았습니다. 12장 8절을 보면, 아브람과 롯은 벧엘과 아이 사이에서 잘 지냈습니다. 떠돌이들이 지낼 만한 땅이 많지 않아 다툼이 생긴 것입니다. 그 땅이 좁아서라기보다는 그들의 재산이 많아져서, 집보다 살림이 많아서, 문제가 생겼습니다.

살림이 많다고 꼭 다퉈야 하는 것은 아닙니다. 더 큰 집으로 이사 가면 됩니다. 다른 데로 옮기면 됩니다. 그러나 부자가 된 롯은 삼촌을 따라다닐 이유가 사라졌습니다. 부자가 되었기 때문입니다. 삼촌 재산을 보고 따랐는데, 이제 자신도 부자가 되었으니, 그 재산이 필요하지 않았습니다. 되려 자기 재산을 유지하고 증식시키려니 삼촌이 걸림돌이 되었습니다. '아브람의 양과 소가 먹는 목초와 마시는 물을 자신의 양과 소가 먹고 마시면, 자신은 더욱 부자가 될 텐데' 생각했습니다.

그래서 갈라서자는 말에 두말하지 않고 갈라서기로 결심합니다. 아브람과 롯의 방향이 달랐다는 것은, 롯이 동쪽인 요단강 쪽을 선택한 것을 통해서도 알 수 있습니다. 아브람의 이동 경로는 남북이었습니다. 가나안에 온 롯은 세겜, 벧엘, 남방, 애굽, 다시 벧엘, 그리고 13장 마지막 절에 있는 헤브론으로 갑니다. 이동 경로를 보시면 아브람은 남북으로 이동했습니다. 그러므로 아브람이 9절에서 "네 앞에 온 땅이 있지 아니하냐 나를 떠나가라 네가 좌하면 나는 우하고 네가 우하면 나는 좌하리라" 이렇게 말할 때 아브람이 말하는 좌우는 남북을 가리켰을 가능성이 높습니다. '네가 세겜 쪽으로 가면 나는 헤브론 쪽으로 가마. 네가 헤브론 쪽으로 가면, 나는 세겜 쪽으로 가마.' 이런 식의 제안이었습니다.

그런데 롯은 요단강이 있는 동쪽을 선택합니다. 다시 말해 롯의 좌우는 동서였습니다. 동쪽이냐, 서쪽이냐가 롯의 입장이었습니다. 동쪽에는 롯의 아버지가 죽은 우르가 있습니다. 롯에게 서쪽은 삼촌을 따라온 땅이 있는 방향입니다. 롯은 삼촌 아브람의 이동 경로에 있고 싶지 않았습니다. 그는 하란의 아들이었지, 아브람의 상속자가 아니었습니다. 그런 줄도 모르고, 아브람은 '본토와 친척과 아버지 집'을 떠나라는 말씀을 준행하는 과정에서, 롯을 아들같이 여기고 데리고 다닌 것입니다. 아들은 데리고 다닐 수 있으니까요. 아브람은 롯의 선택을 보고 롯의 마음이 자기에게 없다는 것을 분명하게 알았을 것입니다.

그런데도 롯이 동쪽의 왕들에게 잡혀갔다는 말을 듣고는 단까지, 다메섹 왼편 호바까지 구하러 간 것입니다. 헤브론에서 단까지는 직선거리만 200킬로미터입니다. 실제 거리는 400킬로미터는 잡아야 합니다. 호바까지는 직선거리만 260킬로미터입니다. 아브람은 목숨 걸고 승리한 전쟁에서 재물을 얻지 않습니다. 십일조는 멜기세덱 제사장에게 주고, 자기와 동맹한 자들의 몫을 챙겨줄 뿐이었습니다. 아브람의 목적은 전쟁에서의 승리도, 재물도 아니었습니다. 조카 롯이었습니다. 조카 롯을 구하기 위해서라면 강력한 네 나라 왕들과의 전쟁도 불사하는 아브람입니다.

하지만, 롯은 전쟁 포로로 끌려간 자신을 구해준 아브람에게로 돌아오지 않습니다. 오죽하면 이어지는 15장에서 아브람은 하나님께 이렇게 얘기합니다. "주 여호와여 무엇을 내게 주시려 하나이까 나는 자식이 없사오니 나의 상속자는 이 다메섹 사람 엘리에셀이니이다"(15:2). "주께서 내게 씨를 주지 아니하셨으니 내 집에서 길린 자가 내 상속자가 될 것이니이다"(15:3). 아브람의 마음이 얼마나 상했는지 알 수 있습니다. 그동안 아브람은 하나님께 불만을 표현하지 않았습니다. 그러던 그가 롯을 구한 다음에는 하나님께 불만을 토로합니다. 자신이 자식이 없다고 하더니, 주님이 내게 씨를 주지 않으셨다고 말합니다.

어쩌면 아브람은 '자기가 전쟁 포로 상태에서 구해주면, 롯이 다시 돌아올 것' 으로 기대했을 수 있습니다. 하지만, 롯은 삼촌을 따라오지 않고 소돔에 계속 머뭅니다. 창세기 19장에 소개된, 소돔이 멸망 당할 때의 모습을 보면, 당시 롯은 부자가 아니었습니다. 롯에게 속한 자는 아내와 두 딸과 결혼할 두 사위뿐이었습니다. 남종이나 여종도 없었습니다. 사람들은 롯을 무시했습니다. 함부로 대할 만큼 롯은 그들의 눈에 하찮게 보였습니다. 그럼에도, 롯은 아브람에게 돌아오지 않았습니다.

소돔이 멸망하기 전, 아브라함은 하나님께 심각하게 기도했습니다. "주께서 의인을 악인과 함께 멸하려 하시나이까"(18:23) 이렇게 시작한 그의 기도는 "내가 십 명으로 말미암아 멸하지 아니하리라"(18:32) 하시는 하나님의 대답을 듣고서야 끝납니다. 아브라함이 왜 그렇게 따지듯 하나님께 기도했습니까? 이유는 하나뿐입니다. 롯 때문입니다. 소돔이 망할 때 롯도 망할까 봐, 그리 기도한 것입니다. 그만큼 아브람은 롯을 사랑했습니다. 당시 아브람에게는 이스마엘이 있었습니다. 그럼에도, 롯을 사랑했기에 그가 망하지 않기를 원했습니다. 하나님은 이것을 알고 계셨습니다. 19장 29절입니다. "하나님이 그 지역의 성을 멸하실 때 곧 롯이 거주하는 성을 엎으실 때에 하나님이 아브라함을 생각하사 롯을 그 엎으시는 중에서 내보내셨더라" 아멘. 롯이 의로워서가 아니었습니다. 아브라함 때문에 롯을 살려서 내보내셨습니다.

그런데 이때도 롯은 삼촌에게 돌아가지 않습니다. 아내는 소금기둥이 되고 두 딸과 함께 굴에 거주하면서도 삼촌에게 돌아가지 않았습니다. 지독합니다. 롯의 후손은 나중에 모압과 암몬 자손이 됩니다. 모압과 암몬은 이스라엘 자손에 대해 지독하리만큼 배타적이었습니다. 이 점에서 모압 여인 룻은 특별합니다. 롯과 룻이 발음은 비슷하지만 의미는 많이 다릅니다. 롯은 '싸다, 덮다' 를 의미하는 단어에서 나왔습니다. 롯은 '싸는 자, 가리는 자' 입니다. 룻은 '만족하는 자' 입니다. 롯은 아브람의 상속자가 되는 것에 만족할 수 없었습니다. 자신이 뭔가를 이루고 싶었습니다. 롯은 자기 것을 챙기는 자였습니다. 나눔이 없는 자였습니다. 소돔 사람들이 롯에게 뭐라 말했습니까? 19장 9절입니다. "이 자가 들어와서 거류하면서 우리의 법관이 되려 하는도다 이제 우리가 그들보다 너를 더 해하리라" 말합니다. 롯은 소돔 사람에게서조차 인심을 얻지 못했습니다. 정말 불쌍한 사람입니다.

롯을 향한 아브람의 사랑은 짝사랑이었습니다. 성경은 롯을 향한 아브람의 사랑을 이렇게 표현합니다. 19장 27-28절입니다. "아브라함이 그 아침에 일찍이 일어나 여호와 앞에 서 있던 곳에 이르러 소돔과 고모라와 그 온 지역을 향하여 눈을 들어 연기가 옹기 가마의 연기같이 치솟음을 보았더라" 아멘. 아브람이 롯을 포기하는 순간입니다. 롯으로 상속자 삼는 것은 벌써 포기했고, 아브람에게는 이스마엘이 있었습니다. 하지만, 롯에게 마음을 많이 주었던 아브람이 롯을 향한 마음을 접는 순간입니다. 롯을 향한 마음이 완전히 접힌 다음에야 비로소 이삭이 태어납니다.

이처럼 아브람에게 롯은 특별했습니다. 자식과 같은 사람이죠. 그런데 롯에게 아브람은 특별하지 않았습니다. 잠시 따랐던 사람일 뿐이었습니다. '어떻게 그럴 수가 있나?' 할 정도로, 일단 부자가 된 다음에는 아브람에게 다가가지 않았습니다. 그리고 나중에 힘을 얻은 다음에는 이스라엘이 저주 받기를 원하는 그룹이 됩니다. 모압 왕 발락이 발람을 초청하여 '이스라엘을 저주하면 존귀하게 해 주겠다.' (민 22:6, 16-17) 하는 말에, 롯의 진심이 배어있습니다.

그러니 정말 바보 같은 아브람이죠. 아내 사래 대신에 조카 롯을 선택했으니까요. 사래는 아브람의 이복누이라고 했습니다. 20장 12절입니다. "또 그는 정말로 나의 이복 누이로서 내 아내가 되었음이니라". 히브리어 본문을 보면, '이복누이' 라는 표현을 풀어 설명하고 있습니다. '그녀는 내 아버지의 딸로 내 자매이다. 그러나 내 어머니의 딸은 아니다.' 이렇게요. 아브람과 사래 사이에는 두 가지 관계가 왔다 갔다 했습니다. 여동생과 아내입니다. 이복누이와 아내입니다. 이복누이가 먼저였고 아내는 나중에 생성된 관계입니다.

아브람이 사래를 '누이' 라고 한 부분에 대해 많은 분이 당황해하기도 하고 분(憤)도 내십니다. 그런데, 사래는 실제로 아브람의 이복누이였습니다. 누이가 부인이 된 거죠. 우리 가운데 그런 부부는 없을 것입니다. 아브람의 문제는 아내가 된 사래를 종종 누이로 돌린 것이었습니다. 누이라는 혈연관계와 아내라는 언약 관계를 왔다 갔다 한 것입니다. 혈연관계가 더 끈끈합니까? 언약 관계가 더 끈끈합니까? 피는 물보다 진하다는 말이 있지요. 그러나 성경은 혈연관계보다 언약 관계가 더 진하다고 말합니다. "이러므로 남자가 부모를 떠나 그의 아내와 합하여 둘이 한 몸을 이룰지로다" (창

2:24) 아멘.

고라는 모세와 아론을 반역하여 죽었지만, 고라 자손은 살았습니다(민 16:32-33; 26:11). "영접하는 자 곧 그 이름을 믿는 자들에게는 하나님의 자녀가 되는 권세를 주셨으니 이는 혈통으로나 육정으로나 사람의 뜻으로 나지 아니하고 오직 하나님께로부터 난 자들이니라"(요 1:12-13) 아멘. 예수님 말씀입니다. "내가 온 것은 사람이 그 아버지와, 딸이 어머니와, 며느리가 시어머니와 불화하게 하려 함이니 사람의 원수가 자기 집안 식구리라 아버지나 어머니를 나보다 더 사랑하는 자는 내게 합당하지 아니하고 아들이나 딸을 나보다 더 사랑하는 자도 내게 합당하지 아니하며 또 자기 십자가를 지고 나를 따르지 않는 자도 내게 합당하지 아니하리라"(마 10:35-38) 아멘.[4)]

세상은 혈연관계를 언약 관계보다 더 끈끈하게 봅니다. 실제로 '혈연관계'는 하나의 단어로 띄어 쓰지 않지만, '언약 관계'는 '언약' 띄고 '관계'를 씁니다. 예수님이 베드로에게 말씀하셨습니다. "시몬아, 시몬아, 보라 사탄이 너희를 밀까부르듯 하려고 요구하였으나 그러나 내가 너를 위하여 네 믿음이 떨어지지 않기를 기도하였노니 너는 돌이킨 후에 네 형제를 굳게 하라"(눅 22:32) 아멘.

아브람은 사래에 대해, 누이라는 혈연관계보다는 아내라는 언약 관계가 하나님 앞에서는 훨씬 더 끈끈하고 중요한 관계라는 인식을 가졌어야 했습니다. 그런데 위기 앞에 서면 언약 관계가 흔들리고 혈연관계로 돌아갔던 것입니다. 그래서 바로에게 사래를 내줄 때는 오빠로서 사래를 내준 것입니다. 그런데 성경은 처음부터 끝까지 사래는 아브람의 아내라고 소개합니다. 11장 31절을 보세요. "데라가 그 아들 아브람과 하란의 아들인 그의 손자 롯과 그의 며느리 아브람의 아내 사래를 데리고 갈대아인의 우르를 떠나 가나안 땅으로 가고자 하더니 하란에 이르러 거기 거류하였으며" 이렇게 소개합니다. 사래는 데라의 딸입니다. 그런데 사래를 '그의 며느리 아브람의 아내'라고 소개합니다.

한편, 사래는 아브람을 오직 남편으로만 생각합니다. 아브람의 자녀를 낳고 싶어 하는 그의 열정을 보면 알 수 있습니다. 한편, 아브람은 애굽에서 사래와의 부부관계가

---

4) 이 부분에 대한 설명은 제49과를 보세요.

얼마나 중요한지, 하나님께서 얼마나 중요하게 여기시는지를 확인했음에도 불구하고, 하갈을 통해 이스마엘을 낳았기에 그랬는지, 창세기 20장에 보면, 아비멜렉에게 사라를 내주는 우(愚)를 범합니다.

성부와 어린양으로 채워진 요한계시록 22장에서 창세기로 넘어오는 것은 '후퇴'와 같지만, '근본'을 알 수 있는 유익이 있습니다. '의와 복으로 채우시려는 하나님'과, '미혹에 빠져 죄와 저주로 땅을 채우는 인생'을 읽으며 무슨 생각이 드십니까? 예수님을 모시지 않으면 모든 인생은 '죄와 악으로 세상을 채우는 삶'을 살 수밖에 없습니다. 성경통독을 통해 무엇을 비우고 무엇을 채울 지를 한 번 더 생각할 수 있기를 바랍니다.

질의와 응답

하나. "성경 개관에 있어서 교수님이 읽어가는 관점은 무엇입니까?"

정해놓은 것은 없습니다. 스물한 장에 어떤 제목을 부여할지 고민합니다. 책과 책이 얽히더라도 스물한 장 안에서 흐름을 찾아보려고 하는데, 의외로 도움이 됩니다.

둘. "도입시 마지막 줄에서 '광야에서 씨앗을 본다'고 하셨는데, 왜 씨앗입니까?"

백성과 씨가 중요해서 그렇게 표현했습니다. 셈은 아벨 대신에 주신 '다른 씨'였습니다(4:26). 여기 '씨(쩨라)'라는 단어가 이후로는 주로 '자손'으로 번역됩니다. 아브람에게 약속된 것도 '씨'였지요(예. 12:7). 아들이 둘 있는데, 이삭에게 '네 씨를 하늘의 별처럼 주었다.' 그렇게 말씀하시는 분이 하나님이십니다(26:4). 다윗에게도 '씨'가 약속됩니다(삼하 7:12). 씨앗에는 생명이 있습니다. 자손은 결과물 같은데, 씨앗은 원천처럼 느껴집니다.

셋. "창세기 1장 1-2절과 관련하여 '태초에 하나님께서 천지를 창조하셨는데, 그 땅이 비어 있었다.' 그렇게 기술하셨는데, 창세기 1장 1절과 2절의 연결을 어떻게 보시나요?"

1절을 제목처럼 이해했습니다. 지구 즉, 땅을 지은 내용이 다음에 나오기 때문입니다. 일반적인 진술을 먼저 하고 구체적인 진술이 이어지는 방식으로 쓰였다고 생각합니다. 하늘과 땅을 지으셨다는 내용이 1절에 소개된 다음에, 2절부터 구체적으로 소개되었다고 보는 것이지요. 그리고 히브리어 '욤'을 '하루'로 보아, 6일 창조를 지지합니다.

넷. "2장 6절의 '안개'를 '용천수'라고 하신 이유가 무엇입니까? 그리고 에덴을 높은 산으로 보는 근거가 무엇입니까?"

인용한 사전(*DCH* I, 118)을 보면, '안개'에 해당하는 히브리어 '에드'의 기본의미를 stream으로 잡고 창세기 2장 6절을 이렇게 번역합니다. "and a stream, or mist, would come up from the ground and it watered all the surface of the land". 안개로 땅을 적시기는 어려울 것 같습니다.

그리고 에덴에서 강이 네 개나 발원합니다. 그리고 설명한 것처럼, 나일강, 유프라테스강, 티그리스강 모두 큰 강입니다. 그런 큰 강이 네 개나 발원하려면 산이 높아야 한다고 생각했습니다.

다섯. "아담의 성숙 정도가 궁금합니다. '하나님께서는 아담과 그의 아내가 신령해지기 전에 좋고 해로움에 대한 지식 갖는 것을 원하지 않으셨습니다.' 이렇게 기술하시기 때문입니다."

히브리서 5장 14절("단단한 음식은 장성한 자의 것이니 그들은 지각을 사용함으로 연단을 받아 선악을 분별하는 자들이니라")과 고린도전서 2장 14-15절("육에 속한 사람은 하나님의 성령의 일들을 받지 아니하나니 이는 그것들이 그에게는 어리석게 보임이요, 또 그는 그것들을 알 수도 없나니 그러한 일은 영적으로 분별되기 때문이라 신령한 자는 모든 것을 판단하나 자기는 아무에게도 판단을 받지 아니하느니라")의 말씀을 통해, '선악을 분별하는 것'이 나쁜 것이 아니라고 여기게 되었습니다. 히브리서 5장 14절의 '연단'은 훈련을 가리킵니다. 초보를 떠나 온전함에 도달하는 과정입니다. 하나님과의 교제 가운데에서, 주신 말씀을 순종하면서, 연단의 과정을 밟는 것이 필요한 상태에 아담이 있었다고 생각합니다. 운동신경이 좋아도 운동을 배워야 하듯, 성숙의 가능성이 있더라도 성숙 되어야 하겠지요.

여섯. "아담과 관련하여 '아담은 아는 지식으로 사는 존재가 아니었습니다. 하나님의 형상과 그분이 부어주시는 생명으로 살아가는 존재였습니다.' 이렇게 설명하셨는데, 하나님의 말씀을 행하는 것을 선으로 볼 수는 없을까요?"

'선(善)' 은 하나님께 속했다고 볼 수 있습니다(눅 18:19). 의(義), 거룩함, 선 모두 하나님께 속한 것으로 보입니다. 그래서 하나님으로부터 받아야 인간이 의롭고 거룩하고 선할 수 있다고 생각합니다. 선악을 알게 하는 지식 나무의 실과를 먹은 아담은 두려워하며 책임을 전가했습니다. 선악 분별이 안 됩니다. 그러나 예수님의 살을 먹고 피를 마신 제자들은 성령을 받고 달라졌습니다.

일곱. "3장 15절과 관련하여, '세상을 죄로 채운 뱀과 여자 사이에, 뱀의 씨[후손]와 여자의 씨[후손] 사이에 미움이 있을 것입니다.' 이렇게 말씀하셨는데, 뱀의 씨를 어떻게 봐야 할까요?"

뱀도 증식 가능성이 있습니다. 요한계시록을 보면, 표를 받아 사탄에 속한 자가 됩니다. 악한 세력의 증식 방법입니다. 선의 증식 방법은 예수님의 '너희가 내 안에, 내가 너희 안에' 에서 발견됩니다. 연합과 사랑, 상호존중의 방식입니다. 예수님의 살과 피를 먹고 마시는 희생과 사랑의 연합 방식입니다.

여덟. "남자와 여자, 수컷과 암컷이라는 표현을 통해, 피조물과 동일시할 수도 있고, 하나님의 자녀와도 동일시할 수도 있는 균형에 대해 말씀하셨는데, '균형' 이 무엇입니까?"

지렁이 같은 야곱의 정체성과 제사장 나라라는 정체성, 하나님의 종이라는 정체성과 현실 속에서 받아들여지는 '하찮음' 의 정체성 사이의 균형을 생각합니다. 예수님의 양성과 관계있는 '하나님의 아들과 사람의 아들' 사이의 균형과 조화입니다. 담대함의 근거가 되는 정체성과 겸손할 수밖에 없게 만드는 정체성이 있습니다. 둘 다 '나' 의 정체성이라고 생각하고 살아갑니다.

아홉. “롯과 관련하여, ‘부자가 된 롯은 삼촌을 따라다닐 이유가 사라졌습니다. 부자가 되었기 때문입니다.’ 이렇게 기술하셨는데, 롯은 선택받지 못한 것입니까?”

일단 롯은 아브라함의 ‘씨’로 선택되지 못했습니다. 아브람은 그를 상속자로 여겼으나 하나님께는 아니었지요. 이 점에서 롯이 선택받지 못했다고 말할 수 있습니다. 그러나 하나님의 백성이 되는 선택은 롯에게도 열려 있습니다. 베드로후서 2장 8절에는 롯이 ‘의인’이라고 불리지요. 모압과 암몬은 이사야서, 예레미야서, 에스겔서 등에서 하나님의 백성과 서로 돕고 살아야 할 이웃으로 그려집니다. 다윗의 증조모 룻은 모압 여인이었습니다.

Weekly Reading

3

창세기 21-41장

"대를 이어"

창 21-23장	창 24-26장	창 27-29장	창 30-32장	창 33-35장	창 36-38장	창 39-41장

check

이번 통독은 이삭이 태어나는 창세기 21장부터 요셉이 애굽의 총리가 되는 창세기 41장까지입니다. 앞서 본 개요에 따르면, 데라 집안(11:27-25:11), 이스마엘 집안(25:12-18), 이삭 집안(25:19-35:29), 에서 집안(36:1-37:1), 야곱 집안(37:2-50:26)으로 이어지는 부분입니다. '대를 잇는다' 하는 것이 '선택과 탈락'을 의미하는 것은 아닙니다. 결국 하나님께서는 '열방'의 구원을 생각하시니까요. 대가 이어지는데 중요한 개념이 하나 있다면, '하나님 경외'입니다. 이 부분을 생각하고 산책하며 떠오른 상념을 '낙엽이 진다'로 표현해 보았습니다.

낙엽이 진다.

I.
가을이다.
나뭇잎들이 우수수 떨어진다.
겨우내 거름 되어 내년에 새싹 낼 힘이 될 것이다.

그러니 노랗게 구겨진 낙엽에서 새싹이 보인다.
봄날 투명한 연두색으로 돋았다가

진초록으로 평생을 일한 잎이다.

광합성으로 에너지, 수분, 산소 만들고
밤에는 이산화탄소를 배출한다.
그 덕에 나무는 자라고 열매를 맺는다.

나는 새싹은 아니다.
그렇다고 낙엽도 아니다.
새싹과 낙엽 그 어느 중간지점에 있다.

오늘도
시편 개관과 창세기 통독 설교를 준비하는 걸 보면
열심히 일하는 진초록 잎사귀이다.

그래도
몸이 구겨진다 느껴질 땐
낙엽에 가깝다.

머리에 흰 머리 늘어나고
쉼이 점점 더 많이 필요해지니
낙엽 될 준비에 나선다.

II.
데라가 진다.
아브라함이 자란다.
아브라함은 지는데 이삭이 자란다.

이삭이 지는데
에서와 야곱이 자라고
자녀손들이 난다.

데라는 하란에서 멈춰 섰지만

아브람은 가나안까지 오고
야곱은 애굽에 자리를 잡았다.

아브라함은 에서와 야곱까지 보았고
이삭은 요셉과 베냐민까지 보았고
야곱은 므낫세와 에브라임까지 보았다.

아브라함에게 하나님은 '엘 샤다이' 전능하신 하나님이고,
이삭에게 하나님은 언약의 하나님이고,
야곱에게 하나님은 갈망의 대상이었다.

아브라함은 이삭에게 복을 남겨 주었고
이삭은 야곱에게 언약을 전달했으며
야곱은 유다와 그의 형제들을 축복하였다.

새싹은 진초록 잎사귀가 되고
진초록 잎사귀는 낙엽이 되고
낙엽은 우리 모두의 힘이 된다.

아브라함은 이삭을 세웁니다. 먼저 태어났다고 하여 이스마엘을 세우지 않습니다. 이삭이 사라의 아들이기 때문입니다. 21장 8-12절입니다. "아이가 자라매 젖을 떼고 이삭이 젖을 떼는 날에 아브라함이 큰 잔치를 베풀었더라 사라가 본즉 아브라함의 아들 애굽 여인 하갈의 아들이 이삭을 놀리는지라 그가 아브라함에게 이르되 이 여종과 그 아들을 내쫓으라 이 종의 아들은 내 아들 이삭과 함께 기업을 얻지 못하리라 하므로 아브라함이 그의 아들로 말미암아 그 일이 매우 근심이 되었더니 하나님이 아브라함에게 이르시되 네 아이나 네 여종으로 말미암아 근심하지 말고 사라가 네게 이른 말을 다 들으라 이삭에게서 나는 자라야 네 씨라 부를 것임이니라" 아멘. 이 본문은 갈라디아서 4장에서 '율법 아래 있는 자'와 '약속의 자녀'를 구분하는 배경 본문이 됩니다.

사라	하갈
자유자	여종
예루살렘[시온 산]	시내 산
위에 있는 예루살렘	지금 있는 [땅에 있는] 예루살렘
잉태하지 못한 자(사 54:1)	[잉태한 자](사 54:1)
산고를 모르는 자(사 54:1)	[산고를 아는 자](사 54:1)
홀로 사는 자(사 54:1)	남편 있는 자(사 54:1)
이삭	**이스마엘**
자유 하는 여자에게서 난 자	여종에게서 난 자
약속으로 말미암아 남	육체를 따라 남
성령을 따라 난 자	성령을 따라 난 자 박해
성령을 따라 행하는 자	율법을 따라 행하는 자

누구를 세우느냐는 매우 중요합니다. 아브라함은 이삭을 세웠고 하나님께서는 이삭을 바치라고 하십니다. 세워진 자가 드려집니다(22:7-12). 이삭은 아버지 아브라함의 말에 철저히 순종합니다. 첫째 그는 삼일 길이나 가서 예배드리려는 아버지를 따라나섰습니다. 이것은 쉬운 일이 아닙니다. 왕복 육 일이나 걸리는 거리이므로 일주일은 걸릴 이 예배에 십 대로 추정되는 이삭이 따라나선 것입니다. 애들이 조금 크면 부모님과 함께 다니는 것도 골라서 가려고 합니다. 가고 싶은 데면 같이 가려고 하지만, 가기 싫은 데는 안 가려고들 합니다. 그런데 이삭은 하고 싶은 것이 분명히 있었겠지만, 아버지를 따라나섰습니다. 계획에 없었던 예배이었으므로 이미 했던 약속도 취소했었어야 했을지 모릅니다. 이삭은 아침 일찍 일어나야 했습니다. 그리고 계속 걸어야 했습니다. 그러나 이삭은 아버지를 따라갔습니다.

이삭의 하나님에 대한 신실함은 그와 아브라함의 대화에서 더 분명하게 나타납니다. 첫째로 이삭은 하나님께 예배드리는 일에 익숙하였습니다. 이삭이 아버지에게 묻습니다. "불과 나무는 있거니와 번제할 어린 양은 어디 있나이까"(22:7). 지혜로운 이삭의 질문에서 우리는 이삭이 예배드림에 익숙하다는 것과 동시에 그저 아버지를 따라나선

아들이 아니라, 예배자로서 함께 가고 있음을 알 수 있습니다.

이 점은 8절의 "두 사람이 함께 나아가서"라는 표현에서 더 확실히 확인할 수 있습니다. 이삭은 아버지가 무서워서 따라온 것도 아니었고 습관적으로 온 것도 아니었습니다. 하나님 앞에 예배하기 위해 온 것이었습니다. 그랬기에 번제할 어린 양에 관심이 있었습니다. 교회에 오는 차 안에서 여러분의 자녀가 "아버지, 어머니, 저는 제가 오늘 하나님께 예배드릴 수 있는 것은 예수님이 십자가에서 흘려주신 보혈 때문이라고 굳게 믿고 있어요. 저는 오늘도 예수님의 보혈로 깨끗하게 씻겨진 마음과 몸으로 하나님께 예배드리고 싶어요." 이렇게 말한다면 그 자녀는 예배자로서 함께 오고 있는 것이 분명할 것입니다.

또한, 이삭과 아브라함의 대화에서 우리는 이삭과 아브라함 사이의 친밀함을 느낄 수 있습니다. 이삭이 아브라함을 부릅니다. "내 아버지여"(22:7). 그냥 '아버지여' 가 아니라 '내 아버지여' 라고 부릅니다. 아브라함이 대답합니다. "내 아들아 내가 여기 있노라"(22:7). '왜 불러?', '무슨 일인 데?' 하지 않았습니다. '그래 내 아들아 내가 여기 있노라.' 하나님이 부르실 때 '나의 하나님, 제가 여기 있습니다.' 하는 식으로 아들에게 대답했습니다.

마지막으로 우리는 이삭이 아브라함에게 주는 신뢰를 느낄 수 있습니다. 이삭은 "내 아들아 번제할 어린 양은 하나님이 자기를 위하여 친히 준비하시리라"(22:8) 하는 아버지의 대답을 들은 뒤, 그 대답을 믿고 신뢰하였습니다. 추가적인 질문이 없습니다. 아버지의 대답을 듣고 신뢰하며 아버지와 함께 예배하러 나아갑니다. 9절과 10절을 보니 아브라함이 하나님이 지시하신 곳에 단을 쌓고 나무를 벌여 놓는데도 이삭은 질문하지 않습니다. '아버지, 하나님이 준비하신 어린 양은 어디 있나요?' 묻지 않습니다. 나무를 벌여 놓은 아브라함이 자신을 결박할 때도 아무 말이 없습니다. 이제 아버지가 자신을 묶어 제단 나무 위에 놓았습니다. 이쯤 되면 뭔가 한마디 할 것도 같은데, 말이 없습니다. 끝내 아버지가 손을 내밀어 칼을 잡고 자신을 잡으려고 하는 순간이 되었지만, 항의나 반항이 없습니다. 친밀한 아버지에 대한 절대적인 신뢰와 기다림을 보면서 뭔가 느껴지시지 않나요? 저는 아버지 아브라함을 향한 이삭의 절대적인 신뢰를 느낍니다.

이삭이 번제로 드려지는 부분과 관련하여 '인신제사'를 생각하기도 합니다. 이 부분은 '모든 제사의 원형이 예수 그리스도의 드려짐'이라는 것과, '구약성경의 모든 제사는 예수 그리스도 제사의 그림자'라는 점을 생각하시면 도움이 되겠습니다. '네 사랑하는 독자 이삭을 번제로 바치라.' 하신 하나님의 말씀에서 '독생자 예수 그리스도의 제물 되심'을 반영하는 개념을 발견합니다. '독자'와 '독생자'가 연결되지요.

아브라함은 약속의 자녀 이삭을 선택했습니다. 그리고 이삭은 약속의 자녀다운 모습으로 드려집니다. 이제 이어지는 주제는 '누가 이삭의 아내가 되는가'입니다. 성경은 이삭에게 축복이 이어졌음을 알린 다음에, 장차 이삭의 아내가 될 리브가의 출생을 알립니다. 22장 20-23절에 있습니다. "이 일 후에 어떤 사람이 아브라함에게 알리어 이르기를 밀가가 당신의 형제 나홀에게 자녀를 낳았다 하였더라 … 브두엘이라 이 여덟 사람은 아브라함의 형제 나홀의 아내 밀가의 소생이며 브두엘은 리브가를 낳았고" 아멘. 나홀의 아들 브두엘의 딸 리브가입니다. 11장 29절을 보면, "나홀의 아내의 이름은 밀가니 하란의 딸이요 하란은 밀가의 아버지이며"라고 하여 나홀의 아내 밀가가 나홀의 조카임을 분명히 합니다.

사라가 죽고 장례가 끝난 다음, 아브라함이 가장 먼저 추진한 일이 이삭의 결혼이었습니다. 성경은 이 부분을 조금은 지루할 정도로 반복적으로 자세히 소개합니다(24장). 이삭의 결혼을 언급한 다음에는, 아브라함의 죽음(25:1-11)과 이스마엘 집안(25:12-18)을 간단히 소개하고 바로 이삭 집안 이야기로 넘어갑니다(25장 19절부터).

이삭 집안 이야기에서 가장 먼저 다뤄지는 이야기도 '누가 대를 이을 것인가?' 하는 것과 관계가 있습니다. 25장 21-23절입니다. "이삭이 그의 아내가 임신하지 못하므로 그를 위하여 여호와께 간구하매 여호와께서 그의 간구를 들으셨으므로 그의 아내 리브가가 임신하였더니 그 아들들이 그의 태 속에서 서로 싸우는지라 그가[/리브가가] 이르되 이럴 경우에는 내가 어찌할꼬 하고 가서 여호와께 묻자온대 여호와께서 그에게 이르시되 두 국민이 네 태중에 있구나 두 민족이 네 복중에서부터 나누이리라 이 족속이 저 족속보다 강하겠고 큰 자가 어린 자를 섬기리라 하셨더라" 아멘. 이 부분은 로마서 9장에서 중요하게 언급됩니다. "그뿐 아니라 또한 리브가가 우리 조상 이삭 한 사람으로 말미암아 임신하였는데 그 자식들이 아직 나지도 아니하고 무슨 선이나 악을 행하지 아니한 때에 택하심을 따라 되는 하나님의 뜻이 행위로 말미암지 않고 오직 부르시는 이로 말미암아 서게 하려 하사 리브가에게 이르시되 큰 자가 어린 자를 섬기리라 하셨나니 기록된 바 내가 야곱은 사랑하고 에서는 미워하였다 하심과 같으니라" (9:10-13) 아멘. 창세기 25장 23절과 말라기 1장 2절이 인용됩니다.

리브가의 기도와 하나님의 응답에 이어, 에서로 대(代)가 이어짐이 적절하지 않음이 '붉은 죽 기사' (25:29-34)를 통해 소개됩니다. 25장 33-34절입니다. "야곱이 이르되 오늘 내게 맹세하라 에서가 맹세하고 장자의 명분을 야곱에게 판지라 야곱이 떡과 팥죽을 에서에게 주매 에서가 먹으며 마시고 일어나 갔으니 에서가 장자의 명분을 가볍게 여김이었더라" 아멘. 이 점은 히브리서 말씀을 통해서도 분명하게 드러납니다. "음행하는 자와 혹 한 그릇 음식을 위하여 장자의 명분을 판 에서와 같이 망령된 자가 없도록 살피라 너희가 아는 바와 같이 그가 그 후에 축복을 이어받으려고 눈물을 흘리며 구하되 버린 바가 되어 회개할 기회를 얻지 못하였느니라"(히 12:16-17) 아멘.

그런데, 하나님께 순종하던 이삭이 에서로 대(代)를 이으려 합니다. 이삭의 순종은 26장에 소개됩니다. 2-3절과 23-25절만 봅니다. "여호와께서 이삭에게 나타나 이르시되 애굽으로 내려가지 말고 내가 네게 지시하는 땅에 거주하라 이 땅에 거류하면 내가 너와 함께 있어 네게 복을 주고 내가 이 모든 땅을 너와 네 자손[씨]에게 주리라 내가 네 아버지 아브라함에게 맹세한 것을 이루어 … 이삭이 거기서부터 브엘세바로 올라갔더니 그 밤에 여호와께서 그에게 나타나 이르시되 나는 네 아버지 아브라함의 하나님이니 두려워하지 말라 내 종 아브라함을 위하여 내가 너와 함께 있어 네게 복을 주어 네 자손이 번성하게 하리라 하신지라 이삭이 그 곳에 제단을 쌓고, 여호와의 이름을 부르며 거기 장막을 쳤더니 이삭의 종들이 거기서도 우물을 팠더라" 아멘. 이삭은 약속의 땅을 떠나지 말라는 하나님의 명령에 순종했습니다. 자신의 형통 때문에 그를 시기하고 추방하는 이웃에 대해 인내했습니다. 이삭의 종들이 발견한 샘 근원도 내놓았습니다. 또 다른 우물을 팠습니다. 이 우물도 그의 것이 되지 못했습니다. 그러나 '르호봇(장소가 넓음)' 은 그의 것이 될 수 있었습니다. 그는 하나님께 단을 쌓기 위해 브엘세바로 갔습니다. 그리고 거기서도 우물을 팠습니다. 이삭의 인내와 끈기가 돋보이는 것은 지리적으로 그랄에서 브엘세바까지의 그의 여정은 가파르지는 않지만 오르막길이라는 점입니다. 그는 평야지대인 그랄에서 산속 골짜기로 갔습니다. 사람이 살기 더 힘든 곳에서도 그는 우물을 두 개나 빼앗겼습니다. 그래서 그는 더 높은 곳으로 갔습니다. 애매하게 고난을 받아도 하나님을 생각함으로 슬픔을 참으면 이는 하나님 앞에 아름다운 것입니다(벧전 2:19).

그런데 이러한 이삭의 눈이 어두워집니다. 27장 1-4절입니다. "이삭이 나이가 많아 눈이 어두워 잘 보지 못하더니 맏아들 에서를 불러 이르되 내 아들아 하매 그가 이르되 내가 여기 있나이다 하니 이삭이 이르되 내가 이제 늙어 어느 날 죽을는지 알지 못하니 그런즉 네 기구 곧 화살통과 활을 가지고 들에 가서 나를 위하여 사냥하여 내가 즐기는 별미를 만들어 내게로 가져와서 먹게 하여 내가 죽기 전에 내 마음껏 네게 축복하게 하라" 아멘. 본문은 영적으로 어두워진 이삭과 약속과 사명에 분명한 리브가를 비교하고 있습니다. 리브가는 이삭의 축복이 여호와 앞에서(7절) 주어지는 것임을 알기에, 그 축복을 하나님의 예언에 따라 야곱이 받도록 합니다.

이삭	리브가
어두워 잘 보지 못하더니(1절) 알지 못하노니(2절) 나의 즐기는 별미(3절) 야곱의 음성, 에서의 손(22절) 분별하지 못하고(23절) 크게 떨며(33절) 네 아우가 와서 속여(35절)	들으니(6절) 들리매(42절) 그가 즐기시는 별미(9절), 그의 아버지가 즐기는 별미(14절) 내 말만 따르고(13절) 너의 저주는 내게로 돌리리니(13절)

여기서 이삭의 인생을 일곱 단계를 나눠보겠습니다. 첫째 시기는 태어나서 모리아 제사로 드려지기 전까지의 이십 년 정도로, 인생의 중요한 훈련과 경험을 하며 사랑을 많이 받은 기간입니다. 어머니 사라로부터는 전폭적인 지지와 사랑을, 아버지 아브라

함으로부터는 정제된 사랑을 받았을 것입니다. 두 번째 시기는 모리아 제사 이후 결혼 전까지로, 스무 살에서 마흔 살까지의 이십 년입니다. 인생이 그리 쉽지 않다는 것, 약속의 자손으로 산다는 게 상상하기 어려운 과정을 수반한다는 것을 깨닫는 시기입니다. 브엘세바라는 시골에서 살다가 헤브론이라는 대도시로 이주하여(23:2) 세상이 넓다는 것을, 사람들이 거칠다는 것을 확인한 시기입니다. 어머니를 잃고 브엘라해로이에서 '배회하던' (24:62, 65)[1] 시기입니다.

세 번째 시기는 자식 없이 지낸 이십 년의 결혼 생활이고, 네 번째 시기는 60에서 80세까지입니다. 애 낳고 키우며 십오 년을 보냈고 아버지 장례 치르고 오 년을 보냅니다. 아버지 장례가 나자 이삭은 장성한 두 아들을 데리고 브엘라해로이로 다시 떠납니다(25:11). 아버지 없는 헤브론이 안전한 곳이 아니라는 것을 이삭은 잘 알고 있었습니다. 이삭은 브엘라해로이의 은둔 생활 오 년을 보냅니다. 위축된 시기입니다. 자신만 홀로 남겨졌다는 생각에 용기를 내기 힘든 시기였습니다.

다섯 번째 시기는 그의 나이 80세에서 100세 정도까지의 시기입니다. 이때 이삭은 하나님께서 주시는 형통함을 경험했습니다. 하나님의 위로와 사랑으로 이삭이 회복됩니다. 주변에서 아무리 그를 방해하고 괴롭혀도 이삭은 점점 더 거부가 되었고 그의 종들은 충성스럽고 부지런했으며 그는 아비멜렉과 같은 왕과 계약을 맺는(26:26-33) 힘 있는 자가 되었습니다. 아버지 아브라함의 지위를 다시 회복한 것입니다. 대를 이어 거부가 되었으니 더욱 탄탄한 기반을 확보한 것입니다. 이삭의 방황은 하나님께서 주시는 복으로 인해 '생육과 번성' 으로 바뀌었습니다.

여섯 번째 시기는 137세까지의 시기로 그가 그의 본성을 벗어나지 못하는 시기입니다. 이때 그는 브엘세바에서 지냅니다. 그리고 마지막 일곱 번째 시기는 180세까지입니다. 이때 이삭은 하나님을 두려워하며 하나님의 약속을 소중하게 여기며 지냅니다. 야곱을 위해 기도하고(28:1-5) 리브가를 막벨라 굴에 장사지내고 후손들을 위해 기도하며 지냅니다.

---

1) 창세기 24장 63절의 "저물 때에 들에 나가 묵상하다가"를 직역하면 '저녁을 뒤집으려 들에서 묵상하려고' 정도가 됩니다. 아마도 밤에 잠을 이루지 못해 저녁이 아침이 될 때까지 들에서 생각하며 시간을 보낸 것을 표현한 것 같습니다.

이러한 이삭의 대가 야곱으로 이어집니다. 야곱이 밧단아람으로 떠날 때, 이삭의 나이는 몇 살이었을까요? 요셉이 총리가 된 후 일곱 해 풍년이 곧바로 시작했다(41:32)고 가정하면, 야곱이 밧단아람으로 떠날 때의 나이는 77세였습니다. 아래 표로 나이를 비교해봅니다.

이삭	야곱	요셉
60	0	
137	77(29:14)	
151	92(30:25, 31-36; 31:41)	1(30:25)
156	97	6(30:25)
167	108	17(37:2)
180	121	30(41:46)
	130(47:9)	39(45:11)

이제 이삭의 대는 야곱으로 이어지게 되었습니다. 야곱은 빈털터리로 떠납니다. 그러나 아버지의 축복을 가지고 떠납니다(28:1-5). 28장 1-4절을 읽습니다. "이삭이 야곱을 불러 그에게 축복하고 또 당부하여 이르되 너는 가나안 사람의 딸들 중에서 아내를 맞이하지 말고 일어나 밧단아람으로 가서 네 외조부 브두엘의 집에 이르러 거기서 네 외삼촌 라반의 딸 중에서 아내를 맞이하라 전능하신 하나님이 네게 복을 주시어 네가 생육하고 번성하게 하여 네가 여러 족속을 이루게 하시고 아브라함에게 허락하신 복을 네게 주시되 너와 너와 함께 네 자손[씨]에게도 주사 하나님이 아브라함에게 주신 땅 곧 네가 거류하는 땅을 네가 차지하게 하시기를 원하노라" 아멘.

또한, 하나님으로부터 약속을 받습니다. 28장 13-15절입니다. "또 본즉 여호와께서 그 위에 서서 이르시되 나는 여호와니 너의 조부 아브라함의 하나님이요 이삭의 하나님이라 네가 누워 있는 땅을 내가 너와 네 자손[씨]에게 주리니 네 자손이[씨가] 땅의 티끌 같이 되어 네가 서쪽과 동쪽과 북쪽과 남쪽으로 퍼져나갈지며 땅의 모든 족속이 너와 네 자손으로[씨로] 말미암아 복을 받으리라 내가 너와 함께 있어 네가 어디로 가든지 너를 지키며 너를 이끌어 이 땅으로 돌아오게 할지라 내가 네게 허락한 것을 다 이루기까지 너를 떠나지 아니하리라 하신지라" 아멘. 야곱은 사닥다리를 보았고 하나님의 사자가 사닥다리 위에서 오르락내리락하는 것을 보았으며 여호와 하나님이 말씀하시는 것을 보고 들었습니다. 여기서 사닥다리는 그리스도의 모형이라고 할 수 있습니다. 요한복음 1장 51절("또 이르시되 진실로 진실로 너희에게 이르노니 하늘이 열리고 하나님의 사자들이 인자 위에 오르락 내리락 하는 것을 보리라 하시니라")이 이 사실을 보증해 줍니다. 야곱이 17절에서 "이는 하늘의 문이로다" 말했는데 이를 요한복음 10장 7절("그러므로 예수께서 다시 이르시되 내가 진실로 진실로 너희에게 말하노니 나는 양의 문이라"), 14장 6절("예수께서 이르시되 내가 곧 길이요 진리요 생명이니 나로 말미암지 않고는 아버지께로 올 자가 없느니라")과 비교해보면 더 잘 알 수 있습니다. 이처럼 그리스도의 모형은 사물로도 계시 되었습니다(고린도전서 10장 4절, "그 반석은 곧 그리스도시라" 참고). 이 사닥다리의 특징은 하늘에 닿았다는 것이고 하늘에서 말미암았다는 것입니다. 위로부터 내려온 사닥다리는 사람들이 쌓아 올렸던 바벨탑과는 근본부터 다른 것입니다. 바벨탑은 하늘에 닿지 못했지만, 하늘에서 내려온 사닥다리는 하늘에 닿아 있습니다.

이어지는 주제는 누가 야곱의 복을 이어갈 것인가입니다. 레아와 라헬의 경쟁이 있습니다. 29장 16-17절입니다. "라반에게 두 딸이 있으니 언니의 이름은 레아요 아우의 이름은 라헬이라 레아는 시력이 약하고[/눈에 아름답고] 라헬은 곱고 아리따우니" 아멘. 라헬은 양치기를 할 만큼 활동적이고 몸매가 곱고 아리따웠고, 레아는 이와 다른 면의 아름다움을 가지고 있었습니다.

레아를 소개하는 표현으로 "시력이 약하고[안력이 부족하고]"라는 말을 사용했는데, 여기서 '부족하다'라는 형용사는 성경에서 두 가지 의미로 사용됩니다. 창세기 18:7(기름지고), 신명기 28:54(유순하고), 신명기 28:56(유순하고), 이사야 47:1(곱고), 잠언 15:1(유순한), 잠언 25:15(부드러운), 에스겔 17:22(연한), 욥기 41:3(유순한)의 경우는 좋은 의미의 부드러움으로 쓰였습니다. 창세기 33:13(유약하고), 신명기 20:8(겁내는), 사무엘하 3:39(약하여서), 잠언 4:3(유약한), 역대상 22:5(연약하고), 역대상 29:1(연약하고), 역대하 13:7(연약하여)는 부정적인 의미의 부족하다는 뜻으로 사용됩니다.

두 사람을 비교할 때 약점과 장점으로 비교하는 것은 적절한 방식이 아니므로 레아의 장점은 눈이 아름다운 것, 즉 마음이 아름다운 것으로, 라헬의 장점은 그의 능력과 육체적인 아름다움으로 비교하고 있다고 생각하는 것이 옳겠습니다. 라헬은 레아를 시기했지만, 레아는 라헬을 시기하지 않았습니다. 오히려 남편의 사랑을 받지 못하던 레아가 자식을 낳은 것으로 인해 라헬이 시기하는 대상이 되었습니다. 그의 마음은 찬송으로 끝납니다(29:15).

라헬의 야곱에 대한 불평은 공정한 것은 아닙니다. 야곱이 자식을 낳을 수 있다는 것은 레아의 출산으로 이미 증명되었습니다. 사랑받기에 라헬은 야곱에게 불평할 수 있었습니다. 그러나 야곱의 사랑이 라헬로 잉태케 하는 재료가 되지는 못하였습니다. 라헬은 시집올 때 그의 아버지 라반의 그의 여종 중에서 준 빌하, 즉 그가 아버지로부터 받은 상속물을 야곱에게 줍니다. 그로서는 줄 수 있는 전부를 준 것입니다. 이러한 희생을 통해 태어난 두 아들이 있으니 단과 납달리입니다. 단은 '심판' 이란 뜻으로 라헬은 '하나님이 내 억울함을 푸시고 호소를 들으셨다.' 말합니다(30:6). 납달리는 '나의 경쟁자' 란 뜻으로, '경쟁하여 이긴' (30:8) 것으로 생각하는 라헬의 통쾌함이 담겨 있는 이름입니다.

레아도 그가 시집올 때 그의 아버지가 그의 여종 중에서 그에게 준 결혼 지참물인 실바를 야곱에게 줍니다. 이 희생의 대가로 주어진 아들들이 갓과 아셀입니다. 레아는 이때도 이름 짓는 것을 통해 그의 아름다운 마음을 보입니다. 갓은 '좋은 복(이 왔다)' 이라는 뜻으로 레아는 "복되도다!"라고 외치고(30:11), 아셀이 태어났을 때는 "기쁘도다!"라고 외칩니다(30:13).

그러나 이러한 레아의 아름다운 마음도 오랜 기간의 기다림으로 조금은 변합니다. 30장 15절입니다. 레아가 라헬에게 말합니다. "네가 내 남편을 빼앗은 것이 작은 일이냐 그런데 네가 내 아들의 합환채도 빼앗고자 하느냐". 그녀의 소유(아들들)가 늘어나자 그의 마음도 조금은 미워졌습니다. 혹, 자신감이나 담대함이 생겼을까요? 그녀는 야곱에게도 주장하는 자세로 말합니다. "내게로 들어오라 내가 내 아들의 합환채로 당신을 샀노라"(30:16). "하나님이 레아를 들으셨으므로" 태어난 아들이 잇사갈과 스불론입니다. 디나라는 딸의 이름은 레아의 마음이 라헬과 비슷해졌음을 보여줍니다. 디나는 '단' 의 여성형으로 단이라는 뜻과 같은 뜻을 가지기 때문입니다.

그토록 원했던 친자식을 얻고자 합환채 값으로 남편도 양보했던 라헬, 그러나 그 모든 노력과 희생에도 생기지 않던 자식이 "하나님이 라헬을 생각하신지라 하나님이 그의 소원을 들으시고 그의 태를 여셨으므로"(30:22) 생겼습니다. 은혜로 주어진 것입니다. 그가 요셉입니다. 그리고 우리가 이미 보았던 유다는 레아의 아들입니다.

밧단아람에서 지내던 야곱이 두려워하던 것이 있었습니다. 31장 31절에 나옵니다. "야곱이 라반에게 대답하여 이르되 내가 생각하기를 외삼촌이 외삼촌의 딸들을 내게서 억지로 빼앗으리라 하여 두려워하였음이니이다" 아멘. 야곱이 두려워한 것은 손실(損失)이었습니다. 14년 동안 수고하여 얻은 아내들입니다. 그리고 그 아내들을 통해 자녀도 얻었습니다. 그런데 라반을 보니 자신을 조카보다는 종으로 여기는 것 같습니다. 종에게 속한 것은 주인의 것입니다. 종이 나갈 때, 가지고 나가지 못합니다. 십계명과 함께 주어진 율법에도 그렇게 정해져 있습니다. 출애굽기 21장 2-6절입니다. "네가 히브리 종을 사면 그는 여섯 해 동안 섬길 것이요 일곱째 해에는 몸값을 물지 않고 나가 자유인이 될 것이며 만일 그가 단신으로 왔으면 단신으로 나갈 것이요 장가 들었으면 그의 아내도 그와 함께 나가려니와 만일 상전이 그에게 아내를 주어 그의 아내가 아들이나 딸을 낳았으면 그의 아내와 그의 자식들은 상전에게 속할 것이요 그는 단신으로 나갈 것이로되 만일 종이 분명히 말하기를 내가 상전과 내 처자를 사랑하니 나가서 자유인이 되지 않겠노라 하면 상전이 그를 데리고 재판장에게로 갈 것이요 또 그를 문이나 문설주 앞으로 데리고 가서 그것에다가 송곳으로 그의 귀를 뚫을 것이라 그는 종신토록 그 상전을 섬기리라" 아멘. 『벤허』를 읽어보면 벤허가 좋아하던 에스더의 아버지는 본래 자유인인데 주인 즉, 벤허의 아버지의 여종을 좋아하죠. 벤허의 아버지는 여종이 결혼할 수 있도록 자유를 주려 합니다. 그러나 여종은 자유인이 되는 것을 원하지 않습니다. 결국, 에스더의 아버지는 자기의 귀를 뚫고 여종과 결혼하여 에스더를 낳습니다. 영화에는 나오지 않는 내용입니다.

야곱은 자신이 수고하여 얻은 처자식과 재산을 잃는 것이 두려웠습니다. 얼마나 두려웠던지 하란에서 길르앗 산지까지 열흘 만에 옵니다. 군사들이 칠 일 걸린 길입니다. 직선거리 600킬로미터, 실제거리 1,000킬로미터는 됩니다. 하루에 100킬로미터씩 이동한 것입니다. 이것으로 볼 때 33장 13절에서 야곱이 에서에게 "내 주도 아시거니와 자식들은 연약하고 내게 있는 양떼와 소가 새끼를 데리고 있은즉 하루만 지나치게 몰면 모든 떼가 죽으리니" 하는 말은 사실과 다릅니다. 야곱의 아이들과 가축 떼는 약하지 않았습니다.

그럼, 야곱의 이러한 두려움은 타당한 두려움이었나요? 야곱 주변 인물들을 보면 타당했습니다. 우선 라헬과 레아의 말을 들어봅니다. 31장 14-16절입니다. "라헬과 레아가 그에게 대답하여 이르되 우리가 우리 아버지 집에서 무슨 분깃이나 유산이 있으리요 아버지가 우리를 팔고 우리의 돈을 다 먹어버렸으니 아버지가 우리를 외국인처럼 여기는 것이 아닌가 하나님이 우리 아버지에게서 취하여 가신 재물은 우리와 우리 자식의 것이니 이제 하나님이 당신에게 이르신 일을 다 준행하라". 그들은 '우리 아버지 집에서 우리를 위한 분깃이나 소유가 없다. 아버지가 우리를 외국인처럼 간주하여 우리를 팔아치웠다. 우리 은도 먹어치웠다. 하나님께서 우리 아버지에게서 구원해내신 것은 우리와 우리 아들들의 것이다. 그러니 하나님 말씀대로 하라.' 이렇게 말합니다. 이들의 관심이 분깃과 소유에 있음을 알 수 있습니다. 그들은 야곱이 가진 모든 것은 자신들과 자신들의 아들들의 소유라고 생각합니다. 더구나 라헬은 아버지의 드라빔을 훔쳤습니다. 학자들은 이 드라빔이 가족 재산에 대한 소유권 주장을 할 수 있는 권위를 부여한다고 생각합니다. 라반이 드라빔을 꼭 찾으려 하고 찾지 못하자 경계를 정해 넘어오지 못하도록 언약을 맺은(31:44-54) 이유가 '재산 보호'에 있다고 보는 것입니다.

라반도 만만치 않습니다. 31장 43절입니다. "라반이 야곱에게 대답하여 이르되 딸들은 내 딸이요 자식들은 내 자식이요 양 떼는 내 양 떼요 네가 보는 것은 다 내 것이라 내가 오늘 내 딸들과 그들이 낳은 자식들에게 무엇을 하겠느냐". '내 딸들, 내 아들들, 내 양들, 네가 보는 것은 모두 나를 위한 것이다.' 이렇게 말합니다. '내 딸들, 그리고 그녀들이 낳은 그녀들의 아들들' 이라는 표현에서 라반의 생각을 읽을 수 있습니다. 라반의 딸들은 아버지가 자신들의 것을 훔쳤다고 말하는데, 라반은 야곱이 자신의 것을 훔쳤다고 말합니다.

라반, 레아, 라헬의 생각을 들어보면, 야곱이 두려워하는 것이 이유가 없지 않습니다. 그러나 창세기 31장은 야곱에게는 하나님이 계셨음을 알려줍니다. 3절입니다. “여호와께서 야곱에게 이르시되 네 조상의 땅 네 족속에게로 돌아가라 내가 너와 함께 있으리라 하신지라” 아멘. 야곱은 돌아가라는 하나님의 말씀을 듣고 돌아갈 계획을 세웠습니다. 7-13절을 보면, 야곱도 하나님께서 자신을 지키신다는 것을 알고 있었습니다. 24절을 보면, 라반을 하나님께서 다스리십니다. 라반은 29절에서 이 사실을 야곱에게 말합니다. 야곱은 42절에서 자신을 지키신 하나님을 고백합니다.

야곱은 손실을 두려워했습니다. 주변 인물들을 볼 때 야곱이 손실을 두려워하는 것은 적절한 판단이었습니다. 그러나 야곱은 하나님을 좀 더 고려해야 했습니다. 창세기 31장에서 야곱이 아버지 이삭을 표현하는 표현이 독특합니다. 42절과 53절에 나옵니다. ‘이삭이 경외하는 이’ 입니다. 직역은 ‘이삭의 두려움’ 입니다. 야곱은 아버지 이삭이 두려워한 것은 하나님이었다고 말합니다.

이런 야곱이 얍복강에서 받은 은혜가 있습니다. ‘연약함의 은혜’ 입니다. 야곱은 모든 가족과 소유가 얍복강을 건너도록 합니다. 그러나 자신은 홀로 남습니다. 형 에서에 대한 두려움에 강을 건너지 못하는 건지, 뭔가 계획이 있는 건지 궁금합니다. 그러던 그에게 어떤 사람이 나타납니다. 야곱은 그와 씨름합니다. 샅바를 사용한 씨름을 하지는 않았을 것입니다. 그러나 ‘씨름’ 이라는 단어가 ‘먼지’ 라는 단어에서 비롯된 것을 생각하면, 먼지를 일으킬 만큼 격렬한 몸싸움이 있었던 것으로 보입니다. 격렬한 몸싸움이 한밤중에 시작되어 새벽까지 이어집니다. 야곱은 밤새 한숨도 못 잤습니다. 에서가 사백 명의 장정들과 함께 온다는 말을 듣고, 예물을 준비해서 보내느라 시간이 많이 갔습니다. 밤에 일어나 두 아내와 두 여종과 열한 아들을 인도하여 시내를 건너가게 하고 모든 소유도 건너가게 하느라 한밤중이 되었습니다. 어쩌면 새벽 1시쯤부터 5시 정도까지 몸싸움이 진행되지 않았을까 싶습니다.

야곱의 나이, 97세입니다. 야곱은 밧단 아람에서 길르앗 산지까지 천 킬로미터에 달하는 거리를 열흘만에 단숨에 달려왔습니다. 그리고 외삼촌 라반과의 힘겨운 시간을 보냈습니다. 그러던 그가 이제는 더 어려운 상대 형 에서와의 만남을 준비하고 있습니다. 밧단 아람 20년 동안 한 번도 잊을 수 없었을 문제입니다. 형의 분노가 가시면 사람을 보내겠다던 어머니는 이십 년이 지나도록 사람을 보내지 않으셨습니다. 이는 자신에 대한 형의 분노가 아직 가시지 않았다는 것을 의미합니다. 어쩌면 그는 하나님께서 라반을 처리하신 것처럼 에서도 처리해 주시지 않으실까 하는 기대를 가졌을지도 모릅니다. 왜냐하면, 하나님께서는 라반의 꿈에 나타나셔서 "너는 삼가 야곱에게 선악간에 말하지 말라"(31:24) 하셨고, 이에 라반도 "너를 해할 만한 능력이 내 손에 있으나 너희 아버지의 하나님이 어제 밤에 내게 말씀하시기를 너는 삼가 야곱에게 선악간에 말하지 말라 하셨느니라"(31:29) 말했기 때문입니다.

나이가 97세나 된 할아버지가 긴장되고 무리한 여행을 한 다음, 더욱 긴장되는 순간에 한숨도 못 자고 몇 시간 동안이나 몸싸움합니다. 그냥 포기하고 졌다고 하면 되는데, 엉치뼈와 넙다리뼈가 분리되어도 상대방을 놔주지 않습니다. 25절의 '어긋났더라'는 '탈골'을 의미합니다. 탈골되어도 놔주지 않습니다. 왜 놔주지 않습니까? 26절에 나옵니다. 축복받겠다고 놔주지 않습니다. 야곱과 몸싸움하는 상대방은 왜 야곱의 허벅지 관절을 쳤습니까? 25절에 있습니다. "자기가 야곱을 이기지 못함을 보고" 쳤습니다. 몸싸움을 하는데 야곱보다 우세하지 못합니다. 그래서 허벅지 관절을 쳤습니다. 아마도 왼쪽을 쳤을 것입니다. 오른손으로 쳤을 가능성이 높으니까요. 야곱은 왼쪽 다리가 탈골이 되어 제대로 걷지도 못하면서도 그 사람을 놔주지 않았습니다. 복을 달라는 겁니다.

엉치뼈와 넓적다리뼈가 어긋난 것을 축복으로 여길 수 있을까요? 저는 이것을 '연약함의 은혜'라고 부르고 싶습니다. 33장 3-4절 때문입니다. "자기는 그들 앞에서 나아가되 몸을 일곱 번 땅에 굽히며 그의 형 에서에게 가까이 가니 에서가 달려와서 그를 맞이하여 안고 목을 어긋맞추어 그와 입맞추고 서로 우니라" 아멘. 야곱은 그 사람이 떠난 다음에 탈골된 다리뼈를 맞춰 끼우고 강을 건넜을 것입니다. 다리뼈가 탈골된 채로 강을 건널 수는 없었을 테니까요. 그러나 다리를 절만큼 불편했습니다. 고통스러웠을 것입니다. 그 사람과 밤새 몸싸움할 만큼 몸이 성성했을 때 야곱은 자기 무리의 가장 뒤에 있었습니다. 그러나 다리를 저는 야곱은 자기 무리의 가장 앞에 있습니다.

다리를 절면서 형 에서에게 나아갑니다. 절뚝거리다 절을 합니다. 다시 일어나 절뚝거리며 걷다가 절을 합니다. 이런 식으로 일곱 번이나 절을 합니다. 에서가 멀리서 보니 동생 야곱이 형편없이 불쌍해 보입니다. 제대로 걷지도 못합니다. 절뚝거리며 오면서 절하는 모습이 우습다가 나중에는 처량해 보입니다. 에서가 참지 못하고 달려와서 야곱을 맞이합니다. 안고 목을 어긋맞추어 입을 맞춥니다. 그리고 웁니다. 전혀 예상하지 못한 장면입니다. 본래 야곱이 예상한 장면은 32장 7-8절에 나옵니다. "야곱이 심히 두렵고 답답하여 자기와 함께 한 동행자와 양과 소와 낙타를 두 떼로 나누고 이르되 에서가 와서 한 떼를 치면 남은 한 떼는 피하리라 하고" 아멘.

야곱이 자신의 무리를 두 떼로 나눈 이유가 있습니다. 하나님의 사자들이 두 떼로 나뉘어 있었기 때문입니다. 32장 1-2절입니다. "야곱이 길을 가는데 하나님의 사자들이 그를 만난지라 야곱이 그들을 볼 때에 이르기를 이는 하나님의 군대라 하고 그 땅 이름을 마하나임이라 하였더라" 아멘. 여기 히브리어로 '마하나임' 이 나옵니다. '두 개의 진' 이라는 뜻입니다. 진영이 두 개 있다는 말입니다. 야곱이 하나님의 사자들을 만났습니다. 어쩌면 이 사자들은 야곱을 지키라고 보내신 하나님의 사자들일 가능성이 높습니다. 야곱이 하나님의 사자들을 만난 것이 아니고 하나님의 사자들이 야곱을 만났기 때문입니다. 직전에 있는 31장 55절을 보면, "라반이 아침에 일찍이 일어나 손자들과 딸들에게 입맞추며 그들에게 축복하고 떠나 고향으로 돌아갔더라" 했습니다. 가만 보니 라반이 야곱에게는 입을 맞추지도, 축복하지도 않았네요. 라반이 떠나자 야곱도 자기 길을 가는데 그때 하나님의 사자들이 두 무리로 나뉜 채로 야곱을 만난 것입니다. 그래서 저는 이 '두 무리' 의 하나님의 사자들을 '라반으로부터 야곱을 지키라는 사명을 받은 사자들' 이라고 보았습니다.

하나님의 사자들을 만난 야곱은 자신도 사자들을 에서에게 보냅니다. 에서가 사백 명과 함께 온다고 하자, 야곱은 두 떼로 나눕니다. 여기 '두 떼' 라는 단어가 '마하나임' 과 같은 단어입니다. '진영 두 개' 입니다. '진영' 이라는 단어가 창세기 32장에는 많이 나옵니다. 2절의 '군대' 가 진영입니다. 7절의 '떼', 8절에 두 번 나오는 '떼', 10절의 '떼', 21절의 '무리' 가 '진영' 을 의미하는 단어입니다. 마하나임 즉, '두 떼' 를 보고 야곱은 자신의 무리도 하나님의 사자의 무리처럼 '두 떼' 가 되게 했습니다. 뭔가 전쟁이 예견되었고 야곱은 진영 하나가 무너져도 다른 진영은 살아남을 수 있다는 계산을 했습니다.

그러나 허벅지 관절을 다친 다음에는, 싸우려는 마음을 버리고 형 에서에게 일곱 번 절하며 나아갑니다. 그리고 이 모습에 에서의 마음은 녹았습니다. 물론 염소 220마리, 양 220마리, 낙타 30마리, 소 50마리, 나귀 30마리, 총 550마리에 달하는 예물과 '자신이 형 에서의 종이라' 는 야곱 종들의 전언으로 마음이 이미 많이 바뀌었겠지만, 다리를 절면서 절하며 다가오는 야곱의 모습에는 달려가지 않을 수도, 울지 않을 수도 없었습니다. 저는 실효성을 따지고 있습니다. 결과적으로 야곱이 환도뼈를 다친 것이 그에게는 축복이 되었다는 말입니다. 그러니 야곱 신체의 연약함이 그에게 은혜였다는 거죠.

제가 야곱의 뼈가 다친 것이 결과적으로 그에게 축복이 되었다고 말하면, 여러분은 이름이 '이스라엘' 로 바뀐 것이 진짜 축복이라고 말씀하실 수 있습니다. 32장 27-28절 때문입니다. "그 사람이 그에게 이르되 네 이름이 무엇이냐 그가 이르되 야곱이니이다 그가 이르되 네 이름을 다시는 야곱이라 부를 것이 아니요 이스라엘이라 부를 것이니 이는 네가 하나님과 및 사람들과 겨루어 이겼음이니라" 아멘. 하나님께서는 아브람의 이름을 아브라함으로, 사래의 이름을 사라로 바꿔주셨습니다. 그런데 아브라함과 사라의 이름을 바꿔주실 때의 표현과 야곱의 이름을 바꿔주실 때의 표현이 다릅니다. 아브람에게는 '이제 너는 아브람이라 불리지 않는다. 네 이름은 아브라함이다.' 이렇게 말씀하셨습니다. 17장 5절에 나옵니다. 사래의 경우도 같습니다. '그녀의 이름은 사래로 불리지 않는다. 그녀의 이름은 사라이기 때문이다.' 이렇게 말씀하셨습니다. 17장 15절에 나옵니다. 실제로 아브람과 사래는 하나님이 이름을 바꿔주신 다음에 한 번도 아브람이나 사래로 불리지 않습니다. 그때로부터 그들은 계속 아브라함과 사라입니다.

그러나 야곱은 다릅니다. 오늘 본문 다음에도 야곱은 계속 야곱으로 불립니다. 가끔 이스라엘로 불립니다. 야곱과 이스라엘 둘 다 이름으로 쓰입니다. 예를 들어볼까요? 이사야 40장 27절입니다. "야곱아 어찌하여 네가 말하며 이스라엘아 네가 이르기를 내 길은 여호와께 숨겨졌으며 내 송사는 내 하나님에게서 벗어난다 하느냐" 아멘. 이사야서 41장 14절입니다. "버러지 같은 너 야곱아, 너희 이스라엘 사람들아 두려워하지 말라 나 여호와가 말하노니 내가 너를 도울 것이라 네 구속자는 이스라엘의 거룩한 이이니라" 아멘. 전에 『개역성경』에는 '지렁이 같은 너 야곱아' 이렇게 되어 있었죠.

야곱의 이름이 바뀌지 않았습니다. 야곱도 쓰이고 이스라엘도 쓰입니다. 창세기에서 예를 하나 들어볼까요? 창세기 48장 2절입니다. "어떤 사람이 야곱에게 말하되 네 아들 요셉이 네게 왔다 하매 이스라엘이 힘을 내어 침상에 앉아" 아멘. 여러분이 읽어보시면 이상하리만큼 야곱과 이스라엘을 함께 사용합니다.

그 이유가 28절에 있습니다. 28절은 이런 의미입니다. '네 이름을 이스라엘이라고 할 거면 네 이름은 더 이상 야곱으로 일컬어지지 않는다.' 입니다. 이스라엘은 '하나님과 다투다.' 를 뜻합니다. 성경에 이스라엘 이름의 뜻을 '하나님과 겨루어 이김' 이라고 되어 있는데, 사실은 '하나님과 겨루다' 까지가 의미입니다. '이스라' 가 '겨루다' 이고 '엘' 이 '하나님' 입니다. 야곱이 하나님과 겨루려 합니다. 그러다 한 대 맞습니다. 엉치뼈를 다칩니다. 하나님과 겨루면서 하나님께 복을 달라고 합니다. 복 주지 않으면 놔주지 않겠다고 협박까지 합니다. 그러자 성육신 전에 사람의 모습으로 현현하신 그리스도께서 이름을 물으십니다. 이름이 야곱이라고 답합니다.

여기서 '야곱' 이라는 이름의 뜻이 중요합니다. 야곱은 '발꿈치를 잡다' 는 단어에서 나왔습니다. 발꿈치를 잡는 것을 다른 사람을 따르는 모습으로 이해하여 '뒤를 좇는 것' 을 표현할 때도 쓰였습니다. 다른 사람을 좇아가서 발꿈치를 잡는 것이 '배반하는 것' 으로 보이기도 하여 '배반' 의 의미로도 쓰였습니다. 야곱은 먼저 태어나는 형 에서의 발꿈치를 잡았습니다. 뭐 이런 거죠. '안돼! 네가 먼저 나가면 안 돼. 기다려! 내가 먼저 나갈 거야.' '야곱' 의 이름 뜻은 그러므로 '따르는 자, 대체하는 자' 로 보면 적절하겠습니다. 실제로 이 단어는 '좇다, 대체하다' 의 의미로 쓰입니다. 야곱은 형을 좇아가고 싶었고 형을 대체하고 싶었습니다. 장자 권에 대한 야곱의 관심은 형을 따라잡아 대체하고 싶은 마음의 표현이었습니다. 결국, 형의 옷을 입고 어린 염소 털로 팔과 목덜미를 치장하고 형 행세를 했습니다.

얍복강을 건너지 못하는 야곱에게 현현하신 그리스도께서는 야곱에게 말씀하셨습니다. '네가 이스라엘이면 사람들이 너를 야곱이라고 말하지 않을 것이다.' 이렇게요. '네가 하나님과 씨름하는 자이면, 너는 따라잡는 자, 대체하는 자라고 언급되지 않을 것이다.' '사람 좇아다니면서 다른 사람이 가진 권리나 빼앗으라고 하지 않으려면 하나님과 씨름해야 할 것이다.' '좇아다니는 자, 대체하는 자가 되지 않으려면 하나님과 다퉈야 할 것이다.' '네가 하나님으로부터 복을 받으려고 하나님과 부대끼면 사람 쫓아다니지 않을 것이다. 그러나 사람 속이며 다른 사람이 가진 것 빼앗으려고 하다 보면 하나님으로부터 복을 받지는 못할 것이다.' 이런 의미입니다.

야곱의 이름은 이스라엘로 바뀌지 않았습니다. 성육신 전 현현하신 그리스도께서 '너는 야곱으로 살든지, 이스라엘로 살든지 할 것이다.' 이렇게 말씀하신 것입니다. 이러한 응답에 야곱은 자신의 허벅지를 친 분의 이름을 묻습니다. '당신의 이름이 무엇입니까? 말씀해 주십시오.' 매우 공손하게 여쭙습니다. 그러나 그분은 이름을 가르쳐 주지 않고 야곱을 축복합니다. 그래서 야곱은 그분의 이름은 '하나님' 이라고 생각했습니다. 왜냐하면, 자신은 자기의 허벅지를 친 분과 몸싸움했는데, 그분 말이 '너는 하나님과 겨루었다.' 이렇게 말씀하셨기 때문에, 자신이 밤사이 몸싸움한 그분은 '하나님' 이라고 결론을 내렸습니다. 그래서 그곳 이름을 '브니엘, 하나님의 얼굴' 이라고 이름 지었습니다. 32장 29-30절입니다. "야곱이 청하여 이르되 당신의 이름을 알려주소서 그 사람이 이르되 어찌하여 내 이름을 묻느냐 하고 거기서 야곱에게 축복한지라 그러므로 야곱이 그 곳 이름을 브니엘이라 하였으니 그가 이르기를 내가 하나님과 대면하여 보았으나 내 생명이 보전되었다 함이더라" 아멘.

그럼, 여기서 질문 하나 드립니다. '하나님과 몸싸움해도 됩니까?' 하나님과 겨뤄도 되느냐는 질문입니다. 하나님은 두려워하고 경배할 대상이지 싸움의 대상이 아닙니다. 그러나, 에서와의 싸움을 생각하는 야곱은 자신을 만나러 오신 분과 다짜고짜 싸움을 시작했습니다. 싸움닭처럼 행동한 것입니다. 어쩌면 모든 식솔과 재산을 강너머로 보내고 혼자 있는데 누군가 왔으니 두렵기도 하고 해서 넘어뜨리려 덤볐는지 모릅니다. 그러나 사실 그분의 이름을 싸우기 전에 여쭈었어야 했습니다. 적인지 아군인지 알고 싸우기 시작했어야죠? 제가 이렇게 말하면 여러분 가운데 어떤 분은 '그 사람이 싸움을 건 것 아닌가요? 24절에 "야곱은 홀로 남았더니 어떤 사람이 날이 새도록 야곱과 씨름하다가" 이렇게 되어있는데요. 그 사람이 싸움을 건 것 같아요.' 이렇게 말씀하실 수 있습니다. 그러나 히브리어로 보면 주어는 '사람' 이 맞는데, 동사가 수동의 뜻을 갖는 형태로 되어있습니다. 그 사람은 공격을 당한 것입니다. 둘밖에 없었으니 싸움을 건 쪽은 야곱 쪽이었던 거죠.

이분은 왜 야곱에게 오셨을까요? 간단히 대답하면 기도를 응답해 주시려고 오셨습니다. 야곱이 32장 9-12절처럼 기도를 드렸거든요. 기도의 핵심은 자신을 구원해달라는 것입니다. 11절에 있습니다. "내가 주께 간구하오니 내 형의 손에서, 에서의 손에서 나를 건져내시옵소서 내가 그를 두려워함은 그가 와서 나와 내 처자들을 칠까 겁이 나기 때문이니이다" 아멘. 야곱은 '형 에서의 손에서 저를 구원해 주십시오! 제가 그를 두려워합니다. 그가 나와 애들과 애들 엄마를 칠까 봐 두려워합니다.' 이렇게 솔직하게 기도합니다. 구원 간구의 중요한 두 가지 이유를 하나님의 말씀과 약속에서 찾고 있습니다. 9절과 12절입니다. 9절에서 야곱은 하나님을 아브라함과 이삭의 하나님 여호와, 언약의 하나님으로 부르고 있습니다. 그리고 하나님의 말씀을 인용합니다. '돌아가라, 네 땅으로, 네가 태어난 곳으로. 내가 너와 함께 있으면서 네가 잘 되게 하겠다.' 말씀하신 약속입니다. 기도의 시작과 더불어 마지막 부분인 12절도 하나님 말씀과 약속의 인용입니다. '내가 너와 함께 있으면서 잘되게 해주겠다. 네 자손이 바다의 모래 같게 되어, 많아 셀 수 없게 하겠다.' 말씀하셨음을 간구의 근거로 제시합니다. 마치 애들이 '아빠가 사 준다고 하셨잖아요?' 말하는 것과 유사합니다.

하나님의 약속을 근거로 기도하는 것, 좋습니다. 그러나 형 에서가 자신을 왜 죽이려고 하는지, 자신이 한 잘못이 무엇인지도 기도 가운데 말씀드릴 수 있었다면 좋았을 뻔했습니다. 야곱의 기도 가운데 한 부분을 아직 말씀드리지 않았습니다. 10절입니다. "나는 주께서 주의 종에게 베푸신 모든 은총과 모든 진실하심을 조금도 감당할 수 없사오나 내가 내 지팡이만 가지고 이 요단을 건넜더니 지금은 두 떼나 이루었나이다" 아멘. 뭔가 감사를, 하나님의 은총과 진실하심으로 인해 풍요를 표현합니다. 동시에 자신이 이러한 풍요를 누릴 만하지 못하다는 자기 인정이 있습니다. '조금도 감당할 수 없사오나' 의 본래 단어는 '작다' 를 의미하는 단어입니다. '저는 작습니다.' 이것이 야곱의 고백입니다. 작다는 이 단어가 이 기도에서는 가장 중요한 단어로 보입니다. 야곱은 자신이 작다는 것을, 작은아들이라는 것을 늘 받아들이고 싶지 않았습니다. 그래서 형의 발꿈치를 잡았고 장자 권을 원했습니다. 장자 권과 같이 중요한 권리를 팥죽 한 그릇에 살 생각까지 했습니다. 매우 불공정한 거래라고 할 수 있죠. 그런 그가 이제 자신이 '작다' 는 표현을 합니다. '하나님의 은혜와 진실하심의 모든 것을 받을 자격이 없는 둘째 아들입니다.' 하는 고백을 합니다. 누가복음 15장에 나오는 탕자의 고백과 같은 것이죠. 탕자의 고백보다 나은 고백입니다. '하나님의 은혜와 성실하심이 너무 큽니다. 지팡이 하나가 두 떼가 되었기 때문입니다.' 이렇게 고백하기 때문입니다.

창세기에는 '작은 것들' 이 몇 개 나옵니다. 1장 16절에는 '달' 이 작은 것으로 나옵니다. '태양' 보다 작습니다. 9장 24절에는 노아의 아들 가운데 '함' 이 '작은 자' 로 나옵니다. 노아에게 저주를 받았죠. 19장 11절에서는 '대소를 막론하고' 라는 표현에서 '소돔 성의 하찮은 자' 를 '작은 자' 로 표현했습니다. 그리고 27장 15, 42절에서 야곱을 '작은아들' 로, 29장 16, 18절에서 라헬을 '작은딸' 로 부릅니다. 야곱은 '작은아들, 작은 자' 입니다. 그것이 하나님께서 그에게 나눠주신 위치입니다. 야곱은 그 자리를 사랑하지 못했습니다. 인정하고 싶지 않았습니다. 그런데 하나님의 돌보심을 받고 두 떼나 이룬 상황에서 자신이 '작은 자' 임을 인정한 것입니다. 야곱이 많이 성장했습니다. 어떤 면에서요? 자신의 위치를 인정하는 데까지 성장한 것입니다. 그러다 보니 솔직해졌고, 하나님의 약속을 근거로 자신을 살려달라는 기도를 할 수 있게 되었습니다.

이러한 기도의 응답으로 성육신 전 그리스도께서 그를 도우러 오셨습니다. 두려워서 자기 무리의 마지막에 남아 강도 건너지 못하는 야곱을 도우러 오셨습니다. 격려하고 축복하러 오셨습니다. 그런데 야곱은 그분을 뵙자마자 적으로 간주하고 붙들고 몸싸움을 시작했습니다. 두려울 때 사람을 무는 개들과 유사한 반응을 보였습니다. 누구인지 묻지도 않고 넘어뜨리려 했습니다. 그가 살아왔던 방식 그대로를 성육신 전 그리스도께도 적용했습니다. 일단 이기려 한 것입니다. 이기고 보자 하는 마음이 있습니다. '이기고 나면 내 뜻대로 할 수 있겠지.' 생각합니다.

주님은 그를 축복하러 오셨습니다. 축복을 받으려면 복 받을 자의 자세로 겸손하게 있어야 하는데, 붙들고 넘어뜨리려 합니다. 급기야 주님이 야곱을 제어하십니다. 야곱이 정신을 차리지 못하자 허벅지 관절을 치신 것입니다. 자신이 누구신지를 보여주신 것입니다. 한 번 치면 다리뼈도 분지를 수 있는 분입니다. 힘이 없어서 이기지 않고 계신 것이 아니었습니다. 복을 주려고 왔는데 자꾸 대드니까 버티고 계셨던 것입니다. 아마도 이때 야곱은 상대방이 누구인지 알아차리기 시작했을 것입니다. '한 번 치는 것으로 내 다리뼈를 어긋나게 할 수 있는 이 사람은 누구인가? 왜 이 사람은 처음부터

나를 치지 않았지? 분명 나보다 강한 분인데 왜 버티기만 했지?'

주님은 날이 새려 하니 떠나려 하십니다. '나를 보내라. 동이 텄다.' 말씀하십니다. 26절입니다. "그가 이르되 날이 새려 하니 나로 가게 하라 야곱이 이르되 당신이 내게 축복하지 아니하면 가게 하지 아니하겠나이다" 아멘. 야곱은 그동안 자신이 대든 분에게 복을 달라고 간청합니다. 이때 주님은 자신이 누구인지에 대해 이스라엘이라는 이름을 통해 힌트를 주시고 축복하십니다. 사실 겸비해진 야곱을 축복하신 것입니다. 대들지 않고 복을 달라 간청하는 야곱을 축복하신 것입니다. 그럼 이러한 겸비함이 언제 생겼습니까? 허벅지 관절이 어긋날 때 생겼습니다. 자기 생각, 자기 논리, 자기 소원으로 뭉쳐 사실을 사실로 인식하지 못하고 심지어 주님마저 이겨 먹으려고 했는데, 한 대 맞고 보니 정신이 난 것입니다. 주님의 가벼운 펀치 하나로 자신은 절뚝발이가 될 수 있었습니다.

저는 26절 앞부분에 눈이 갑니다. "그가 이르되 날이 새려하니 나로 가게 하라" 아멘. 주님은 마치 하실 일을 다 하셨다는 듯 떠나가려 하십니다. 주님이 왜 오셨습니까? 야곱을 구원하려고 오셨습니다. 그리고 주님이 생각하시기에 야곱을 위해 하실 일은 다 하셨습니다. 마치 그를 이기지 못하는 사람처럼 그와 밤새 몸싸움을 해주셨습니다. 정신을 차리지 못하는 그를 위해, 그리고 이제는 누구 따라잡으며 대체하는 자로 살지 않도록 허벅지 관절을 쳐 주셨습니다. 사실 은혜를 모두 베풀어 주신 것입니다. '하나님 앞에서 연약해진 야곱'이 받은 은혜가 '연약함의 은혜'였습니다. 모든 권세를 가지셨지만, 장차 십자가에 달려 피와 물, 몸의 모든 진액이 다 빠지도록 버티시다 돌아가실 예수님은 야곱과 밤새 씨름 상대가 되어주셨습니다. 그리고 그에게 '연약함의 은혜'를 주셨습니다. 그리고 가르쳐주셨습니다. '너는 이스라엘 아니면, 야곱이다. 사람들과 비교하고 열등감 느끼고 남의 것을 네 것 만들려고 아등바등하지 마라. 차라리 나와 씨름하자. 내가 버텨 주마. 한편으로 당해 주마. 그러면서 네게 연약함의 은혜를 주마. 그 은혜로 너는 겸손해질 것이다. 에서라는 네 평생의 장벽도 넘어설 수 있을 것이다. 에서와 공존할 수 있을 것이다.'

이미 받은 '연약함'을 '은혜'로 여기실 수 있으면 좋겠습니다. 히브리서 12장 7-8절입니다. "너희가 참음은 징계를 받기 위함이라 하나님이 아들과 같이 너희를 대우하시나니 어찌 아버지가 징계하지 않는 아들이 있으리요 징계는 다 받는 것이거늘 너희에게 없으면 사생자요 친아들이 아니니라" 아멘. 여기 '징계' 라고 번역된 단어는 '연단과 훈련, 가르침' 을 본래 의미합니다. '파이디온' 이라는 단어를 아시지요? 그것과 어근이 같은 단어입니다. 사랑하는 자를 가르치고 훈련하듯, 하나님께서는 우리를 가르치고 훈련하십니다. 주님께서 야곱과 씨름 상대가 되어주시는 것과 비슷합니다.

야곱이 성숙해진 다음에 중요한 것은 요셉과 유다 가운데 누가 복을 이어갈 것인가 하는 것입니다. 대를 잇는 문제입니다. 유다로 이어집니다. 그 단초가 소개된 창세기 38장 1절을 읽습니다. "그 후에 유다가 자기 형제들로부터 떠나 내려가서 아둘람 사람 히라와 가까이 하니라" 아멘. 유다는 자기 형제들을 떠납니다. 요셉을 팔았을 때 그의 아비가 고통 하는 것을 보고 그의 형제들과 살고 싶지 않았나 봅니다. 어쨌든 유다는 요셉이 애굽으로 팔린 후 형제들을 떠났고, 히라와 친구가 되었습니다. 그는 가나안 사람의 딸과 결혼하여 세 아들을 낳았습니다. 그리고 큰아들을 위해 며느리를 얻었습니다. 그러나 큰아들이 여호와 보시기에 악하여 죽습니다.

당시의 풍속대로 유다는 둘째 아들 오난에게 형수를 취하여 형의 후손을 낳아 형의 이름이 이 땅에서 사라지지 않도록 명하였습니다. 그러나 오난은 형의 후손 때문에 자신의 기업이 작아지는 것을 원하지 않았습니다. 이러한 그의 욕심이 하나님 보시기에 악하여 그도 죽습니다. 두 아들을 잃은 유다는 이 모든 원인이 며느리 다말에게 있다고 생각했습니다. 막내아들 셀라를 그녀에게 주면 막내아들도 잃을 것 같았습니다. 그래서 다말을 친정으로 보냅니다. 물론 성경은 두 아들의 죽음은 다말 때문이 아니었다고 증거 합니다. 그들이 여호와 보시기에 악했기 때문에 여호와께서 그들을 죽이셨다고 밝힙니다.

오랜 세월이 흘렀습니다. 다말은 친정에서 찬밥 신세로 지냈을 것입니다. 자식도 없이 과부의 의복을 입고 친정살이하는 그녀는 부모님에게 수치 거리였을 것입니다. 한편 유다는 셀라가 장성했음에도 불구하고 그를 다말에게 주지 않습니다. 그러던 중 유다의 아내가 죽었고 다말은 유다가 다말의 친정 근처로 온다는 소식을 듣습니다. 그는 창녀로 오해받을 수 있는 복장을 하고 에나임 문에 앉았습니다. 에나임은 '눈' 이라는 뜻을 가지고 있습니다. '눈의 문' 의 앉아서 그는 시아버지를 기다렸고 그의 시아버지는 그녀를 창녀로 보았습니다. 염소 새끼의 값으로 동침을 요구합니다. 다말은 약속을 지키지 않는 시아버지에게 약조물을 요구하여 받고 그와의 동침으로 잉태합니다.

석 달쯤 후, 다말의 잉태가 유다에게 알려졌습니다. 유다는 그를 정죄하여 불사르라고 명합니다. 그러나 다말이 하는 말과 자신의 도장, 끈, 지팡이를 보고 유다는 자신의 죄를 깨달았습니다. 온 세상 사람이 다 바르지 못해도 자신은 바르다고 생각했었는데 이제는 깨달았습니다, 자신이 다말보다도 옳지 못하다는 것을. 그동안 다말은 남편의 후사를 잇기 위해 오난으로부터의 수모도 참았습니다. 셀라의 장성도 기다렸습니다. 친정살이도 마다하지 않았습니다. 그러나 약속을 지키지 않는 시아버지를 보고 그는 마음을 굳게 먹었습니다. 계속된 수치보다는 한 가지 가능성과 죽음을 택했습니다. 만일 유다가 다말의 잉태에 대하여 자기는 모르는 일이라고 발뺌한다면 다말은 억울한 누명을 쓰고 죽을 수밖에 없을 것입니다. 그러나 하나님께서는 유다로 겸손케 하셨습니다. 유다가 고백합니다, "그는 나보다 옳도다!"(38:26). 다말은 남편에 대한 의리를 지켰고 자신의 수치를 벗었으며, 하나님께서는 이스라엘 백성을 위한 도구로 유다를 준비하셨습니다. 이후, 유다는 창세기 42장 이하를 볼 때 형제들에게로 돌아갔고 이스라엘의 자손들이 애굽으로 내려가는데 결정적인 기여를 하였습니다. 야곱의 마음을 녹이는데 성공하였고(43:8-14) 요셉의 마음을 감동시켰습니다(44:14-45:2).

다말을 통해 유다가 얻은 아들 베레스를 통해 다윗이 태어났습니다. 그녀는 예수님의 족보에 이름이 기록된 여인 중의 하나가 되었습니다.

질의와 응답

하나. "창세기 22장을 이삭을 중심으로 보니까 새롭습니다."

이삭의 행동과 말이 기술되어서 표현해보려 했습니다. 예수님의 죽음과 연결되기도 하고요. '여호와 이레'에서 '이레'는 '보다'를 의미하는 단어의 수동형[니팔]입니다. '하나님의 구원이 하나님의 산에서 보인다.' 하는 신현(神現)을 의미합니다. 이삭이 드려진 모리아의 한 산(창 22:2)이 장차 성전산이 되지요(대하 3:1). 이삭을 드리던 날에 아브라함은 예수님을 봤나 봅니다. "너희 조상 아브라함은 나의 때 볼 것을 즐거워하다가 보고 기뻐하였느니라"(요 8:56) 이렇게 예수님이 말씀하셨지요.

둘. "도입시에서 '머리에 흰 머리 늘어나고 쉼이 점점 더 많이 필요해지니 낙엽 될 준비에 나선다.' 하셨는데, 낙엽 될 준비를 어떻게 하십니까? 자녀들에게 남기려 하는 것, 교회에서 다음 세대에게 이어주고자 하는 것은 무엇이며, 결혼을 싫어하는 현세대를 어떻게 도우십니까?"

낙엽 될 준비란 주님께 갈 준비이겠습니다. 하나님 경외를 힘쓰고 있습니다. 자녀들이 하나님을 경외하기를 바라는 마음으로 양육합니다. 교회의 다음 세대에 대해서도 같은 마음입니다. '하나님 경외' 뿐입니다. 성경통독도 그것을 위해 하고 있습니다. 결혼을 싫어하는 현세대에게 결혼하라고 말하고 결혼을 하려 할 때 매우 적극적으로 돕습니다. 세 번의 결혼교육을 통해, '결혼이 무엇인지, 배우자의 장점과 단점이 무엇인지, 배우자가 이성이기 때문에 고려해야 할 것이 무엇인지'에 대해 나눕니다. 저의 아가서 설교집인 『하나됨을 위한 회복의 노래』와 『더 좋은 반쪽이 되는 법: 왜 성 차이가 결혼생활을 위대하게 만드는가』를 교재로 사용합니다.

셋. "도입시에서 '아브라함은 이삭에게 복을 남겨 주었고 이삭은 야곱에게 언약을 전달했으며 야곱은 유다와 그의 형제들을 축복하였다.' 이렇게 기술하셨는데, '복, 언약, 축복'은 같은 것입니까?"

'복, 언약, 축복' 이 의미하는 바가 비슷하겠지요. 명사보다는 동사인 '복을 남기다, 언약을 전달하다, 축복하다' 에 방점(傍點)을 더 두시면 좋겠습니다. 아브라함은 아들이 여럿이었지만 '이삭에게' 복을 남겨 주었습니다. 이삭은 아들이 둘이었는데 '야곱에게' 언약을 전달했습니다. 야곱은 아들이 여럿이었고 이들 모두를 축복했는데, 특별히 넷째 아들인 유다에게 주어진 복이 돋보입니다.

넷. "대를 잇는 것에 대해 말씀하셨는데, 대를 잇는 데서 선택되지 못한 이들 다시 말해, 이스마엘의 후예들, 그두라의 자녀들, 에서의 후손들, 그리고 그들로 인한 민족들의 의미는 무엇일까요?"

아브라함의 자녀들은 모두 할례를 받았습니다. 이스마엘은 열세 살 때 받았지요(17:25). 그두라의 자녀들도, 에서의 후손들도 할례를 받았겠지요. 상속자가 아니라고 하더라도 하나님을 예배하는 예배자가 되는 것이 기대됩니다. 열방과 마찬가지입니다.

다섯. "이삭을 바치는 것, 인신제사를 어떻게 봐야 할까요?"

예수님 제사를 염두에 두고 이삭 바치는 것을 명하셨다고 생각합니다. 그러나 이삭을 실제로 드려지도록 하지는 않으셨지요. 대체물을 주셨습니다. 초태생과 관련해서도 대속하도록 하셨습니다(출 13:12-13). 그러므로 예수님 외의 인신제사는 허용되지 않았습니다.

여섯. "야곱으로 복을 받게 한 리브라의 시도를 어떻게 봐야 할까요?"

리브가는 태 중에서 태아들이 싸울 때 기도했고 응답받았습니다. 그래서 야곱이 이삭의 축복을 받아야 한다고 생각했을 것입니다. 리브가로서는 최선을 다한 것이 아니었을까 싶습니다. 이삭이 의외로 고집이 셌기 때문입니다. 하지만, 남편을 속인 것을 잘했다고 할 수는 없겠지요. 그러나 잘못 판단하고("이삭은 에서가 사냥한 고기를 좋아하므로 그를 사랑하고," 25:28) 행동하려는("내가 즐기는 별미를 만들어 내게로 가져와서 먹게 하여 내가 죽기 전에 내 마음껏 네게 축복하게 하라," 27:4) 남편의 어그러짐을 자신이 담당하겠다는 자세("내 아들아 너의 저주는 내게로 돌리리니," 27:13)는 칭찬받을 수 있다고 생각합니다.

일곱. "야곱이 하나님을 두려워한다는 보시는 근거가 무엇입니까?"

형 대신에 축복을 받으라는 어머니 리브가의 말에 "내가 아버지의 눈에 속이는 자로 보일지라 복은 고사하고 저주를 받을까 하나이다"(27:12) 말합니다. 야곱에게도 두려움이 있습니다. 벧엘에서 사닥다리 꿈을 꾸고는 "여호와께서 과연 여기 계시거늘 내가 알지 못하였도다" 하면서 "두려워하여 … 두렵도다 이 곳이여 이것은 다름 아닌 하나님의 집이요 이는 하늘의 문이로다" 말하고 "아침에 일찍이 일어나 베개로 삼았던 돌을 가져다가 기둥으로 세우고 그 위에 기름을" 부었습니다(28:16-18). 하나님에 대한 두려움이 야곱에게 있습니다. 어쩌면 장자 권에 대한 야곱의 갈망이 하나님 경외에서 비롯되었을 수 있다고 생각합니다. 에서의 '망령' 이 하나님을 고려하지 않는 데서 나오는 것과 대조됩니다. 야곱은 하나님께로부터의 복을 바랍니다. 밧단아람에서 20년 고생한 다음에는 자기 자리를 인정하고 사랑하는 자가 됩니다. 자신이 '작은 자' 임을 인정한 것이지요(32:10). '연약함의 은혜' 를 받고서는 에서에게 절하며 나아갑니다. 이러한 야곱의 말과 행동에서 '하나님 경외' 를 읽습니다.

Weekly Reading

4

창세기 42장 – 출애굽기 12장

"좋아하고 추구하고 바라고 사랑하고 존중하고 사모하고 갖고자 하는 것"

창 42–44장	창 45–47장	창 48–50장	출 1–3장	출 4–6장	출 7–9장	출 10–12장

check

이번 통독은 창세기 42장부터 출애굽기 12장까지입니다. 중심인물인 요셉과 모세를 통해, 그들이 좋아하고 추구하고 바라고 사랑하고 존중하고 사모하고 갖고자 했던 것을 생각해 보았습니다.

힘을 외면한 요셉과 모세

I.

많이들 권세를 좋아하여
순종보다 명령이 좋고
굽신거리기보다 군림하고 싶어 한다.

많이들 영광을 추구하여
가려짐보다 드러남이 좋고
멸시받기보다 칭찬받고 싶어 한다.

많이들 능력을 바라기에
무능보다 유능이 좋고
뒤처지기보다 앞서고 싶어 한다.

많이들 재력을 사랑하여
가난보다 부유함이 좋고
궁색하기보다 떵떵거리고 싶어 한다.

많이들 지력을 존중하여
무식보다 유식이 좋고
꿀 먹은 벙어리 되기보다 아는 체하고 싶어 한다.

많이들 통솔력 사모하여
소수보다 다수가 좋고
이끌리기보다 이끌고 싶어 한다.

많이들 의지력 갖고자 하여
양보보다 주장이 좋고
꺾이기보다 관철시키고 싶어 한다.

II.
요셉은 [종이라는] 순종의 자리에서 굽신거리지 않았고
모세는 [민족의 지도자라는] 명령의 자리에서 군림하지 않았다.
[요셉과 모세] 그대들은 무엇을 좋아하는가?

요셉은 가려진 자리[인 옥(獄)]에서 칭찬받았고
모세는 [왕자라는] 드러남의 자리에서 멸시받았다.
그대들은 어느 자리를 추구하는가?

요셉은 유능했으나 뒤처지기 일쑤였고
모세는 무능해진 다음에야 앞설 수 있었다.
그대들은 무슨 능력을 바라는가?

요셉은 돈을 긁어모으면서도 떵떵거리지 않았고
모세는 백성을 부유케 했으나 자신이 궁색해지지 않았다.

그대들은 누구의 부유함을 사랑하는가?

요셉은 배우지 못했으나 아는 게 많았고
모세는 유식했으나 말이 어눌했다.
그대들은 어떤 지식을 존중하는가?

요셉은 소수에 속했으나 이끄는 자가 되었고
모세는 다수를 이끌었으나 주로 이끌렸다.
그대들은 통솔력을 얼마나 사모하는가?

요셉은 의지가 강했으나 꺾였고
모세는 양보할 때 쓰임 받았다.
그대들은 자신의 의지를 갖고 있는가?

스물여덟 살의 요셉은 "당신이 잘 되시거든 나를 생각하고 내게 은혜를 베풀어서 내 사정을 바로에게 아뢰어 이 집에서 나를 건져 주소서 나는 히브리 땅에서 끌려온 자요 여기서도 옥에 갇힐 일은 행하지 아니하였나이다"(창 40:14-15) 이렇게 술 맡은 관원장에게 말하여 자신의 억울함을 하소연했습니다. 그러던 그가 막상 애굽의 바로 왕 앞에 서서는 다른 말을 합니다. "내가 아니라 하나님께서 바로에게 편안한[샬롬을] 대답을 하시리이다"(41:16). 자기 문제는 언급하지 않습니다. 그리고 고민하는 왕에게 '샬롬' 을 말합니다. '하나님의 평강' 입니다. 서른 살의 요셉은 하나님의 평강을 말합니다. 어찌 보면, 요셉이 하나님의 평강을 말할 수 있을 때, 바로가 꿈을 꾸게 되었을 수도 있습니다.

총리가 된 요셉이 칠 년 풍년 기간에 한 말이 41장 51-52절에 소개됩니다. 두 아들에 대한 표현입니다. "요셉이 그의 장남의 이름을 므낫세라 하였으니 하나님이 내게 내 모든 고난과 내 아버지의 온 집 일을 잊어버리게 하셨다 함이요 차남의 이름을 에브라임이라 하였으니 하나님이 나를 내가 수고한 땅에서 번성하게 하셨다 함이었더라" 아멘. 요셉이 두 가지를 잊게 되었다고 말합니다. 하나는 그가 한 '고생' 입니다. 다른 하나는 '아버지 집' 입니다. 이제 그의 인생에서 '궁핍과 가난, 괴로움과 고통, 억울함과 힘듦' 이 떠났습니다. 그러나 그것과 함께 떠난 게 있었습니다. 아버지 집입니다. 자신을 판 형들이 주축을 이루는 집입니다. 이제 그의 인생에는 '열매' 가 맺히기 시작했습니다. 자식이 열매이고 집이 열매이고 소유가 열매입니다. 그동안 애굽은 요셉에게 '수고한 땅' 이었습니다. '환난의 땅' 이었습니다. 그런데 그 환난의 땅에서 생육하고 번성하기 시작한 것입니다.

풍년과 더불어 모든 것이 잘 되고 평안하다 하던 때에, 요셉의 근본적인 부분을 건드리는 일이 발생했습니다. 요셉이 자신을 판 형들을 만난 것입니다. 이번 통독 본문은 여기에서 시작합니다. 힘을 가지게 된 요셉, 권세, 영광, 능력, 재력, 지력, 통솔력, 의지력까지 갖춘 요셉입니다. 그 요셉을 흔드는 사건이 발생한 것입니다. 마음의 평안을 찾았는데, 평안함이 깨지는 일입니다. 모든 것을 잊었는데, 옛날 일을 다시 떠오르게 하는 일입니다. 묻어두고 다시는 꺼내고 싶지 않던 일이었는데, 그 문제를 심각하게 다뤄야 하는 일이 발생한 것입니다.

요셉과 형들 만남의 첫 장면이 42장 6-17절에 소개됩니다. 6절의 '총리' 는 '권세를 가진 자' 입니다. 애굽 나라의 권세 가진 자로 자리를 잡은 요셉이 곡식을 팔고 있는데 형들이 곡식을 사러 왔습니다. 문제는 요셉은 형들을 알아보는데 형들은 요셉을 알아보지 못한다는 데 있습니다. 분명 요셉은 자신이 아버지 집을 다 잊었다고 말했습니다. 그런데 아니었나 봅니다. 형들은 요셉의 일을 잊은 듯한데, 요셉은 형들의 일을 잊지 않았습니다. 9절에 보니, 꿈도 기억하고 있고, 형들이 한 일도 기억하고 있습니다. "이 나라의 틈을 엿보려고 왔느니라"를 직역하면, '이 나라의 은밀한 곳을 보려고 왔다,' 혹은 '이 나라의 벌거벗은 모습을 보려고 왔다.' 입니다. 자신이 벗겨진 다음에 팔린 것을 떠올리게 하는 표현입니다. 같은 표현을 12절에서도 반복합니다.

이후 요셉의 마음은 조금씩 변해갑니다. 부드러워진다고 할까요, 아니면 풀어진다고 할까요. 베냐민이 무사한 것을 보고는 마음이 더 풀어집니다. 요셉의 마음이 바뀌는 과정을 살펴봅니다. 첫 흉년과 두 번째 흉년 사이의 일 년의 기간(42:26-43:15)에 요셉은 형 시므온을 옥에 가둬놓고 형제들이 베냐민 데려올 것을 기다려야 했습니다. 기다리면서 요셉이 무슨 생각을 했을까요? 그저 태평했을까요? 모든 결과를 아는 사람처럼 평안했을까요? 아니었을 것입니다. 요셉은 앞으로 일이 어떻게 진행될지 모릅니다. 형제들이 시므온을 포기할 수도 있는 일이지요. 앞으로 6년이나 흉년이 계속되리라는 사실을 요셉이 알고 있었지만, 두 번이나 다녀갈 수 있는 시간이 지나도(43:10) 오지 않으니, '형들이 나를 버린 것처럼 시므온도 버렸나 보다.' 이런 생각을 하지 않았을까요? 집 떠나온 지 이십여 년이니 형 시므온을 가둬두고 형들이 동생 베냐민 데려오기를 기다리는 시간이 요셉에게는 정말 길게 느껴졌을 것입니다.

옥에 갇힌 시므온은 어땠을까요? 답답하지 않았을까요? 무섭지 않았을까요? 일 년이 지나도 형제들이 오지 않는 것을 보며 무슨 생각을 했을까요? 가족들과도 헤어진 상태에서 홀로 감옥에 남아 형제들을 기다리던 날들이 길어질수록 그의 마음속에서 희망이 점점 사라지지 않았을까요?

시므온을 두고 가나안 땅에 돌아온 형제들은 어땠을까요? 감옥에 갇히지도 않았고 굶어 죽지도 않았으니까 행복했을까요? 이미 요셉 일로 인해 마음의 괴로움이 커지기 시작한 그들입니다. 시므온까지 담보로 애굽에 놓고 온 처지에서 시므온을 구하고 자신들이 정직했음을 애굽의 총리에게 보이고 싶으나, 아버지 야곱의 반대로 베냐민을 데려가지 못하는 그들입니다. 흉년이 지속되면서 그렇지 않아도 괴로운데, 모든 상황이 최악으로 달려가는 것을 보면서, 그들은 무엇을 느꼈을까요? 참담하지 않았을까요?

야곱의 마음은 어땠겠어요? 두 자식 잃고 베냐민까지 잃을지 모른다는 생각에, 혹시 내년에 풍년이 오면 베냐민을 보내지 않아도 되겠지 하면서 주님께 풍년을 달라고 기도하지 않았을까요? 계속되는 흉년으로 베냐민까지 잃을 각오를 하는 야곱의 마음을 표현하자면 '차라리 죽고 싶은 마음'이라고밖에 표현할 길이 없어 보입니다.

시므온의 아내와 자녀들은 또 어떠했겠습니까? 베냐민과 그의 아내와 자녀들도 바늘방석에 앉아 있는 것 같았을 것입니다. 상황을 알기 때문이죠. 가장을 사지로 보낼 수도, 보내지 않을 수도 없는 상황입니다. 그래서 이 일 년 동안에 야곱의 가족들 안에 괴로움이 총체적으로 가득했을 거라 예상됩니다.

우리 눈에는 이 괴로움을 해결할 길이 보입니다. 빨리 베냐민을 데리고 애굽에 가면 해결될 것 같습니다. 그러나 이렇게 하려고 하면 야곱이 걸립니다. 베냐민의 가족들도 걸리지요. 요셉에게 호소하고 싶기도 합니다. 그냥 자기가 요셉이라고 얘기하면 안 되냐고요. 꼭 베냐민이 살아있음을 보고 유다의 말을 듣고 나서야, "하나님이 큰 구원으로 당신들의 생명을 보존하고 당신들의 후손을 세상에 두시려고 나를 당신들보다 먼저 보내셨나니 그런즉 나를 이리로 보낸 이는 당신들이 아니요 하나님이시라 하나님이 나를 바로에게 아버지를 삼으시고 그 온 집의 주로 삼으시며 애굽 온 땅의 통치자로 삼으셨나이다"(45:7-8) 이렇게 말할 필요가 있느냐고요. 정체를 조금만 더 빨리 드러내면 모두가 다 괴로움에서 벗어나지 않겠느냐고요.

형제들에게도 할 말이 있습니다. '요셉에게 형제 중 하나가 없어졌다고 말하지 말고, 사실은 우리가 미워서 미디안 상인들에게 팔았는데 아마 그들이 애굽에서 노예로 팔았을 거라고, 우리가 지금 잘못한 것을 깊이 회개하고 있다고, 총리가 그 사람을 찾는 데 도움을 준다면 고맙겠다고, 이렇게 정직하게 말하면 요셉이 감동하지 않겠느냐?' 말하고 싶습니다. 그러나 그들은 그렇게 말할 수 없습니다. 이미 거짓말을 했고 거짓말로 지내온 세월이 길기 때문입니다.

어쩌면 이 괴로움 해결의 열쇠를 모두가 하나씩은 쥐고 있는 것처럼 보입니다. 그러나 누구도 일 년이 지나도록, 다시 흉년이 오도록, 곡식이 떨어져서 꼭 애굽에 다시 가야 하는 상황이 올 때까지 아무도 각자의 열쇠를 사용하려 하지 않습니다. 왜 그랬을까요? 실타래처럼 얽히고설킨 문제를 바라볼 때 내가 내 열쇠를 내놓는다고 해서 문제가 해결될 것 같지 않기 때문입니다.

형제들은 여전히 거짓말을 합니다. 42장 33-34절입니다. "그 땅의 주인인 그 사람이 우리에게 이르되 내가 이같이 하여 너희가 확실한 자들임을 알리니 너희 형제 중의 하나를 내게 두고 양식을 가지고 가서 너희 집안의 굶주림을 구하고 너희 막내 아우를 내게로 데려 오라 그러면 너희가 정탐꾼이 아니요 확실한 자들임을 내가 알고 너희 형제를 너희에게 돌리리니 너희가 이 나라에서 무역하리라 하더이다 하고" 아멘. 무엇이 거짓입니까? 이들은 요셉이 처음에 자신들을 모두 삼 일간 가두면서 '하나만 보내라.'(42:16) 했던 것을 숨겼습니다. '하나만 보낸다.' 하는 것은 요셉 하나만 애굽으로 온 것과 비교될 만한 표현입니다. 이 점을 고려하면, 요셉은 자신이 쥔 열쇠를 내준 부분이 있습니다. 한 사람만 보내서 애굽으로 올 수밖에 없도록 하지 않았습니다. 한 사람만 남겨두고 다 보냈습니다. 가족들이 살길을 열어주었습니다. 그러나 형들은 자신들의 잘못을 아버지에게 드러내지 않습니다.

르우벤이 야곱을 설득하려 했지만 실패합니다. 42장 37절입니다. "르우벤이 그의 아버지에게 말하여 이르되 내가 그를 아버지께로 데리고 오지 아니하거든 내 두 아들을 죽이소서 그를 내 손에 맡기소서 내가 그를 아버지께로 데리고 돌아오리이다". 만일 정말로 르우벤이 베냐민을 데리고 돌아오지 못한다고 가정해봅니다. 야곱이 르우벤의 두 아들을 죽일 수 있을까요? 없습니다. 실현 불가능한 제안입니다.

일 년이 지나고 애굽에서 가져온 양식이 떨어지자 야곱이 애굽으로 다시 가서 양식을 사오라 명합니다. 이때 유다가 나섭니다. 유다는 두 아들의 죽음을 경험한 아버지입니다. 더구나 자신을 괴롭힌다고 생각하는 사람에 대해 다르게 생각할 수 있는 기회를 얻었습니다. 유다가 생각하기에 자기 며느리 다말은 자기를 괴롭히는 사람이었습니다. 사실 유다의 큰 아들 엘과 둘째 아들 오난이 죽은 것은 그들의 악함 때문이었습니다. 그럼에도, 유다는 며느리 다말로 인해 자신의 두 아들이 죽었다고 생각했습니다. 그래서 남은 아들 셀라마저 죽을까 봐 다말을 셀라에게 주지 않고 친정으로 내쳤습니다. 그러나 다말은 유다로 말미암아 잉태하게 되었습니다.

임신 후 석 달쯤 뒤에 유다에게 누군가 말했습니다. "네 며느리 다말이 행음하였고 그 행음함으로 말미암아 임신하였느니라"(38:24). 이때 유다는 다말에 대해, '내 두 아들을 죽이더니, 이제는 내 명예까지 더럽히는구나.' 생각했을 것입니다. "그를 끌어내어 불사르라"(38:24) 명합니다. 자기에게 괴로움을 준 사람에 대한 가차없는 심판이었습니다. 그러나 다말이 보낸 자기의 도장과 끈과 지팡이를 보고, 다말이 행음한 상대가 바로 자신임을 깨닫고 유다가 말합니다. "그는 나보다 옳도다 내가 그를 내 아들 셀라에게 주지 아니하였음이로다"(38:26) 아멘.

유다는 두 아들의 실제 죽음을 경험했습니다. 그리고 자신을 괴롭힌다고 여긴 며느리가 자신보다 의롭다는 것도 깨달았습니다. 이런 유다는 상황을 정확하게 인식하고 바른 해결책을 내놓습니다. 43장 9절입니다. "내가 그를 위하여 담보가 되오리니 아버지께서 내 손에서 그를 찾으소서 내가 만일 그를 아버지께 데려다가 아버지 앞에 두지 아니하면 내가 영원히 죄를 지리이다" 아멘. 자신을 내놓습니다. 자신을 내놓으면 다 내놓은 것입니다. 실제로 유다는 베냐민 대신 자신이 종이 되겠다고 나섭니다(44:33). 유다는 하나이기는 하지만, 야곱 가족이 애굽으로 내려오는데 '절대적' 인 기여를 했습니다.

유다의 말에 야곱도 자신이 쥔 열쇠를 내놓습니다. 43장 14절입니다. "전능하신 하나님께서 그 사람 앞에서 너희에게 은혜를 베푸사 그 사람으로[그가] 너희 다른 형제와 베냐민을 돌려보내게 하시기를[돌려보내기를] 원하노라 내가 자식을 잃게 되면 잃으리로다" 아멘. 선물과 두 배의 돈, 그리고 베냐민을 보내면서, 야곱은 하나님을 의지합니다. 사실 하나님을 의지하고 베냐민을 보내는 야곱은 야곱이 아니라 이스라엘입니다. 11절에 야곱이 있습니까, 이스라엘이 있습니까? 이스라엘입니다. 8절에도 이스라엘이고, 6절에도 이스라엘입니다. 43장 1-15절에는 야곱이 나오지 않고 이스라엘이 나옵니다. 그럼, 42장 26-38절은 어떤가요? 29절에 야곱, 36절에 야곱, 38절에 야곱[원문에는 없음]입니다.

야곱의 말은 42장 38절에 잘 요약되어 있습니다. "야곱이 이르되 내 아들은 너희와 함께 내려가지 못하리니 그의 형은 죽고 그만 남았음이라 만일 너희가 가는 길에서 재난이 그에게 미치면 너희가 내 흰 머리를 슬퍼하며 스올로 내려가게 함이 되리라". 두 가지가 중요합니다. '재난'에 대한 두려움입니다. 다른 하나는 '책임이 아들들에게 있다.' 하는 야곱의 입장입니다. 43장 14절에는 '재난'이 아니라 '은혜'가 나옵니다. 하나님의 은혜입니다. 책임을 자녀들에게 돌리지 않습니다. 자식을 잃게 된다 하더라도 자신이 수용하겠다고 말합니다.

요셉, 유다, 야곱이 자신들이 쥔 열쇠를 내놓자, 문제는 해결될 수 있는 쪽으로 진행됩니다. 베냐민만 남겨두려는 요셉의 계획은 유다의 설득으로 무산됩니다. 야곱 가족은 애굽으로 이동합니다.

창세기 43장 16절부터 44장 13절까지에는 '위기'가 나옵니다. 다양한 등장인물이 있습니다. 처음부터 끝까지 빠짐없이 나오는 인물은 청지기입니다. 16절에 '그의 집 위에 있는 자'로 표현된 이 사람은 그다음에는 '그 남자'로 나옵니다. 요셉의 형제들이 '그 남자들'로 나오는 것과 대조적입니다. '그 남자'와 '그 남자들'의 리그입니다.

요셉 집을 맡아 관리하는 '청지기'는 충성스러운 청지기입니다. 요셉이 명한 대로 실행합니다. 43장 17절입니다. "청지기가 요셉의 명대로 하여 그 사람들을 요셉의 집으로 인도하니" 아멘. 또한, 44장 6절입니다. "청지기가 그들에게 따라가서 그대로 말하니" 아멘. 또한, 44장 12절을 보면, 열한 형제의 나이 순서를 기억하고 그 순서대로 자루를 검색합니다. 사실 쉽지 않습니다. 자기 일에 충실한 청지기입니다.

은혜도 있습니다. 43장 23절을 보면, 두려워하는 요셉의 형제들에게 평안을 전합니다. "그가 이르되 너희는 안심하라 두려워하지 말라 너희 하나님, 너희 아버지의 하나님이 재물을 너희 자루에 넣어 너희에게 주신 것이니라 너희 돈은 내가 이미 받았느니라 하고 시므온을 그들에게로 이끌어내고" 아멘. 요셉 형제들의 하나님을 언급합니다. 청지기가 한 이 말은 요셉이 하라고 한 말이 아닙니다. 이로 볼 때, 이 청지기는 이스라엘의 하나님을 경외하는 사람일 수 있습니다. 적어도 요셉과 형제들의 관계를 알고 그들의 하나님에 대한 지식도 있는 것 같습니다.

이 청지기는 지혜도 있습니다. 요셉의 형제들이 자신들의 결백을 주장하기 위해 하지 않아도 되는 맹세를 하여 자신들도 모르게 베냐민을 궁지에 몰아넣게 되었을 때, 이 청지기는 잘못된 부분을 바로잡습니다. 44장 9-10절입니다. "당신의 종들 중 누구에게서 발견되든지 그는 죽을 것이요 우리는 내 주의 종들이 되리이다 그가 이르되 그러면 너희의 말과 같이 하리라 그것이 누구에게서든지 발견되면 그는 내게 종이 될 것이요 너희는 죄가 없으니라".

야곱도 라헬이 드라빔을 훔쳐다가 숨긴 줄 모르고 저주 맹세를 했었지요(31:32). 요셉의 형제들은 청지기가 요셉의 은잔을 베냐민의 자루에 넣은 것을 모르고 자신들의 결백을 주장하는 데에만 초점을 두느라, 하지 않아도 되는 저주 맹세를 한 것입니다. 그러나 다행히도 청지기는, 비록 논리적으로는 부적절해 보이지만, 베냐민이 죽어야 한다는 맹세를 수용하지 않습니다. 요셉 형제들의 말대로 하겠다고 해놓고서는, 자신이 처음에 한 말을 되풀이합니다. 충성스럽고 은혜롭고 지혜로운 청지기를 보면서, '요셉이 보디발의 집과 바로의 집에서 이렇게 일했나 보다.' 하는 생각이 듭니다.

반면, 청지기와 대비되는 '그 남자들' 인 요셉의 형제들은 참 눈치도 없다는 생각이 듭니다. 이상한 상황이 이 정도 발생하면 요셉의 정체에 대해 눈치를 챌 만도 한데, 아무도 요셉이 누구인지 말하는 이가 없습니다. 43장 18절을 보면, 이들은 두려워합니다. "그 사람들이 요셉의 집으로 인도되매 두려워하여 이르되 전번에 우리 자루에 들어 있던 돈의 일로 우리가 끌려드는도다 이는 우리를 억류하고 달려들어 우리를 잡아 노예로 삼고 우리의 나귀를 빼앗으려 함이로다 하고". 이들의 말을 들어보니, 이들이 요셉에게 했던 행동이 떠오릅니다. 이들은 요셉을 억류하고 달려들어 잡아 노예로 팔고 그의 채색옷을 빼앗았지요.

전에 했던 잘못을 드러내어 회개하지 않고 마음에 품고 있으니, 불안하고 두렵고 다른 사람에 대해서도 오해가 생깁니다. 두려움에 변명까지 더하지만 진실하지 않습니다. 43장 21절, "여관에 이르러 자루를 풀어본즉 각 사람의 돈이 전액 그대로 자루 아귀에 있기로 우리가 도로 가져왔고" 하는 말에서 여관에서 모두가 자루를 풀어보았다는 말은 거짓말이지요. 42장 27절을 보면 '한 사람' 이 풀어보았고, 나머지는 집에 와서 아버지 야곱 앞에서 풀었지요. 돈을 도로 가져온 이유도 아버지 야곱이 가져가라 해서 가져왔지요.

이들은 43장 22절에서 "우리의 돈을 우리 자루에 넣은 자는 누구인지 우리가 알지 못하나이다" 이렇게 말하지만, 잘 생각해 보면 짐작할 수 있지 않았을까요? 더구나 누군가가 본인들의 짐에 무언가를 넣어서 당황했다면, 본인들의 짐을 잘 챙겼어야지요. 두 번째도 그대로 당하기만 합니다. 어쩜 이리도 멍청할까? 하는 생각이 듭니다. 모든 게 이상하잖아요. 스스로도 느꼈습니다. 43장 33절입니다. "그들이 요셉 앞에 앉되 그들의 나이에 따라 앉히게 되니 그들이 서로 이상히 여겼더라" 아멘. 베냐민을 뺀 나머지 열 명은 나이 차이가 크지 않습니다. 르우벤, 시므온, 레위, 유다를 뺀 여섯은 많아야 삼 년 차이입니다. 그런데도 순서를 맞춰 앉혔고 자루를 검색할 때도 르우벤부터 베냐민까지 나이순으로 검색했습니다.

더구나 베냐민을 데리고 온 것뿐인데도 너무 잘해줍니다. 베냐민에게 요셉은 "소자여 하나님이 네게 은혜 베푸시기를 원하노라"라는 말까지 했고(43:29), 그 말을 하더니 어디론가 갑자기 사라졌다가 세수하고 다시 왔습니다. 베냐민에게 다른 사람보다 다섯 배나 많은 음식을 준 것도 수상합니다. 정오에 점심을 먹었습니다. 그리고 다음 날 동이 틀 때까지 거의 만 하루를 그 성읍에서 지냈습니다. 그런데도 뭔가 이상하다는 생각을 못합니다.

왜 그럴까요? 그들의 관심이 양식을 사는 데 있기 때문입니다. 43장 20절을 봅니다.

"이르되 내 주여 우리가 전번에 내려와서 양식을 사가지고". 22절도 봅니다. "양식 살 다른 돈도 우리가 가지고 내려왔나이다". 이들은 양식을 사는 것에만 모든 초점이 맞추어져 있습니다. 베냐민을 데려온 것도 결국은 양식 때문이었습니다. 양식 구매에 초점이 맞춰져 있었기에, 요셉과 청지기가 자신들을 다루는 것이 이상해도 눈치를 못 챕니다.

요셉 형제들의 대조적인 태도가 43장 34절과 44장 13절에 나옵니다. 43장 34절입니다. "요셉이 자기 음식을 그들에게 주되 베냐민에게는 다른 사람보다 다섯 배나 주매 그들이 마시며 요셉과 함께 즐거워하였더라" 아멘. '즐거워했다' 보다는 '취했다' 가 더 적절하겠습니다. 베냐민 걱정을 했는데, 총리가 베냐민에게 저리 잘해주니 걱정할 것 없다는 것 같습니다. 마시고 취합니다. 아마 너무 많이 마셔서 그날 떠나지 못하고 다음 날 출발했을 수도 있습니다. 반면, 44장 13절을 보면, 잔이 베냐민의 자루에서 발견되자, "그들이 옷을 찢고 각기 짐을 나귀에 싣고 성으로 돌아"갑니다. 망했다고 생각한 것 같습니다. 상황이 좋으면 마음 푹 놓고 퍼마시고 상황이 안 좋으면 옷을 찢습니다. 즉흥적인 이들의 모습에서 요셉과 비교되는 어설픔이 읽힙니다.

요셉의 모습을 한마디로 표현하는 단어가 있습니다. 44장 5절의 '점치다' 입니다. '점치다' 로 번역된 이 단어는 창세기 3장에 나오는 '뱀' 과 어근이 같습니다. 사실, 히브리어 발음으로는 둘 다 '나하쉬' 입니다. 요셉이 자기 스스로 자기 행동을 '뱀과 같은 행동' 이라고 규정하고 있습니다. 왜일까요? 모든 사실을 숨기고 형제들을 만나고 있는 점, 은잔을 베냐민의 자루에 넣어 베냐민에게 도적의 누명을 씌우려고 하는 것 등이 음모를 꾸미고 해를 주려 하는 뱀의 행동과 같기 때문입니다. 다만, 정말로 베냐민을 해하려고 은잔을 베냐민의 자루에 숨긴 게 아니고, 자신이 누구인지 드러내지 않았을 뿐이지 다양한 힌트를 주었기 때문에, 요셉이 정말 뱀과 같지는 않습니다. 그럼에도, 요셉은 자신을 '뱀과 같이 점치는 사람' 으로 소개하면서 형제들이 그 은잔을 훔친 자로 상황을 설정하여, 형제들이 뱀과 같은 자들이라고 말하고 싶은 것 같습니다. 요셉의 형제들은 요셉을 "은 이십"에 팔았지요(37:28). 자신들의 잘못을 끝까지 숨기는, 죄를 회개하지 않는, 상황에 맞춰 사는 것 같지만 결국 자기들을 위해 사는, 그래서 양식 생각만 하고 그렇게나 다양한 힌트를 줘도 요셉을 알아보지 못하는 미련한 자들이라는 거죠.

요셉은 아버지 야곱과 관련하여 '그 노인' 이라는 표현을 썼습니다. "너희 아버지 너희가 말하던 그 노인이 안녕하시냐 아직도 생존해 계시느냐"(43:27) 이렇게 묻습니다. 물론 자녀들이 숫자와 나이를 생각하면 야곱이 젊을 수는 없습니다. 그러나, 야곱이 84세쯤 결혼했을 가능성이 크기에, 말 그대로 야곱은 이때 '노인' 이었습니다. 요셉의 형제들은 자신들의 아버지가 '노인' 이라고 말한 적이 없습니다. 그런데 요셉은 그들의 아버지가 노인이라는 것을 아는 것처럼 말했습니다. 그럼, '우리 아버지가 노인인 줄 어떻게 아셨습니까?' 이렇게 물어야 하는데, 적어도 그런 의문을 품었어야 했는데, 28절처럼 대답합니다. "주의 종 우리 아버지가 평안하고 지금까지 생존하였나이다". 아버지가 평안합니까? 아니지요. 요셉이 사라진 다음 이십 년을 울며 지냈습니다. 이번에도 베냐민을 보내놓고 아버지는 죽을 지경입니다. 그런데도, 무심한 건지, 자신들의 가정사를 얘기하고 싶지 않은 건지, 거짓이 익숙한 건지, '아버지가 평안하다.' 말합니다. 이 말을 들은 요셉이 무슨 생각을 하겠습니까? '그렇구나. 아버지는 내가 없어졌는데도 잘 지내셨구나.' 이렇게 생각하지 않았겠습니까?

'위기' 본문(창 43:16-44:13)에 아무 말도 없는 한 사람이 있습니다. 누구일까요? 베냐민입니다. 베냐민은 이때 이미 애가 열 명이었습니다(46:21). 나이는 어리나 자녀는 가장 많이 낳은 거죠. 아마 야곱이 원했을 수 있었겠다 싶습니다. 라헬의 아들 가운데 요셉이 없어졌으니 베냐민을 통해서라도 자손을 많이 갖고 싶었겠죠. 베냐민은 43장 29절에서 요셉으로부터 "소자여 하나님이 네게 은혜 베푸시기를 원하노라" 하는 말을 들었습니다. 그러나 반응이 없습니다. 반응을 하기 전에 요셉이 안방으로 들어갔을 수도 있습니다. 그러나 대답을 안 했을 가능성도 큽니다. 34절을 보면 베냐민은 다른 형제들보다 다섯 배를 받았습니다. 그러나 아무 말이 없습니다. '고맙다' 거나 '왜 나만 많이 주느냐' 하는 말도 없습니다. 결국, 자기 자루에서 은잔이 발견되었습니다. 모두가 옷을 찢었습니다. 베냐민도 찢었을까 싶습니다. 왠지 베냐민과 '그 남자들' 은 따로 취급되는 것 같기 때문입니다.

야곱의 축복(49장)을 보면, 야곱이 볼 때 베냐민은 "물어뜯는 이리"(49:27) 였습니다. "아침에는 빼앗은 것을 먹고 저녁에는 움킨 것을 나누리로다"(49:27) 했습니다. 베냐민은 약하지 않습니다. 그는 태어나면서 어머니를 잃었습니다. 어머니 사랑을 모르고 자랐습니다. 분명 베냐민은 이번 여행의 이슈가 자기 자신이라는 것을 알고 있었을 것입니다. 결국, 자기로 인해 애굽에 늦게 왔고, 시므온 형은 더 오래 갇혀 있었습니다. 그러나 베냐민은 말이 없습니다. 베냐민의 마음이 처음으로 드러나는 구절이 있습니다. 45장 14절입니다. "자기 아우 베냐민의 목을 안고 우니 베냐민도 요셉의 목을 안고 우니라" 아멘. 감정이 메마르고 다른 사람을 존중하지 않는 줄 알았는데 그게 아니었습니다. 늘 절제된 생활 속에서 자기표현을 안 하고 살았나 봅니다.

유다가 요셉에게 말하기 전까지가 '위기' 본문입니다. 이후 얘기는 우리가 잘 알고 있습니다. 유다가 베냐민 대신 종이 되겠다고 했고 요셉이 자신을 드러냈으며 야곱 가족은 애굽으로 내려옵니다.

'위기' 본문의 상황에서 우리의 '상황'을 생각합니다. 문제는 해결되지 않고 각자 자기 길을 가며 서로에게 평행선이 되어 있는 상황 말입니다. 요셉은 요셉의 길을, 청지기는 청지기의 길을, 요셉의 형들은 그들의 길을, 베냐민도 자기 길을 갑니다. 서로의 길이 좁혀질 것 같지는 않습니다. 요셉은 베냐민만 붙들면 됩니다. 아버지도 평안하시다고 하니 베냐민만 안전하게 옆에 두면 됩니다. 베냐민이 결혼해서 아들만 열 명을 둔 것을 모르니 그리 계획을 세웠지요. 청지기는 요셉이 시키는 대로 합니다. 은잔을 넣으라면 넣고, 돈을 넣으라면 넣고, 집으로 데려가라고 하면 데려갑니다. 뭔가 중재는 없습니다. 자기가 은잔을 넣어두고도 악으로 선을 갚는다면서 호통을 칩니다. 요셉의 형들도 바보 같습니다. 상황이 좋아 보이니 취하고 상황이 나빠 보이니 옷을 찢습니다. 베냐민은 시종일관 침묵합니다. 어찌 되나 보자 하는 것 같습니다. '까짓것 종이 되어야 하면 되면 되고, 죽어야 하면 죽으면 되지.' 하는 것 같습니다.

모두가 자기 길을 잘 갑니다. 그러나 서로의 길을 잘 모르기에 전체적으로 잘 가지 못합니다. 요셉은 형들의 길을, 형들은 요셉의 길을, 베냐민은 애굽 총리의 길을 좀 더 생각했더라면 좋았겠습니다.

요셉은 베냐민만 남기고 나머지 형제들은 보낼 생각이었습니다. 그런데 유다의 말에 그만 그간의 앙금이 모두 가시고 맙니다(45:1-15). 요셉이 자신을 돕는 이들 모두 나가도록 했지만, 얼마나 크게 울었던지 바로 궁중에까지 울음소리가 들렸습니다

(45:1-2). 앞으로도 "오 년은 밭갈이도 못하고 추수도 못"하리라는(45:6) 장차의 상황을 알린 요셉은 아버지 집에 대해 말합니다. "아버지와 아버지의 가족과 아버지께 속한 모든 사람에게 부족함이 없도록 하겠"으니(45:11), 속히 가서 아버지께 자신의 말을 전하고 애굽으로 모셔 오라 말합니다.

요셉이 주전 1916년부터 1806년까지 살았다고 보면, 요셉은 애굽 12왕조의 아메넴헤트 2세(주전 1929-1895년 통치) 때 보디발의 집으로 팔려 왔습니다. 그리고 세소스트리스 2세(주전 1897-1878년 통치) 때 총리가 되었습니다. 흉년에 접어들면서 애굽의 바로가 세소스트리스 3세(주전 1878-1843년 통치)로 바뀝니다. 애굽 12왕조의 전성기는 세소스트리스 3세와 그의 아들 아메넴헤트 3세(주전 1842-1797년 통치) 때였습니다. 요셉이 총리로 지냈던 기간과 상당부분 겹치는 시기입니다. 야곱의 장례는 세소스트리스 3세 때, 요셉의 장례는 아메넴헤트 3세 때 이뤄졌겠습니다.

야곱의 장례가 있기 전에 야곱은 요셉에게 자신을 조상의 묘지에 장사하라 명하고 요셉은 "내가 아버지의 말씀대로 행하리이다" 말합니다(47:30). 야곱이 맹세하라 하고 요셉이 맹세하니 이스라엘이 침상 머리에서 요셉에게[그에게] 경배합니다(47:31). 이로써 요셉의 꿈은 모두 이뤄집니다. 열한 형제와 부모님이 자신에게 절한다는 꿈입니다(37:5-11). 47장 28-31절입니다. "야곱이 애굽 땅에 십칠 년을 거주하였으니 그의 나이가 백사십칠 세라 이스라엘이 죽을 날이 가까우매 그의 아들 요셉을 불러 그에게 이르되 이제 내가 네게 은혜를 입었거든 청하노니 네 손을 내 허벅지 아래에 넣고 인애와 성실함으로 내게 행하여 애굽에 나를 장사하지 아니하도록 하라 내가 조상들과 함께 눕거든 너는 나를 애굽에서 메어다가 조상의 묘지에 장사하라 요셉이 이르되 내가 아버지의 말씀대로 행하리이다 야곱이 또 이르되 내게 맹세하라 하매 그가[/요셉이] 맹세하니 이스라엘이 침상 머리에서 하나님께['하나님께'는 원문에 없지만 이해를 돕기 위해 번역자가 추가한 표현임] 경배하니라" 아멘. 본문의 정황상 야곱은 요셉에게 절을 했습니다.

이어 얼마 지나지 않아 요셉은 두 아들을 데리고 아버지 야곱에게 갑니다. 48장 1-2절입니다. "이 일 후에 어떤 사람이 요셉에게 말하기를 네 아버지가 병들었다 하므로 그가 곧 두 아들 므낫세와 에브라임과 함께 이르니 어떤 사람이 야곱에게 말하되 네 아들 요셉이 네게 왔다 하매 이스라엘이 힘을 내어 침상에 앉아" 아멘. 이날 요셉의 두 아들은 야곱에게 속하게 됩니다. 48장 5절입니다. "내가 애굽으로 와서 네게 이르기 전에 애굽에서 네가 낳은 두 아들 에브라임과 므낫세는 내 것이라 르우벤과 시므온처럼 내 것이 될 것이요" 아멘. 이날 요셉은 장자의 명분을 받습니다. 이에 대해 역대상 5장 1-2절은 이렇게 정리합니다. "이스라엘의 장자 르우벤의 아들들은 이러하니라 (르우벤은 장자라도 그의 아버지의 침상을 더럽혔으므로 장자의 명분이 이스라엘의 아들 요셉의 자손에게로 돌아가서 족보에 장자의 명분대로 기록되지 못하였느니라 유다는 형제보다 뛰어나고 주권자가 유다에게서 났으나 장자의 명분은 요셉에게 있으니라)" 아멘.

두 아들이 아버지 야곱에게 속하여 장자의 명분을 받게 되는 날, 요셉은 아버지로부터 마지막 교훈을 받습니다(48:17-22). 비록 요셉이 꿈을 꾸었고 그 꿈이 이뤄지기도 했으나, 영적인 분별력은 야곱이 더 뛰어나다는 것입니다. 그리고 야곱의 축복대로 에브라임 지파는 사사시대에도, 왕국 시대에도 이스라엘의 중심 지파가 됩니다. 21절에 소개된 야곱의 말은 이후 요셉의 유언이 되기도 합니다. 50장 24절에 있습니다. "요셉이 그의 형제들에게 이르되 나는 죽을 것이나 하나님이 당신들을 돌보시고 당신들을 이 땅에서 인도하여 내사 아브라함과 이삭과 야곱에게 맹세하신 땅에 이르게 하시리라 하고" 아멘. 요셉은 "하나님이 당신들을 돌보시고"를 덧붙입니다. '방문이나 만남' 을 기본 개념으로 갖는 단어가 '돌보시고' 로 번역되었습니다. 오랜 시간이 지나더라도 하나님께서 여러분을 찾아와 주시고 만나 주셔서 이곳 애굽에서 약속의 땅으로 올라가게 하실 것이라고 유언합니다.

더불어 자신의 장례에 대해 말합니다. 50장 25-26절입니다. "요셉이 또 이스라엘 자손에게 맹세시켜 이르기를 하나님이 반드시 당신들을 돌보시리니 당신들은 여기서 내 해골을 메고 올라가겠다 하라 하였더라 요셉이 백십 세에 죽으매 그들이 그의 몸에 향 재료를 넣고 애굽에서 입관하였더라" 아멘. 이처럼 창세기는 요셉의 입관으로 끝납니다. 그리고 이번 통독 본문은 요셉의 발인에 대한 언급 직전에 끝납니다. 출애굽기 13장 19절입니다. "모세가 요셉의 유골을 가졌으니 이는 요셉이 이스라엘 자손으로 단단히 맹세하게 하여 이르기를 하나님이 반드시 너희를 찾아오시리니 너희는 내 유골을 여기서 가지고 나가라 하였음이더라" 아멘. "출애굽의 현장에서 한 사람은 발인되는 뼈로, 또 한 사람은 상주(喪主)로 소개되는 장면이 매우 인상적"입니다.[1)]

모세가 주전 1526-1406년에 살았다면, 주전 1916-1806년에 산 요셉과 비교할 때 약 390살 차이가 납니다. 하나님께서 아브람에게 "네 자손이 이방에서 객이 되어 그들을 섬기겠고 그들은 사백 년 동안 네 자손을 괴롭히리니"(창 15:13) 말씀하신 것과도 잘 연결됩니다. 이스라엘 자손이 애굽으로 내려오던 당시 지도자 요셉과 이스라엘 자손이 출애굽하던 당시 지도자 모세의 나이 차이 '390년'과 '사백 년'이 잘 어울린다는 말입니다.

이번 통독 본문의 출애굽기는 크게 세 부분으로 나눠볼 수 있습니다. 모세를 보내시는 하나님(1:1-7:7), 이적으로 역사하시는 하나님(7:8-10:29), 장자 사망과 유월절 및 출애굽(11:1-13:22) 부분입니다. 지난 통독 부분에서 '대를 이어 준비하시는 하나님'을 읽을 수 있었습니다. 그 하나님께서는 요셉이 죽은 지 약 280년이 지났을 때 출애굽의 지도자를 준비하셨습니다. 이스라엘은 고통으로 정신이 없을 때, 자기 욕심을 채우는 애굽인들은 상상도 하지 못할 방법으로, 하나님께서는 지도자를 준비하셨습니다. 유다 자손도 요셉 자손도 아닌 레위 자손을, 그것도 애굽 왕궁의 공주 아들로 자라게 하셨습니다.

히브리서 기자는 출애굽기 1-13장의 모세 부분을 이렇게 정리했습니다. "믿음으로 모세가 났을 때에 그 부모가 아름다운 아이임을 보고 석 달 동안 숨겨 왕의 명령을 무서워하지 아니하였으며 믿음으로 모세는 장성하여 바로의 공주의 아들이라 칭함 받기를 거절하고 도리어 하나님의 백성과 함께 고난 받기를 잠시 죄악의 낙을 누리는 것보다 더 좋아하고 그리스도를 위하여 받는 수모를 애굽의 모든 보화보다 더 큰 재물로 여겼으니 이는 상 주심을 바라봄이라 믿음으로 애굽을 떠나 왕의 노함을 무서워하지 아니하고 곧 보이지 아니하는 자를 보는 것 같이 하여 참았으며 믿음으로 유월절과 피 뿌리는 예식을 정하였으니 이는 장자를 멸하는 자로 그들을 건드리지 않게 하려 한 것

1) 박형대, "발인과 하관 예배 설교를 위한 본문 주해," 「헤르메네이아 투데이」 49 (2010): 86.

이며”(히 11:23-28) 아멘.

아홉 재앙에는 큰 관심이 없어 보입니다. 유월절 예식이 중요했습니다. 그리고 모세의 심경 변화가 중요했습니다. 요셉의 심경 변화가 중요했던 것과 유사합니다. 모세의 심경 변화에 대해 스데반 집사님은 이렇게 소개했습니다. “나이가 사십이 되매 그 형제 이스라엘 자손을 돌볼 생각이 나더니 한 사람이 원통한 일 당함을 보고 보호하여 압제 받는 자를 위하여 원수를 갚아 애굽 사람을 쳐 죽이니라 그는 그의 형제들이 하나님께서 자기의 손을 통하여 구원해 주시는 것을 깨달으리라고 생각하였으나 그들이 깨닫지 못하였더라 이튿날 이스라엘 사람끼리 싸울 때에 모세가 와서 화해시키려 하여 이르되 너희는 형제인데 어찌 서로 해치느냐 하니 그 동무를 해치는 사람이 모세를 밀어뜨려 이르되 누가 너를 관리와 재판장으로 우리 위에 세웠느냐 네가 어제는 애굽 사람을 죽임과 같이 또 나를 죽이려느냐 하니 모세가 이 말 때문에 도주하여 미디안 땅에서 나그네 되어 거기서 아들 둘을 낳으니라”(행 7:23-29) 아멘. 요셉은 애굽으로 가서 아들 둘을 낳았고 모세는 애굽에서 미디안으로 가서 아들 둘을 낳았지요. 이 부분이 모세 인생의 한 부분입니다.

모세 인생 둘째 부분에 대한 스데반 집사님의 요약입니다. “사십 년이 차매 천사가 시내 산 광야 가시나무 떨기 불꽃 가운데서 그에게 보이거늘 모세가 그 광경을 보고 놀랍게 여겨 알아보려고 가까이 가니 주의 소리가 있어 나는 네 조상의 하나님 즉 아브라함과 이삭과 야곱의 하나님이라 하신대 모세가 무서워 감히 바라보지 못하더라 주께서 이르시되 네 발의 신을 벗으라 네가 서 있는 곳은 거룩한 땅이니라 내 백성이 애굽에서 괴로움 받음을 내가 확실히 보고 그 탄식하는 소리를 듣고 그들을 구원하려고 내려왔노니 이제 내가 너를 애굽으로 보내리라 하시니라 그들의 말이 누가 너를 관리와 재판장으로 세웠느냐 하며 거절하던 그 모세를 하나님은 가시나무 떨기 가운데서 보이던 천사의 손으로 관리와 속량하는 자로서 보내셨으니”(행 7:30-35) 아멘. 여기서 중요한 표현이 ‘관리와 재판장’ 과 ‘관리와 속량하는 자’ 입니다. 모세는 재판장이 아니라 속량하는 자로 보냄을 받았습니다.

출애굽기 3장 4절부터 4장 17절까지는 모세와 하나님 사이의 긴 대화가 실려있습니다. 모세는 광야 훈련을 통해서 영적으로 또 다른 성장을 하게 되었습니다. 모세는 그 성장 후, 하나님을 만나게 됩니다. 하나님과 모세 대화의 첫 번째는 모세가 하나님의 말씀에도 불구하고 자신의 무능력과 무지를 들어 하나님의 명령을 받지 않는 단계입니다. 3장 5절부터 22절까지입니다. 모세의 반응만 읽어봅니다. 3장 6절 뒷부분입니다. "모세가 하나님 뵈옵기를 두려워하여 얼굴을 가리우매" 아멘. 3장 11절입니다. "내가 누구관대 바로에게 가며 이스라엘 자손을 애굽에서 인도하여 내리이까" 아멘. '나는 살인자요 이스라엘 백성들이 인정하지 않는 사람입니다.' 이런 말입니다. 3장 13절입니다. "내가 이스라엘 자손에게 가서 이르기를 너희 조상의 하나님이 나를 너희에게 보내셨다 하면 그들이 내게 묻기를 그의 이름이 무엇이냐 하리니 내가 무엇이라고 그들에게 말하리이까" 아멘. 하나님의 대답은 '결국 하나님이 하신다'(3:14-22)입니다.

하나님과 모세 대화 두 번째는 이스라엘 백성을 문제 삼아, 하나님의 명령을 받지 않으려는 단계입니다. 이에 대해 하나님께서는 표적을 통해 백성을 믿게 할 수 있음을 가르쳐 주십니다. 4장 1절은 모세의 예상입니다. "그러나 그들이 듣지 아니하고 이르기를 여호와께서 네게 나타나지 아니하셨다 하리이다" 아멘. 이에 하나님께서 물으시고 모세가 대답합니다(4:2). "네 손에 있는 것이 무엇이냐?" "지팡이입니다." 이어 두 번에 걸친 하나님의 명령과 두 번에 걸친 모세의 순종과 결과가 있습니다(4:3-4). 지팡이를 땅에 던지라 하셔서 땅에 던지니 지팡이가 뱀이 되어 모세가 뱀 앞에서 피합니다. 손을 내밀어 뱀의 꼬리를 잡으라 하시니 손을 내밀어 잡으니 모세의 손에서 뱀이 지팡이가 됩니다. 모세가 지금 애굽으로 가는 것은 뱀을 잡으려고 손을 내미는 것과 같습니다. 위험한 일입니다. 그리고 미련해 보입니다. 그러나 하나님의 명령에 순종하면 뱀과 같은 이스라엘이 하나님의 지팡이와 같이 유용한 일꾼이 될 것이다. 무엇과 같을까요? 아브라함이 이삭을 잡으려고 손을 내밀어 칼을 잡으려는 순간과 같습니다. 아브라함에게 얼마나 싫은 순간이었겠습니까? 그러나 하나님의 명령에 순종한 그 순간 여호와의 사자가 하늘에서부터 그를 불러 "아브라함아, 아브라함아" 하면서 "그 아이에게 네 손을 대지 말라 아무 일도 그에게 하지 말라"고 하셨습니다.

표적을 주신 이유를 4장 5절에서 말씀하십니다. "이는 그들에게 그들의 조상의 하나님 곧 아브라함의 하나님, 이삭의 하나님, 야곱의 하나님 여호와가 네게 나타난 줄을 믿게 하려 함이라" 아멘. 이어 표적 하나를 더 주십니다. 이번에도 두 번에 걸친 하나님의 명령과 두 번에 걸친 모세의 순종 및 그 결과가 있습니다. 4장 6-7절입니다. "여호와께서 또 그에게 이르시되 네 손을 품에 넣으라 하시매 그가 손을 품에 넣었다가 내어보니 그의 손에 나병이 생겨 눈 같이 된지라 이르시되 네 손을 다시 품에 넣으라 하시매 그가 다시 손을 품에 넣었다가 내어보니 그의 손이 본래의 살로 되돌아왔더라" 아멘. 나병의 표적으로 이렇게 말씀하시는 것 같습니다. '모세야 너 같으면 나병이 든 네 손이 깨끗해지는 것을 원하지 않겠느냐? 나도 내 백성이 정결하게 되기를 원한다. 지팡이가 뱀으로 변했을 때는 도망갔으나, 네 손에 나병이 발하여 눈처럼 희게 되니 도망갈 수 없었지? 나 역시 내 백성의 고통을 보고서 그냥 둘 수가 없구나.'

지팡이가 뱀이 되는 표적은 믿지 않더라도 나병 치유 표적은 믿을 것이라고 말씀하신(4:8) 하나님께서는 표적을 하나 더 주십니다. 나일강물에 대한 표적 약속입니다(4:9). 결국 믿게 하시는 이는 하나님이시니 모세는 가기만 하면 되는 것이었습니다.

하나님과 모세 대화 세 번째 단계에서 모세는 하나님을 '주'라고 부르고 자신을 '종'이라고 부르기 시작합니다. 그러나 다시 자신의 무능력과 말하지 못함을 핑계 삼아 하나님의 명령을 받지 않습니다. 4장 10절입니다. "주여 나는 본래 말에 능치 못한 자라 주께서 주의 종에게 명하신 후에도 그러하니 나는 입이 뻣뻣하고 혀가 둔한 자니이다". 4장 13절입니다. "주여 보낼 만한 자를 보내소서".

그러자 하나님께서는 아론을 붙여 주십니다(4:14-17). 아론이 모세를 만나러 올 것이고 모세를 볼 때 기뻐할 것입니다(4:14). '모세의 입' 및 '아론의 입'과 함께 하시겠다고 하십니다(4:15). 아론이 모세를 대신하여 백성에게 말할 것입니다(4:16). 결국 이것이 부정적인 결과로 이어집니다. 출애굽기 32장 25절입니다. "모세가 본즉 백성이 방자하니 이는 아론이 그들로 방자하게 하여 원수에게 조롱거리가 되게 하였음이라" 아멘. 그냥 순종했더라면 피할 수 있는 부작용이 아니었을까 하는 생각이 듭니다.

모세는 자신의 무능력과 무지, 말하지 못함, 그리고 이스라엘의 불신 등을 문제 삼았습니다. 그러나 진짜 문제는 다른 데에 있었습니다. 4장 18-31절에 소개됩니다. 우선 18절을 읽습니다. "모세가 그의 장인 이드로에게로 돌아가서 그에게 이르되 내가 애굽에 있는 내 형제들에게로 돌아가서 그들이 아직 살아 있는지 알아보려 하오니 나로 가게 하소서 이드로가 모세에게 평안히 가라 하니라" 아멘. 엄밀히 말하면 모세는 장인에게 사실과 다른 말을 하고 있습니다. 모세가 애굽으로 가려는 이유는 하나님께 있었습니다. 그런데 그는 '자신의 형제들이 여전히 살아 있는지 알아보려고' 애굽으로 돌아가겠다고 말합니다.

당황스러운 부분입니다. 40년 장인입니다. 자신이 갈 곳 없어 방황할 때 사위 삼고 살 곳을 마련해준 분입니다. 그런데 왜 '하나님께서 내 동족을 구원하시려고 나를 보내신다.' 하는 말을 못 했을까요? 사실 모세에게는 남자 형제가 하나뿐입니다. 그리고 그 아론이 살아있음은 하나님께서 이미 말씀하셨습니다. 형제의 범위를 넓혀 말했다 하더라도, 애굽으로 가려 한 이유가 너무 많이 왜곡되어있음을 봅니다. 모세는 자기 얘기를 잘 안 하는 사람입니다. 이해됩니다. 그는 히브리인이지만 바로 공주의 아들로 왕궁에서 살았습니다. 진실을 너무 쉽게 말하여 어려움을 당한 경우가 많았을 것 같습니다. 적진에서 사는 것이나 다름없었으니까요. 이해는 되지만 장인에게 정직하지는 못했네요. 그럼에도 이드로는 '평안히 가라' 허락합니다.

만일 모세가 장인의 허락을 얻기 어려울 것으로 생각하고 사실과 다른 말을 했다면, 장인을 잘 모르는 처사였다고 생각합니다. 이 장인이 어떤 장인입니까? 출애굽기 18장을 보면, 이드로는 출애굽 소식을 듣고 모세의 아내 십보라와 두 아들을 데리고 모세에게로 옵니다. 이드로는 여호와를 찬송하며 제물을 드릴 뿐 아니라 모세에게 효율적인 재판을 위한 방침도 줍니다. 몇 절 읽어봅니다. 18장 9절 이하입니다. "이드로가 여호와께서 이스라엘에게 큰 은혜를 베푸사 애굽 사람의 손에서 구원하심을 기뻐하여 이드로가 이르되 여호와를 찬송하리로다 너희를 애굽 사람의 손에서와 바로의 손에서 건져내시고 백성을 애굽 사람의 손 아래에서 건지셨도다 이제 내가 알았도다 여호와는 모든 신보다 크시므로 이스라엘에게 교만하게 행하는 그들을 이기셨도다 하고 모세의 장인 이드로가 번제물과 희생제물들을 하나님께 가져오매 아론과 이스라엘 모든 장로가 와서 모세의 장인과 함께 하나님 앞에서 떡을 먹으니라" 아멘.

이런 장인입니다. 그런데 모세는 무슨 이유인지, 다른 이유를 대고 애굽으로 떠납니다. 떠나면서 아내와 아들들을 데리고 갑니다. 결국은 돌려보내게 될 가족이고 후에 장인이 데리고 올 가족입니다. 그런데도 모세는 가족을 먼저 챙깁니다. 하나님께서는 모세를 보내셨습니다. 가족에 대한 말씀은 없으셨지요. 그리고 애굽은 나올 곳입니다. 그러니 굳이 가족을 데리고 들어갈 필요는 없어 보입니다. 그런데도 모세는 가족을 데리고 갑니다. 물론 가족에 대한 그의 애정과 사랑을 읽을 수 있습니다. 그럼에도, 모세의 행동이 부담스러운 이유는 앞뒤에 있는 하나님의 말씀 때문입니다.

모세가 가족들을 데려가는 앞뒤 문맥은 이렇습니다. 4장 19절입니다. "여호와께서 미디안에서 모세에게 이르시되 애굽으로 돌아가라 네 목숨을 노리던 자가 다 죽었느니라" 아멘. 이 말씀은 호렙산에서 하신 말씀이 아닙니다. 미디안에서 하신 말씀입니다. 이제 하나님께서는 모세에게 수시로 말씀하십니다. 집으로 돌아온 모세에게 말씀하십니다. 왜 애굽으로 돌아가라 말씀하셨을까요? 모세가 미적대니 그러시지 않았을까요? 새로운 정보도 주십니다. "네 목숨을 노리던 자가 다 죽었느니라" 이 정보는 모세에게 중요한 정보입니다. 40년이 지나면서 모세의 목숨을 노리던 자들이 모두 죽었습니다. 안심해도 됩니다. 물론 하나님께서 함께하실 터이니 안심해도 되지만, 아직 그 믿음이 없으니 이 정보는 중요한 정보입니다. 모세를 움직이게 한 정보이기도 하고, 모세로 가족들을 데려갈 생각을 하게 한 정보이기도 합니다. '나를 죽이려는 자들이 모두 죽었다면 가족들을 데려가도 된다.' 하는 생각을 한 듯합니다.

돌아가는 모세의 모습이 4장 20절에 있습니다. "모세가 그의 아내와 아들들을 나귀에 태우고 애굽으로 돌아가는데 모세가 하나님의 지팡이를 손에 잡았더라" 아멘. 이 구절에서 '아내와 아들들' 과 '하나님의 지팡이' 가 대조됩니다. 사실 '취했다' 는 동사가 처음과 마지막에 쓰였습니다. '모세가 그의 아내와 그의 아들들을 취했다.' 하는 문장으로 시작해서, '모세가 그의 손에 하나님의 지팡이를 취했다.' 하는 문장으로 끝납니다. 모세가 두 가지를 잡았습니다. 하나는 가족이고 다른 하나는 하나님의 지팡이입니다. 모세는 두 가지 가운데 어느 것 하나도 내려놓기 어렵습니다. 하나님의 능력도, 가족의 사랑도 모두 필요합니다. 그런데 가족의 사랑을 내려놓고 하나님의 지팡이만 가지고 가야 했다고 본문은 말하는 듯합니다. 물론 모세 자신의 깨달음이기도 합니다.

가족들을 사랑하여 나귀에 태우고 함께 떠나는 모세에게 하나님께서 말씀하십니다. 4장 21-23절입니다. "여호와께서 모세에게 이르시되 네가 애굽으로 돌아가거든 내가 네 손에 준 이적을 바로 앞에서 다 행하라 그러나 내가 그의 마음을 완악하게 한즉 그가 백성을 보내 주지 아니하리니 너는 바로에게 이르기를 여호와의 말씀에 이스라엘은 내 아들 내 장자라 내가 네게 이르기를 내 아들을 보내 주어 나를 섬기게 하라 하여도 네가 보내주기를 거절하니 내가 네 아들 네 장자를 죽이리라 하셨다 하라 하시니라" 아멘.

왜 하나님은 이 말씀을 주셨을까요? 하나는 모세에게 필요한 것은 가족이 아니라 하나님의 지팡이라는 것을 환기시키시는 것 같습니다. "내가 네 손에 준 이적을 바로 앞에서 다 행하라"(4:21)에서 읽을 수 있습니다. 그리고 상황이 쉽지 않다는 것도 알려주십니다. 바로가 백성을 보내 주지 않을 것입니다. 모세의 가족도 비슷한 형편에 처할 수 있습니다. 이어 '장자' 라는 표현이 거듭 나옵니다. '장자 사망' 도 언급하십니다. 지금 모세는 장자와 차자 둘 다 데려갑니다. '장자 죽는다.' 말씀하심에서 모세는 '내 장자가 죽는 것' 도 생각했어야 했습니다. 사실 자기 아들은 할례를 받지 않았으니까요.

모세는 하나님의 경고를 경고로 듣지 못했습니다. 이러한 모세를 여호와께서 만나서 죽이려 하십니다. 24절입니다. "모세가 길을 가다가 숙소에 있을 때에 여호와께서 그를 만나사 그를 죽이려 하신지라" 아멘. 이해하기 어려운 구절입니다. 여기서 '그' 는 모세이겠습니다. 여호와께서 그를 만나십니다. 비슷한 표현이 27절에 나옵니다. 아론이 모세를 만납니다. '만남' 을 의미하는 이 단어가 모세오경에 네 번 나옵니다. 두 번은 에서와 야곱이 상봉하는 장면에서 나옵니다. 그리고 두 번은 이곳에서 나옵니다.

드문 용례를 통해 볼 때, 4장 24절의 '여호와께서 모세를 만나러 오심' 은 작정하고 오심입니다. 사실 그를 죽이려 만나심이니 작정하고 만나심이 분명합니다. 왜 이런 일이 일어났을까요? 25-26절을 보니 아들 게르솜에게 할례를 하지 않았기 때문입니다. "십보라가 돌칼을 가져다가 그의 아들의 포피를 베어 그의 발에 갖다 대며 이르되 당신은 참으로 내게 피 남편이로다 하니 여호와께서 그를 놓아 주시니라 그 때에 십보라가 피 남편이라 함은 할례 때문이었더라" 아멘. 창세기 17장 9-14절을 보면, 아브라함에게 주신 할례 언약이 나옵니다. 마지막 절을 보면 "할례를 받지 아니한 남자 곧 그

양피를 베지 아니한 자는 백성 중에서 끊어지리니 그가 내 언약을 배반하였음이니라" 말씀하셨습니다. 모세는 할례가 수치스러워 아들의 할례를 주저했으나, 마음을 바꾸고 할례의 규례를 전하면서 자신의 허물도 소개하는 것 같습니다.

그럼, 모세는 아들 게르솜의 양피를 왜 베지 않았을까요? 모세는 분명히 할례를 받았을 것입니다. 생후 팔 일에 할례를 받았겠지요. 그리고 십보라 역시 할례에 대해서 알고 있을 뿐 아니라 할례의 예법도 알고 있었을 것입니다. 위급한 순간에 아들의 할례가 문제를 해결할 것을 알고 재빨리 돌칼을 취해 할례를 행한 것을 보면, 이 문제를 십보라는 이미 알고 있었을 가능성이 큽니다. 이는 십보라가 미디안 족속인 것을 생각하면 충분히 이해할 수 있습니다. 미디안은 아브라함의 후처 그두라의 소생이기 때문입니다. 아브라함이 그두라의 아들들에게 할례를 베풀었고 그 집안이 가족 구성원들에게 할례를 베풀었을 것임은 쉽게 짐작할 수 있습니다.

그럼, 누가 게르솜의 할례를 반대했을까요? 모세일까요? 그는 자신은 왕자이고 십보라는 평민이어서 십보라에게서 난 아들을 자신의 적자로 생각하지 않았을까요? 어려운 순간에 애굽으로 가족을 데려가려는 것을 보면 그건 아니었겠습니다. 그게 아니라면 애굽 왕자로서 생활할 때, 할례로 인해 수치를 받은 적이 있었을까요? 그래서 아들들에게는 이 수치를 물려주고 싶지 않았을까요?

혹시 십보라가 모세를 '언약을 함께 받을 남편' 으로 인정하지 않았던 걸까요? 혹시 모세를 애굽 사람으로만 생각했을까요? 이러한 생각 모두 십보라의 행동을 볼 때 사실과 다르겠습니다. 십보라는 모세가 죽는 것을 원치 않았고 모세를 살리기 위해 아들의 할례를 신속하게 수행했으며 "당신은 참으로 내게 피 남편이로다" 말했습니다(4:25). 히브리어로 십보라와 돌칼의 음이 비슷합니다. 찝포라와 쪼르입니다. 찝포라가 쪼르를 잡았지요. 모세는 가족과 하나님의 지팡이를 잡았고, 십보라는 돌칼을 잡았습니다. 십보라가 더 나아 보입니다.

아들을 할례 하지 않은 이유가 무엇이든, 그리고 누구에게 있든 하나님은 모세에게 책임을 물으셨습니다. 그간 모세가 제기했던 모든 문제는 문제가 되지 않았습니다. 그러나 아들 게르솜에게 할례를 하지 않은 것은 심각한 문제였습니다. 하나님은 이 사실에 대해서 간접적으로 말씀하셨습니다. '장자, 장자 사망' 으로 말씀하셨습니다. 모세는 인식하지 못했습니다. 그러나 십보라는 이것을 계속 마음에 두었었는지 무엇이 문제인가를 바로 알아차렸습니다.

모세는 가족을 돌려보냈고, 자신을 만나러 온 아론과 함께 이스라엘 백성들에게로 갔습니다. 그런데 생각보다 모든 것이 쉬웠습니다. 4장 27-31절입니다. "여호와께서 아론에게 이르시되 광야에 가서 모세를 맞으라 하시매 그가 가서 하나님의 산에서 모세를 만나 그에게 입맞추니 모세가 여호와께서 자기에게 분부하여 보내신 모든 말씀과 여호와께서 자기에게 명령하신 모든 이적을 아론에게 알리니라 모세와 아론이 가서 이스라엘 자손의 모든 장로를 모으고 아론이 여호와께서 모세에게 이르신 모든 말씀을 전하고 그 백성 앞에서 이적을 행하니 백성이 믿으며 여호와께서 이스라엘 자손을 찾으시고 그들의 고난을 살피셨다 함을 듣고 머리 숙여 경배하였더라" 아멘.

출애굽기 4장 18-31절 나오는 사람들 중 오직 모세만이 문제인 것을 알 수 있습니다. 이드로, 십보라, 아론, 모든 장로, 이스라엘 백성 모두가 문제가 없습니다. 이드로는 마음이 넓습니다. 십보라는 민첩하게 문제를 해결했습니다. 아론은 하나님 명령에 순종했고 모세에게 들은 대로 백성에게 전했습니다. 모든 장로와 백성은 그 말을 믿었고 하나님을 경배했습니다. 오직 모세만이 문제였던 거죠.

그럼 무엇이 모세의 문제였을까요? 하나님의 할례 언약이 자신에게 수치를 안겨 준 것을 생각하고 아들에게 할례를 행하지 않은 것입니다. 하나님의 명령을 자신의 수치보다 가볍게 생각한 것이지요. 자신의 수치와 어려움을 하나님의 명령보다 더 무겁게 생각한 것입니다. 모세는 '말이 어눌한 것'이 자신의 문제라고 생각했습니다. 백성들이 안 믿을 것으로 생각했습니다. 그러나 모세의 어눌함은 아론이 대신할 수 있었고 백성은 웬만하면 잘 믿습니다.

문제는 모세가 '하나님'과 '수치' 사이에서 '수치' 쪽으로 기운 것이 문제였지요. 우리는 때로 다른 사람에게서 문제를 찾고 내가 할 수 없다는 핑계를 찾으려고 합니다. 그러나 근본적인 문제는 남의 믿음 없음에 있지 않고 나의 믿음 없음에 있을 때가 많습니다. 아담이 하와가 선악을 알게 하는 실과를 줘서 먹었다고 말했지만, 사실 아담도 먹고 싶었던 게 분명합니다. 하나님의 명령이 그리도 중요했다면, 하와가 줘도 먹지 않았겠지요. 도리어 하와를 위해 하나님께 용서해달라고 기도했을 것입니다. 아담의 비겁함이 여기에 있지요. 저는 유사한 비겁함을 제게서도 발견하고 아담의 자손임을 확인합니다.

그런데, 왜 하나님은 이런 모세를 부르시고 사용하고자 하셨을까요? 이것이 그의 몫이었기 때문입니다. 문제가 없어 보인다고 하여, 이드로가 갈 수 있나요? 아니면 십보라가? 아니면 아론이? 장로 중에서 누군가가? 백성 가운데에서 누군가가 모세의 역할을 대신할 수 있었을까요? 아닙니다. 모세의 사명이 있고, 모세는 그 역할을 잘 수행할 수 있도록 훈련된 사람입니다. 그래서 부족해도 하나님은 모세에게 출애굽의 일을 맡기셨습니다. 여기서 생각할 것이 있습니다. 일을 맡았다는 것이 다른 사람보다 뛰어났다거나 문제가 없다거나 하는 것을 의미하는 것이 아니라는 것입니다. 그러니 하나님이 그 일을 맡기셨다는 것을 기억하고 충성하는 것이 중요합니다.

질의와 응답

하나. "모세오경 안에서 창세기의 위치가 어떻게 됩니까?"

'비움과 채움, 집안과 됨됨이' 로 창세기를 읽어보았습니다. 모세는 출애굽기에서 자신의 됨됨이를 보여주는 것 같습니다. 자신의 됨됨이가 바뀐 것처럼, 우리의 됨됨이도 바뀌어야 한다고 말하는 것 같습니다.

둘. "주변 인물을 많이 묘사하는 이유가 무엇입니까?"

주변 인물을 통해 주인공을 드러내기도 하고, 주변 인물을 통해 우리 자신을 보여주기도 합니다. 아벨의 말은 소개되지 않지만, 가인과 하나님과의 대화는 소개됩니다. 다윗뿐 아니라 사울에 대해 자세히 소개됩니다. 가인과 사울을 통해 우리 자신을 보도록 돕습니다. 사도행전의 베스도 총독은 1차 독자인 데오빌로와 가장 유사한 사람이라고 할 수 있습니다.

셋. "창세기 43-44장에 등장하는 청지기의 역할이 무엇일까요?"

청지기는 '그 남자' 로, 요셉의 형제들은 '그 남자들' 로 표현됩니다. 청지기를 통해 요셉을 읽을 수 있을 것 같습니다. 요셉의 아바타라고 하면 좀 과한 표현일까요?

넷. "창세기 44장 5절, '점치다'의 의미를 뱀과 연관해서 설명해 주셨는데요. 요셉이 은잔으로 정말 점을 쳤을까요?"

그러지 않았을 것 같습니다. '은잔으로 점치는 사람'으로 표현된 요셉은 요셉의 표면적인 정체성입니다. 요셉의 진짜 정체는 '그들의 형제'이지요.

다섯. "창세기 47장 31절에서 이스라엘[야곱]이 침상 머리에서 경배한 대상이 하나님이 아니라 요셉이라고 보셨는데, 설명이 좀 더 필요해 보입니다."

일단, 47장 31절에 있는 '하나님께'라는 표현은 번역자가 삽입한 것입니다. 유교에 익숙한 번역자에게 야곱이 요셉에게 경배했다는 내용이 어려웠던 것 같습니다. '하나님께'를 작은 글자로 표기하여 번역자가 삽입했음을 표현하고 있습니다. 대한성서공회 본문을 그대로 사용한 성경책에는 '하나님께'가 작은 글씨로 되어 있습니다.

히브리서 기자는 야곱이 믿음으로 산 것을 가장 잘 보여주는 장면으로, 죽기 전에 에브라임과 므낫세를 축복하고 침상에서 지팡이에 의지하여 요셉에게 절한 것을 듭니다. "믿음으로 야곱은 죽을 때에 요셉의 각 아들에게 축복하고 그 지팡이 머리에 의지하여 경배하였으며"(히 11:21) 아멘. 야곱은 영안으로 에브라임이 므낫세보다 앞설 것을 알았습니다. 실제로 에브라임 지파는 여호수아를 배출하였고, 북국 이스라엘의 중심 지파가 되었습니다. 또한, 야곱은 요셉이 꾼 꿈이 하나님으로부터 비롯되었음을 긴 세월 동안 확인하였기에, 꿈에서 해가 요셉을 가리키는 별에게 절한 것처럼 자신이 요셉에게 절하고 생을 마감하였습니다. 하나님으로부터 비롯된 꿈이라면 아버지인 자신이 아들인 요셉에게 절을 하는 것이라 하더라도 이뤄져야 한다고 믿은 것이지요. 요셉의 꿈이 개꿈이 아니라, 하나님의 개입에 의해 주어진 꿈이라면, 그 꿈이 이뤄지는 방향으로 자신이 움직여야 한다고 여긴 것입니다.

여섯. "할례와 장자 사망이 연결된다고 하셨는데, 보충 설명 부탁드립니다."

출애굽과 연관된 중요한 주제 가운데 하나가 '장자 사망'이라고 생각합니다. 이에 대해서는 『헤렘을 찾아서』(서울: 그리심, 2018), 176-181쪽에서 자세하게 설명했습니다. '출애굽-유월절-장자 사망' 주제는 '유월절 어린양이신 예수님'과 연결됩니다.

Weekly Reading

5

출애굽기 13-33장

"훨훨 날아"

출 13-15장	출 16-18장	출 19-21장	출 22-24 장	출 25-27장	출 28-30장	출 31-33장

check

출애굽기 13장이 이번 통독의 시작이네요. 출애굽입니다. 애굽을 나와 광야 생활을 시작하는 이스라엘은 '새'와 같습니다. 모세는 40년 사역을 마무리하며 광야 40년을 이렇게 노래했습니다. "마치 독수리가 자기의 보금자리를 어지럽게 하며 자기의 새끼 위에 너풀거리며 그의 날개를 펴서 새끼를 받으며 그의 날개 위에 그것을 업는 것 같이 여호와께서 홀로 그를 인도하셨고 그와 함께 한 다른 신이 없었도다"(신 32:11-12) 아멘. 그래서 오늘은 교회 뒷산의 새들(백로만 빼고)을 빗대어 광야의 이스라엘을 생각합니다.

훨훨 날아

I.
새마다
나는 모습이 다르다.

꿩은 잘 날지 않으나
날 때는 무게감이 느껴지게 힘차게 난다.

비둘기는 날기는 하나

주로 걸어 다닌다.

벌새는
번개같이 난다.

참새는
날 때도 재잘거린다.

물까치는
날 때도 시끄럽다.

까마귀는 까옥거리며
우아하게 난다.

매는
번득거리며 난다.

로빈은
짝이랑 같이 난다.

백로는 짝이랑 같이 있다가
긴 다리 접고 미끄러지듯 난다.

이스라엘은
독수리 새끼라는데…

II.
이스라엘이 난다.
날다가 추락도 하고 비상도 한다.

출애굽할 때는
꿩처럼 날았다.

광야에서 처음에는
비둘기처럼 걸었다.

홍해는 아마
벌새처럼 번개처럼 날아 건넜으리라.

목마르고 배고플 때는
물까치처럼 시끄러웠다.

시내산에는
까마귀처럼 우아하게 도착한다.

언약을 맺을 때 그들은
매와 같이 번득이고 총명했다.

언약 맺고 잔치할 때는
로빈처럼 서로 다정했다.

그사이 모세는 하나님 앞에서
백로와 같이 고고했다.

그 사이 아론과 백성은
죽는 줄도 모르고 금송아지 만들었다.

딱따구리 나무
죽는 줄도 모르고 벌레 파먹듯…

이번 통독은 출애굽에서 시작해서 금송아지 사건으로 마칩니다. 날다가 추락했습니다. 출애굽의 직전에 유월절이 있었습니다. 유월절은 이스라엘 백성이 교회가 되는 날이었습니다. 죽어야 하는데 안 죽은 날이었고, 애굽인과 구별되는 날이었고, 섬기는 자 레위인들이 세워지는 날이었습니다. 유월절이 지나면 그들은 애굽을 떠나야 합니다. 함께 살기에는 너무나 위험한 족속이라는 게 밝혀질 것이기 때문입니다. 유월절이 지나면, '이스라엘의 출애굽' 은 이스라엘과 애굽이 함께 원하는 것이 될 것입니다. 그럼, (출애굽 연대를 주 전 1446년으로 보고) 요셉이 애굽에 팔려 온 지 452년만에, 야곱 가족 전체가 애굽으로 이주한 지 430년만에 이스라엘 민족 전체가 출애굽을 하도록 역할을 한 유월절에 대해 살펴봅니다.

유월절의 기원과 시행역사입니다. 이 부분은 박형대, 『그루터기들의 고난과 치유』(서울: 그리심, 2019), 70-73쪽에 있는 "성찬 설교를 위한 본문 주해"의 뒷부분의 내용을 수정한 것입니다.

출애굽기 12장 1-28절은 유월절의 기원에 대해 배울 수 있는 본문입니다. 유월절은 이스라엘의 달력을 바꿔버렸습니다. 유월절이 있는 달이 정월이 되었습니다(12:2). 정월 10일이 되면 사람들은 가족별로 이웃과 함께 흠 없고 일 년 된 어린 양이나 염소 수컷을 취하여 14일까지 간직합니다(12:3-6). 동시에 집 안에 있는 누룩을 제거하고(12:15), 무교병과 쓴 나물과 우슬초를 준비합니다(12:8, 22). 정월 14일 해질 녘에, 준비한 양이나 염소를 잡아, 피는 문 인방과 좌우 설주에 바르고, 그 고기는 머리, 정강이, 내장과 함께 불에 구워 먹되, "허리에 띠를 띠고 발에 신을 신고 손에 지팡이 를 잡고 급히" 먹습니다(12:6-9, 11). 아침에 남은 것이 있으면 먹지 않고 불에 태워야 합니다(12:10). 일주일 내내 무교병만 먹고(12:18), 첫날과 제 칠일에는 일도 하지 않습니다(12:16).

하나님의 특별한 구원을 맞이하는 백성들은 삶의 시간대를 완전히 바꾸었고 철저히 준비했습니다. 잡을 동물을 나흘 전에 미리 준비했고, 집 안에 있는 누룩을 제거하기 위해 집안을 구석구석 청소했습니다. 우슬초를 꺾고 쓴 나물을 캐 무치고 무교병을 만들었습니다. 대문에서 피 비린내가 나도 참았고, 맛없는 무교병도 급히, 맛있게 먹었습니다. 이 모든 과정 하나하나가 중요했습니다. 모든 장자의 죽고 사는 것이 이 유월절 예식에 달려 있었기 때문입니다.

출애굽기 12장 43절부터 13장 10절에는, 이후에 행해질 유월절 예식을 위한 추가적인 규례가 주어집니다. 첫째, 유월절 참여 조건으로 할례가 제시됩니다(12:43-49). 이스라엘 백성 중에 거하는 이방인이라도 할례만 받으면 유월절을 지킬 수 있습니다. 혈통 측면에서 이스라엘 사람이더라도, 할례를 받지 않았다면 유월절 예식에 참여할 수 없습니다. 이스라엘의 구원을 위해 할례가 이처럼 중요하기에, 이 유월절 예식을 백성에게 가르칠 지도자인 모세가 아브라함 언약의 징표인 할례를 자기 아들에게조차 시행하지 않은 것은 치명적인 잘못이었습니다(4:25). 그래서 하나님은 애굽으로 가는 모세를 숙소에서 죽이려 하셨습니다(4:24). 이 규례를 통해 하나님의 구원 조건이 혈통과 빈부귀천에 있지 않다는 것을 재차 확인할 수 있습니다. 하나님의 언약을 믿고 그 언약의 징표인 할례만 행했다면, 누구라도 하나님의 구원 백성으로서 유월절을 진실하게 지킬 수 있기 때문입니다.

둘째, 유월절 고기를 집밖에 내지 말 것과 뼈도 꺾지 않도록 지시됩니다(12:46). 하나님 구원 예식을 철저히 준비하여 이행하되, 드러나지 않게 은밀히 행해야 합니다. 뼈를 꺾지 말라는 규례는 민수기 9장 12절("아침까지 그것을 조금도 남겨두지 말며 그 뼈를 하나도 꺾지 말아서 유월절 모든 율례대로 지킬 것이니라")에서 재확인되고, 시편 34편 20절("그의 모든 뼈를 보호하심이여 그 중에서 하나도 꺾이지 아니하도다")에서 예수님과 관련하여 예언된 다음, 요한복음 19장 36절("이 일이 일어난 것은 그 뼈가 하나도 꺾이지 아니하리라 한 성경을 응하게 하려 함이라")에서는 예수님께 성취되었다고 증거 됩니다.

셋째, 가나안 땅에 이르더라도 무교병을 먹는 무교절을 지킬 것과, 자녀들에게 유월절 예식에 대해 교육할 것이 재차 강조됩니다(출 13:3-10; 비교. 12:24-27). 출애굽을 직접 경험하지 못한 세대에게 구원의 감격이 전달되기란 어려운 일입니다. 그러기에 이를 경험한 세대들은 진실하게 예식을 행하고 자녀들을 가르쳐, 유월절 예식이 대대로 전달되도록 힘써야 합니다.

이처럼 하나님의 구원을 기념하는 유월절은 열방을 향해 열려 있었고, 이스라엘 백성들의 다음 세대들에게도 잘 전달될 것이 요구되었습니다. 하지만 곧 어려움이 발생합니다. 민수기 9장 1-14절에는 두 번째 유월절에 대해 기록되어 있는데, "사람의 시체로 말미암아 부정하게 되어서 유월절을 지킬 수 없는 사람들"이 등장합니다(9:6). 첫 번째 유월절 때는 죽고 사는 문제가 달려 있어 그랬는지 이런 문제가 발생하지 않았습니다. 그런데 하나님의 구원을 기념하는 차원에서 유월절을 지키게 되자, 장사지내는 일을 유월절 예식보다 더 중시한 사람들이 있었습니다. 준비되지 못한 이들을 위해 하나님 은 "시체로 말미암아 부정하게 되든지 먼 여행 중에 있"어 제 시간에 유월절을 지키지 못한 사람들은 2월 14일에 유월절을 지키라 명하십니다(9:9-14).

두 번째 유월절이 이 정도였으니 사사 시대에 유월절이 제대로 지켜지는 것을 기대하는 것은 무리일 것입니다. 열왕기하 23장 21-23에 따르면, 사사 시대부터 요시아 왕 십팔 년까지 유월절을 '제대로' 지킨 적이 없었습니다. 그나마 히스기야 때 유월절을

'어느 정도' 지킨 적이 있었습니다. 역대하 30장 1-27절에서는 이를 자세히 소개합니다.

성전을 정화한(대하 29장) 히스기야는 온 이스라엘과 유다에 편지를 보내어 "예루살렘 여호와의 전에 와서 이스라엘 하나님 여호와를 위하여 유월절을 지키라" 전합니다(30:1). 하지만 백성들이 예루살렘에 모이지도 못했고 제사장마저 준비되지 못했습니다(30:3). 너무나 오랫동안 유월절이 지켜지지 않았기에 제사장들의 마음에도 유월절이 자리하지 못했었나 봅니다. 결국 2월 14일에 유월절을 지키기로 하고 보발군을 보내지만, 대다수의 북국 이스라엘 사람들은 유월절을 지키라는 말을 듣고 "조롱하고 비웃"습니다(30:10). 이제 그들에게 유월절이란 더 이상 아무 의미 없는 옛 풍습일 뿐입니다. 그럼에도, "아셀과 므낫세와 스불론 중에서 몇 사람이 스스로 겸손한 마음으로 예루살렘에 이르렀고 하나님의 손이 또한 유다 사람들을 감동시키사 그들에게 왕과 방백들이 여호와의 말씀대로 전한 명령을 한 마음으로 준행하게 하셨"습니다(30:11-12). 하지만 "에브라임과 므낫세와 잇사갈과 스불론의 많은 무리는 자신을 깨끗하게 하지 아니하고 유월절 양을 먹"었습니다(30:18). 마치 성찬의 의미가 희미해진 고린도 교회 성도들이 자신을 살피지 않고 성찬을 먹은 것과 흡사합니다(고전 11:30-32). 고린도 교회에서와 유사하게 히스기야 때도 자신을 성결케 하지 않고 유월절 양을 먹은 사람들이 병에 걸렸던 것 같습니다. 히스기야가 그들을 위해 기도했고 하나님은 백성을 고쳐주셨습니다(30:20). 백성들은 기뻐했으며 유월절을 일주일 더 지키게 됩니다(30:23-27).

이처럼 유월절은 이스라엘 역사에서 매우 중요한 사건이었고 절기였습니다. 예수님은 이 절기가 지켜지던 날에 '하나님 나라의 유월절'을 새로 제정하시고 '하나님의 어린양'으로서 '유월절 어린양'이 되셨습니다.

유월절은 출애굽으로 이어지고, 출애굽은 시내산 언약으로 이어지고, 시내산 언약은 성막 건축으로 이어집니다. 출애굽 하는 날 모세가 요셉의 유골을 가지고 떠난 것은 이미 말씀드렸습니다. 출애굽한 이스라엘 백성을 돌보시는 하나님을 우리는 13장 21-22절에서 읽을 수 있습니다. "여호와께서 그들 앞에서 가시며 낮에는 구름 기둥으로 그들의 길을 인도하시고 밤에는 불 기둥을 그들에게 비추사 낮이나 밤이나 진행하게 하시니 낮에는 구름 기둥, 밤에는 불 기둥이 백성 앞에서 떠나지 아니하니라" 아멘. 이스라엘 백성을 안고 가시는 하나님의 모습을 14장 19-20절에서도 확인할 수 있습니다. "이스라엘 진 앞에 가던 하나님의 사자가 그들의 뒤로 옮겨 가매 구름 기둥도 앞에서 그 뒤로 옮겨 애굽 진과 이스라엘 진 사이에 이르러서니 저쪽에는 구름과 흑암이 있고 이쪽에는 밤이 밝으므로 밤새도록 저쪽이 이쪽에 가까이 못하였더라" 아멘. 홍해 도하는 애굽을 나온 이스라엘 백성들이 전혀 예상하지 못한 경험이었습니다. 홍해 도하의 결과를 14장 31절에서 읽습니다. "이스라엘이 여호와께서 애굽 사람들에게 행하신 그 큰 능력을 보았으므로 백성이 여호와를 경외하며 여호와와 그의 종 모세를 믿었더라" 아멘. 풍랑을 잠잠하게 하신 예수님을 보며 제자들이 '저가 뉘기에' 했던 것처럼(마 8:27), 홍해 도하를 경험한 이스라엘 백성에게 하나님과 지도자를 향한 신뢰가 생기기 시작합니다.

홍해를 마른 땅으로 건넜고 그들을 뒤따르던 애굽 바로 왕의 군대는 수장되었습니다. 그들이 누구입니까? 15장 4절에 있군요. "그가 바로의 병거와 그의 군대를 바다에 던지시니 최고의 지휘관들이 홍해에 잠겼고" 아멘. 최고의 지휘관들입니다. 그들은 무슨 생각을 하면서 이스라엘 백성을 따랐을까요? 9절입니다. "원수가 말하기를 내가 뒤쫓아 따라잡아 탈취물을 나누리라, 내가 그들로 말미암아 내 욕망을 채우리라, 내가 내 칼을 빼리니 내 손 이 그들을 멸하리라 하였으나" 아멘. 자신만만합니다. 절대로 다른 가능성은 없다는 태도입니다. 백전백승의 노장들입니다. 이 나라 저 나라에서 전쟁을 치렀습니다. 상대편은 전쟁 무기도 없고 싸워본 적도 없는 오합지졸들입니다. 쫓아가면 따라잡을 것이고 따라잡으면 탈취물을 나눌 것입니다. 마음이 배부를 것입니다. 칼을 빼면 그들은 내 소유입니다.

그런데 그들이 어떻게 되었습니까? 돌멩이가 되었습니다. 15장 5절입니다. "깊은 물이 그들을 덮으니 그들이 돌처럼 깊음 속에 가라앉았도다" 아멘. 바다에 가라앉고 다시 일어나지 못하는 돌, 헤엄이라고는 전혀 치지 못하는 돌이 되었습니다. 무능한 자가 되었습니다. 또 무엇이 되었습니까? 지푸라기가 되었습니다. 7절입니다. "주께서 큰 위엄으로 주를 거스르는 자를 엎으시니이다 주께서 진노를 발하시니 그 진노가 그들을 지푸라기 같이 사르니이다" 아멘. 그들은 불 앞에 있는 지푸라기가 되었습니다. 순식간에 타버리고 형체도 남지 않는 지푸라기입니다. 물에 떨어진 돌, 불에 떨어진 지푸라기가 되었습니다.

또한 무엇이 되었습니까? 납이 되었습니다. 15장 10절입니다. "주께서 바람을 일으키시매 바다가 그들을 덮으니 그들이 거센 물에 납 같이 잠겼나이다" 아멘. 납은 보조재료입니다. 병거는 청동이나 철로 만듭니다. 단단하죠. 어렸을 때 사격장에 가서 탄피를 주워다가 연탄불에 녹이면 납만 녹아 흘러나왔죠. 납은 낮은 온도에서도 잘 녹아서 어떤 모양을 만들기가 좋았습니다. 그러다가 한 번은 탄피가 폭발한 적도 있었어요. 아마 불발탄이었었나 봅니다. 귀가 얼얼하고 별이 보였습니다. 납은 폭발과 함께 모두 없어졌지요. 지금 생각해보면 아찔한 순간이었습니다. 총알이 제 눈앞에서 터졌으니까요. 납땜한다고 하지요. 납은 땜질할 때 사용합니다. 그리고 낚시할 때 추로도 사용합니다. 병거를 자랑하고 칼을 자랑하던 애굽 군대가 납이 되었습니다. 불에 쉽게 녹고 땜질하는 데나 사용되는 납처럼 되어 물속에 잠겼습니다.

또 무엇이 되었나요? 마지막으로 '말하지 못하는 돌'이 되었습니다. 15장 16절입니다. "놀람과 두려움이 그들에게 임하매 주의 팔이 크므로 그들이 돌 같이 침묵하였사오니 여호와여 주의 백성이 통과하기까지 곧 주께서 사신 백성이 통과하기까지였나이다" 아멘. 애굽 군대가 돌 같이 침묵합니다. '이렇게 하겠다. 저렇게 하겠다.' 큰소리치던 그들이 아무 말도 못 합니다. 여기 '사신'이란 '돈을 주고 매입했다.' 하는 의미입니다. 첫째들의 생명 값을 주고 산 백성이시지요. 유월절에 모든 장자와 첫 것들이 죽은 다음에야 애굽을 나올 수 있었으니, 장자 값으로 산 백성입니다.

애굽 군대가 전혀 기대하지 못했던 일, 이스라엘 백성도 전혀 예상하지 못했던 일이 발생했습니다. 하나님은 기상이변과 한밤중의 살인으로만 일하시는 하나님인 줄 알았는데, 빠르고 강력한 분이셨습니다. 모세와 아론과 같은 대타를 내보내시고 뒤에서만 일하시는 분인 줄 알았는데, 직접 출전하셨습니다. 15장 1절입니다. "이 때에 모세와 이스라엘 자손이 이 노래로 여호와께 노래하니 일렀으되 내가 여호와를 찬송하리니 그는 높고 영화로우심이요 말과 그 탄 자를 바다에 던지셨음이로다" 아멘. 말을 바다에 던지셨습니다. 말을 탄 기수를 바다에 던지셨습니다. 빠르게 달리는 말을 잡아서 바다에 던지셨지요. 기수도 같이 잡아 던지셨습니다.

그분은 용사이십니다. 15장 3절입니다. "여호와는 용사시니 여호와는 그의 이름이시로다" 아멘. 여호와 그분은 용사이십니다. 전사이십니다. 진짜 주먹이십니다. 6절입니다. "여호와여 주의 오른손이 권능으로 영광을 나타내 시니이다 여호와여 주의 오른손이 원수를 부수시니이다" 아멘. 그분의 오른손에 권능과 영광이 있습니다. 원수를 부수는 힘이 있습니다. 굳이 칼을 빼거나 병거를 타시거나 하실 필요가 없으십니다. 맨손으로 모조리 무찌르십니다. 전쟁무기가 필요 없는 분입니다. 미사일도, 탱크도, 핵무기도 필요 없으십니다.

그분의 콧김은 물로 쌓이게 하고 바다를 굳게 합니다. 15장 8절입니다. "주의 콧김에 물이 쌓이되 파도가 언덕 같이 일어서고 큰 물이 바다 가운데 엉기니이다" 아멘. 노아 홍수 때에 바람으로 바다물을 모아 얼리신 분입니다. 지금 그 물들이 녹아 해수면이 올라가고 기상이변이 일어나고 있지요. 노아 때의 구원이 연상되는 표현입니다. 바다를 엉기시는 분입니다. 파도에게 '차렷!' 이라고 말씀하시니 파도들이 멈춰서는 분입니다. 또한 파도에게 '덮이라!' 말씀하시면 파도가 덮칩니다. 10절입니다. "주께서 바람을 일으키시매 바다가 그들을 덮으니 그들이 거센 물에 납 같이 잠겼나이다" 아멘. 사람들이 가장 높다는 에베레스트 산은 등정을 했지요. 그러나 바다의 깊은 곳에는 아직 도달하지 못했습니다. 산도 무섭지만 바다는 더 무섭습니다. 인간 이 물속에서 숨을 쉬지 못하기 때문이고, 물이 공기보다 무겁기 때문이죠. 바다는 우리의 공간이 아닙니다. 그런 바다를 사용하시는 분이 하나님이십니다.

그럼, 하나님은 바다의 신이신가요? 포세이돈이신가요? 아닙니다. 땅도 움직이십니다. 15장 12절입니다. "주께서 오른손을 드신즉 땅이 그들을 삼켰나이다" 아멘. 14장 25절을 보면, 하나님께서는 "그들의 병거 바퀴를 벗겨서 달리기가 어렵게 하" 셨습니다. 어떻게요? 아마도 땅을 울퉁불퉁하게 만드신 듯합니다. 바다가 덮치기 전에 이미 그들을 땅으로 제압하셨습니다. 이미 그때 그들이 말했습니다. "이스라엘 앞에서 우리가 도망하자 여호와가 그들을 위하여 싸워 애굽 사람들을 치는도다" 아멘. 이들은 도로를 달리는 군대가 아닙니다. 산과 강을 건너 전쟁을 치른 이들입니다. 그런데 이들이 혼비백산합니다. 땅이 그들과 싸웠기 때문이지요.

자신들의 힘과 무기, 병거와 말, 칼과 전쟁 승리 이력을 자랑하던 애굽 군대는 돌과 지푸라기와 납이 되었습니다. 맨손이신 하나님께서는 말과 기수를 던지시고, 땅을 움직여 병거를 망가뜨리시고, 콧김으로 파도를 세우시고 바다를 얼리시며, 바다를 무기 삼아 애굽 군대를 수장시키셨습니다. 무엇을 위해 그렇게 하셨습니까? 이유는 하나입니다. 언약을 따라 피 값을 주고 사신 백성을 구원하기 위함이었습니다. 15장 13-17절입니다. "주의 인자하심으로 주께서 구속하신 백성을 인도하시되 주의 힘으로 그들을 주의 거룩한 처소에 들어가게 하시나이다 … 여호와여 주의 백성이 통과하기까지 곧 주께서 사신 백성이 통과하기까지였나이다 주께서 백성을 인도하사 그들을 주의 기업의 산에 심으시리이다 여오와여 이는 주의 처소를 삼으시려고 예비하신 것이라 주여 이것이 주의 손으로 세우신 성소로소이다" 아멘. 백성으로 거룩한 처소에 들어가게 하시려고, 백성이 홍해를 통과하도록, 백성을 주의 기업의 산에 들이시려고, 성소에 백성을 세우시려고 그리하셨습니다. 애굽 군대의 죽음이 목적이 아니었습니다. 홍해 사건으로 명성을 얻으려 하심도 아니었습니다. 백성을 성소에 들이시는 것, 그것이 목적이셨습니다.

이후 시내산까지 가는 길에 여러 가지 일이 있었습니다. 마라의 쓴 물이 달게 변하기도 하였고(15:22-27), 배고픔의 문제가 만나와 메추라기로 해결되기도 했습니다(16장). 반석에서 물이 나오기도 하였고(17:1-7), 전쟁에서 이겨브기도 합니다(17:8-16).

이스라엘 백성이 애굽을 나왔습니다. 홍해를 건넜습니다. 광야를 걷습니다. 먹을 것이 없습니다. 그러자 모세와 아론을 원망했습니다. 하나님께서는 원망하는 그들에게 만나를 주셨습니다. 마실 물이 없습니다. 마라의 쓴 물만 있습니다. 하나님께서는 쓴물을 단물로 바꿔 주셨습니다. 엘림의 오아시스에서 실컷 마셨습니다. 그런데 또 물이 없습니다. 그랬더니 이번에는 물을 내놓으라 합니다. 모세가 물을 줄 수 있다고 생각한 것 같습니다. 그런데, '물 주세요.' 한 것은 아니었나 봅니다. '물 내놔!' 이렇게 말한 것 같습니다. 모세가 그들이 다투었다고 말하기 때문입니다. 17장 2절입니다. "백성이 모세와 다투어 이르되 우리에게 물을 주어 마시게 하라 모세가 그들에게 이르되 너희가 어찌하여 나와 다투느냐 너희가 어찌하여 여호와를 시험하느냐" 아멘.

'왜 나와 다투느냐?' 하는 말은 이해가 됩니다. '물 내놔!' 하기 때문이죠. 그런데, "너희가 어찌하여 여호와를 시험하느냐?" 하는 말은 이해가 안 됩니다. '물 내놔!' 하는 것이 왜 여호와를 시험하는 것인가요? 힌트가 17장 7절에 있습니다. "그가 그 곳 이름을 맛사 또는 므리바라 불렀으니 이는 이스라엘 자손이 다투었음이요 또는 그들이 여호와를 시험하여 이르기를 여호와께서 우리 중에 계신가 안 계신가 하였음이더라" 아멘. 하나님께서 그들 가운데 계시는 증거로 그들은 '물의 유무(有無)' 를 생각했습니다. 물이 있으면 하나님이 그들 가운데 계신 것이고, 물이 없으면 하나님이 그들 가운데 계시지 않는 것이라고 생각했습니다. '물' 은 그들의 필요입니다. 꼭 필요한 것입니다.

이스라엘 백성들은 하나님께서 살아계신다는 것을 알게 되었습니다. 애굽의 열 재앙, 홍해가 갈라짐, 만나와 메추라기를 주심은 아무나 할 수 있는 것이 아니었습니다. 그런데 그들에게 한 가지 생각이 들어왔습니다. 그 하나님이 우리를 버리실 수 있는 것 아닌가? 아무리 능력이 많은 신이라고 해도 우리를 버린다면 그 신과 우리는 아무 관계가 없을 것입니다. 그처럼 전능하신 하나님이 우리와 함께하신다는데, 어떻게 물이 없을 수가 있지? 왜 물을 안 주시는 거야? 엄마가 아이에게 밥을 주지 않는다면, 엄마 자신은 밥을 먹으면서 아이에게는 밥을 주지 않는다면, 아이가 이렇게 말하지 않을까요? "엄마, 왜 이러세요? 왜 저에게는 밥을 주시지 않는 거예요? 밥이 없는 것이 아니잖아요? 왜 엄마만 드시고, 저는 밥을 안 주세요? 엄마의 아들은 배가 고프답니다."

출애굽기 17장 3절을 봅니다. "거기서 백성이 목이 말라 물을 찾으매 그들이 모세에게 대하여 원망하여 이르되 당신이 어찌하여 우리를 애굽에서 인도해 내어서 우리와 우리 자녀와 우리 가축이 목말라 죽게 하느냐" 아멘. '우리' 가 많이 나오네요. 본래는 '우리' 는 한 번 나오고, 나머지는 모두 '나' 입니다. '어찌하여 우리를 애굽에서 인도해 내어서 나와 내 아들들과 내 가축이 목말라 죽게 하느냐?' 이렇게 말했습니다. 목말라 죽게 되니, '내' 가 중요하고, 딸들보다는 '아들들' 이 중요하고, 내 소유의 '가축들' 이 다른 사람들보다 중요합니다. '나의 필요' 가 중요합니다. '나의 필요' 에 대한 절박한 마음이 얼마나 컸으면, 모세가 하나님께 4절처럼 말합니다. "모세가 여호와께 부르짖어 이르되 내가 이 백성에게 어떻게 하리이까 그들이 조금 있으면 내게 돌을 던지겠나이다" 아멘.

'필요한 것'을 향한 이들의 마음입니다. 본능입니다. '목마르니 물을 줘! 물을 주지 않으면 하나님은 우리를 사랑하시지 않는 거야. 우리를 버리고 떠나신 것이지.' 이것이 그들의 생각입니다. '돈이 필요하니 돈을 주세요! 돈을 주지 않으신다면 하나님은 저를 사랑하지 않으시는 것입니다.' 이런 얘기이지요. '필요한 것을 주지 않는 신은 필요 없다!' 이런 말입니다. 이들은 '필요의 신'을 섬기고 있습니다. 요구하는 것을 주는 신입니다. 엄마가 필요한 것이 아닙니다. 먹을 것과 좋은 옷이 필요한 것이죠. 누구라도 먹을 것과 좋은 옷만 준다면 하나님이라도 바꿀 인간들입니다.

이런 상황에서 하나님께서는 모세에게 '반석을 치라'고 말씀하십니다. 17장 5-6절입니다. "여호와께서 모세에게 이르시되 백성 앞을 지나서 이스라엘 장로들을 데리고 나일 강을 치던 네 지팡이를 손에 잡고 가라 내 가 호렙 산에 있는 그 반석 위 거기서 네 앞에 서리니 너는 그 반석을 치라 그것에서 물이 나오리니 백성이 마시리라 모세가 이스라엘 장로들의 목전에서 그대로 행하니라" 아멘. 백성 앞을 지나갑니다. 장로들 가운데 몇을 데리고 갑니다. 증인들입니다. 나일강을 쳤던 지팡이를 가지고 갑니다. 나일강의 물을 피로 만들었던 지팡이입니다. 사람이 물로만 사는 것이 아니라, 그리스도 대속의 피로 사는 것임을 알게 도와준 지팡이입니다. 그리고 '호렙산의 그 반석'으로 갑니다. 모세가 하나님을 만났던 곳에 있던 반석입니다. 바울 사도는 그 '반석'을 '그리스도'라 했습니다(고전 10:4).

하나님의 마지막 명령은 "내가 호렙 산에 있는 그 반석 위 거기서 네 앞에 서리니 너는 그 반석을 치라"(17:6)입니다. 하나님께서 반석 위에 서 계십니다. 모세가 그 반석을 칩니다. 그러면 누구를 치라는 말씀입니까? 하나님을 치라는 말씀이지요. 반석 위에 하나님이 서 계시는데, 반석을 치면 하나님을 먼저 치게 되어 있습니다. "예수께 이르러서는 이미 죽으신 것을 보고 다리를 꺾지 아니하고 그중 한 군인이 창으로 옆구리를 찌르니 곧 피와 물이 나오더라"(요 19:33-34) 아멘. "내 살은 참된 양식이요 내 피는 참된 음료로다"(요 6:55) 말씀하신 예수님이 사실은 가장 '필요한 것'입니다. 그런데 사람들은 오늘도 다른 '필요'를 구합니다. '물'을 구하고, '돈'을 구합니다.

'필요'를 구하는 이들에게 하나님께서는 '손을 들면 이기는 승리'를 가르쳐주십니다. 여호수아가 아말렉과 싸우러 갈 때, 모세도 아론 및 훌과 함께 산꼭대기로 올라갔습니다. 아론은 대제사장이 될 사람입니다. 훌은 성막 건축을 맡은 브살렐의 할아버지입니다. 세 사람 모두 나이가 많은 이들입니다. 모세는 80세, 아론은 83세입니다. 훌도 모세나 아론처럼 나이가 많았을 것 같습니다. 손자인 브살렐이 금, 은, 놋, 보석, 나무를 잘 다루는 기술자였기 때문입니다.

할아버지 세 사람은 산으로 올라가고 젊은 사람들은 여호수아와 함께 싸우러 갔습니다. 그런데 역부족이네요. 17장 11절입니다. "모세가 손을 들면 이스라엘이 이기고 손을 내리면 아말렉이 이기더니" 아멘. 엎치락뒤치락합니다. 이겼다가 졌다가 합니다. 모세가 손을 들면 이기고 손을 내리면 집니다. 택한 사람들을 데리고 갔지만, 여호수아와 그들만으로는 이길 수 없습니다. 그나마 다행인 것은 모세가 손을 들면 이긴다는 것입니다. 그런데 모세도 약합니다. 손을 계속 들고 있지 못합니다.

손을 왜 계속 들고 있지 못했을까요? 손을 들면 이긴다는 사실을 뻔히 알고서도 왜 내렸을까요? 지팡이 때문입니다. 지팡이를 잡고 손을 들었기 때문이지요. 17장 9절을 읽어 봅니다. "모세가 여호수아에게 이르되 우리를 위하여 사람들을 택하여 나가서 아말렉과 싸우라 내일 내가 하나님의 지팡이를 손에 잡고 산 꼭대기에 서리라" 아멘. '하나님의 지팡이를 손에 잡고'가 중요합니다. 그 지팡이로 호렙산 반석을 내리쳤지요. 바위를 내리칠 만한 지팡이입니다. 크기와 강도를 고려할 때 무게도 짐작이 갑니다. 하나님의 지팡이를 잡고 손을 들었습니다. 40년 목동 생활을 함께한 지팡이입니다. 홍해가 갈라지게 한 지팡이입니다. 그리고 직전에 호렙산 반석을 쳐 물이 나오게 한 지팡이입니다. 묵직한 지팡이입니다. 그런데 오래 들고 있으려니 무겁습니다.

어떡하지요? 모세를 도와주면 되지요. 17장 12절입니다. "모세의 팔이 피곤하매 그들이 돌을 가져다가 모세의 아래에 놓아 그가 그 위에 앉게 하고 아론과 훌이 한 사람은 이쪽에서, 한 사람은 저쪽에서 모세의 손을 붙들어 올렸더니 그 손이 해가 지도록 내려오지 아니한지라" 아멘. 모세가 서 있었나 봅니다. 서서 지팡이를 들고 두 손을 들었나 봅니다. 손을 들면 이길 때 얼마나 좋았을까요? 그런데 팔이 묵직해져서 내려야만 하고 내려서 질 때 얼마나 마음이 힘들었을까요? 팔만 들면 이기는데, 팔을 내려 백성이 패합니다. 단순히 밀리는 것이 아닙니다. 사람이 죽습니다.

이때 같이 있던 두 노인, 아론과 훌이 돌을 가져다가 모세의 아래에 놓고 모세로 앉게 했습니다. 사람이 앉을 만큼 무거운 돌입니다. 모세가 움직이지 않았습니다. 두 사람이 돌을 옮겼습니다. 그리고 두 사람이 한 손씩 붙들었습니다. 모세의 손이 해가 지도록 내려오지 않습니다. 이때 모세의 손이 아프지 않았을까요? 피가 아래쪽으로 몰립니다. 돌 위에 앉아 있는 모세의 엉덩이는 아프지 않았을까요? 아론과 훌은 어떠했을까요? 그들은 서 있어야 했습니다. 80대 노인들입니다. 모세의 손을 붙듭니다. 모세를 도와주려면 지팡이 무게를 견뎌야 합니다. 죄와 싸울 때, 악과 약탈자와 싸울 때, 서로 도우십시오.

서로 도울 때 어떻게 되었나요? 17장 13절입니다. "여호수아가 칼날로 아말렉과 그 백성을 쳐서 무찌르니라" 아멘. 이때 모세가 제단을 쌓고 고백했습니다. "여호와 닛시, 여호와께서는 저의 깃발이십니다." 15-16절입니다. "모세가 제단을 쌓고 그 이름을 여호와 닛시라 하고 이르되 여호와께서 맹세하시기를 여호와가 아말렉과 더불어 대대로 싸우리라 하셨다 하였더라" 아멘. 각주 대체역을 보면, "여호와의 보좌를 향해 손을 들었으니"라고 되어 있습니다. 직역입니다. 본문의 손을 누구의 손으로 볼 것이냐가 중요합니다. 모세의 손으로 보면, 대체역이 더 적절합니다.

모세가 손을 드는 것의 가치를 깨달았습니다. 하나님의 보좌를 향해 든 손입니다. 함께 올린 손입니다. 우리 모두 손에 손을 잡고 하나님 향해 높이 들기를 소원합니다.

안정을 찾자 내부 갈등이 늘어났고, 모세와 세워진 백성의 우두머리가 이러한 문제 해결을 위해 세워집니다(18장). 18장 25-26절입니다. "모세가 이스라엘 무리 중에서 능력 있는 사람들을 택하여 그들을 백성의 우두머리 곧 천부장과 백부장과 오십부장과 십부장을 삼으매 그들이 때를 따라 백성을 재판하되 어려운 일을 모세에게 가져오고 모든 작은 일은 스스로 재판하더라" 아멘. 교회마다 일꾼을 세울 때 고려할 구절입니다. 기준을 잘 보십시오. 18장 21절도 읽습니다. "너는 또 온 백성 가운데서 능력 있는 사람들 곧 하나님을 두려워하며 진실하며 불의한 이익을 미워하는 자를 살펴서 백성 위에 세워 천부장과 백부장과 오십부장과 십부장을 삼아" 아멘.

마침내 모세가 하나님을 만났던, 하나님께서 모세를 만나주셨던 호렙산, 시내산에

도달합니다. 시내산은 하나님과 이스라엘 백성 사이에 언약이 체결된, 구약(옛 언약, 첫 언약)이 체결된 중요한 장소입니다. 개인으로 하면, 세례식이나 임직식과 같은 시간입니다. 개인의 세례나 임직이 '하나의 시점' 에 '하나의 장소' 에서 이뤄지지만 실은 일정한 기간에 어떤 '포괄성' 을 가지고 이뤄지듯, 시내산 언약 체결도 출애굽기 24장 1-8절에 소개되는 것처럼 하루만에 한 장소에서 이뤄지지만 이 언약은 출애굽기부터 신명기까지가 담고 있는 시간과 장소 즉, 일정한 시공(時空)에서 이뤄진 것입니다.

출애굽기 19장은 언약 체결을 위한 준비 과정을, 20장은 십계명을, 21-23장은 구체적인 계명을, 그리고 24장 1-8절이 언약 체결식 자체를 소개하지만, 이어지는 식사(24:11), 성막, 제사장 등에 관한 규례(25-31장)도 언약 체결 안에 들어가 있습니다. 부동산 계약을 할 때, 계약금, 중도금, 잔금이 치러지고 등기라는 과정을 통해 부동산 승계가 이뤄지듯, 시내산 언약도 성막이라고 하는 부분까지 완결되어야 했습니다. 금송아지 사건으로 인한 언약 파기(32장)를 통해, 성막이 지어지기 전이던 그 시점에는 아직 언약 체결이 완결되지 않았음을 시사합니다. 이번 통독 마지막장인 33장과 다음 통독 첫 번째 장인 34장은 '언약 갱신' 을 다루고 있습니다. 그리고 이어지는 출애굽기 본문은 성막이 완성되고 그 성막에서 제사가 시작되는 데까지로 이뤄져 있습니다.

사실 출애굽의 1차 완성은 성막 완공과 섬기는 자 준비로 이뤄지고(출애굽기와 레위기), 2차 완성은 백성 준비로(민수기), 3차 완성은 의미 있는 언약 체결로(신명기), 그리고 최종 완성은 가나안 땅을 기업으로 받을 때 이뤄집니다. 신명기 5장 2-3절입니다. "우리 하나님 여호와께서 호렙 산에서 우리와 언약을 세우셨나니 이 언약은 여호와께서 우리 조상들과 세우신 것이 아니요 오늘 여기 살아 있는 우리 곧 우리와 세우신 것이라" 아멘. 모세는 이날 십계명을 다시 소개합니다. 분명 시내산 언약은 광야 생활 초기에 있었지만, 신명기에 와서 '장차 가나안 땅을 기업으로 받을 백성들' 이 준비되었을 때 체결이 의미 있게 되어 완성됩니다. 이때 잔금이 치러졌다고 할까요?

그래서 출애굽기의 시내산 언약 부분을 읽으면서는 좀 더 큰 그림 안에서 언약을 바라보는 게 맞습니다. 출애굽기 24장 1-8절을 읽어 보십시오. 이 부분을 첫 언약, 옛 언약으로 보고, 예레미야 31장에서 예언되고 예수님에 의해 성취된 언약을 새 언약, 둘째 언약으로 상정하고 글을 쓴 히브리서 기자는 출애굽기 24장을 이렇게 기술합니다. "이러므로 첫 언약도 피 없이 세운 것이 아니니 모세가 율법대로 모든 계명을 온 백성에게 말한 후에 송아지와 염소의 피 및 물과 붉은 양털과 우슬초를 취하여 그 두루마리와 온 백성에게 뿌리며 이르되 이는 하나님이 너희에게 명하신 언약의 피라 하고 또한 이와 같이 피를 장막과 섬기는 일에 쓰는 모든 그릇에 뿌렸느니라"(9:18-21).

여기서 "이는 하나님이 너희에게 명하신 언약의 피라" 하는 부분은 출 애굽기 24장 8절의 인용입니다. 그러나 자세히 보시면 "피를 장막과 섬기는 일에 쓰는 모든 그릇에 뿌렸느니라"는 출애굽기 29장 10-21절, 레위기 8장 10-36절 등과 연관됩니다. 제사장 위임식과 관련된 본문입니다. "모세가 또 속죄제의 수송아지를 끌어오니 아론과 그의 아들들이 그 속죄제의 수송아지 머리에 안수하매 모세가 잡고 그 피를 가져다가 손가락으로 그 피를 제단의 네 귀퉁이 뿔에 발라 제단을 깨끗하게 하고 그 피는 제단 밑에 쏟아 제단을 속하여 거룩하게 하고"(레 8:14-15) 아멘. 성막과 기구에 관유를 발라 거룩하게 하는 것과 관련된 출애굽기 29장 7절, 40장 9-16절, 레위기 8장 10-13절 등도 히브리서 기자의 마음에 있었겠지만, 특별히 피와 관계된 부분에 집중하고 있습니다. 다시 말해, 출애굽기 24장을 말하면서 동시에 출애굽기 및 레위기에 해당되는 부분까지를 염두에 두고 있다는 말입니다. 히브리서와 관련하여 좀 더 설명하면, 출애굽기에 소개되지 않은 숫염소를 속죄 제물로 소개한 것은 레위기 4장, 민수기 28-29장 등에 기초합니다. 수송아지를 속죄제물로 소개한 것도 레위기 16장 등에 기초하고, 붉은 양털과 우슬초에 대한 언급은 레위기 14장과 민수기 19장에 기초합니다.

이처럼 히브리서 기자가 시내산 언약과 관련하여 모세오경 자체를 떠올리고 있다는 것은 성막 관련 언급에서도 발견할 수 있습니다. 히브리서 9장 초반부에서 성소와 지성소를 언급하면서 "만나를 담은 금 항아리와 아론의 싹난 지팡이"까지 언급하고 있습니다(9:4). 언약궤 안에 만나를 담은 항아리를 넣으라는 말씀은 출애굽기 16장 33-34절에 나오고, 아론의 싹난 지팡이가 언약궤 안에 들어가는 얘기는 민수기 17장 10절("여호와께서 또 모세에게 이르시되 아론의 지팡이는 증거궤 앞으로 도로 가져다가 거기 간직하여 반역한 자에 대한 표징이 되게 하여 그들로 내게 대한 원망을 그치고 죽지 않게 할지니라")에 나옵니다. 성막 짓는 얘기는 출애굽기 25장 이후에 나오는데, 히브리서 기자는 성막 얘기를 하면서, 출애굽기 16장과 민수기 17장까지도 마음에 두고 있는 것입니다.

그래서 출애굽기 13-33장을 읽을 때라도, 24장의 시내산 언약 체결 부분을 읽더라도, 25장 이후의 성막 관련 부분을 읽더라도, 이 부분이 전체적으로 시내산 언약 체결의 문맥 안에 있다는 것을 기억하고 읽는 것이 중요합니다.

성소 관련 부분의 핵심은 25장 2절에 나옵니다. "이스라엘 자손에게 명령하여 내게 예물을 가져오라 하고 기쁜 마음으로 내는 자가 내게 바치는 모든 것을 너희는 받을지니라" 아멘. 성소는 백성이 하나님께 기쁜 마음으로 드려진 예물로 이뤄졌습니다. 성막과 그 안의 기명들 준비, 그리고 섬길 자 준비가 출애굽기 25장 이후부터 레위기까지에 소개되고 있습니다. 교회가 세워지기 위해 무엇이 어떻게 준비되어야 하는지를 잘 보여주는 부분입니다. 히브리서 기자는 성막과 관련하여 이렇게 말합니다. "성령이 이로써 보이신 것은 첫 장막이 서 있을 동안에는 성소에 들어가는 길이 아직 나타나지 아니한 것이라 이 장막은 현재까지의 비유니 이에 따라 드리는 예물과 제사는 섬기는 자를 그 양심상 온전하게 할 수 없나니 이런 것은 먹고 마시는 것과 여러 가지 씻는 것과 함께 육체의 예법일 뿐이며 개혁할 때까지 맡겨 둔 것이니라"(9:8-10) 아멘. 성막과 기명도 그렇고, 제사장 관련 부분도 그렇고, 신약 시대를 사는 우리로서는 이 모든 것을 '비유'로 보는 것이 중요합니다.

예로, '증거궤와 속죄소, 진설병 상과 떡, 등대와 등잔'을 통해, 삼위 하나님 중심의 교회와 신앙생활을 생각할 수 있습니다. 그리고 이어지는 성막의 휘장, 덮개, 널판 등에서는 성도의 연합을 생각할 수 있습니다. 에베소서 2장 20-22절입니다. "너희는 사도들과 선지자들의 터 위에 세우심을 입은 자라 그리스도 예수께서 친히 모퉁잇돌이 되셨느니라 그의 안에서 건물마다 서로 연결하여 주 안에서 성전이 되어 가고 너희도 성령 안에서 하나님이 거하실 처소가 되기 위하여 그리스도 예수 안에서 함께 지어져 가느니라" 아멘.

하나님과 함께 살기 위해서 뭔가 굉장한 것을 할 필요가 없었습니다. 놀라운 것을 준비할 필요가 없었습니다. "마음이 가난하고 심령에 통회하며"(사 66:2), 그분 말씀을 존중하여 그대로 살면 기뻐하고, 그대로 살지 못하면 바꾸려고 최선을 다하면 되었습니다. 그래서 하나님께서는 그분의 집이 '기쁨의 집'이 되기를 원하셨습니다. 15장 2

절을 다시 읽습니다. "이스라엘 자손에게 명령하여 내게 예물을 가져오라 하고 기쁜 마음으로 내는 자가 내게 바치는 모든 것을 너희는 받을지니라" 아멘.

광야입니다. 가게가 없습니다. 무역상도 없습니다. 모든 재료는 그들이 쓰던 것들, 그들이 가공할 수 있는 것들이었습니다. 그들이 그들의 집을 만드는데 사용하던 것들이었습니다. 지금 우리에게 말씀하셨다면, 벽돌과 시멘트, 나무와 철근을 가져오라고 하셨을 것입니다. 모두가 천막을 짓고 살았습니다. 그 가운데 하나님의 집을 위해 천막 재료를 가져오되, 기쁨으로 가져오는 이들의 것만 받으라 하셨습니다. 억지가 아니기를 바라셨지요. 만나 먹었으니 만나 값을 내라고 하시는 것도 아니었습니다. 하나님이 좋아서 기쁜 마음으로 십시일반("밥 열 술이 한 그릇이 된다는 뜻으로, 여러 사람이 조금씩 힘을 합하면 한 사람을 돕기 쉬움을 이르는 말") 할 수 있는 사람을 찾으셨습니다.

이스라엘 백성들은 애굽의 거대한 토목공사에 동원되었습니다. 기념물과 우상을 만들었습니다. 그런 공사에 익숙한 그들에게 전혀 다른 공사를 말씀하십니다. 짓기 싫지만 짓지 않으면 어려움을 당하니까 어쩔 수 없이 지었던 집이 아닙니다. 정교한 집, 그러나 그들의 집과 유사한 집입니다. 필리핀의 원주민 마을에 갔더니 사람들이 나뭇잎으로 만든, 텐트 모양의 집에 살고 있었습니다. 식구들이 다닥다닥 붙어 누우면 꽉 차는 그런 집입니다. 그들이 만든 교회는 나무로 지었습니다. 물론 벽도 없습니다. 그러나 그들의 집에 비하면 엄청나게 큰 집입니다. 나무로 만든 의자도 있습니다. 물론 나무가 반듯하지는 않습니다. 울퉁불퉁합니다. 그러나 그곳에서 구할 수 있는 최고의 나무들입니다. 모든 사람의 집이 한 평이나 반 평쯤 되는데 교회는 열 평은 되어 보였습니다. 교회는 특별한 집이고 그들의 자랑이었습니다.

그런데, 출애굽기 25장을 보면, 어쩌면 하나님께서는 '내 집 보고 너희도 너희 집을 이렇게 지어 봐라.' 하시는 것 같습니다. '천막은 천과 가죽을 이용해서 몇 겹으로 하면, 단열이 잘 된단다. 네 겹 정도면 아주 좋단다.' 말씀하시는 것 같습니다. 집에는 사람이 삽니다. 하나님의 집이니 하나님께서 사실 것입니다. 집에는 가재도구가 있습니다. 그럼, 하나님의 집에는 어떤 가재도구가 있을까요? 출애굽기 25장은 세 가지 중요한 가재도구를 소개합니다. 궤와 상과 대입니다. 궤는 증거궤이고, 상은 진설병 상이고, 대는 등잔대입니다. 궤는 상자와 같이 생겼습니다. 상은 상과 같이, 등대는 촛대처럼 생겼습니다.

하나님께서는 '하나님 집에 계시는 하나님을 보여주는 것'으로 사람이나 동물이나 곤충의 형상을 사용하지 않으셨습니다. 궤짝과 밥상과 등대를 사용하셨습니다. 증거궤 안에는 언약의 돌판이 들어있습니다. 진설병 상 위에는 시루떡과 같은 빵이 놓여있습니다. 등잔대에는 주변을 밝힐 수 있는 일곱 개의 등잔이 있습니다. 증거궤 위에는 속죄소가 있습니다. 시은소, 시은좌, 은혜의 자리라고 부르기도 합니다. 하나님의 보좌입니다. 25장 18-22절입니다. "금으로 그룹 둘을 속죄소 두 끝에 쳐서 만들되 한 그룹은 이 끝에, 또 한 그룹은 저 끝에 곧 속죄소 두 끝에 속죄소와 한덩이로 연결할지며 그룹들은 그 날개를 높이 펴서 그 날개로 속죄소를 덮으며 그 얼굴을 서로 대하여 속죄소를 향하게 하고 속죄소를 궤 위에 얹고 내가 네게 줄 증거판을 궤 속에 넣으라 거기서 내가 너와 만나고 속죄소 위 곧 증거궤 위에 있는 두 그룹 사이에서 내가 이스라엘 자손을 위하여 네게 명령할 모든 일을 네게 이르리라" 아멘.

속죄소는 증거궤의 뚜껑처럼 보입니다. 전체적으로 상자 모양입니다. 길이가 1.25미터, 너비가 75센티미터, 높이가 75센티미터입니다. 별로 높지 않습니다. 큰 궤짝 같습니다. 하늘이 그분의 보좌인데, 궤짝으로 하나님의 보좌를 표현하셨습니다. '애걔걔, 이게 하나님의 보좌야?' 얘기할 만한 크기입니다. 그러나 성막 전체 크기를 고려하면 적당한 크기입니다. 모형입니다. 모델하우스가 아닙니다. 이스라엘은 하나님 집의 모델하우스를 지을 수 없었습니다. 그럴 만한 공간도 재료도 없었습니다. 성막은 자동차 모형과 같이, 크기도 실제크기와 비교할 때 현저히 작은 크기로, 재료도 쓸 수 있는 것으로 만들어졌습니다. 하나님께서는 그걸 보시고 깨닫기를 바라셨습니다. 하나님 이 어떤 분이신지 깨닫기를 바라셨습니다. '애걔걔, 하나님의 보좌가 이렇게 작아? 그럼, 하나님도 작으시겠네. 바로의 보좌는 크고 웅장한데….' 이런 반응을 기대하신 것이 아니었습니다.

성막의 크기는 높이 5미터, 가로 5미터, 세로 15미터였습니다. 한 평이 3.3058제곱미터이니, 스물세 평이 안 됩니다. 하나님의 집이 이십 평대입니다. 삼십 평대, 사십 평대를 얘기하는 오늘날로 보면, 큰 집이 아닙니다. 집이 작으니 가구도 작습니다. 그러다 보니 하나님의 보좌를 보여주는 증거궤와 속죄소가 말 그대로 궤짝 같습니다. 그러나 우습게 보면 안 됩니다. 그곳에서 하나님께서 모세와 만나실 것입니다. 제사장과 만나주실 것입니다. 말씀하실 것입니다. 휴대폰 번호를 아무거나 누른다고 내가 원하는 사람과 통화할 수 있는 것이 아닙니다. 정확한 번호를 입력해야 합니다. 마찬가지로, 하나님께서 만나시겠다고 하는 곳으로 나와야 하나님을 만날 수 있습니다. 하나님의 말씀을 들을 수 있습니다.

그런데 하나님께서 지정하신 곳에 나와보니 대단하지 않습니다. 물론 금으로 덮여 있어서 특별하기는 합니다. 그런데 네 개의 고리에 채를 꿰고 꿴 채로 두고 빼내지 않는 모습은 이사 가려고 짐을 싸둔 모습 같습니다. 25장 15절입니다. "채를 궤의 고리에 꿴 대로 두고 빼내지 말지며" 아멘. 자동차 시동을 늘 켜두는 것과 같습니다. 외출복을 입고 잠을 자는 것과 같습니다. 하나님께서 늘 깨어계십니다. 전능하시니 좀 주무셔도 될 것 같은데, 마치 하인이 깨어있듯 깨어계십니다. 늘 대기상태이십니다. 그분을 만나려면 우리도 깨어있고 대기상태여야 할 것 같습니다. 그분이 움직이시니 우리도 움직여야 하겠습니다.

밥상으로 표현된 하나님은 예수님 같습니다. 우리의 양식이 되신 예수님이십니다. 자신을 하늘에서 내려온 살아있는 떡이라고 부르셨습니다. 대개는 밥을 먹을 때만 밥상을 폅니다. 그런데 이 밥상은 특별합니다. 밥이 늘 상 위에 놓여있습니다. 25장 30절입니다. "상 위에 진설병을 두어 항상 내 앞에 있게 할지니라" 아멘. 밥상에 여러 가지 반찬이 있는 것도 아니고 과일이나 야채가 있지도 않습니다. 그저 진설병만 있습니다. 마치 만나를 보는 것 같습니다. 밥만 있는 밥상입니다. 그리고 항상 밥이 있는 밥상입니다. 길이가 1미터, 너비가 75센티미터인 책상과 비슷합니다. 이게 하나님의 밥상입니다. 저희 집 식탁보다 작습니다. 저희 식탁의 절반 정도입니다. 저희 식탁은 93×170=15,810제곱센티미터입니다. 진설병 상은 75×100=7,500제곱센티미터입니다. 높이는 같습니다. 저택에 가면 이런 상의 열 배나 되는 상들이 있습니다. 그런데 하나님의 밥상은 작습니다. 소박합니다. 백성과 함께 가시는 하나님이십니다.

등대도 소박합니다. 전체가 금이기 때문에 값은 나가지만, 현란하고 웅장한 등들과 비교하면 별로 크지도 않습니다. 하나님의 영을 표현합니다. 하나님의 영이 강력한 헤드라이트로 표현되지 않았습니다. 작은 등불 일곱 개로 표현됩니다. 훅 불면 꺼지는 불입니다.

성막 본문의 핵심은 '내가 네게 보이는 모양대로' 입니다. 만들고 싶은 대로 만들면 안 됩니다. 재료가 많다고, 크게 지을 수 있다고 멋대로 지으면 안 됩니다. 하나님께서 정하신 대로 지어야 합니다. 9절과 40절에 있습니다. 먼저 9절입니다. "무릇 내가 네게 보이는 모양대로 장막을 짓고 기구들도 그 모양을 따라 지을지니라" 아멘. 40절입니다. "너는 삼가 이 산에서 네게 보인 양식대로 할지니라" 아멘. 본 대로 지어야 합니다. 보여주신 것을 따라야 합니다. 상이 너무 작아 보인다고 크게 만들면 안 됩니다. 궤가 너무 무겁다고 작게 만들어서도 안 됩니다. 등대가 너무 낮다고 아래에 나무 받침을 대도 안 됩니다.

하나님께서 보여주신 대로 만들어야 합니다. 이것이 하나님 경외입니다. 하나님은 하나님을 경외하는 자들과 함께하십니다. 그분은 고양이가 아니십니다. '고양이 액체설' 이 있지요. 고양이가 몸을 자유자재로 움직이며 매우 좁은 공간도 통과하고 다양한 모양의 용기에 담기기 때문에 붙여진 이름입니다. 하나님은 우리가 어떤 것을 만들어 놓고 '여기서 지내세요.' 하면 그곳에 지내시는 분이 아닙니다. 그분이 우리와 함께 지내시기 위해 자신을 낮추시고 우리와 맞추시는 분이지만, 우리와 반드시 함께 계셔야 하는 분도 아니고, 그분의 거룩하심과 의로우심과 사랑하심에 부합되지 않는 곳에 거하시는 분도 아닙니다.

죄와 함께하지 않으십니다. 악과도 함께하지 않으십니다. 나대지도 않으시지만 비굴하지도 않으십니다. 거짓되지 않으십니다. 그분이 영접하는 자 곧 예수의 이름을 믿는 자들에게 자녀 됨의 권세를 주시고, 믿는 자들 안에 거하신다고 하여, 믿는 자들에 의해 좌지우지되시거나 믿는 자들에게 갇혀 계시는 분이 아닙니다. 그분은 자유로우시며 그분은 그분의 선하신 뜻을 따라 거처를 정하시고 행동하십니다.

성막을 개인용 공간이라고 보고 읽으면 대단해 보일 수 있습니다. 그러나 하나의 민족이나 국가를 위한 성소라고 생각하고 보면, 정말 작고 보잘것없어 보일 수 있습니다. 덕수궁, 창경궁 같은 궁궐은 말할 것도 없고, 대기업 회장실과 비교하더라도 매우 작은 공간입니다. 어떤 건물 화장실은 이보다 화려합니다. 하나님께서는 모세에게 작지만 정교한, 소박하지만 의미가 풍부하게 담긴 성소와 기구를 보여주시고, '본 대로' 만들라고 하셨습니다. 순종이 제사보다 낫습니다. 사무엘이 사울에게 말했습니다. "여호와께서 번제와 다른 제사를 그의 목소리를 청종하는 것을 좋아하심 같이 좋아하시겠나이까 순종이 제사보다 낫고 듣는 것이 숫양의 기름보다 나으니 이는 거역하는 것은 점치는 죄 와 같고 완고한 것은 사신 우상에게 절하는 죄와 같음이라 왕이 여호와의 말씀을 버렸으므로 여호와께서도 왕을 버려 왕이 되지 못하게 하셨나이다 하니"(삼상 15:22-23) 아멘.

성막 본문의 성소를 보면서 하나님의 소박함이 느껴집니다. 그분의 겸손과 사랑, 섬세함과 아름다움이 보입니다. 양으로 승부를 내지 않으시고 마음을 따지시는 하나님이십니다. 하늘이 그분의 의자이지만(사 66:1), 보통 궤짝 크기의 증거궤를 의자 삼으신 하나님이십니다. 진수성찬을 차리지 않으시고 빵 하나로 식사를 삼으신 하나님이십니다. 휘황찬란한 조명등이 아니라 일곱 개의 등불로 방을 밝히신 하나님이십니다. 그렇지만 일반적인 등대가 아니라 순금 등대와 순금 등잔, 심지어 불 집게와 불똥 그릇까지 순금으로 만드셔서 아주 자그마한 흠결도 허락하지 않으신 하나님이십니다. 그리고 비록 '일식(一食) 무찬(無饌)' 이지만, 항상 먹거리가 있게 하신 하나님이십니다. 무엇보다 은혜의 보좌를 열어 놓으셔서 하나님을 만날 수 있고, 그분의 말씀을 들을 수 있게 해 주신 하나님이십니다.

이번 통독의 핵심에 '금송아지 사건' 이 있습니다. 기쁜 마음으로 예물을 드려 '성소' 를 짓고 일꾼들의 헌신으로 성소의 기능이 유지되어야 하는데, 그들은 한 가지 재료 금을 내어 '성소' 가 아닌 '금송아지' 를 만들었습니다. '금송아지' 는 '성소' 의 대체물입니다. 솔로몬 이후에 북국 이스라엘의 왕이 된 여로보암이 비슷한 일을 추진했지요. "만일 이 백성이 예루살렘에 있는 여호와의 성전에 제사를 드리고자 하여 올라가면 이 백성의 마음이 유다 왕 된 그들의 주 르호보암에게로 돌아가서 나를 죽이고 유다의 왕 르호보암에게로 돌아가리로다 하고 이에 계획하고 두 금송아지를 만들고 무리에게 말하기를 너희가 다시는 예루살렘에 올라갈 것이 없도다 이스라엘아 이는 너희를 애굽 땅에서 인도하여 올린 너희의 신들이라 하고 하나는 벧엘에 두고 하나는 단에 둔지라"(왕상 12:27-29). 솔로몬 성전 대신에 금송아지 둘을 만든 것입니다.

하나님의 명령은 성소를 짓는 것이었습니다. 그런데 이스라엘 백성들은 청색 자색 홍색실과 가는 베실과 염소털과 붉은 물 들인 숫양의 가죽 해달의 가죽, 조각목, 등유, 향료와 같은 재료가 아니라 오직 '금' 하나로 만들어진, 그것도 '집'이 아니라 '송아지'를 만들고 그 '송아지 앞에서' 예배했습니다. 출애굽기 25장 8절을 보면, 이 성소가 누구를 위한 것인지 알 수 있습니다. 하나님을 위한 성소입니다. 그러니까 재료도 예물로 드려진 것을 사용합니다.

금송아지에 대한 스데반 집사님의 표현을 읽어 봅니다. "우리 조상들이 모세에게 복종하지 아니하고자 하여 거절하며 그 마음이 도리어 애굽으로 향하여 아론더러 이르되 우리를 인도할 신들을 우리를 위하여 만들라 애굽땅에서 우리를 인도하던 이 모세는 어떻게 되었는지 알지 못하노라 하고 그때에 그들이 **송아지를 만들어 그 우상 앞에** 제사하며 자기 손으로 만든 것을 기뻐하더니 하나님이 외면하사 그들을 그 하늘의 군대 섬기는 일에 버려 두셨으니 이는 선지자의 책에 기록된 바 이스라엘의 집이여 너희가 광야에서 사십 년간 희생과 제물을 내게 드린 일이 있었느냐 몰록의 장막과 신 레판의 별을 받들었음이여 이것은 너희가 절하고자 하여 만든 형상이로다 내가 너희를 바벨론 밖으로 옮기리라 함과 같으니라 광야에서 우리 조상들에게 **증거의 장막**이 있었으니 이것은 모세에게 말씀하신 이가 명하사 그가 본 그 양식대로 만들게 하신 것이라"(행 7:39-44) 아멘. 금송아지는 단순히 송아지가 아니라 성소의 대체물이었습니다.

부디 성소 관련 부분을 읽으면서 나는 과연 금송아지를 만들고 있는지, 성소를 만들고 있는지 생각해 보십시오. 그리고 각자의 교회가 '성소'가 되기 위해 어떤 재료가 필요하고 어떻게 연합되어야 하는지, 어떤 분[당연히 하나님이]이 중심이 되어야 하는지도 고민해 보십시오.

성소는 잘 보면 새가 날개를 내린 모습입니다. 금송아지는 날 수 없습니다. 성소는 하나님을 위해 백성이 짓습니다. 금송아지는 백성이 자기를 위해 지은 신입니다. 성소를 지으면 하나님께서 임재하십니다. 금송아지를 만들면, 백성은 금송아지의 노예가 됩니다. 나는 무엇을 짓고 있는지 생각합시다. 성소를 짓도록 기도합시다.

또한 누가 능력 있는 사람들인지 질문합시다. "하나님을 두려워하며 진실하며 불의

한 이익을 미워하는 자"(출 18:21)가 능력 있는 사람들입니다. 교회마다 능력 있는 사람들을 일꾼으로 선임할 수 있기를 기도합니다.

출애굽기 32장 25-29절을 기초로 '하나님을 위한다는 것'에 대해 생각해 보았습니다(2023년 5월 11일, 총신 신대원 새벽예배).

하나님을 위한다는 것

1. 하나님을 위하는 것은 당황스러운 일이다.

하나님을 위하는 자 나오라 해서 나왔더니,
칼 차고 방자한 자 죽이라시네.
죽이려고 보니 동창이고,
죽이려 하니 이웃이고,
혈육(血肉) 친지(親知)이다.

하나님을 위하는 것은 당황스러운 일이다.

혹 교회에 도움이 될까 싶어 일어났더니
신학교 가라고 하신다.
2킬로미터 5리를 동행하려고 했는데,
4킬로미터 10리를 동행하라고 하시네.

하나님을 위하는 것은 당황스러운 일이다.

누구를 보낼꼬? 하셔서
나를 보내소서! 했더니,
아무도 믿지 않을 거라신다.
갈 데까지 갈 거란다.

하나님을 위하는 일은 당황스럽다.
사르밧 과부

마지막 남은 밀가루와 기름으로 빵 한 조각 만들어
아들과 먹고 죽으려는데
엘리야 선지자 먼저 주라신다.
우리는 어쩌라고.

당황스럽기는 하지만, 당황스러움을 지울 만한 기쁨이 있다.
통의 가루와 병의 기름이 떨어지지 않는다.
포로귀환 여호와의 종 미리 본다.
삶의 목적 하늘에 두니 여유 생기고 자유롭다.
신학교 오니 생각지 못한 은혜 있다.
칼 찬 레위인, 헌신자의 기준 된다.

2. 하나님을 위한다는 것은 가슴 아픈 일이다.

휘두르는 칼끝에 피가 튄다.
내 옷과 얼굴도 피범벅이다.
피와 땀이 원망에 일그러진다.
피와 땀이 욕과 버물린다.

하나님을 위한다는 것은 가슴 아픔을 동반한다.

아들이 십자가에 못 박히는 것을 보고 있어야 한다.
하늘에서는 성부께서 보시고
땅에서는 마리아 본다.
하늘은 찢어지고 땅은 뒤틀린다.

하나님을 위하다 보면 가슴 아픈 일이 생긴다.
오해받는다.
비난받는다.
주저앉는다.
무시당한다.

하나님을 위하는 것은 가슴 아픔을 동반한다.

소돔과 고모라 위해 간절히 기도했지만, 아침에 일어나 보니 연기 보인다.
7년을 하루 같이 라헬 위해 일했는데, 일어나 보니 레아이다.
일백이십 년 방주 공사 보고 설득되는 이웃 없다.
보좌 우편 인자 보고 알려주니 돌 들어 던진다.

가슴이 아프기는 하지만, 아린 가슴 덮어주는 은혜 있다.
다메섹 가던 사울, 주님 만나 신자 됐단다.
설득되는 이웃은 없지만, 정한 동물 일곱 쌍, 부정한 동물 한 쌍씩 몰려온다.
레아 통해 유다 태어나니 구원의 소망 있다.
소돔과 고모라는 망했지만, 롯과 두 딸은 살았다.
오해받아 주저앉았다가도 주님 손잡고 일어난다.
비난받고 무시당하다가도 열매로 인해 자랑스러워진다.
찢어진 하늘에서 성령 임하고, 뒤틀린 땅으로 인해 빌립보 간수 믿는다.
품 안의 독생자 구원의 근거 되고, 예수님 부활 후에 마리아 성령 받는다.
방자함이 잦아들고 언약갱신 이뤄진다.

3. 하나님을 위한다는 것은 낯 뜨거운 일이다.

나도 금송아지 앞에서 춤췄는데,
칼 차고 휘두르라니!
낯 뜨거워
얼굴 못 든다.

하나님을 위하다 보면 낯 뜨거운 일 생긴다.
애굽 종살이하는 동족 구원 생각하고 주먹 휘둘렀는데,
'어제 애굽 사람 죽이듯 나도 죽이려느냐?' 질문 받는다.
기대에 못 미치는 것 아니고, 기대와 반대되는 반응 온다.
40년 목동 생활 이어진다 해도 가고 싶지 않다.

하나님을 위하다 보면 낯 뜨거운 일 잦다.

메뚜기와 석청 먹으니 미쳤다고 하고,
마음 낮춰 백성과 섞이니 술꾼이고 죄인들의 친구라 한다.
미쳤다는 평가에서 더 나아가 생일잔치 쟁반에 머리 올린다.
술꾼, 죄인들의 친구라며 십자가에 못 박으라 소리 지른다.

인생이 어찌 하나님을 위하겠는가마는,

교회 박해하던 사울, 주님 만나 전도자 되고,
'나를 떠나소서!' 하던 베드로, 예수님 이름표 달고 다니고,
애굽에는 절대로 못 가겠다는 모세, 출애굽의 지도자 되고,
'이 여자가 줘서 먹었어요.' 말하던 아담, '산 자의 어미' 개념 생각한다.

낯 뜨거운 일 있지만 하나님을 생각한다.
죽음 앞에서 생명을 생각하고,
이 백성을 용서하시고 출애굽의 가치를 높여 달라 기도하며,
'은과 금은 없지만 내게 있는 예수 이름으로 걸으시오.' 축복하고,
알지 못해 행했다고 정상참작 받았다며, 자기 생명은 가치 있게 안 보며,
엘리 엘리 라마 사박다니, 현실과 무관해 보이는 하나님 구원 찬송하고,
모태 태아 6개월 때부터 증인 되더니, 죽을 때까지 증인으로 산다.

4. 하나님을 위한다는 것은 관계를 끊는 일이다.

칼 차고 이 문에서 저 문으로,
이 지파 입구에서 저 지파 입구로 다니며,
우정 혈연 이전 관계, 없는 듯 다닌다.
세겜 사람 죽일 때는 분노라도 있었지만,
동족 죽여 거룩 세울 때는
눈물뿐이다.
하나님 앞에서는

산 자도 죽은 자일 수 있고
죽은 자도 산 자일 수 있다.

죽음이 끝이 아니고
처참함이 마지막이 아니며
나의 만족으로 만족 되지 않는다.

하나님 위하는 마음에 일어서기는 했으나
칼 차고 마음에 없는 일 하는 것은
괴로운 일이다.

이 일은 후에 비느하스의 일이 되고
시므리 고스비 배 함께 꿰뚫은 것,
하나님의 질투심으로 질투한 것 되어 평화의 언약 받는다.

평화, 샬롬
칼날과 창날과 함께 가고
하나님의 마음과 포개진 마음과 같이 같다.

그러니 하나님을 위한다는 것은 관계를 끊는 일이다.
인간관계, 기존 관계
끊는 일이다.

그럼에도 어떤 이들 '모든 일은 형을 통해 만사형통' 이란다.
베드로 형님 교황 만들어 나도 교황 된다.
예수님도 형님 삼아 이단 교주 되려나?

5. 하나님을 위한다는 것,

그것은 때로 아픔이고 슬픔이다.
그러나 그마저도 질투의 대상이 된다.
르우벤 지파 다단과 아비람 일어나고
레위 지파 고라도 일어난다.

너만 잘났냐?

아론의 지팡이에서 싹이 난다.
죽은 것도 살리시는 하나님 편에 섰으니
반석에서 물이 나고 손들면 승리한다.

땅은 갈라지고
반석은 터지며
바람 불어 홍해 마른다.

오늘도 그 하나님,
하나님 위하는 자 있나 찾으신다.
우리가 하나님 위하지 않으면 누가 위할까?

하나님을 위하다 당황스러운 일 생겨도 그분 위한다.
하나님 위하다 가슴 아픈 일 만나도 그분 위한다.
낯 뜨겁고 관계 끊겨도 그분 위한다.

하나님을 위한다는 것,
그것은 주로 아픔이고 슬픔이다.
그래도 우리는 그 길을 간다.

하나님을 위하는 길,
생명의 길,
좁은 길.

바보라고 해도 가고
사오정이라고 해도 가고
이상하다는 평가 받아도 간다.

주님 가신 길,
십자가의 길,
무겁고 가슴 아픈 길.

오늘도 그 길을 간다.
왜?
그분이 좋아서.

그게 나를 위해서도 좋은 거 아니냐고?
그럴 수도 있겠지.
그러나 그걸 생각하고 이 길을 가는 것은 아니니까, 오해는 마시라.

자기 아들, 자기 형제 치는 것을 누가 원하랴?
자기 아들, 자기 형제 치는 헌신 누가 바라랴?
자기 몸 치는 것이고 자기 자신 망치는 것 같은 사역 누가 좋아하겠는가?

그러나 오늘도
내가 아니라 하나님
사람이 아니라 하나님 생각한다.

방자함을 벗고 질서를 세운다.
기숙사 예배당 식당 강의동 본관 다시 예배당 식당 기숙사 다시 강의동,
끝없어 보이는 질주 안에 '하나님 위함' 담는다.

구약 신약 조직 역사 실천 선교
다양한 과목 안에
'하나님 위함' 담는다.

그것이 내 몫이니까.
그것이 내 삶이니까.
그것이 하나님 위함이니까.

질의와 응답

하나. “시내산 언약을 종주권 언약(vassal treaty)으로 보는 것을 어떻게 생각하시나요?”

시내산 언약을 종주권 언약으로 보는 이들은 하나님과 이스라엘의 관계를 주군(主君)과 봉신(封臣)이라는 정치적인 관계로 이해합니다. 시내산 언약은 종주권 언약과 어떤 점에서 차이가 있을까요? 종주권 언약은 대체로 간단하고 엄격합니다. 그러나 시내산 언약은 모세오경 내에서 계속 수정됩니다. 예로, 슬로브핫 딸들의 제안으로 인한 수정(민 27:1-11), ‘슬로브핫 딸들의 제안으로 인한 수정’에 대한 수령들의 문제 제기로 인한 수정(민 36:1-9)이 있습니다. 본문에서 언급한 유월절에 대한 수정도 있습니다(민 9:9-14).

둘. “시내산 언약과 새 언약(렘 31:31)은 어떤 점에서 차이가 있습니까?”

예레미야서를 보면, 하나님을 출애굽의 하나님이 아니라 포로귀환의 하나님으로 제시합니다. 노예로부터의 해방이 아니라, 추방으로부터의 귀환이 중심입니다. 시내산 언약은 노예로부터 해방된 다음에 맺은 언약이고, 새 언약은 포로로부터 돌아온 다음에 맺게 된 언약입니다. 시내산 언약을 해방 직후에, 엄밀하게 말하면 40년에 걸쳐 체결되지만, 새 언약은 귀환 이후 약 570년(536년+33년)이라는 상당한 시간이 지난 다음에야 완결됩니다.

셋. “최후의 만찬으로 지상 유월절은 종결되었습니까?”

최후의 만찬은 ‘전통적인 유월절’과 ‘하나님 나라 유월절’로 구성되어 있었습니다. 전통적인 유월절은 최후의 만찬 이후에도 수십 년간 유지되었습니다. 그러나 예루살렘 성전 파괴 이후에 전통적인 유월절을 지키는 것은 불가능하게 되었습니다. 실질적인 종결이 발생한 것이지요.

넷. “출애굽기 29장을 보면, 제물의 머리에 안수하는 내용이 나오는데 안수의 의미가 무엇입니까?"

안수는 전가(轉嫁)보다는 동일시(同一視)입니다. 죄가 양에게로 전가된다기보다는 양이 대신 죽습니다. 전가된다면 제물이 죽지 않아도 죄 문제가 해결되겠지요. 동일시되더라도 드리는 사람의 마음 상태가 중요하겠습니다. 모든 대속 제물은 그리스도의 그림자입니다. 속죄의 법도를 율법 안에 담으셨습니다. 그런데 해마다 혹은 매일 제물을 드리는 사람마저도 동물 제사를 통해 근본적인 영원한 속죄는 다른 제물을 통해야 한다는 것을 알았습니다. "해마다 죄를 기억하게 하는 것이 있"었기 때문이고, "이 제사는 언제나 죄를 없게 하지 못"했기 때문입니다(히 10:3, 11). 그러나 그리스도께서는 "죄를 위하여 한 영원한 제사를 드리"셨고 "거룩하게 된 자들을 한 번의 제사로 영원히 온전하게 하셨"습니다(히 10:12, 14).

다섯. "왜 지성소에도 피를 뿌립니까?"

제사 '예법'(히 9:1) 가운데 하나입니다. 지성소까지 정결하게 될 필요가 있는 경우에, 지성소에도 피가 뿌려집니다.

여섯. "언약을 맺을 때 등장하는 '피'는 어기면 죽는다는 의미인가요, 절대로 깨지지 않는다는 의미인가요?"

문화마다 언약을 맺는 방식이 있습니다. 히브리어로 '언약을 맺는다.'고 할 때 '자르다.'는 동사를 많이 사용합니다. 쪼개는 방식(창 15:9-10), 베어내는 방식(창 17:9-14)이 익숙한 이들에게 '언약 체결'은 '자르는 것'과 관계됩니다. 하나님께서는 시내산 언약을 통해 '피' 언약 체결방식을 사용하십니다(출 24:1-8). 그리고 이 방식은 예수 그리스도의 언약 체결방식에도 도입됩니다(마 26:28). '피 언약'은 '죽음으로 맺어진 생명 언약'임을 표현합니다. '생명으로 맺는다. 생명을 걸고 지킨다. 어기면 죽는다.' 이런 의미가 내포되었다고 생각합니다.

일곱. "성소를 하나님의 '소박한' 집으로 묘사하셨습니다. 하나님의 거처는 '소박'해야 하나요? '하나님의 크심을 드러내기 위해 크게 지어야 한다.' 이런 논리를 어떻게 봐야 합니까?"

'형편대로 그러나 최선을 다해' 성막이 지어졌다고 생각합니다. 비록 천막이었지만 네 겹이었고 성전 기구를 귀한 재료로 정교하게 만들었으니까요. 결국 외형(外形)보다는 내실(內實)이었습니다. 외형적으로 크고 좋은 것이 핵심이 아니라, 사람이 중요하고 신의(信義)가 핵심입니다. 예배당 프레임(frame)이 공동체를 쪼갠다면 프레임 즉, 틀을 바꿔야겠지요. 슈퍼보다 백화점이 낫다는 생각이 교회 안에도 들어와서, '부동산 목회' 가 시작된 듯합니다. 하나님의 크심은 예배당 크기와 비례하지 않습니다. 그분은 본래 크십니다. 하나님의 크기는 예배당의 크기와 무관합니다. 예배당 크기로 더 커지는 하나님이 우리가 믿는 하나님이십니까?

여덟. "예수님은 성령 잉태로 원죄가 없으십니다. 그럼, 예수님은 이 땅에서 사시는 동안 죄를 짓지 않으셨을까요?"

"모든 일에 우리와 똑같이 시험을 받으신 이로되 죄는 없으시니라"(히 4:15) 했으니, 죄를 짓지 않으셨습니다. 더구나 그분으로 인해 '죄와 상관없는 삶' (요일 1:7)을 산다면, 그분이 죄가 없는 분이라는 더욱 확신할 수 있겠습니다. 따르는 이들로 '죄와 상관없는 삶' 을 살게 하는 분이 죄를 짓지는 않으시겠지요.

Weekly Reading

6

출애굽기 34장 – 레위기 14장

"하나님 아버지의 품에서"

출 34-36장	출 37-39장	출 40-레 2장	레 3-5장	레 6-8장	레 9-11장	레 12-14장

check

우리말 '품' 은 크게 세 가지 정도의 의미를 갖습니다. 첫째는 '가슴과 등을 두르는 부분' 과 관련하여, '품이 넉넉하다, 품에서 잔다, 품에 안기다' 와 같이 쓰입니다. 둘째는 '어떤 일에 드는 힘이나 수고' 와 관련하여, '품을 들이다, 품을 팔다, 품을 사다' 와 같이 쓰입니다. 셋째는 '행동이나 말씨에서 드러나는 태도나 됨됨이' 의 의미로, '말하는 품, 옷 입는 품, 생긴 품' 과 같이 쓰입니다. 오늘은 우리말 '품' 과 '하나님의 성소' 를 연결해보려 합니다.

이번 통독 본문은 하나님의 성소에 대해 다룹니다. 출애굽기 34장은 시내산 언약 갱신이, 출애굽기 35-40장은 성소의 완성과 봉헌이, 레위기 1-7장은 성소의 제물이, 레위기 8-10장은 성소에서 섬기는 제사장 위임식이, 레위기 11-14장은 성소에서 예배드리는 백성의 '예배자 지위 유지' 에 대한 규례가 소개됩니다. 한마디로 정리하면, '성소, 성소 섬김이, 성소 예배자' 를 다룹니다. 이에 '품으로서의 성소' 에 대해 생각해보았습니다.

품

I.
품은 따스하다.

품에는 수고가 있다.
엄마 품, 아빠 품, 사회와 나라의 품도 있지만
하나님 아버지의 품이 있다.

성소는
아버지 하나님의 품이다.

성소는 따스하고
성소에는 수고가 있다.

아버지 품 안의 독생자 예수님은
아버지 품을 보여주셨다.

품 안의 사랑과 수고를
성소 되어 보여주셨다.

성소에서
예수 품을 읽는다.

II.
자연의 품에서
하나님의 사랑과 수고를 읽는다.

겨울잠 자는 개구리, 뱀, 곰
그들은 자연 품의 따스함과 수고를 안다.

부모님의 품에서
하나님의 사랑과 수고를 맛본다.

하나님의 사랑과 수고가 담긴
부모의 품이 그립다.

인간의 욕심은
자연의 품을 훼손했고
부모의 품마저

훼손시키고 있다.
예수의 품에서
자연의 품, 부모의 품, 사회와 국가의 품의 회복을 꿈꾼다.

III.
모세는
하나님 아버지의 품을 보았다.

이스라엘 백성은
그 품을 지었다.

아론과 그의 아들들은
그 품에서 일했다.

나답과 아비후는
그 품에서 죽었다.

이스라엘 백성은
그 품에서 산다.

하나님 아버지의 품을 위해
모세는 사십일 밤낮을 굶었다.

예수님은
우리를 위해 그 품이 되어주셨다.

모세가 성소에 대한 지침을 받고 있을 때(출애굽기 25-31장), 이스라엘 백성은 금송아지를 만들었습니다. 이미 말씀드린 것처럼, 금송아지는 성소 대신이었습니다. 열왕기와 역대기를 보면, 예루살렘 성전을 대신하여 금송아지 둘을 만든 여로보암 이야기가 나옵니다(왕상 12:28-32; 대하 11:15). 성소를 우상으로 대체하는 버릇은 시내산 언약 초기부터 있었음을 우리는 출애굽기를 통해 읽습니다. 언약이 깨졌습니다. 1, 2계명을 어겼으니 '헤렘' 되어야 했습니다(출 22:20). '헤렘' 은 '일상적인 사용과 접촉으로부터 완전히 구별된 상태' 로 기본적으로 '죽음' 을 포함합니다. 이런 상황에서 모세는 32장

32절의 기도를 했습니다. "그러나 이제 그들의 죄를 사하시옵소서 그렇지 아니하시오면 원하건대 주께서 기록하신 책에서 내 이름을 지워버려 주옵소서" 아멘.

그러나 이 기도는 실효성이 없었습니다. 이어지는 주님의 대답은 이런 것이었습니다. "여호와께서 모세에게 이르시되 누구든지 내게 범죄하면 내가 내 책에서 그를 지워 버리리라 이제 가서 내가 네게 말한 곳으로 백성을 인도하라 내 사자가 네 앞서 가리라 그러나 내가 보응할 날에는 그들의 죄를 보응하리라"(32:33-34). 언약 갱신의 가능성은 보이지 않았습니다. 그러나 백성이 "자기의 몸을 단장하지" 않고(33:4) "장신구를 떼어 내"는 일이 있었으며(33:6) 모세가 '하나님의 은혜'에 근거하여 "주께서 친히 가지 아니하시려거든 우리를 이 곳에서 올려 보내지 마옵소서 나와 주의 백성이 주의 목전에 은총 입은 줄을 무엇으로 알리이까 주께서 우리와 함께 행하심으로 나와 주의 백성을 천하 만민 중에 구별하심이 아니니이까"(33:15-16) 말씀드리자, 언약 갱신이 이뤄집니다.

이번 통독은 이 언약 갱신부터 시작됩니다. 하나님께서는 돌판 둘을 처음처럼 다시 준비하라 말씀하십니다. 이때 하나님은 계시 되고 모세는 다르게 기도합니다. 34장 5절입니다. "여호와께서 구름 가운데에 강림하사 그와 함께 거기 서서 여호와의 이름을 선포하실새" 아멘. "여호와의 이름을 선포하실새"를 직역하면, '여호와의 이름으로 부르셨다.' 입니다. 여호와의 이름은 이어지는 6-7절에 소개됩니다. "여호와께서 그의 앞으로 지나시며 선포하시되 여호와라 여호와라 자비롭고 은혜롭고 노하기를 더디하고 인자와 진실이 많은 하나님이라 인자를 천 대까지 베풀며 악과 과실과 죄를 용서하리라 그러나 벌을 면제하지는 아니하고 아버지의 악행을 자손 삼사 대까지 보응하리라" 아멘. '여호와'는 '여호와 하나님'으로, '자비롭고 은혜로운 분, 노하기를 더디하는 분, 인자와 진실이 많은 분, 인자를 천 대까지 베푸는 분, 악과 과실과 죄를 용서하는 분, 처벌을 안 한 채로 두지 않는 분, 조상들의 잘못을 아들과 손자 위로, 삼대 손과 사대 손 위로 부과하시는["보응"이라는 표현은 너무 강합니다. 1-4대를 만나서 조상들의 죄를 다루시는 분입니다.] 분'으로 불립니다.

하나님의 이름이 선포되자 모세는 '자신의 이름을 들먹이던'(출 32:32) 기도가 아니라 회개와 간구의 기도를 합니다. 8-9절입니다. "모세가 급히 땅에 엎드려 경배하며 이르되 주여 내가 주께 은총을 입었거든 원하건대 주는 우리와 동행하옵소서 이는 목이 뻣뻣한 백성이니이다 우리의 악과 죄를 사하시고 우리를 주의 기업으로 삼으소서" 아멘. '목이 뻣뻣한 백성' 이라는 표현은 33장 3절의 '목이 곧은 백성' 과 같은 표현의 다른 번역입니다. 모세는 하나님께서 백성에 대해 말씀하신 것을 인정하면서 '용서' 를 구하고 '주의 기업 삼아달라' 간구합니다.

모세는 사십일 낮과 사십일 밤을 하나님과 함께 있으면서 먹지도 마시지도 않았습니다. 이때 하나님께서는 십계명을 모세가 준비한 돌판에 기록하셨습니다. 34장 28절입니다. "모세가 여호와와 함께 사십 일 사십 야를 거기 있으면서 떡도 먹지 아니하였고 물도 마시지 아니하였으며 여호와께서는 언약의 말씀 곧 십계명을 그 판들에 기록하셨더라" 아멘. 돌판에 언약의 말씀을 기록한 분이 '그' 라고 되어있으나 34장 1절과 신명기 10장 2, 4절에 근거하여 '여호와께서는' 이라고 번역했습니다. 오래 걸렸다는 생각이 듭니다. '십계' 영화에서처럼 쓰셨으면 몇 분 안 걸리셨을 것 같은데, 왠지 본문은 하나님께서 돌판에 언약의 말씀을 기록하시는 데 40일이 걸린 것처럼 표현합니다.

이 40일이 특별했던 것 같습니다. 모세의 얼굴에 광채가 납니다. 34장 29-35절에 나옵니다. "모세가 그 증거의 두 판을 모세의 손에 들고 시내 산에서 내려오니 그 산에서 내려올 때에 모세는 자기가 여호와와 말하였음으로 말미암아 얼굴 피부에 광채가 나나 깨닫지 못하였더라 아론과 온 이스라엘 자손이 모세를 볼 때에 모세의 얼굴 피부에 광채가 남을 보고 그에게 가까이 하기를 두려워하더니 모세가 그들을 부르매 아론과 회중의 모든 어른이 모세에게로 오고 모세가 그들과 말하니 그 후에야 온 이스라엘 자손이 가까이 오는지라 모세가 여호와께서 시내 산에서 자기에게 이르신 말씀을 다 그들에게 명령하고 모세가 그들에게 말하기를 마치고 수건으로 자기 얼굴을 가렸더라 그러나 모세가 여호와 앞에 들어가서 함께 말할 때에는 나오기까지 수건을 벗고 있다가 나와서는 그 명령하신 일을 이스라엘 자손에게 전하며 이스라엘 자손이 모세의 얼굴의 광채를 보므로 모세가 여호와께 말하러 들어가기까지 다시 수건으로 자기 얼굴을 가렸더라" 아멘.

고린도후서 3장 7-18절에 이 내용이 언급되고 해석됩니다. 바울 사도는 새 언약의 일꾼과 옛 언약의 일꾼을 비교합니다. '옛 언약' 이라는 말은 14절에 나옵니다. '구약' 이라고 되어있지요. 구약과 관련된 직분은 '사망의 직분, 정죄의 직분' 으로 불립니다. 7절을 보면, '죽게 하는 율법 조문의 직분' 이라는 표현이 나오지요. 또한, 9절을 보면, '정죄의 직분' 이라는 말이 나옵니다. 반면, 새 언약, 신약의 직분은 영의 직분이고 자유의 직분입니다. 8절에 '정죄의 직분' 이라는 표현이 나옵니다. '자유' 라는 말은 17절에 나옵니다.

구약의 직분이 사망의 직분, 정죄의 직분으로 불리는 이유는 그리스도가 마음에 새겨지지 않기 때문입니다. 돌판에 새겨진 율법에 기초하기 때문입니다. 돌에 새겨졌으니 쉽게 지울 수 없습니다. 그런데 마음으로 이행되지 않으니 쉽게 잊히고 무시되었습니다. 구약 직분에 영광이 없는 것은 아닙니다. 모세의 얼굴에서 광채가 났던 것처럼 영광이 있습니다. 그런데 그 영광은 사라지는 영광입니다. 그래서 모세가 사라질 영광에 사람들이 주목하지 않도록 수건으로 얼굴을 가렸습니다.

얼굴 피부에 광채가 났습니다. 이스라엘 자손들은 광채로 인해 말씀에 집중하지 못했습니다. 그래서 모세는 말씀에 주목하도록, 자기 얼굴 피부에서 나는 광채에 주목하지 못하도록 수건으로 얼굴을 가렸습니다. 그러나 하나님께로 돌아가면 수건을 벗었습니다. 16절이 그 말입니다. "그러나 언제든지 주께로 돌아가면 그 수건이 벗겨지리라" 아멘. 모세가 주께로, 여호와 하나님께로 돌아가면 수건을 벗었습니다.

신비한 것, 겉 불과 같은 것에 마음이 뺏기는 것은 모세 얼굴의 광채에 주목하는 것과 같습니다. 진짜는 보이지 않습니다. 그리스도가 새겨진 마음은 보이지 않습니다. 성도가 새겨진 마음도 그렇습니다. 이제 고린도 성도들은 자신들의 마음에 성도 새기기를 시작할 때가 된 것입니다. 그게 동역자입니다. 지금까지는 자신들의 구원을 위해 자기 마음에 그리스도를 새기려고 힘썼다면, 이제부터는 다른 사람의 구원을 위해 자기 마음에 다른 사람을 새기려고 힘쓸 때입니다. 그게 남을 위해 수고하는 것이고, 그것을 통해 받는 축복이 '두 번째 유익' 입니다. 마음을 넓혀 다른 사람을 새길 때입니다. 그런데 여전히 신비한 것을 추구하고, 확인하지 않고 대충 넘겨짚으면서 하나님의 뜻이라 주장하고, 자기가 하고 싶은 것을 위해서는 눈에 불을 쓰면서 하나님의 뜻을 이행하는 데에는 소홀하다면 아직도 수건을 쓰고 있는 것입니다.

수건은 그리스도 안에서만 벗겨집니다. 14절입니다. “그러나 그들의 마음이 완고하여 오늘까지도 구약을 읽을 때에 그 수건이 벗겨지지 아니하고 있으니 그 수건은 그리스도 안에서 없어질 것이라” 아멘. 여기 ‘그들’이 누구입니까? 마음에 아직 그리스도가 새겨지지 않은 이들입니다. 믿지 않는 유대인들입니다. 믿는다고는 하지만 그리스도가 마음에 새겨지지 않은 교인들입니다.

이제 7절부터 죽 설명합니다. 글자로 돌들에 새겨진 사망의 직분도 영광스럽습니다. 어느 정도였습니까? 이스라엘 자손들이 모세의 얼굴을 주목할 수 없을 정도였습니다. 모세 얼굴의 영광 때문이었습니다. 감히 가까이하지 못했습니다. 그러나 그 영광은 쇠할 영광이었습니다. 그러니 성령의 직분이 어찌 영광스럽지 않겠습니까? 영광이 정죄의 직분에도 있다면, 의의 직분은 얼마나 더 영광스러울까요? 신약 때의 영광과 비교해보면, 모세가 영광스럽게 된 것은 이제 더 이상 영광스럽지 않습니다. 새 언약 일꾼의 넘치는 영광 때문에 영광이 아닌 게 됩니다. 촛불이 태양 앞에서 빛을 밝힌다고 말할 수 없는 것과 같습니다. 갈아치울 것도 영광을 통한다면, 계속 있게 될 것은 얼마나 더 영광스럽겠습니까? 이처럼 영원에 대한 소망과 기대가 있으니 우리가 담대한 것입니다. 우리는 모세가 얼굴에 수건을 쓴 것처럼 하지 않습니다. 모세는 이스라엘 백성들이 사라질 것의 결국을 주목하지 않도록 수건을 썼지요. 그러다 보니 그들 생각이 화석화되었습니다. 고정된 것이지요. 오늘날까지도 옛 언약을 읽을 때 바로 그 수건이 벗겨지지 않고 여전히 남아있습니다. 오늘날까지도 모세가 읽힐 때 그들 마음 위에 수건이 놓여있습니다. 주님께로 돌이키면 수건은 제거될 텐데도 말이죠. 모세가 그랬던 것처럼요. 주님은 영이십니다. 수건을 벗은 모세와 대화하신 여호와 하나님은 영이십니다. 모세가 수건을 벗고 하나님과 대화하는 것을 보니, 주님의 영이 계신 곳에는 자유가 있습니다. 수건을 벗은 모세처럼, 우리도 얼굴에 수건을 쓰지 않고 베일을 벗은 채로, 주님의 영광을 거울로 보면서 동일한 형상으로 바뀌어 갑니다. 영광에서 영광으로, 오직 영광스럽게만 빚어져 갑니다. 영이신 주님, 영으로만 경험되는 주님으로부터 가능한 변화가 우리에게 임합니다.

모세 얼굴의 영광과 관계되는 구절의 마지막 부분인 18절만 읽습니다. “우리가 다 수건을 벗은 얼굴로 거울을 보는 것 같이 주의 영광을 보매 그와 같은 형상으로 변화하여 영광에서 영광에 이르니 곧 주의 영으로 말미암음이니라" 아멘. '그와 같은 형상' 으로 변해 갑니다. 무슨 말입니까? 그리스도를 닮아간다는 말입니다. 그리스도가 마음에 새겨지고 성도들이 마음에 새겨지면서 어떤 일이 일어납니까? 그리스도를 닮아갑니다.

그리스도가 그냥 닮아지는 것이 아닙니다. 그리스도가 가신 길을 따라가다 보니 닮습니다. 자식이 부모를 닮는 것은 부모의 말을 듣고 부모의 삶을 보고 부모가 먹는 것을 같이 먹기 때문입니다. 배우자끼리 점점 닮는 이유도 유사합니다. 이제는 같은 것을 먹습니다. 같은 환경에서 지냅니다. 같은 고민을 합니다. 대화합니다. 목소리가 익숙합니다. 생각이 닮아갑니다. 그러니 닮는 거죠.

새 언약의 일꾼들은 그리스도를 닮은 일꾼들입니다. 그리스도를 마음에 새기고, 그리스도가 마음에 새겨지도록 다른 사람들을 돕고, 그리스도가 마음에 새겨진 이들을 마음에 새깁니다. 분명하고 많이 새겨질수록 그리스도를 더욱 닮습니다. 성경이 말하는 근본적인 변화의 끝은 그리스도와 같이 되는 것입니다. 단순히 죄를 벗는 것을 넘어, 그리스도를 닮는 것입니다. 그러므로 새 언약의 일꾼들, 하나님의 일꾼들은 성도들 마음에 자신이 심기지 않도록 주의해야 합니다. 성도들의 마음에는 그리스도만 심겨야 합니다. 그리고 그리스도가 심긴 성도들을 마음에 새겨야 합니다. 달리 표현하면, 다른 이유로 뭔가 경제적이거나 사회적인 이유로 누군가를 마음에 심지 않도록 힘써야 합니다. 가족 친척이라 해도 그리스도가 심기지 않았으면 마음에 심지 않도록 힘써야 합니다.

돌에 글씨 새기는 것, 하루면 합니다. 요즘엔 좋은 기구가 많습니다. 그러나 마음에 그리스도를 심는 것, 그리스도가 심긴 성도를 마음에 심는 것은 단시간에 잘 이뤄지지 않습니다. 물에 글씨 새기는 것 같지는 않지만, 잘 나오지 않는 펜으로 나무에 글 쓰는 것처럼 어렵고 오래 걸립니다. 그러나 써집니다. 그리스도가 새겨집니다. 그리고 성도들도 마음에 새겨집니다. 그래서 그리스도를 닮아가는 일이 있습니다. 부디 우리 모두 새 언약의 일꾼이 되어 수건을 벗고 자유로운 심령이 되어 그리스도를 새기고 닮아가기를 소원합니다.

시내산 언약이 갱신될 때, 모세가 바뀌었나 봅니다. 돌판을 처음 받을 때는 얼굴에서 광채가 나지 않았지요. 그런데 언약 갱신 때는 하나님과 밀착 관계에 들어간 것 같습니다. 모세의 마음이 바뀌었고, 백성도 바뀌었습니다. 40일이 지나도 백성이 금송아지를 만들지 않았습니다. 모세는 여호와 앞에서는 수건을 벗고 있다가, 이스라엘 자손에게 말할 때는 수건으로 얼굴을 가립니다(출 34:33-34).

언약이 갱신되자, 성소가 지어집니다. 예물이 모이고 작업이 시작됩니다. "유다 지파 훌의 손자요 우리의 아들인 브살렐"(35:30), "단 지파 아히사막의 아들 오홀리압"(35:34), 그리고 "마음이 지혜로운 사람 곧 그 마음에 여호와께로부터 지혜를 얻고 와서 그 일을 하려고 마음에 원하는 모든 자"(36:2)들이 성소를 짓습니다. 감동적인 부분은 "아침마다 자원하는 예물을 연하여 가져왔으므로 성소의 모든 일을 하는 지혜로운 자들이 각기 하는 일을 중지하고 와서" "백성이 너무 많이 가져오므로 여호와께서 명령하신 일에 쓰기에 남음이 있나이다" 말하여(36:3-4, 5), 모세가 그만 가져오게 했다는 것입니다.

이제 성소가 만들어집니다. 성막부터 짓습니다. 출애굽기 25장 이하를 보면 언약궤, 진설병상, 등잔대, 성막 등의 순으로 말씀하셨지만, 성막을 만들고 성막 안에 들어갈 언약궤, 진설병상, 등잔대, 분향단을 만들고, 번제단, 물두멍, 울타리를 짓습니다(36-38장). 이어 제사장이 입을 에봇, 흉패, 청색 겉옷과 반포["반물빛의 실과 흰 실을 섞어 짠 띠나 수건 감의 폭이 좁은 무명"] 속옷, 두건과 패가 만들어집니다(39장). 출애굽이 이뤄진 다음, 이듬해 1월 1일에 세워집니다. 출애굽 한 지 일 년밖에 안 되었는데, 성소가 준비되었습니다. 19장 1절을 보면 "이스라엘 자손이 애굽 땅을 떠난지 삼 개월이 되던 날 그들이 시내 광야에 이르니라" 했으니, 모세가 금식한 날 80일과 언약 체결 과정에서 지나갔을 날을 삼 개월 정도 잡으면, 성막을 세우는데 오 개월 정도 걸렸을 것 같습니다.

성막은 이동이 가능한 처소입니다. 여기서 질문 몇 개 드립니다. 성막 재료에는 어떤 것들이 있습니까? 금속으로는 '금, 은, 놋'이, 실로는 '청색 자색 홍색 실, 가는 베실, 염소 털'이, 가죽으로는 '붉은 물 들인 숫양의 가죽, 해달의 가죽'이, 나무로는 아카시아를 가리키는 '조각목'이 있습니다. 성막과 일반 천막의 차이는 무엇입니까? 성막은 조각목에 금을 입힌 널빤지로 된, 디귿 자 모양의 벽이 있습니다. 일반 천막은 그런 벽이 없습니다. 26장 15-16절입니다. "너는 조각목으로 성막을 위하여 널판을 만들어 세우되 각 판의 길이는 열 규빗, 너비는 한 규빗 반으로 하고" 아멘. 마지막 질문입니다. 성막을 세울 때 가장 먼저 설치될 기구는 무엇입니까? 은 받침입니다.

성전 기명을 두려면 틀이 필요합니다. 틀을 만들기 위해 나무를 사용합니다. 틀의 크기가 길이 15미터, 폭 5미터, 높이 5미터이기에, 높이 5미터, 폭 75센티미터 널빤지를 사용합니다. 널빤지를 만드는 데 사용한 '조각목'은 아카시아 나무입니다. '조각목'으로 번역된 싯딤나무(쉬타, 아카시아 나무)는 곧게 자라는 나무가 아닙니다. 쭉쭉 뻗어 자라는 침엽수 백향목과 달리, 재목으로 다듬기 어렵습니다. 지역에 따라 모습이 다르지만 잘 다듬고 붙여야 널빤지로 만들 수 있습니다. 사람들은 주님의 일꾼들이 교회 기둥같이 쓰이기를 기도합니다. 그런데 교회 일꾼치고 백향목 같은 일꾼은 많지 않습니다. 실패하고 쓰러지고 꼬이고 넘어지고 그러나 다시 일어나, 이리 비틀 저리 비틀할 때가 많습니다. 이스라엘 남쪽에 있는 척박한 신 광야에서 자란 아카시아 나무 같습니다.

아카시아 나무를 깎아 이리저리 붙여 만든 각각의 판은 '촉'으로 세워져 서로 연결됩니다. '촉'은 '손'이라는 단어입니다. 사람이 두 다리로 서듯, 각각의 널판은 두 개의 촉으로 세워집니다. 하나님 나라 일꾼들도 그렇습니다. 모난 부분 다듬고 서로 연합해야 하나의 기둥이 됩니다. 홀로 기둥 되는 백향목이면 좋을 것 같은데 아닌가 봅니다. 하나님께서는 성막 재료로 조각목을 쓰라 하셨습니다. 단순히 주변에서 구할 수 있는 나무여서 그러셨을까요? 그러셨을 수도 있죠. 그러나 온통 조각목만 쓰라 하신 것을 보면, 후에 훼파된 솔로몬 성전이 온통 백향목으로 지어진 것과 비교해볼 때, 조각목 자체에도 의미가 있는 것 같습니다.

조각목 기둥과 조립식 벽이 세워지고 연합되도록 촉을 보호하고 받쳐주는 것이 받침입니다. 그러므로 성막을 견디게 하는 것 가운데 은 받침은 매우 중요합니다. 은 받침은 성막을 세울 때 가장 먼저 놓였겠지요. 성막이 세워질 때 기준이 되고 성막 널판과 기둥을 세우는 기초입니다. 잘 보이지는 않지만, 성막을 버티는 널판으로 된 벽을 받쳐주는 받침이 은 받침입니다. 예수님의 몸을 의미하는 휘장, 예수님께서 십자가에서 돌아가실 때 위에서부터 아래로 찢어진 휘장, 그 휘장이 휘장 되게 세우는 기둥 네 개를 받쳐주는 받침도 은으로 만들어졌습니다.

그럼, 은 받침은 모두 몇 개가 쓰였을까요? 26장 17-19절을 보니, 남쪽 널판 벽에 쓰인 은 받침은 모두 사십 개입니다. 이어지는 20-21절을 보니, 북쪽 널판 벽에 쓰인 은 받침도 사십 개입니다. 직사각형이 되어야 하니까요. 22-25절을 보니, 서쪽 널판 벽과 모퉁이를 위해 쓰인 은 받침은 모두 열여섯 개입니다. 그리고 32절을 보니, 휘장을 세우기 위해 쓰인 은 받침이 모두 네 개입니다. 모두 더하면 40+40+16+4=100개입니다.

일반적으로 쓰이는 화폐를 만드는 중요한 재료였던 은으로 된 받침 백 개가 성막에 사용되었습니다. 그럼, 받침 하나의 무게는 어느 정도였을까요? 은 받침의 무게는 한 달란트였습니다. 출애굽기 38장 27절입니다. "은 백 달란트로 성소의 받침과 휘장 문의 기둥 받침을 모두 백 개를 부어 만들었으니 각 받침마다 한 달란트씩 모두 백 달란트요" 아멘. 세겔은 12그램 정도이고 달란트는 3,000세겔이므로 어림잡아 36킬로그램, 좀 더 정확하게는 34킬로그램이 달란트입니다. 어른 몸무게 반 정도 됩니다. 유다가 예수님 팔고 받은 무게와 비교하면 백 배입니다.

지금 교회는 은 받침 같은 일꾼을 요구합니다. 패역하고 음란한 세대로부터 구별되어 교회를 구별하는 기둥들이 무너지고 썩지 않게 도와줄 은 받침 같은 일꾼이 필요합니다. 은 받침이 기둥을 받쳐주면 기둥은 성막을 유지합니다. 은 받침은 거저 만들어지지 않습니다. 그리고 사람들은 돌 받침을 쓰지 은 받침을 쓰지 않습니다. 놋 받침은 써도 은을 받침에 쓰지 않습니다. 그러나 하나님께서는 성막을 버티는 기둥을 보좌하는 받침은 은으로 만들어야 한다고 보여주셨습니다. 중요하기 때문입니다. 기둥은 조각목으로 만들고 금으로 싸서 만들지만, 금 기둥은 은 받침으로 보좌토록 했습니다.

성소가 세워진 다음, 성소에서 섬길 제사장 위임식이 이뤄집니다. 제사장 위임식은 레위기 8-10장에 소개됩니다. 구체적인 지침은 출애굽기 29장에 있습니다. 다만, 출애굽기 40장 16절은 모든 내용을 요약 제시합니다. "모세가 그같이 행하되 곧 여호와께서 자기에게 명령하신 대로 다 행하였더라" 아멘. 이어 40장 17절부터 38절까지는 성막이 제대로 세워졌으며 하나님께서 성막을 받으셨다는 것을 소개합니다. 40장 34-35절만 읽습니다. "구름이 회막에 덮이고 여호와의 영광이 성막에 충만하매 모세가 회막에 들어갈 수 없었으니 이는 구름이 회막 위에 덮이고 여호와의 영광이 성막에 충만함이었으며" 아멘.

출애굽기는 레위기로 이어집니다. 레위는 야곱의 셋째 아들입니다. 아론이 레위 자손이므로 레위 자손 전체가 구별되어 성전 봉사자가 됩니다. 레위 자손이 성전 봉사자가 될 운명이었기에, 레위 자손 가운데 아론이 제사장이 되었을 수도 있습니다. '레위'의 이름이 특별합니다. '연합' 입니다. 레아가 레위를 낳았습니다. "내가 그에게 세 아들을 낳았으니 내 남편이 지금부터 나와 연합하리로다 하고 그의 이름을 레위라 하였으며" (창 29:34) 아멘. 그러므로 레위기는 '연합기' 라고 할 수 있습니다. 성경에서 연합은 매우 중요한 주제입니다. 하나님과 하나님 백성의 연합, 하나님 백성 사이의 연합이 있습니다. '믿음으로 의롭다 함을 받는다.' 하는 표현을 네 글자로 이신칭의라고 합니다. 믿음으로 의롭다 함을 받은 이들은 그리스도와 연합합니다. '이신칭의' 와 '그리스도와의 연합' 은 바울서신의 핵심 주제입니다.

사실 '의롭다 함을 받는 것' 과 '그리스도와의 연합' 은 밀접하게 연관됩니다. 의롭지 않으면 그리스도와 연합될 수 없기 때문입니다. 레위기는 전체적으로 하나님과 하나님 백성 사이의 연합 주제를 다루고 있습니다. 하나님의 백성이 어떻게 하나님과 연합할 수 있을지 다룹니다. 어떻게 하면 연합이 안 되는지 다룹니다. 분리되었다가 다시 연합하려면 어떻게 해야 하는지 알려줍니다. 하나님과 하나님 백성이 나뉘어 있습니다. 하나님은 하늘에 계시고 백성은 땅에 있습니다. 그래서 처음에 등장하는 주제가 '다가감' 입니다. '고르반' 입니다.

레위기 1-7장에는 성소에서 드려질 예물에 대한 지침이 소개됩니다. 번제, 소제, 화목제, 속죄제, 속건제가 소개됩니다. 번제(燔祭)는 '구울 번, 제사 제' 입니다. 표준국어대사전에서 "구약 시대에, 짐승을 통째로 태워 제물로 바친 제사" 로 규정합니다. 그런데 '번제' 에 해당하는 히브리어가 무엇일까요? '올라' 입니다. 본래 '오르다' 라는 단어에서 나왔습니다. 올라가는 제물입니다. 그럼, 왜 '번제' 라고 번역했을까요? 영어로 의미를 burnt offering으로 잡았기 때문입니다. 다 태우는 것은 이 제물이 드려지는 방식의 특징입니다. 그런데, 본래의 의미보다는 이 제물이 드려지는 방식에 초점을 맞춰서 번역 표현을 잡은 것입니다.

그런데 이렇게 번역하면 두 가지 측면에서 문제가 발생합니다. 레위기 4장에 가면, 기름 부음 받은 제사장의 속죄제와 온 회중의 속죄를 위한 속죄제가 언급되는데, 그 속죄제는 가죽과 똥까지 태우도록 되어 있습니다. 물론 기름 외에는 진영 바깥 재 버리는 곳인 정결한 곳에서 태우지만, 모든 것을 태우는 측면에서 보면 진짜 번제이지요. 그러니 가죽을 태우지 않고 깨끗이 씻어내고 오물을 태우지 않는 1장의 제물을 조금 덜 번제이지요.

두 번째는 화제와의 구별 문제입니다. 제물을 드리는 측면에서 화제, 거제, 요제로 분류됩니다. 태워 드리는 제물이 '불 화' 자를 써서 '화제', 드는 제물이 '거제', 흔들어 드리는 제물이 '요제' 입니다. 그리고 제물의 종류에 따라, '번제, 소제, 화목제, 속죄제, 속건제' 로 분류합니다. 여기서 '화목제, 속죄제, 속건제' 는 제물의 기능에 초점이 맞춰진 이름입니다. 소제(素祭) '흴 소, 제물 제' 로 쌀이나 밀의 색깔이 흰 것에 착안하여 붙여진 이름입니다. 번제는 말씀드린 대로 '태우는 것' 과정에 초점이 맞춰진 이름입니다. 영어로 태우다가 burn이기에 영어에 익숙한 선교사님들이 '번제' 라고 이름을 붙이지 않았을까 하는 추측도 해봅니다.

그러나 번제는 본래 올라가는 제물입니다. 번제는 하나님께 다가가기 위해 드려지는 제물 가운데 첫 번째로 소개됩니다. 하나님께 다가가기 위해서는 올라가야 하기 때문으로 보입니다. 1장 2-3절입니다. "이스라엘 자손에게 말하여 이르라 너희 중에 누구든지 여호와께 예물을 드리려거든 가축 중에서 소나 양으로 예물을 드릴지니라 그 예물이 소의 번제이면 흠 없는 수컷으로 회막 문에서 여호와 앞에 기쁘게 받으시도록 드릴지니라" 아멘. 우선, 2절에서 '예물로 드리려거든' 의 의미가 중요합니다. '예물' 은 '고르반' 이라는 단어의 번역입니다. '가깝다, 다가오다' 를 기본적으로 의미합니다. '드리려거든' 도 '다가가게 하려거든' 의 의미입니다. 다시 말해, '예물을 드리려거든' 은 '고르반을 다가가게 하려거든, 다가가게 하는 것을 다가가게 하려거든' 을 기본적으로 뜻합니다. '다가감' 을 위한 첫째 제물은 '번제, 올라제' 입니다. 올라가는 제물입니다. 번제를 드리기 위해 예배자는 소나 양이나 염소나 산비둘기나 집비둘기 새끼를 가지고 옵니다. 새의 경우만 제사장이 머리를 비틀어 죽이고 몸집이 큰 동물의 경우에는 예배자가 죽입니다.

우리는 출애굽기 즉, 출미스라임기에서 성막이 지어지고 제사장이 준비되는 과정을 읽었습니다. 성막이 있고 성막 봉사자가 있습니다. 이제 하나님께 가까이 나아갈 길이 준비되었습니다. 그런데 어떻게 나아갈까요? 그 방법이 레위기에 제시됩니다. 하나님께 나아가려면, 다가가야 합니다. 그런데 하나님께서 하늘에 계십니다. 그러니, 기본적으로 나아가려면 올라가야 합니다. 그래서 드리는 제물이 '올라제' 입니다. '번제' 로 번역된 히브리어 단어가 '올라' 라고 말씀드렸습니다. 매우 특별하게도, 우리말 '오르다' 의 파생어인 '올라' 와 음이 같습니다. 영어가 익숙한 사람에게는 '태우는 제물', burnt offeirng을 '번제' 로 번역하면 연결이 잘 되겠지만, 히브리어와 한국어에 익숙한 이들에게는 '올라제' 로 번역하면, 원래 음도 살리고 우리말 의미로도 통하는 번역어가 될 수 있습니다.

번제는 '올라제' 입니다. 올라가려니 가벼워져야 합니다. 그래서 가죽을 벗깁니다. 토막을 냅니다. '각을 낸다' 는 말은 '토막을 낸다' 는 말입니다. 뼈 마디마디를 따라 관절 부위를 잘라내면, 토막을 낼 수 있습니다. 올라가야 하니까, 토막을 냅니다. 토막을 내려니 가죽을 벗겨야 합니다. 가죽을 벗기지 않고 토막을 내기는 어렵지요. 사실 가죽을 벗기는 것도 어렵습니다. 매우 날카로운 칼로 가죽을 벗겨내야 합니다. 잘못하면 살점을 많이 떼어낼 수 있습니다.

칼이 잘 들어야 고기 껍질을 잘 벗길 수 있습니다. 부지런히 칼질을 해야 껍질이 예쁘게 벗겨집니다. 가죽은 제사장 몫이니 잘 벗겨야겠네요. 토막을 내려면 제물을 잘 이해하고 있어야 합니다. 어느 부위를 잘라야 뼈에 걸리지 않고 잘라낼 수 있는지를 잘 알아야 합니다. 나무 위에 벌여놓고 모두 다 태우려면 시간이 걸립니다. 하나님께 올라가는 제물은 이렇게 드립니다.

'번제, 올라제' 다음에 '소제'가 소개됩니다. 매일 먹는 곡식으로 제물을 드립니다. 그러니 일상의 제물입니다. 평상시의 헌신입니다. 이 먹거리는 제사장들의 먹거리입니다. 그러니 소제가 드려져야 제사장들에게 일용할 양식이 있습니다.

레위기 2장 12절은 설명이 필요합니다. "처음 익은 것으로는 그것을 여호와께 드릴지나 향기로운 냄새를 위하여는 제단에 올리지 말지며" 아멘. 여기 '처음 익은 것'은 첫 소산 가운데 가장 좋은 것들을 가리킵니다. 기름, 포도주, 곡식의 첫 소산 가운데 가장 좋은 것들입니다. 12절의 '처음 익은 것'이 출애굽기 23장 19절에는 '가장 좋은 것'으로 번역되었습니다. "네 토지에서 처음 거둔 열매의 가장 좋은 것을 가져다가 너의 하나님 여호와의 전에 드릴지니라" 아멘. 첫 소산 가운데 가장 좋은 것들은 모두 제사장의 몫입니다. 민수기 18장 12-13절입니다. "그들이 여호와께 드리는 첫 소산 곧 제일 좋은 기름과 제일 좋은 포도주와 곡식을 네게 주었은즉 그들이 여호와께 드리는 그 땅의 처음 익은 모든 열매는 네 것이니 네 집에서 정결한 자마다 먹을 것이라" 아멘. 하나님께서는 첫 소산 가운데 가장 좋은 것은 제단에서 태우지 말라고 하십니다. 제사장들의 양식으로 소비되도록 하셨습니다.

그럼, 첫 소산을 소제로 드릴 수는 없나요? 있습니다. 가장 좋은 것들만 빼고는 드릴 수 있습니다. 레위기 2장 14-16절이 그 점을 언급합니다. "너는 첫 이삭의 소제를 여호와께 드리거든 첫 이삭을 볶아 찧은 것으로 네 소제를 삼되 그 위에 기름을 붓고 그 위에 유향을 더할지니 이는 소제니라 제사장은 찧은 곡식과 기름을 모든 유향과 함께 기념물로 불사를지니 이는 여호와께 드리는 화제니라" 아멘. '첫 이삭을 볶아 찧은 것'이라는 표현은 '찧고 불에 볶은 생 이삭'이라는 말입니다. 보통은 이삭을 말리지요. 그런데 첫 이삭을 드리려면 생 이삭을 찧어서 불에 볶아 드립니다. 그럼, 얼마나 드릴까요? 16절의 '기념물'이라는 표현을 통해, 한 움큼만 드린다는 것을 알 수 있습니다. 첫 소산 가운데 소제로 드려지는 것은 '찧고 불에 볶은 생 이삭 한 움큼'입니다. '생 이삭 한 움큼'이 기름과 함께 태워 드립니다.

소제는 매일의 제물이고 일용할 양식으로 드리는 제물입니다. 이 제물이 드려져야 제사장들이 먹고살 수 있습니다. 예배자는 소제를 갈아서 요리까지 해서 하나님께 가져옵니다. 한 움큼을 제외하고는 모두 제사장 몫입니다. 첫 소산 가운데 가장 좋은 것은 모두 제사장 몫입니다. 누룩 안 됩니다. 꿀 안 됩니다(2:11). 제사장들은 소금간만 된 일용할 양식을 먹습니다. 거의 '만나' 수준입니다. 이렇게 저렇게 요리는 해도 되지만, 발효시켜도 안 되고 단맛을 내도 안 됩니다. 맛없는 식사라고 볼 수 있습니다. 이 맛없는 식사가 가리키는 것은 '근신' 입니다. 제사장들의 근신입니다.

예배자 자신들이 먹는 것들은 발효된 빵으로 맛있게 준비합니다. 꿀을 찍어 먹을 수도 있습니다. 그러나 하나님께 드리는 소제, 제사장들의 일용할 양식에는 누룩과 꿀을 넣지 않습니다. 구별입니다. 제사장들은 구별되어야 합니다. 자신을 '왕 같은 제사장'(벧전 2:9)이라 여긴다면 먹거리도 구별되어야 합니다. 맛없는 먹거리, 누룩이 들어가지 않은 먹거리에 익숙해져야 합니다. 그러면 받는 선물이 있습니다. 첫 소산 가운데 가장 좋은 것을 먹을 수 있습니다. 그게 뭐 대단하다고? 맞습니다. 대단하지 않습니다. 그러나 하나님께서 자라게 하신 소산 가운데 그것도 첫 소산 가운데 가장 좋은 것이니 의미가 큽니다.

마태복음 25장에 보면, 열 처녀의 비유가 있습니다. 기름을 준비한 슬기로운 다섯 처녀가 있고, 기름을 준비하지 않은 미련한 다섯 처녀가 있습니다. 그들이 준비한, 그리고 준비하지 않은 기름은 올리브유입니다. 그것도 가장 질이 낮은 기름입니다. 가장 질이 낮은 기름이 가리키는 바가 무엇일까요? 일상입니다. 슬기로운 다섯 처녀가 준비한 기름은 일상의 삶입니다. 하나님의 말씀대로 사는 삶입니다. 미련한 다섯 처녀가 준비하지 않은 기름도 일상의 삶입니다.

일상의 삶이 그렇게 중요합니다. 소제가 번제 다음으로 중요합니다. 우리가 생각하기에 속죄제와 속건제가 먼저 언급되어야 할 것 같은데, 하나님께서는 하나님께 다가오기 위한 '올라제' 를 가장 먼저 언급하시고, 그다음으로 소제를 언급하십니다. 동물을 드리는 것도 아닌데, 왜 그럴까요? 일상의 제물이기 때문입니다. 소제는 내가 먹을 수 있는 것을 먹지 않고 드리는 제물입니다. 내가 먹지 않고, 한 움큼은 하나님께, 나머지는 제사장 몫으로 모두 돌리는 특별한 제물입니다.

날마다의 제물인 소제를 지금과 연결하자면 큐티, Quiet Time, 묵상(默想) 입니다. 날마다의 시간은 뭐든 할 수 있는 시간입니다. 귀한 시간입니다. 날마다 뭔가를 할 수 있는데, 그 시간을 떼어 주님께 드립니다. 말씀을 먹습니다. 그래서 소제는 큐티입니다.

슬기로운 다섯 처녀가 준비한 기름입니다. 별것 아닌 것 같지만 어쩌면 가장 중요한 제물입니다. 하루에 30분에서 한 시간씩 떼어 놓는 그 시간이 별것 아닌 것 같습니다. 그러나 그 시간이 모여 일상의 제물이 됩니다. 소제가 됩니다.

모든 소제는 죽어야 제물이 됩니다. 갈아야 하지요. 찧어야 하지요. 우리는 밥에 익숙합니다. 통으로 요리됩니다. 그런데 모든 소제는 갈거나 찧으니 완전히 죽습니다. 날마다 완전히 죽는 삶이 소제의 삶입니다. 큐티는 날마다 죽는 것입니다. 슬기로운 다섯 처녀로 산다는 말은 날마다 죽는다는 것을 말합니다. 바울 사도가 말했지요. "형제들아 내가 그리스도 예수 우리 주 안에서 가진 바 너희에 대한 나의 자랑을 두고 단언하노니 나는 날마다 죽노라"(고전 15:31) 아멘. 소제를 날마다 드리는 우리가 되기를 바랍니다.

멀어진 마음을 다가가게 하는 것, 그것으로 죄를 해결합니다. 잘못한 아이는 부모가 무섭습니다. 부모로부터 멀어지려 합니다. 잘못한 학생은 선생님이 무섭습니다. 선생님으로부터 멀어지려 합니다. 아담과 하와가 선악을 알게 하는 나무의 실과를 먹었습니다. 죄를 지었습니다. 하나님을 피하여 숨었습니다. 멀어지려 했습니다. 다가오지 않습니다. 벗었다고 수치스러워합니다. 가죽옷을 지어 주셨습니다. 다가올 수 있도록 도와주셨습니다. 그냥 되지 않았습니다. 누군가가 죽어야 했습니다. 가죽옷이 되어야 했습니다.

지도자의 잘못을 깨우쳐주는 사람에게 지도자는 어떤 반응을 보일까요? 의도하지 않았는데 잘못을 했습니다. 누군가가 알게 해줍니다. 그러면, 지도자는 어떤 반응을 보일까요? 그 사람을 제거하여 자기 잘못을 아무도 모르게 할 수도 있습니다. 그 사람을 몰아세우고 '왕따' 시킬 수 있습니다. 그러나 그렇게 하면 안 된다는 것을 우리는 잘 알고 있습니다. 4장 22-23절입니다. "만일 족장이 그의 하나님 여호와의 계명 중 하나라도 부지중에 범하여 허물이 있었는데 그가 범한 죄를 누가 그에게 깨우쳐 주면 그는 흠 없는 숫염소를 예물로 가져다가" 아멘.

자신이 하나님에게서 멀어져 있다는 것이 발견되면, 지도자는 흠 없는 숫염소와 함께 하나님 앞으로 나아갑니다. 하나님께 가까이 갑니다. 하나님께 다가갑니다. 자신은 흠이 있지만, 흠이 없는 숫염소와 함께 하나님께 다가갑니다. 하나님께 흠이 있는 족장과 흠이 없는 숫염소가 함께 갑니다. 누가 죽어야 할까요? 흠이 있는 족장이 죽어야겠지요. 그런데 숫염소가 죽습니다. 흠이 없는 숫염소가 죽습니다. 4장 24절입니다. "그 숫염소의 머리에 안수하고 여호와 앞 번제물을 잡는 곳에서 잡을지니 이는 속죄제라" 아멘.

흠이 있는 족장이 흠이 없는 숫염소의 머리에 안수합니다. 안수의 기본 의미는 '동일시' 입니다. 분명히 족장에게 흠결이 있습니다. 그러니 그가 죽어야 합니다. 그런데 흠이 없는 숫염소를 족장 삼습니다. 흠이 없는 숫염소가 흠이 있는 족장을 대신하여 죽습니다. 죄가 없으신 예수님이 죄인인 우리를 대신하여 죽으신 것처럼, 숫염소가 족장을 대신하여 죽습니다.

숫염소의 생명이 담긴 피를 제사장은 손가락에 찍어 번제단 뿔에 바릅니다. 나머지 피는 번제단 밑에 쏟습니다. 내장을 갈기갈기 찢어 발라낸 모든 기름을 제단 위에서 불사릅니다. 속죄제이지만, 피와 기름으로 죄가 처리됩니다. 이 모습은 4장 앞부분에 소개된 속죄제와는 다릅니다. 모든 것, 심지어 똥까지 진영 밖 정결한 곳에서 태우는 속죄제와는 다릅니다. 4장 1-21절에는 기름 부음을 받은 제사장이 죄를 지은 경우와, 이스라엘 온 회중에 죄를 지은 경우에 드리는 속죄제를 소개합니다.

이로 볼 때 제사장이 죄를 지은 경우가 가장 심각합니다. 이유는 제사장은 이스라엘 백성의 죄를 담당하는 역할을 하기 때문입니다. 제사장이 죄를 지으면 속죄제를 드릴 사람이 없습니다. 그러므로 제사장의 죄는 심각합니다. 제사장 한 사람의 죄가 온 회중의 죄와 같은 수준으로 다뤄집니다. 순서를 생각하면, 제사장 한 사람의 죄가 온 회중의 죄보다 더 심각합니다. 죄를 지은 제사장 때문에 죽은 수송아지 고기는 아무도 먹을 수 없습니다. 죄를 지은 온 회중 때문에 죽은 수송아지 고기도 아무도 먹을 수 없습니다. 그러나 족장의 죄와 평민의 죄 때문에 죽은 제물의 고기는 먹을 수 있습니다.

여기서 우리는 역할이 중요할수록 죄의 무게가 더 무겁다는 것을 알 수 있습니다. 아이의 죄보다 어른의 죄가 더 무겁고, 자식의 죄보다 부모의 죄가 더 무거우며, 평신도의 죄보다 목회자의 죄가 더 무겁고, 학생의 죄보다 선생의 죄가 더 무겁습니다. 평민보다 족장의 죄가, 족장 한 사람의 죄보다 온 회중의 죄가 더 무겁습니다. 온 회중의 죄보다 기름 부음을 받은 제사장의 죄가 더 무겁습니다. 제사장 한 사람의 죄가 온 회중의 죄보다 더 무거운 이유는 그가 하나님 가까이 있다고 여겨지기 때문입니다.

세상에서는 권세자 측근일수록 면죄의 정도가 큽니다. 국회의원, 외교관, 대통령은 면책(免責) 특권(特權)이 있습니다. 권세자들은 죄를 힘으로 덮습니다. 그런데 하나님께서는 하나님 가까이에 있을수록 작은 죄라도 더 심각하게 취급하십니다. 전도사님보다 목사님의 죄가, 부목사님의 죄보다 담임목사님의 죄가 더 무겁습니다. 그렇지요? 똑같은 죄를 지었다고 해도, 은혜를 더 받고 더 많이 훈련되고 더 중요한 직분을 받았을수록 벌이 큽니다.

그런데 하나님께서는 누구라도 죄 문제 해결을 위해 한 마리의 속죄제물을 요구하십니다. 온 회중이 죄를 지어도 제물은 한 마리입니다. 예수님 한 분의 속죄로 모든 죄가 사해질 것이기 때문입니다. 한 마리면 충분합니다. 그러나 그 한 마리가 다가가야 합니다. 하나님께 다가가야 합니다. 그리고 죽어야 합니다. 피를 흘려야 하고 기름이 태워져야 합니다. 제사장과 온 회중의 죄를 위한 속죄제라면 모든 것이 태워져야 합니다. 피와 기름은 제단에서 처리되지만, 나머지는 진영 바깥 정결한 곳에서 처리되어야 합니다.

진영 바깥 정결한 곳(레 4:12, 21), 그곳이 골고다입니다. 골고다는 성전이 아닙니다. 해골의 곳입니다. 사람들을 처형하는 곳입니다. 사람들이 가기 싫어하는 곳입니다. 속죄제물이 그곳에서 처리됩니다. 예수님은 거룩한 분입니다. 흠이 없는 분입니다. 그러나 온 회중이 죄를 지었기에, 기름 부음을 받은 제사장들마저 죄를 지었기에, 골고다에서 죽임을 당하십니다. 성전 근처에서는 채찍에 맞아 피를 흘리시고 살점이 뜯기셨지요.

죄를 지으면 무엇이 잘못인지 깨달아야 합니다. 깨닫게 해주는 사람이 고마운 사람입니다. 나의 잘못을 지적해주는 사람을 통해, 나와 하나님과의 간격을 깨닫습니다. 이때 통회(痛悔)하면 삽니다. 예수님을 모시면 삽니다. 흠 없는 예수님이 죄인인 나를 대신하여 돌아가신 것을 믿으면 삽니다. 그런데, 죄를 숨기려 하고 죄를 부인하면, 죄인 줄 알면서도 모르는 척 자신을 속이면, 살 수 없습니다.

예수님의 머리에 안수한다는 것은 가슴 아픈 일입니다. 예수님은 죄를 지은 우리의 손이 그분의 머리에 닿는 것을 허락하십니다. 죄 많은 우리는 죄 없는 사람이 우리 머리에 손을 대는 것도 싫어합니다. 그러나 죄가 없으신 예수님은 죄인인 우리가 그분의 머리에 손을 기대는 것을 내버려 두십니다. 우리를 돕기로 작정하셨기 때문입니다. 머리는 영광과 권위를 상징합니다. 어른이 아이들 머리를 쓰다듬지요. 아이들이 어른들의 머리를 쓰다듬는 일은 없습니다. 개가 주인의 머리를 쓰다듬는 일은 없습니다. 주인이 개의 머리를 쓰다듬겠지요.

그런데, 제물 되신 예수님은 우리가 예수님의 머리에 손을 얹는 것을 허락하십니다. 마태복음 26장과 마가복음 14장에 등장하는 향유 부은 여인은 예수님의 머리에 기름을 부었습니다. 감히 할 수 없는 일이었습니다. 그런데 어떻게 해서 하게 되었습니까? 예수님의 말씀을 믿었기 때문입니다. 예수님이 발을 씻기려 하시자 베드로가 만류합니다. 그러자 예수님께서 말씀하셨지요. "내가 너의 발을 씻기지 않으면 너는 나와 기업을 함께할 수 없다." 만일 우리가, '죄는 우리가 지었는데 왜 예수님이 죽으시나요. 안 됩니다.' 이렇게 말한다면, 우리의 구원은 없습니다.

하나님으로부터 멀어진 우리를 하나님께 다가가게 하실 분은 제물 되신 예수님뿐입니다. 그분의 머리에 향유를 부어야 하는 것입니다. 그분의 발에 향유를 부은 것도 귀합니다. 그러나 정말 믿는다면 머리에 부어야 합니다. 그래서 믿는 자는 담대합니다. 죄를 지어서 담대한 것이 아닙니다. 하나님의 말씀을 믿기 때문에 담대한 것입니다.

어떤 족장이 만일, '내가 죄를 지었으니 내가 죽어야지. 어떻게 속죄제를 드리나?' 이런 입장이라면, 그는 죽어야지요. 그리고 속죄는 없습니다. 이런 족장을 어떻게 평가하시겠습니까? 예의가 바른가요? 다른 사람에게 피해를 주지 않는 것인가요? 이런 걸 악하다고 부릅니다. 마치 먹을 것이 앞에 잔뜩 쌓여 있는데 안 먹고 굶어 주는 것과 같은 태도입니다. 하나님께서 독생자까지 내놓으시며 죄 문제를 해결하고 구원을 받으라는데 그것을 거절하는 것은, 창조주를 멸시하는 것이고 구주 예수님의 대속 사역을 거절하는 것입니다.

진짜 겸손은 받는 것입니다. 자존심을 세우다 보면, 안 받고 안 먹고 하겠지요. 그런데 자기만 손해입니다. 애들이 속상하면 이렇게 말하죠. '밥 안 먹어!' '그래, 먹지 마.' 그럼, 어떻게 될까요? 굶겠지요. 계속 안 먹으면, 굶어 죽겠지요. 그런데 왜 '밥

안 먹어.' 그렇게 말하나요? 뭔가 화가 났다는 것이지요. 뭔가 자기가 잘못하지 않았다는 표현이기도 하고, 자신이 필요 이상의 책망을 들었다는 표현이기도 하지요. 대체로 자기 잘못을 인정하지 않을 때 '밥 안 먹어' 하는 식의 말을 합니다.

하나님께 드려진 기름 냄새는 하나님께 향기롭습니다. 4장 31절입니다. "그 모든 기름을 화목제물의 기름을 떼어낸 것 같이 떼어내 제단 위에서 불살라 여호와께 향기롭게 할지니 제사장이 그를 위하여 속죄한즉 그가 사함을 받으리라" 아멘. '향기롭다'는 표현이 독특합니다. '하나님을 편안하게 해주는 냄새'라는 뜻입니다. 죄로 인해 하나님께서는 편하지 않으십니다. 그런데, 속죄제물의 기름이 타는 냄새가 하나님을 편하게 해드립니다. 바꿔 말하면, 죄가 있을 때 하나님께서는 불편하십니다. 쉼이 없으십니다. 하나님을 불편하게 해드리지 맙시다. 그분은 우리를 지으신 분이시고, 우리를 사랑하시는 분입니다. 잘못한 것이 있으면 얼른 예수님을 붙들고, 버릇없어 보이기는 하지만 예수님의 머리에 손을 얹고, 그분의 죽음이 나의 생명이 됨을 깨닫고 하나님께 나아갑시다. 그러면 하나님께서 편안해지십니다. 그리고 예수님 머리에 손 얹는 것이 부담스러우면, 죄를 짓지 마세요. 죄를 멀리하고 죄와 상관없는 삶을 사십시오.

제물을 드리는 자들은 자기 제물을 드립니다. 아끼는 가축을 드리게 되지요. 드리면서 무슨 생각을 할까요? '다시는 죄를 짓지 말아야겠다.' 뭐 그런 생각을 하지 않을까요? 예수님이 나로 인해 돌아가신 것을 생각하면, 우리도 비슷한 생각을 하지 않을까요? 나로 인해 돌아가셨으니, 예수님을 사랑하는 마음으로 죄를 멀리하겠지요. 우리의 죄가 예수님의 피로 가려져 용서받게 되었으니, 그분이 더 이상 피를 흘리지 않으시도록 기름이 불에 타지 않으시도록 죄를 짓지 않으려 하겠지요.

하나님 가까이 다가가기 위한 제물에 대한 소개 다음에, 하나님의 몫, 제사장 몫, 백성의 몫이 소개됩니다. 위임식 규례는 기본적으로 레위기 1-7장에 포함되어 있습니다. 레위기 7장 37-38절입니다. "이는 번제와 소제와 속죄제와 속건제와 위임식과 화목제의 규례라 여호와께서 시내 광야에서 이스라엘 자손에게 그 예물을 여호와께 드리라 명령하신 날에 시내 산에서 이같이 모세에게 명령하셨더라" 아멘. 레위기 1-7장의 규례는 위임식을 위해서도 하나님께서 모세에게 말씀하셨던 것입니다. 위임식은 출애굽기 40장 16절에도 포함되어 있었습니다. 그 포함된 위임식의 제물에 대한 지침이 레위기 8-9장에 더 자세하게 소개됩니다. 그리고 충격적인 사건이 전해집니다. 바로 나답과 아비후의 죽음입니다. 10장 1-7절에 소개된 이 사건은 제사장 위임식이 순탄하지 않았다는 것을 보여줍니다.

나답과 아비후가 죽은 날은 1월 8일이었을 것 같습니다. 레위기 9장 1절이 "여덟째 날"이라고 했고 10장 19절에서 아론이 "오늘"이라고 말하기 때문입니다. 성막이 세워지고 제사장 위임식은 일주일간 진행되었습니다. 레위기 8장 33-36절입니다. "위임식은 이레 동안 행하나니 위임식이 끝나는 날까지 이레 동안은 회막 문에 나가지 말라 오늘 행한 것은 여호와께서 너희를 위하여 속죄하게 하시려고 명령하신 것이니 너희는 칠 주야를 회막 문에 머물면서 여호와께서 지키라고 하신 것을 지키라 그리하면 사망을 면하리라 내가 이같이 명령을 받았느니라 아론과 그의 아들들이 여호와께서 모세를 통하여 명령하신 모든 일을 준행하니라" 아멘.

아론과 그의 아들들이 일주일 동안 성막 안에 머물렀습니다. 그리고 위임식 마지막 순서를 진행하는 과정에서 나답과 아비후가 죽은 것입니다. 성소를 '성부의 품' 이라 표현했는데, 성부의 품이 준비되고 그곳에서 섬길 제사장이 준비되는 위임식 마지막 날에 두 사람이 죽은 것입니다. 다섯 명 가운데 두 명이니, 40%가 죽었습니다. 나답과 아비후는 7일을 잘 버텼습니다. 그러나 마지막날 마음이 해이해졌습니다. '안 하는 게 아니고 못하게' 되었습니다. 죄를 짓지 않는 것이 즐거워야 유혹에 넘어가지 않습니다. 이는 성소에서 섬기는 일이 얼마나 조심스러운 일인지를 알려줍니다. 특별히 교역자들은 이 점을 명심할 필요가 있습니다. 헌신자들도 마찬가지입니다.

이어지는 레위기 11장부터는 백성들과 관계된 부분입니다. 제사장들이 율법을 어길 때 어떤 일이 발생하는지를 고려한다면, 백성들 역시 성소에서 예배자로 살아가는 것에 대해 마음을 많이 써야 할 것입니다. 핵심은 거룩입니다. 부정해지면 안 되었죠. '순결' 이 유지되어야 했습니다. 음식으로 부정해지면 안 되었습니다(11장). 생명을 낳는 출산 과정에도 예배자의 지위를 잃는 일이 있었습니다(12장). 12장 8절의 "산비둘기 두 마리나 집비둘기 새끼 두 마리"는 누가복음 2장 24절에 "산비둘기 한 쌍이나 혹은 어린 집비둘기 둘로"이라는 표현으로 인용됩니다. 요셉과 마리아가 가난했음을 알려주는 표현입니다. 한편, 피부병과 곰팡이 관리도 중요했습니다(13-14장). 성소가 '아버지 하나님의 품' 이라는 것을 생각할 때, 그 안에서 예배자로 살아가는 이들에게 '순결' 이, '거룩' 이 중요하다는 것은 두말하면 잔소리겠습니다.

이번 통독을 통해 성소에 대해, 성소 섬김이에 대해, 성소 예배자에 대해 깊이 생각할 수 있으면 좋겠습니다. 특히 코로나로 인해 비대면 예배가 일상이 되기도 하였기에, 예배자로서, 예배 섬김이로서 어떠해야 하는지를 깊이 묵상하고 '거룩' 에 힘쓸 수 있기를 바랍니다. 아버지 하나님의 품인 성소를 나는 어떻게 대하는지, 그 안에 어떻게 거하는지, 살펴볼 수 있기를 바랍니다. 누가 성소를 지을 수 있습니까? "마음이 지혜로운 사람 곧 그 마음에 여호와께로부터 지혜를 얻고 와서 그 일을 하려고 마음에 원하는 모든 자"(출 36:2)들이 성소를 짓습니다.

질의와 응답

하나. "레위기의 설교 포인트로는 어떤 것들이 있을까요?"

레위기는 하나님의 언약 백성이 하나님께 다가가는 방법을 알려줍니다. 본래 죄인인 인생은 하나님께 다가갈 수 없기에, 매우 중요한 비결(祕訣)이라고 하겠습니다. '알리바바와 40인의 도적'에서 '열려라 참깨, 닫혀라 참깨'라고 말하는 것이 문을 여닫는 열쇠였던 것처럼, 하나님께 나아가려면 특별한 절차가 필요합니다. 먼저, 올라가야 합니다. 번제가 이를 알려줍니다. 히브리서 4장 16절도 "은혜의 보좌 앞에 담대히 나아"가야 함을 말합니다. 또한 하나님께 나아가려면 일상을 드려야 합니다. 소제가 이를 보여줍니다. 마태복음 25장에 소개된 슬기로운 다섯 처녀처럼 감람유[올리브 기름]를 준비해야 합니다. 화목해야 하고 죄 문제가 해결되어야 합니다. 화목제, 속죄제, 속건제가 이에 대해 말합니다. 그리고 성전 봉사자들은 하나님께 구별된 자들입니다. 이들은 정해진 법도를 따라 하나님을 섬겨야 합니다. 위임식과 나답 아비후 사건이 이와 관계됩니다.

둘. "속죄 기능이 있는 제사는 어떤 것이 있습니까? 번제에도 속죄 기능이 있습니까?"

속죄제와 속건제가 '속죄'와 직접적으로 연관됩니다. 그런데 속죄제물은 대체로 번제물이 함께 드려집니다. '속죄'라는 것이 하나님께 다가간 다음에 이뤄지기 때문이 아닐까 싶습니다. 예로, 레위기 16장 3절을 봅니다. "아론이 성소에 들어오려면 수송아지를 속죄제물로 삼고 숫양을 번제물로 삼고" 아멘.

셋. "속죄제의 대상은 알지 못하고 지은 죄인가요?"

밀그롬(Jacob Milgrom, *Leviticus 1-16*, AB [New Haven: Yale University Press, 1991], 228)은 '그릇' 혹은 '부지중에'로 번역된(레 4:2, 22, 27; 5:15) 단어가 '태만하거나 무지한 경우(negligence or ignorance)'를 가리킨다고 보았습니다. 적절해 보입니다.

넷. "성막과 회막이 다른가요? '진영 바깥 재 버리는 곳인 정결한 곳' 이란 어떤 곳입니까?"

'회막' 은 하나님께서 백성을 모이게 한 곳입니다. 모일 회(會)를 씁니다. '성막' 이 지어지기 전에 주로 쓰였습니다. '성막' 은 하나님께서 허락하셔서 백성이 하나님의 거소로 지어진 장막입니다. 거룩할 성(聖)을 씁니다. 하나님 임재의 장소로 꾸준히 쓰입니다. "진영 바깥 재 버리는 곳인 정결한 곳"(레 4:12; 6:11 등)은 성막이 부정해졌을 때 성막을 다시 정결하게 하는데 사용되는 장소입니다. '골고다' 와 연결될 여지가 있습니다.

다섯. "요한복음 12장의 향유 사건이 마태복음 26장 및 마가복음 14장의 향유 사건과 다른가요?"

다릅니다. 우선 시간이 다릅니다. 요한복음 12장은 '유월절 엿새 전' 이라고 명시하고, 후자는 "이틀이 지나면 유월절과 무교절"(막 14:1)이라고 했습니다. 장소도 다릅니다. 후자는 '나병환자 시몬의 집' 입니다. 상황도 다릅니다. 요한복음의 마리아는 예수님의 발에 향유를 붓고 머리털로 예수님의 발을 닦았지만, 후자의 여인은 예수님의 머리에 향유를 부었고 머리털을 사용하지 않았습니다. 필자의 『그루터기들의 고난과 치유』 139-140쪽을 참고하십시오.

Weekly Reading

7

레위기 15장 – 민수기 8장

"노예에서 군대로"

레 15-17장	레 18-20장	레 21-23장	레 24-26장	레 27장-민 2장	민 3-5장	민 6-8장

check

이스라엘 백성들은 긴 시간 애굽에서 종살이했습니다. 노예였습니다. 살아서 애굽을 나오는 것은 불가능했습니다. 애굽의 바로는 엄했고 병거는 강했습니다. 그런 그들이 애굽을 나와 광야를 지나 시내산에 도달했습니다. 하나님의 임재를 보았고 율법을 듣고 새로운 법도를 배웠으며 언약을 체결했습니다. 전에는 계약 체결의 대상이었는데 계약의 당사자가 된 것입니다.

하늘에서 내리는 만나를 먹고 하나님의 말씀을 들은 그들은 이제 군사가 되어갑니다. 금송아지 만들 때 노예근성 한 번 발휘해 봤지만, 재미없다는 걸 금세 깨달았습니다. 성소 만들어 봉헌하고 제사장을 세우고 레위인들을 하나님께 드리며 하나님과 함께 사는 법도를 배우며 십자가 군대에 입대합니다.

노예에서 군대로

I.

굽신거렸는데 이제는 당당하다

눈치 보고 살았는데 이제는 구름기둥과 불기둥 보고 산다.

노예였었는데 이제는 자유인이다.

전에는 수에 칠 가치가 없었는데 이제는 한 사람 한 사람이 중요하다.
애굽 지도자 아래에 있었는데 이제는 우리 안에서 지도자 세운다.
애굽 군대의 감시를 벗고 이제는 우리가 진영이 된다.

물건처럼 계약의 대상이었는데 이제는 계약 당사자이다.
남의 법 지켜야 했는데 이제는 내꺼 법이 있다.
땅의 법을 따라야 했는데 이제는 하늘 법을 따라 산다.

돌과 벽돌로 된 신전은 없고 이제는 하나님의 성막이 있다.
애굽 신들을 섬겨야 했었는데 이제는 여호와 하나님만 섬긴다.
풍요가 기준이었는데 이제는 '거룩' 이 기준이다.

II.
주눅 들어 살았는데 이제는 담담하다.
계산하고 살았는데 이제는 하늘 보고 산다.
죄의 종이었는데 이제는 하늘 시민이다.

전에는 한 표 들고 고민했으나 이제는 하나님의 섭리를 믿는다.
세상 조직에 좌우되지 않고 이제는 하나님 나라 세워간다.
눈에 보이는 안정이 아니라 보이지 않는 손이 주시는 안정을 의존한다.

사람 뜻에 팔려 다녔는데 이제는 주님이 원하시는 것만 한다.
민법 형법 상법 행정법이 중요했었는데 이제는 주님의 법이 중요하다.
사계절의 법을 따랐었는데 이제는 사철 봄의 법을 따라 산다.

마음의 돌멩이들이 제거되니 이제는 마음이 맑고 부드럽다.
온갖 우상과 잡신을 떠나 구별되니, 유일신 하나님을 믿음으로 모신다.
만족이 기준이었는데, 이제는 '순종' 이 기준이다.

이번 통독은 '예배자 지위 회복' 주제가 15장까지 이어지고, 16장부터는 하나님 백성으로 어떻게 살아가야 하는지에 대한 지침이 내려집니다. 나답과 아비후가 죽는 걸

보았으니 정신 바짝 차리고 지침을 지켜야겠지요. 모든 지침이 주어진 다음에, '싸움에 나갈 만한 자'를 헤아립니다. 민수기 1장입니다. 진영을 어떻게 설치하는지, 행진순서는 어떻게 되는지가 2장에 소개됩니다. 제사장과 레위인도 얼마나 되는지 세어 볼까요? 3장입니다. 레위인의 직무도 구체적으로 제시됩니다. 4장이죠. 진영을 거룩하게 해야겠죠? 어떻게 할까요? 5장입니다. 진영에 자신을 특별하게 구별하려는 이들이 있네요. 나실인이죠. 6장입니다. '제사장의 축복'(6:22-27)이 소개된 다음, 성소 봉헌식 때 백성의 지도자들이 드린 헌물이 소개됩니다. 7장입니다. 싸움에 나갈 만한 이들을 헤아리기 전에 있었던 성막 봉헌식과 관계된 사건이 추가됩니다. 이어지는 8장에서는 레위인이 요제로 드려진 것을 소개하여, 성소를 봉헌하던 시기에 제사장 위임식뿐 아니라 레위인들을 위한 예식도 있었다는 것을 알려줍니다.

그러니 이번 통독은 지난 통독과 마찬가지로 여전히 성소 봉헌식 시기에 머물러있습니다. 가장 늦은 시기에 있었던 일이 '싸움에 나갈 만한 자를 계수'한 사건입니다. 민수기 1장 1절에서 "이스라엘 자손이 애굽 땅에서 나온 후 둘째 해 둘째 달 첫째 날"이라 말하기 때문입니다. 민수기 7장은 다시 성소 봉헌식 시기로 돌아갑니다. "모세가 장막 세우기를 끝내고 그것에 기름을 발라 거룩히 구별하고 또 그 모든 기구와 제단과 그 모든 기물에 기름을 발라 거룩히 구별한 날에"라고 말하지요. 이 표현은 출애굽기 40장 9-11절("또 관유를 가져다가 성막과 그 안에 있는 모든 것에 발라 그것과 그 모든 기구를 거룩하게 하라 … 너는 또 무두멍과 그 받침에 발라 거룩하게 하고") 및 레위기 8장 10절("모세가 관유를 가져다가 성막과 그 안에 있는 모든 것에 발라 거룩하게 하고")과 연결됩니다.

레위기 15장은 유출병, 생리, 설정, 동침과 같이 조금은 언급하기 껄끄러운 요소들을 가지고 예배자의 지위를 잃는 것과 회복하는 것에 대해 가르침을 주십니다. 이 부분을 이해하기 위해서는 '생명'이라는 주제를 생각하는 것이 좋겠습니다. 생육하고 번성할 수 있도록 하나님께서 주신 축복인 '성(性)' 관련 주제를 하나님께서 매우 자세하고도 신중하게 다루십니다. 이유는 '성'을 중요하지 않게 생각하거나 하나님의 뜻을 벗어나 어긋나게 다루거나 사용하는 일들이 많았기 때문으로 보입니다. 지금 시대에도 유사한 일이 있기 때문에 구체적으로 설명할 필요는 없어 보입니다. 다만, 레위기 15

장을 읽을 때 '생명'을 주시는 하나님과 '생육하고 번성하는 통로'인 인간 사이의 미묘한 관계에 대해 고려하시면 이해에 도움이 되겠습니다.

레위기 16장은 성소 봉헌식 때 있었던 충격적인 일을 상기시키면서 시작합니다. 바로 나답과 아비후의 죽음입니다. 성소를 '성부의 품'이라 했는데, 성부의 품에서 섬기던 이들이 죽은 것입니다. 그 품은 따스하기만 한 것이 아니었습니다. 거룩했습니다. 그래서 부정한 생명체는 그곳을 견딜 수 없었습니다. 아무리 대제사장 아론이라고 해도 성소에 아무 때나 그냥 들어갈 수는 없습니다. 준비가 필요합니다. 속죄제물과 번제물을 준비해야 하고 복장도 갖춰야 합니다(16:1-4). 이스라엘 자손 회중도 뭔가를 드려야 합니다. 숫염소 두 마리와 숫양 한 마리는 회중이 드립니다(16:5). 회중이 드리는 두 염소와 관련하여 '아사셀'이라는 표현이 나옵니다(16:8, 10). 아사셀을 '악한 신'의 이름으로 보는 견해가 있는데 적절하지 않겠습니다. 성경 각주에 나오는대로 '내보내는 염소'로 보면 되겠습니다. 예물을 악한 신에게 드리는 것을 하나님께서 허락하지 않으시기 때문입니다. 귀신을 달래기 위해서 뭔가를 주는 것은 성경에서 허락하는 내용이 아닙니다. 22절을 보면, "[아사셀] 염소가 그들의 모든 불의를 지고 접근하기 어려운 땅에 이르거든 그는 그 염소를 광야에 놓을지니라" 하였습니다. 영문 밖 골고다에서 십자가에 달려 돌아가신 예수님을 떠올리는 표현입니다.

이처럼 제사가 중요합니다. 대제사장이라도 성소에 들어가려면 제물이 있어야 하니까요. 그러나 그렇다고 하여 제사를 너무 남발하거나 동물을 함부로 죽이면 안 됩니다. 17장 3-6절입니다. "이스라엘 집의 모든 사람이 소나 어린 양이나 염소를 진영 안에서 자든지 진영 밖에서 잡든지 먼저 회막 문으로 끌고 가서 여호와의 성막 앞에서 여호와께 예물로 드리지 아니하는 자는 피 흘린 자로 여길 것이라 그가 피를 흘렸은즉 자기 백성 중에서 끊어지리라 그런즉 이스라엘 자손이 들에서 잡던 그들의 제물을 회막 문 여호와께로 끌고 가서 제사장에게 주어 화목제로 여호와께 드려야 할 것이요 제사장은 그 피를 회막 문 여호와의 제단에 뿌리고 그 기름을 불살라 여호와께 향기로운 냄새가 되게 할 것이라" 아멘.

먹기 위해 잡는 가축이라 해도 성소에 와서 하나님께 화목제물로 드린 다음에 먹어야 합니다. 그러지 않으면 '피 흘린 자'가 되어 백성으로부터 끊어집니다. 이처럼 생명을 죽이는 것은 하나님 앞에서만 가능합니다. 그리고 하나님 앞에서 죽인다 해도 피를 먹으면 안 됩니다. 14절입니다. "모든 생물은 그 피가 생명과 일체라 그러므로 내가 이스라엘 자손에게 이르기를 너희는 어떤 육체의 피든지 먹지 말라 하였나니 모든 육체의 생명은 그것의 피인즉 그 피를 먹는 모든 자는 끊어지리라" 아멘. "모든 생물은 그 피가 생명과 일체라" 하셨습니다. 피를 먹지 않는 것은 '생명 존중'과 연결됩니다. 그리고 신약의 성도들이 예수님의 피를 언약의 피로 마시는 것을 생각하면, 예수님의 보혈 외에 어떤 피도 마시면 안 되기에 피를 먹지 말라 하였을 수 있습니다.

하나님 앞에 나아오기 위해 여러 준비와 절차가 필요한 것처럼, 하나님과 함께 살려면 삶이 거룩해야 합니다. 그래서 애굽과 가나안 땅의 풍속을 따르지 말라고 하십니다. 18장 3-5절입니다. "너희는 너희가 거주하던 애굽 땅의 풍속을 따르지 말며 내가 너희를 인도할 가나안 땅의 풍속과 규례도 행하지 말고 너희는 내 법도를 따르며 내 규례를 지켜 그대로 행하라 나는 너희의 하나님 여호와이니라 너희는 내 규례와 법도를 지키라 사람이 이를 행하면 그로 말미암아 살리라 나는 여호와이니라" 아멘. 이어지는 근친상간, 수간, 우상숭배 등은 애굽과 가나안 땅의 풍속과 연관이 되는 듯합니다. 24-25절입니다. "너희는 이 모든 일로 스스로 더럽히지 말라 내가 너희 앞에서 쫓아내는 족속들이 이 모든 일로 말미암아 더러워졌고 그 땅도 더러워졌으므로 내가 그 악으로 말미암아 벌하고 그 땅도 스스로 그 주민을 토하여 내느니라" 아멘. 땅이 거민을 토해 냅니다. 이스라엘 민족도 예외가 아닙니다. 28절입니다. "너희도 더럽히면 그 땅이 너희가 있기 전 주민을 토함 같이 너희를 토할까 하노라" 아멘.

거룩하지 않은 삶의 모습을 레위기 18장에서 나열하신 다음, 19장에서는 거룩한 삶의 모습을 소개하십니다. 19장이 중요하기에 자세하게 보겠습니다. 먼저, 1-2절입니다. "여호와께서 모세에게 말씀하여 이르시되 너는 이스라엘 자손의 온 회중에게 말하여 이르라 너희는 거룩하라 이는 나 여호와 너희 하나님이 거룩함이니라" 아멘. 여기서 '너'는 모세입니다. 여호와 하나님께서 모세에게 말씀하셨습니다. '모세야, 너는 이스라엘의 자손들인 너와 같이 있는 백성 전체에게 말을 전해주렴. 거룩하라고 전해주렴. 나 곧 너희의 하나님이 거룩하니 그들도 거룩하라고 전해주렴.'

그런데 제가 한 글자만 바꿔 보겠습니다. '모세야, 너는 이스라엘의 자손들인 너와 같이 있는 백성 전체에게 말을 전해주렴. 거룩하다고 전해주렴. 나 곧 너희의 하나님이 거룩하니 그들도 거룩하다고 전해주렴.' '거룩하라' 를 '거룩하다' 로 바꿨을 뿐인데도 의미는 많이 달라집니다. '거룩하라' 는 말씀은 '거룩하지 않으니 거룩하게 되어라, 거룩하기를 힘쓰라.' 그런 의미입니다. '거룩하다' 는 말씀은 '너희의 하나님이 거룩하니 너희도 거룩하다.' 그런 의미입니다. 거룩해지려고 노력할 필요가 없습니다. 표현을 조금 바꿔 봅니다. '너희의 하나님 내가 거룩하니 너희도 거룩해야겠지?'

일단 '거룩' 이 뭔지는 뒤로 하고, 히브리어 표현이 명령이 아니기 때문에, '거룩하다' 인지, '거룩하라' 인지, '거룩해야겠지' 인지 고민스럽습니다. 지금 이스라엘 백성들은 성막을 짓고 봉헌했습니다. 나답과 아비후가 죽었습니다. 다른 불을 드린 것만으로도, 제사장 다섯 가운데 두 사람이 죽었습니다. 치사율 40%입니다. 아론과 남은 두 아들은 장례식에도 참여하지 못하고 슬퍼하지도 못했습니다. 출산 직후 산모의 심정, 신병교육대에 입소한 이등병의 심정이라고 할까요? 정신이 번쩍 든 상태입니다. 사사 시대가 아닙니다. 왕정 시대도 아닙니다. 시내산 언약 맺고 금송아지 만들었다가 혼나고, 즐거이 헌신하여 성막 짓고 예배드리다가 제사장 둘이 죽은 상황입니다.

표현을 조금 바꿔 봅니다. '너희는 거룩한 거야. 왜냐고? 내가 거룩하거든. 내가 너희 하나님이잖아. 그러니 너희도 거룩한 거야. 거룩해야 하는 거야. 거룩한 게 정상이야. 잊지 마, 지금 상황을. 거룩하다는 것이 뭔지 지금 배워야 해.' 앤 설리반이 헬렌 켈러에게 물을 만지게 하고 손에 '더블유 에이 티 이 알' (water) '워터' 라고 쓴 얘기는 유명한 얘기입니다. 헬렌은 물이라고 하는 것을 표현할 수 있는 도구를 배운 것입니다. 이제 헬렌은 물과 같은 것을 만지면 '더블유 에이 티 이 알' 을 떠올릴 것입니다. 그리고 물을 표현하고 싶으면 '더블유 에이 티 이 알' 을 쓸 것입니다.

거룩이 뭔지 모르는 백성에게 하나님께서 거룩을 가르쳐 주십니다. 언약을 맺고 성막을 짓고 제사가 시작되었는데, 제사장 다섯 명 가운데 두 명이 죽은 상황에서, 그것도 죽은 두 명의 제사장의 아버지와 두 형제가 슬퍼하지도 못하고 장례에 참여하지도 못하는 상황에서 '거룩' 을 손에 써 주십니다. 이것이 거룩이다. 여러분 손바닥에 '거룩' 이라고 써 보세요. 거룩이 느껴지십니까? 거룩을 아시겠습니까? 거룩이 보이십니까? 거룩이 들리십니까?

거룩을 말씀하신 하나님의 첫 마디가 부모 경외입니다. 사실 히브리어 본문은 '남자는 그의 어머니와 그의 아버지를 경외할 것' 을 말씀하시기에, 엄밀하게 말하면 '부모' 가 아니라 '모부' 입니다. 어머니를 앞세우셨습니다. 이와 비슷한 예로 '신구약' 이 있습니다. 영어로는 대부분 old and new testaments라고 하지요. 그런데 우리말로는 구신약이라고 안 하고 신구약이라고 합니다. 교회 초기 문서에는 구신약이라는 표현이 쓰이기도 했습니다. 그러나 드물지요. 아마도 발음 때문 같습니다. '구신약' 그러면, 왠지 '귀신약' 같잖아요. 어느 구약 교수님은 학생 과제에 '신구약' 이라는 표현이 나오면 감점을 주신답니다. 부모라고는 쓰이지만, 모부라고는 쓰이지 않으니, 짧게 번역하면 '부모' 가 됩니다. 그러나 풀어서 번역하면 '그의 어머니와 그의 아버지' 가 됩니다.

십계명 가운데 제오 계명이 무엇입니까? '네 부모를 공경하라.' 입니다. 십계명의 '부모' 는 '너의 아버지와 너의 어머니' 가 맞습니다. 그런데 이곳 레위기 19장 3절에서는 '어머니' 를 앞세우셨습니다. 사실 3절을 잘 보시면 십계명 가운데 제4계명인 '안식일' 계명과 제5계명인 '부모 공경' 계명의 순서도 바뀌어 있습니다. 3절입니다. "너희 각 사람은 부모를 경외하고 나의 안식일을 지키라 나는 너희의 하나님 여호와니라" 아멘.

십계명에서는 부모를 '공경하라' 고 했는데, 이곳에서는 '경외하라' 고 합니다. 히브리어 단어가 다를까요? 다릅니다. 십계명에서는 '무겁다' 는 단어를 썼습니다. '너의 아버지와 너의 어머니에게 무게중심을 두라.' 하는 명령이십니다. 19장 3절의 '경외' 는 '두려워하다' 를 의미하는 단어의 번역입니다. 3절의 표현도 조금 바꿔 볼까요? '어이 남자들. 자기 어머니, 자기 아버지 두려워하고 있지? 두렵지? 나답과 아비후가 죽는 것을 봐라. 어머니 말 잘 들어야지? 아버지 말 잘 들어야지? 안식일도 지금 지키고 있지? 내가 누구냐? 너희들의 하나님 여호와가 아니냐?'

이런 맥락에서 4절이 무슨 뜻입니까? '그렇다고 하면, 다시 말해 거룩을 배우기 시작했고, 어머니와 아버지를 두려워하기 시작했으며, 안식일을 지키기 시작했다면, 다시 말해 내가 너희의 하나님 여호와라는 것을 인정하기 시작했다면, 어떠해야 할까? 헛된 것들, 가치 없는 것들에게로 향하지 말아야겠지. 신상들을 부어 만드는 행위도 근절했잖아.' 이런 것입니다. 가치 없는 것, 헛된 것을 향하지 않는 것에 대한 표현과 우상을 부어 만드는 것에 대한 표현이 다릅니다. 헛된 것에 대한 표현에는 주관적인 의견이 포함되어 있습니다. '헛된 것 안 돼. 이제는 금송아지 안 만들지. 그런 것처럼 헛된 것에게 마음을 두는 것은 안 되는 일이야.'

이미 시작된 것이 있습니다. 진행 상태인 것이 있습니다. 공부는 시작되었습니다. 그렇다면 똥을 배우기 위해서는 똥을 만져야 할 것입니다. 다양한 종류의 똥을 인식하기 위해서는 다양한 똥을 만져봐야 할 것입니다. 헬렌 켈러가 냄새를 맡지 못하는 것이 아니기에, 고약한 냄새가 나는 물건들을 만져야 할 것입니다. 불을 인식하기 위해서는 불을 느껴야 합니다. 슬픔을 인식하기 위해서는 슬픔을 느껴야 합니다. 기쁜 순간이 올 때 기쁨을 알려줘야 합니다. 화를 낼 때 손에 '화나다'를 써 주어야 합니다. 그럼, '화나다'와 '화내다'는 어떻게 구별시켜 줄까요? 헬렌이 화가 났을 때, 손에 '화나다'를 써 주면 됩니다. 그렇다면, 헬렌에게 화가 나 있다는 것을 어떻게 알려줄 수 있을까요? 소리도 들리지 않고 볼 수도 없는 사람에게 '지금 내가 너에게 화가 나 있다.' 하는 것을 어떻게 알려줄까요?

여러분은 화가 났다는 것을 어떻게 표현하십니까? 머리카락을 들면서 '나 화났다.' 그럴까요? 대개는 화난 표정을 짓지요. 소리를 지를 수도 있습니다. 그런데 헬렌은 화난 표정을 볼 수 없습니다. 헬렌은 소리를 듣지 못합니다. 그럼, 화난 얼굴을 만지게 할까요? 만지면 알 수 있나요? 여러분은 하나님께서 화가 나셨다는 것을 어떻게 아십니까? 천둥 번개로 아십니까? 천둥 번개가 하나님께서 화가 나셨다는 것의 표현은 아니겠지요. 하나님께서는 화나신 것을 어떻게 표현하시나요? 나답과 아비후가 죽은 직후에 모세가 아론에게 말합니다. "이는 여호와의 말씀이라 이르시기를 나는 나를 가까이 하는 자 중에서 내 거룩함을 나타내겠고 온 백성 앞에서 내 영광을 나타내리라"(레 10:3). 하나님의 이 대사는 화난 분의 표현입니까?

가나의 혼인 잔치 직후 유월절에 예수님이 예루살렘으로 올라가셨습니다. "성전 안에서 소와 양과 비둘기 파는 사람들과 돈 바꾸는 사람들이 앉아 있는 것을 보시고 노끈으로 채찍을 만드사 양이나 소를 다 성전에서 내쫓으시고 돈 바꾸는 사람들의 돈을 쏟으시며 상을 엎으시고 비둘기 파는 사람들에게 이르시되 이것을 여기서 가져가라 내 아버지의 집으로 장사하는 집을 만들지 말라 하"셨습니다(요 2:14-16). 예수님이 화가 나셔서 내쫓고 쏟고 엎으시고 말씀하셨습니까? 이때 제자들은 예수님에게서 '주의 전을 사모하는 열심'을 읽었습니다. "제자들이 성경 말씀에 주의 전을 사모하는 열심이 나를 삼키리라 한 것을 기억하더라"(요 2:17) 아멘. 제자들은 '열심, 열정, 질투와 같은 사랑'을 느꼈습니다. 예수님이 화가 나셨다고 생각하지 않았습니다.

히브리어로 '화내다'는 '코를 태우다'는 관용구로 표현합니다. 예로, 출애굽기 4장 14절입니다. "여호와께서 모세를 향하여 노하여 이르시되 레위 사람 네 형 아론이 있지 아니하냐 그가 말 잘 하는 것을 내가 아노라 그가 너를 만나러 나오나니 그가 너를 볼 때에 그의 마음에 기쁨이 있을 것이라" 아멘. 하나님께서 모세에게 화를 내셨습니다. 하나님께서 화를 내시자 모세는 더 이상 하나님의 부르심을 거절할 수 없었습니다. 모세는 하나님께서 화가 나신 것을 알아차렸습니다.

하나님께서 화를 내시기도 하시네요. 그러나 나납과 아비후가 죽었을 때, 화를 내지는 않으셨습니다. 거룩에 대해 가르쳐 주셨습니다. 레위기 19장을 통해서도 '거룩'에 대해 가르쳐 주십니다. 특별히 어머니와 아버지를 경외하게 된 이들에게, 안식일을 지키게 된 이들에게, 헛된 것을 향하면 안 된다는 것을 말씀하신 이후에, 화목제물에 대한 지침을 주십니다. 5-8절입니다. "너희는 화목제물을 여호와께 드릴 때에 기쁘게 받으시도록 드리고 그 제물을 드리는 날과 이튿날에 먹고 셋째 날까지 남았거든 불사르라 셋째 날에 조금이라도 먹으면 가증한 것이 되어 기쁘게 받으심이 되지 못하고 그것을 먹는 자는 여호와의 성물을 더럽힘으로 말미암아 죄를 담당하리니 그가 그의 백성 중에서 끊어지리라" 아멘.

화목제물의 대부분은 예배자의 몫입니다. 그런데 예배드린 당일과 이튿날까지만 먹고 셋째 날에는 먹지 않는 것이 그렇게 중요한가요? 중요하신가 봅니다. 기뻐하지 않으신다고 하십니다. 성물을 더럽힌 것이라십니다. 자기 허물을 담당할 것이고 백성 중에서 끊어질 거라 하시네요. 화목제물은 하나님께서 이스라엘 백성을 기뻐하시도록 드려야 하기 때문입니다. 예배가 하나님께 기쁨이 되어야 하는데, 제물 처리가 적절하지 않으면, 하나님께서 기뻐하시지 않는다고 하십니다.

교회의 제물 처리의 적절성, 어떤 면에서 헌금 처리의 적절성이 거룩의 측면에서는 매우 중요합니다. 거룩하니까, 거룩해야 하니까, 하나님 향한 거룩이 중요한데, 무엇보다 신속한 처리가 중요합니다. 셋째 날까지 남았거든 불사르라고 하십니다. 얼마나 비경제적인 제안이십니까? '셋째 날까지 남았거든 육포로 만들어서 두고두고 먹도록 해라. 음식을 버리면 되겠느냐.' 말씀하시지 않았습니다. 셋째 날까지 남았거든 불사르라고 하십니다. 하나님께 드려진 제물의 신속한 처리는 오늘날과 같이 회계년도를 기준으로 재정을 운영하고 남은 재정을 이월도 하는 체제에서는 쉽지 않은 처리 방법입니다. 그러나 하나님께서 중요하게 여기시기에 거룩을 배워가는 차원에서 실천할 여지가 있습니다.

우선, 당시 상황을 생각해 봅니다. 누군가가 화목제물을 드립니다. 그러면 기름과 피를 제외하고, 가슴과 오른쪽 뒷다리를 제외하고는, 예배자의 몫입니다. 요리해서 먹을 수 있습니다. 혼자 먹을 수는 없습니다. 그러니 같이 먹습니다. 당일과 이튿날까지 다 먹으려면 나눠 먹어야 합니다. 삼 일째까지 남아 있는 것은 태워버려야 하니, 부지런히 나눠 먹지 않았을까요? 자기 혼자 이틀 동안 먹다가 남은 것 전체를 삼 일째에 태운다면, 사람들도 불평하겠지만, 스스로도 멋쩍거나 불편할 것 같습니다.

오늘 헌금을 오늘과 내일까지 모두 소비하고 모레에는 남기지 않으려면 어떻게 해야 할까요? 주일 당일에 헌금을 계수하고 사용처를 정한 다음에 처리해야겠지요. 『앵무새 죽이기(*To Kill a Mockingbird*)』에 소개된 흑인 교회의 헌금 상황이 생각납니다. 억울하게 기소된 교인 가족의 생활비가 마련될 때까지는 아무도 예배당 문을 나갈 수 없다고 목사님이 말씀하십니다. 공동체 안에서 어려움을 겪고 있는, 그것도 억울한 누명을 쓰고 살인죄로 기소된 남자의 가족들이 한 주간 동안 굶을 수밖에 없는 상황을 타개해야 한다는 목사님의 강경함이 담겨 있습니다. 그리고 그 교회 공동체는 이것을 당연하게 여깁니다.

'거룩'은 '나눔'인가? 하는 생각이 들 만큼, '거룩'에 대해 말씀하시면서 '나눔'에 대해 계속 말씀하십니다. 19장 9-10절입니다. "너희가 너희의 땅에서 곡식을 거둘 때에 너는 밭 모퉁이까지 다 거두지 말고 네 떨어진 이삭도 줍지 말며 네 포도원의 열매를 다 따지 말며 네 포도원에 떨어진 열매도 줍지 말고 가난한 사람과 거류민을 위하여 버려두라 나는 너희의 하나님 여호와이니라" 아멘. 추수 때에 가난한 이들과 나그네들을 고려하라십니다. 룻이 보아스의 밭에서 이삭을 주웠습니다. 넉넉할수록 궁핍한 이들의 마음을 이해하기 어렵지요. 보아스는 넉넉한 사람이었지만 궁핍한 이들의 마음을 이해했습니다.

그냥 나눔은 아닙니다. 추수한 것을 나눠주라고 하시지는 않으셨지요. 추수한 것의 일부를 세금으로 걷어서 가난한 사람과 나그네에게 주라고 하지 않으셨습니다. '좀 덜 걷어라. 좀 남겨두고 걷어라. 너무 야박하게 굴지 말아라.' 그렇게 말씀하십니다. '나눔' 은 아닙니다. 그럼 뭘까요? 18절을 보면, 뭔가 '사랑' 으로 귀결되게 하는 어떤 것 같습니다. 18절입니다. "원수를 갚지 말고 동포를 원망하지 말며 네 이웃 사랑하기를 네 자신과 같이 사랑하라 나는 여호와이니라" 아멘. 매우 유명한 구절입니다. '원수 사랑' 으로 이어질 수 있는 내용이 담긴 구절입니다. 황금률이라고 불리는 내용이 담긴 내용입니다. '네 이웃 사랑하기를 네 자신과 같이' 입니다. "네 이웃 사랑하기를 네 자신과 같이 사랑하라"는 '사랑하게 된다' 는 의미로 이해해야 더 정확합니다. 거룩하게 살다 보면, 이웃을 사랑하게 된다는 말씀입니다.

거룩과 관련하여 레위기 19장 9-18절에서 중요하게 다루는 개념은 '이웃' 입니다. 9절과 10절에서 가장 중요한 단어가 무엇일까요? '가난한 사람과 거류민' 입니다. 결국 가난한 사람과 거류민이 없다면, 곡식을 거둘 때 좀 남겨둘 필요가 없습니다. 그럴 필요도 없지만, 그래서도 안 되겠지요. 포도 열매를 남겨둘 필요도 없습니다. 그렇게 한다면 그 포도에게 미안한 일이겠지요. 포도가 이렇게 말하지 않을까요? '왜 저는 따가지 않으신대요? 저도 포도라고요. 저도 데려가세요.' 주워가고 따갈 사람이 없는데 거두지 않는다면, 그것은 낭비입니다. 보아스가 룻을 위해 자기 소년들에게 뭐라고 말합니까? "그에게 곡식 단 사이에서 줍게 하고 책망하지 말며 또 그를 위하여 곡식 다발에서 조금씩 뽑아 버려서 그에게 줍게 하고 꾸짖지 말라"(룻 2:15-16) 그렇게 말합니다. 많이 주울 수 있도록 도와주라고 말합니다.

이웃이 '가난한 사람과 거류민' 의 형태로 있기에 9-10절이 필요합니다. 이웃이 '품꾼' 의 형태로 있기에 13절이 필요합니다. "너는 네 이웃을 억압하지 말며 착취하지 말며 품꾼의 삯을 아침까지 밤새도록 네게 두지 말며" 아멘. 이웃이 품꾼으로 있으니 압박하거나 강탈하면 안 됩니다. 임금을 제때 줘야 합니다. 또한 이웃이 청각장애인과 시각장애인의 형태로 있기에 14절이 필요합니다. "너는 귀먹은 자를 저주하지 말고 맹인 앞에 장애물을 놓지 말고 네 하나님을 경외하라 나는 여호와이니라" 아멘. 안 들린다고 아무 말이나 하면 안 됩니다. 안 보인다고 장애물 둬도 안 됩니다. 그것이 하나님을 경외함입니다. 그런 자는 하나님의 존중을 받을 것입니다. 사실 우리가 하나님 앞에서는 못 보는 자이고 듣지 못하는 자이기 때문입니다.

또한 이웃이 가난한 자와 세력 있는 자의 형태로 있기에 15절이 필요합니다. "너희는 재판할 때에 불의를 행하지 말며 가난한 자의 편을 들지 말며 세력 있는 자라고 두둔하지 말고 공의로 사람을 재판할지며" 아멘. 재판을 그르게 하면 안 됩니다. 가난하다고 봐줘도 안 되고, 힘 있다고 눈감아줘도 안 됩니다. 의롭게 재판해야 합니다. 이유는 서로 닮았기 때문입니다. 15절 끝부분에 있는 '사람'이라는 단어는 독특한 단어의 번역입니다. '비슷하다, 닮았다.'를 의미하는 단어에서 파생된 단어입니다. 본래 비슷비슷합니다. 그런데 어떤 과정을 지나면서 누군가는 힘이 없는 자가 되어 있고, 누군가는 힘이 있는 자가 되어 있을 따름입니다. 부자가 삼 대 못 간다고 했으니, 지금 부자를 삼 대 거슬러 올라가면 부자가 아닐 가능성이 큽니다. 가난한 사람도 삼 대 거슬러 올라가면 가난한 사람이 아니었을 가능성이 크지요.

'도토리 키 재기' 식으로 이웃을 표현한 단어가 17절에 한 번 더 쓰였습니다. "너는 네 형제를 마음으로 미워하지 말며 네 이웃을 반드시 견책하라 그러면 네가 그에 대하여 죄를 담당하지 아니하리라" 아멘. 여기 '이웃'이라는 단어가 '비슷하다'에서 파생된 단어의 번역입니다. 9-18절에 '이웃'이라는 단어가 네 번 나옵니다. 13절, 16절, 17절, 18절입니다. 이 가운데 17절에 나오는 '이웃'만 다른 단어이지요.

본래 '이웃'으로 번역된 단어는 '돌보다, 연합하다'를 의미하는 단어에서 나온 단어입니다. 서로 돌보는 관계, 먹여주는 관계가 '이웃'입니다. 심청전을 보면, 심봉사 아저씨가 심청이를 동냥젖으로 키우지요. 이웃 아주머니들이 갓난아이인 심청이에게 젖을 먹입니다. 지금이야 이웃과 잘 나눠 먹지 않습니다. 그러나 전에는 '콩 한 쪽도 나눠 먹는다.' 했지요. 그래서 이웃을 서로 돌보며 먹이는 관계로 표현했습니다. 또한 이웃은 서로 얽혀 지내지요. 이웃집 밭과 우리 집 밭이 붙어 있습니다. 이웃집 개와 우리

집 개가 같이 강아지를 낳습니다. 그러니 새끼 낳으면 한 마리는 줘야겠지요. 어릴 때는 소꿉친구이지만, 자라면 갑돌이와 갑순이입니다.

얽혀 지내며 돌봐주는 관계가 이웃입니다. 그런데 17절의 이웃은 '서로 고만고만하다' 하는 의미의 '이웃' 입니다. 17절에서 중요한 단어는 '형제' 와 '이웃' 이지요. 형제는 피를 나눈 관계입니다. 그리고 17절의 '이웃' 은 말씀드린 대로 '비슷한 무리' 입니다. 피를 나눈 형제, 같은 부모 밑에서 자란 형제를 미워할 이유가 없지요. 같은 배에서 나왔고 같은 밥솥 밥 먹었습니다. 같은 집에서 자랐습니다. 같은 유전자를 가지고 있습니다. 아무리 성격이 다르고 혈액형이 달라도 형제입니다. 미워할 필요도, 이유도 없습니다. 싸움 나면 같은 편입니다.

그런데 다음 표현이 어렵습니다. "네 이웃을 반드시 견책하라" 입니다. '견책' 의 정의는 "허물이나 잘못을 꾸짖고 나무람" 입니다. 서로 고만고만하고 도토리 키 재기인데 뭘 꾸짖고 뭘 나무라지요? 본래는 '잘잘못을 따져보라, 논쟁하라' 는 말씀입니다. 서로 고만고만하니까, 도토리 키 재기이니까, 따져보라는 말씀입니다. '그래야 다 같이 잘 갈 수 있다.' 그런 말씀입니다. 17절 마지막에 "그러면 네가 그에 대하여 죄를 담당하지 아니하리라" 하는 표현을 읽다 보면, 나와 그, 그와 나의 책임 영역이 다른 것처럼 느껴집니다. 그러나 대체로 이웃은, 특별히 형제와 비슷비슷한 무리들은 비난을 받아도 같이 받고 칭찬을 들어도 같이 듣습니다.

그러니 잘잘못을 따져보고 논쟁도 하면서 공동체가 잘 가도록 해야 합니다. 개인주의가 팽배하다 보니, 나의 잘못, 너의 잘못을 따지지, 우리의 잘못을 따지는 경우는 적습니다. 교통사고가 나도 누구 과실이냐를 따지지요. 보험료를 생각합니다. 수해로 많은 차가 물에 잠깁니다. 누구 과실이지요? 정부 잘못인가요? 아니면 기상이변을 일으킨 이들의 잘못인가요? 결국에는 우리의 잘못이라는 결론에 도달합니다. 누구만의 잘못이 아닌, 우리 모두의 잘못인 거죠. 그러니 문제가 생기면 따져보라는 말씀입니다.

대체로 따지지 않으려 하지요. 따져도 해결이 안 되기 때문이기도 하고, 자꾸 따지면 허물이 드러나기 때문이지요. 결국 따지려면 허물이 드러나는 것을 각오해야 합니다. 반드시 논쟁하라고 말씀하실 때, 우리가 서로 비슷비슷하다는 것을 강조하신 이유가 있을 것입니다. 사람 위에 사람 없고 사람 밑에 사람 없기 때문입니다. 다 거기서 거기이기 때문입니다. 거룩이 복장이나 분위기에서 나오는 것이 아니기 때문입니다. 거룩은 하나님에게서 나오고 우리는 하나님으로부터 거룩이 부여되도록 준비하는 것이 필요하기 때문입니다. 이웃에 대한 배려, 관심, 돌봄과 나눔이 있다고 하여 거룩해지지는 않습니다. 그러나 그러한 삶은 거룩의 동인이며 거룩의 결과입니다.

여기서 신약성경 한 구절 인용합니다. 야고보서 1장 27절입니다. "하나님 아버지 앞에서 정결하고 더러움이 없는 경건은 곧 고아와 과부를 그 환난중에 돌보고 또 자기를 지켜 세속에 물들지 아니하는 그것이니라" 아멘. 경건이 경건 활동으로 정의되지 않고 '환난 가운데 있는 고아와 과부를 돌보는 것' 으로 규정됩니다. 거룩도 마찬가지입니다. 거룩을 위해서는 피를 뿌리고 바르고 부어야 합니다. 제사가 중요합니다. 그러나 제사를 통해 거룩해졌다면 거룩한 자로 살아야 다음 제사로 거룩이 이어집니다. 피 묻은 옷을 계속 입고 있지 않습니다. 그러나 피 묻은 옷을 입은 자로, 피를 바른 자로 살아갑니다. 어떻게요? 이웃 향한 거룩함을 지키면서요.

그러므로 거룩한 삶이 거룩의 '동인' 이면서 '결과' 라고 말씀드린 것입니다. 거룩은 하나님으로부터 주어지지만, 거룩의 알맹이는 우리 삶을 통해 채워집니다. 특별히 우리와 얽혀 있어서 서로 먹여주는 사이에서 어떻게 사느냐 하는 것이 중요합니다. '이웃' 이 중요합니다. 이웃이 때로는 궁핍한 자와 나그네로 우리 곁에 있습니다. 이웃이 때로는 힘이 있는 자와 힘이 없는 자로 우리 곁에 있고요. 때로는 장애인으로, 형제로, 엇비슷한 사람들로 있습니다.

또한 이웃은 동포와 백성으로 우리 곁에 있습니다. 16절의 백성과 18절의 동포에는 '국민' 을 뜻하는 단어가 쓰였습니다. 같은 나라 백성입니다. 16절입니다. "너는 네 백성 중에 돌아다니며 사람을 비방하지 말며 네 이웃의 피를 흘려 이익을 도모하지 말라 나는 여호와이니라" 아멘. 비방자가 되거나 이웃을 해치는 자가 되지 말라고 하십니다. '이웃의 피' 가 나왔습니다. 이 피는 거룩하게 하는 피가 아닙니다. 피눈물 나게 하는 그 '피' 입니다. '이웃의 피 위로 서지 마라.' 가 직역입니다. 이웃의 피눈물을 발판으로 성공하려 하지 말라는 말씀입니다. 16절의 '비방' 이라는 단어는 본래 '무역하다, 장사하다' 에서 나오는 단어입니다. 정상적인 경제활동이라면, 수고를 인정하여 값을 치르는 과정이 수반됩니다. 그러나 바가지를 썼다면, 사기를 당했다면, 얘기가 달라집니다.

돈이 중시되면서 사람들이 소모품이 되어갑니다. 인격은 없고 연봉만 있습니다. 같은 나라 사람들끼리 그러면 안 되겠지요. 이웃 가게를 망하게 해서 성공하는 사람들이 많아진다면, 그 나라가 오래가기 어려울 것입니다. 수익률 경쟁, 독점과 과점, 집단 이기주의는 이웃이 피눈물을 흘리게 합니다.

그래서 공동체 일원들은 서로 미워하지 말고 공동체가 함께 잘 지내기 위한 방안을 찾아야 합니다. 이것을 위해 18절에서는 '보복 금지'와 '편애 금지'를 말합니다. 18절입니다. "원수를 갚지 말며 동포를 원망하지 말며 네 이웃 사랑하기를 네 자신과 같이 사랑하라 나는 여호와이니라" 아멘. '원수를 갚지 말며'는 '보복 금지'입니다. '동포를 원망하지 말며'는 번역이 좀 어렵습니다. '네 백성의 아들들을 지키지 마라.' 이것이 직역입니다. 보복 금지의 다른 표현입니다. 동족이라고 편들지 말라는 말씀으로 이해됩니다. 그러면 '보복 금지와 편애 금지'가 됩니다. 대체로 보복은 편애와 친합니다. 하나님께 맡기지 못하고 자기 스스로 뭔가를 해야겠다는 생각을 할 때는 이유가 있습니다. 대체로 편애와 연결되는 이유가 있습니다. 그 편애가 자신에 대한 편애이든, 가족에 대한 편애이든, 민족에 대한 편애이든 이유가 있습니다. 그래서 법을 넘어서는 추가 행동을 하고 싶지요. 그러니 이웃을 나 자신처럼 사랑하려면, 보복 금지와 편애 금지가 있어야 합니다. 나 자신이라는 존재가 편애를 낳고 보복을 낳기 때문입니다.

'사랑' 그것은 '거룩'의 결과입니다. 결국 거룩한 삶이 거룩의 결과이듯, 이웃 사랑도 거룩의 결과입니다. 예배와 같은 종교활동이 거룩을 부추기고 거룩을 부여합니다. 그러나 거룩하지 않은 삶은 성령을 소멸하고 거룩을 훼손합니다. 데살로니가전서 5장 16-22절입니다. "항상 기뻐하라 쉬지 말고 기도하라 범사에 감사하라 이것이 그리스도 예수 안에서 너희를 향하신 하나님의 뜻이니라 성령을 소멸하지 말며 예언을 멸시하지 말고 범사에 헤아려 좋은 것을 취하고 악은 어떤 모양이라도 버리라" 아멘. 항상 기뻐하고 쉬지 말고 기도하고 범사에 감사하는 것이 중요합니다. 거룩이 심깁니다. 그러나 악은 모양이라도 버리고 좋을 것을 취하는 것 역시 중요합니다. 삶이기 때문이지요. 이 중간에 성령 소멸과 예언 멸시가 있습니다.

보복 금지와 편애 금지가 이웃 사랑으로 이어집니다. 고넬료 집에 간 베드로가 한 말입니다. "내가 참으로 하나님은 사람의 외모를 보지 아니하시고 각 나라 중 하나님을 경외하며 의를 행하는 사람은 다 받으시는 줄 깨달았도다"(행 10:34-35) 아멘. 혈통과 상관없이 빈부귀천과 상관없이 하나님께서는 하나님을 경외하며 의를 행하는 사람은 모두 받으신다는 깨달음입니다. 베드로는 고넬료라고 하는 할례 받지 않은 이방인을 대하시는 하나님을 보며 이 깨달음을 얻었습니다.

'이웃'은 '얽혀 지내며 서로 돌봐주는 관계에 있는 사람들'입니다. 이웃 향한 거룩함! 그것이 거룩을 증진시킵니다. 이웃 향한 거룩함! 그것이 거룩의 동인이고 결과입니다. 이웃 향한 거룩함이 늘어날 때 사랑이 확인됩니다. 사랑, 그것은 거룩을 통해 확인됩니다. 거룩한 삶을 통해 사랑이 확인됩니다. 이웃은 매우 다양한 형태로 우리 곁에 있습니다. 때로는 궁핍한 사람으로, 때로는 나그네로, 때로는 힘 있는 자로, 때로는 힘없는 이로, 때로는 장애가 있는 사람으로, 때로는 형제로, 때로는 국민으로, 그러나 모두 나와 비슷비슷한 고만고만한 도토리 키 재기인 사람으로, 돌봄이 필요한 사람으로 이런저런 일로 얽힌 이웃으로 곁에 있습니다. 그 모든 이웃을 향해 하나님께서 원하시는 원칙을 지켜나갈 때 우리 안에 참된 사랑이 싹틀 것입니다.

레위기 19장을 읽을 때는 거룩한 삶을 산다는 것이 어떤 것인지를 생각하고 읽으시면 됩니다. 그런데, 이어지는 19-31절을 읽다 보면, 여전히 '거룩'에 대해 말씀하시는가? 하는 질문이 생깁니다. 소재가 다양하기 때문입니다. 19절에서는 가축의 교미와 씨뿌리기, 직조에 대해, 20-22절에서는 여인과의 동침에 대해, 23-25절에서는 약속의 땅에서 심은 과목에 대해, 26-28절에서는 이교 풍습에 대해, 29절에서는 딸에 대해, 30절에서는 안식일과 성소에 대해, 31절에서는 영매자와 점쟁이에 대해 말씀하시기 때문입니다. 일상의 문제를 다루시는 것 같습니다. 그런데 속건제 숫양, 회막, 성소에 대해 말씀하시니 예배 문제도 다루시는 것 같습니다. 도대체 무엇을 말씀하고자 하실까요?

연속성이 없어 보이는 본문을 보면서 연결점을 찾기가 쉽지는 않습니다. 하나님께서 문맥 없이 되는 대로 말씀하시지는 않으셨을 텐데, 다양한 소재를 가지고 무엇을 말씀하고자 하실까요? 거룩 주제가 계속되기는 합니다. 죄 사함에 대해 말씀하시기 때문입니다. 21-22절입니다. "그 남자는 그 속건제물 곧 속건제 숫양을 회막 문 여호와께로 끌고 올 것이요 제사장은 그가 범한 죄를 위하여 그 속건제의 숫양으로 여호와 앞에 속죄할 것이요 그리하면 그가 범한 죄를 사함 받으리라" 아멘. 24절에는 '거룩' 이라는 표현이 나옵니다. "넷째 해에는 그 모든 과실이 거룩하니 여호와께 드려 찬송할 것이며" 아멘. 가나안 땅에서 과수를 새로 심는 경우, 세 번째 해까지는 과실을 할례 받지 못한 것으로 여깁니다. 넷째 해에는 거룩하다고 여기고 하나님께 드립니다. 다섯째 해부터 먹을 수 있습니다. 이미 심겨 있는 과수의 과일을 바로 먹을 수 있습니다. 그런데 새로 심는 과수에 대해서는 다르게 대합니다. 30절의 '성소' 는 '거룩한 곳' 이니 '거룩' 이 있습니다.

'거룩' 주제가 계속되는데, '이웃' 주제는 끝난 것 같습니다. '가축, 종자, 옷, 여종, 과실, 이교 풍습, 딸, 안식일, 성소, 신접한 자, 박수' 를 '이웃' 주제로 엮어가기는 어렵기 때문입니다. 그러면 '거룩' 의 어떤 측면을 새롭게 말씀하시나요? 우선 19절을 보면, "너희는 내 규례를 지킬지니라" 라고 하시며 뭔가 전환이 있다는 것을 알 수 있습니다. '규례' 란 '새겨진 것' 입니다. 새겨졌기에 바꿀 수 없는 것입니다.

이어지는 규례에서 중요한 표현이 무엇입니까? "다른 종류와 교미, 두 종자를 섞어 뿌리지, 두 재료로 직조한 옷" 입니다(19:19). 섞지 말아야 할 것을 섞지 말라고 하십니다. 라이거 안 됩니다. 유전자 배합 안 됩니다. 심지어 두 종자를 섞어 뿌리는 것도 안 됩니다. 옷감마저 까다롭습니다. 면 100%이어야지 나일론이 섞이면 안 됩니다. 가축, 식물, 옷감이 종류별로 있게 하라고 하십니다. 여러 종류의 가축을 키워도 됩니다. 그러나 가축이 섞이지 않게 해야 합니다. 여러 종류의 채소나 과수를 키워도 됩니다. 그러나 섞이지 않게 해야 합니다. 여러 종류의 옷감을 사용할 수 있습니다. 그러나 재료가 섞이지 않게 해야 합니다.

가축, 식물, 옷감의 우열을 말씀하고 있는 것이 아닙니다. 양은 양이고, 염소는 염소입니다. 밀은 밀이고 보리는 보리입니다. 세마포는 세마포이고 양모는 양모입니다. 다 괜찮고 좋습니다. 다만 섞지 말라고 하십니다. 여기 '다른 종류, 두 종자, 두 재료' 에 독특한 단어가 쓰였습니다. 레위기 19장 19절과 신명기 22장 9절에만 쓰인 단어입니다. 신명기 22장 9절도 비슷한 내용을 담고 있습니다. "네 포도원에 두 종자를 섞어 뿌리지 말라 그리하면 네가 뿌린 씨의 열매와 포도원의 소산을 다 빼앗길까 하노라"

아멘. 이어지는 내용도 같은 맥락입니다. "너는 소와 나귀를 겨리하여 갈지 말며 양 털과 베 실로 섞어 짠 것을 입지 말지니라" 아멘.

'다른 종류, 두 종자, 두 재료'를 의미하는 이 단어는 '제한하다'에서 파생된 단어입니다. 종마다 경계가 있습니다. 호랑이가 고양이과에 속합니다. 그렇다고 호랑이가 고양이는 아닙니다. 호랑이는 호랑이이고 고양이는 고양이입니다. 둘 사이에는 경계가 있습니다. 지금 하나님께서는 '경계'를 지키라고 말씀하시는 것입니다. 무슨 경계입니까? 창조에 속한 경계입니다. 하나님께서 동물과 식물을 지으실 때 종류를 따라 지으셨습니다. 그 종류의 경계를 지키라고 하십니다.

그렇다면 종류의 경계를 지키는 것이 거룩을 지키는 것이 됩니다. 이 개념은 유전공학의 발전으로 종의 경계가 허물어져 있는 시대를 사는 우리에게는 매우 중요합니다. 전에는 종의 경계를 허무는 정도가 다른 종류의 가축을 교미시키거나 다른 두 종류의 식물을 섞어 심거나 다른 두 종류의 실을 섞어 짜거나 소와 나귀에 멍에를 함께 지우는 그런 정도였습니다. 그러나 이제는 아예 씨앗 자체를 바꿉니다. 합성의 시대입니다. 융합의 시대입니다.

산업화가 일어날 때 '분업'이라는 개념으로 생산성을 높였던 인류는 산업화의 한계에 도달하자 '융합'이라는 개념으로 새로운 영역에 진출하고 있습니다. 분업이 가져온 폐해가 도시화, 인간성 말살 등이었다면, 이제 융합은 새로운 폐해를 가져오고 있습니다. 가능해 보이는 모든 종류의 융합을 시도하고 있습니다.

동성애 이슈가 세계 전반에 확산된 지금, 사람들은 성을 다양하게 구별합니다. 성별로는 남성, 여성, 간성, 세 가지로, 성정체성은 시스젠더와 트렌스젠더, 두 가지로, 성지향성은 이성애자, 양성애자, 동성애자, 무성애자, 범성애자, 다섯 가지로 나눕니다. 그래서 전에는 '남성과 여성'이라는 두 가지 성이 존재했는데, 이제는 성별, 성정체성, 성지향성을 고려하여, 3×2×5=30개 이상의 성으로 나눕니다. 창조 때 하나님께서 부여하신 종의 경계를 허문 결과입니다.

종의 경계를 허물지 마시기를 바랍니다. 유유가 상종하도록 해주어야 합니다. 본래 '유유상종'은 "같은 무리끼리 서로 사귐"을 의미하는 '사회 용어'입니다. 저는 사회관계를 표현하는 개념을 '거룩'을 표현하기 위해 빌려 왔습니다. 같은 무리끼리 지낼 수 있도록 그들만의 경계를 존중해 주는 것이 거룩함을 위해 중요합니다.

이런 점에서 사회 개념으로서의 '유유상종'은 매우 자연스러운 현상이고 굳이 방해할 필요가 없는 현상이겠습니다. 같은 종류끼리 있을 때 서로 편합니다. 아무래도 말이 비슷해야 대화가 됩니다. 아무래도 수준이 비슷해야 덜 불편합니다. 그것이 재산이든, 학력이든, 믿음이든 종류가 비슷해야 무리를 지을 수 있습니다. 교회는 믿음 공동체이니 믿음의 수준이 비슷해야 하나의 무리가 될 수 있습니다. 보통은 믿음의 수준 따라 무리를 짓습니다. 그래서 그런 말을 합니다. '교회 성도들의 믿음은 담임목사의 수준을 넘어서기 어렵다.' 하는 말입니다. 꼭 맞는 말은 아닙니다.

이중표 목사님이 시카고에 오셨을 때, 한국 학생들에게 밥을 사주시며 간증을 하셨지요. 본인이 신학교에서 자유주의 신학을 배워서, '예수님이 물 위를 걸으신 것이 아니고 모래 위를 걸으셨는데, 멀리서 보니 물 위를 걷는 것처럼 보이셨다'고 믿었답니다. 그래서 교회에 부임하여 그렇게 설교했더니, 믿음 좋은 성도님들에게 비상이 걸렸답니다. 그래서 성도님들이 밤새워 철야로 기도하기를 '우리 목사님, 은혜받게 해주세요.' 했답니다. 그래서 본인이 은혜를 받고 보니, 예수님이 물 위로 걸으신 것이 맞더랍니다. 사실, '모래 위를 걸으시다가 베드로를 불러 베드로도 모래 위를 걸었는데, 베드로가 모래 아래로 빠져서 "주여 나를 구원하소서" 외치는 것'이 더 불가능해 보입니다. 이중표 목사님은 교회에 부임하실 때 믿음의 수준이 낮았으나, 성도들 믿음의 수준이 높아서 목사님 믿음의 수준도 같이 높아졌습니다. 어찌 되었든 믿음의 수준이 같아져서 같이 가게 된 것입니다. 교회가 하나 되려면 믿음의 수준이 같아져야 합니다. 하향 평준화가 되든, 상향 평준화가 되든 비슷해야 같이 가는 것이죠.

레위기 19장 20절은 해석이 무척 어렵습니다. 해석을 어렵게 만드는 포인트가 여러 개입니다. 우선 '어떤 사람'과 '다른 사람'이 누구를 가리키느냐가 문제입니다. '이쉬'라는 매우 일반적인, '남자' 혹은 '남편'을 의미하는 단어가 두 번 쓰였습니다. '정혼한 여종'에서 '정혼한'이라는 단어는 일반적으로 '정혼'을 의미할 때 사용되는 단어가 아닙니다. '수치, 부끄러움'을 의미하는 단어로 문맥을 고려하여 '정혼한'으로 번역했습니다. 직역하면 '남편에게 부끄러움을 끼치는 여종' 정도가 됩니다.

해석을 가장 어렵게 만드는 부분은 이렇습니다. 유부남과 유부녀가 성관계를 했습니다. 그렇다면 일반적으로 둘 다 죽임을 당하거나 남자가 죽임을 당하도록 율법이 규정합니다. 여자가 도움을 청할 수 없는 곳에서 일이 발생했다면 남자만 죽고, 도움을 청할 수 있는 곳에서 일이 발생했다면 둘 다 죽습니다. 그런데, 20절은 장소에 대해 언급하지 않고 있고, "그들은 죽임을 당하지는 아니하리니"라고 하면서 '두 사람'의 죄책을 함께 다룹니다. 그러면서 속건제물은 남자만 드리도록 합니다.

여기서 이 여인의 속량되거나 해방되지 못한 상태, 다시 말해 '종'이라는 신분으로 인해 유부남과 유부녀의 간통 문제를 다르게 처리하는 것이 거룩함 유지에 중요한가? 하는 질문이 생깁니다. 23절 이하에 소개된, 가나안 땅에 과수를 새로 심은 경우 과일을 어떻게 처리할 것인가의 문제는 '거룩'의 측면에서 쉽게 이해할 수 있습니다. 더구나 넷째 해의 소산이 거룩하니 하나님께 모두 드리도록 했고, 첫째 해부터 셋째 해까지의 소산은 먹지 말도록 하시고, 다섯째 해의 소산부터 먹도록 하셨으니, 19절에서 언급하신 '종의 경계 유지'라는 부분과 연결되는 측면이 있습니다. 특별히 25절의 "너희에게 그 소산이 풍성하리라" 하는 말씀과, 신명기 22장 9절의 말씀, 즉 "네 포도원에 두 종자를 섞어 뿌리지 말라 그리하면 네가 뿌린 씨의 열매와 포도원의 소산을 다 빼앗길까 하노라" 하신 말씀이 연결됩니다. '종의 경계 유지'가 풍년을 약속합니다. 종의 경계를 허물면 소산을 다 빼앗긴다고 하셨네요. 표현이 특별하기는 합니다. '거룩하게 된다'고 하셨으니까요. 이 표현은 '너희가 이용할 수 없다.'는 의미입니다. '섞으면 너희가 이용할 수 없다. 그러나 종의 경계를 유지하면, 너희가 이용할 수 있는 것이 풍성해진다.' 그런 의미입니다.

이처럼, 19절과 23절 이하는 잘 연결됩니다. 그런데, 20절의 내용이 무엇이길래 이곳 문맥에 어울릴까요? 저는 19절의 첫째 예, "네 가축을 다른 종류와 교미시키지 말며"와 연결되는 부분이 있다고 생각합니다. 그리고 20절의 상황은 이렇게 이해가 됩니다. 이 여종은 남편이 있습니다. 그런데 주인이 이 여종을 성매매에 활용한 듯합니다. 그래서 '남편에게 수치를 끼치는 여종'이라고 표현된 듯합니다. 주인의 뜻에 따랐으니 이 여종은 성매매로 인해 속건제물을 드리지는 않습니다. 그러나 불명예스러운 이름이 따라붙겠지요. 그러나 그 여성과 성관계를 한 남성은 하나님 앞에서 거룩을 잃었으니 회복 절차를 밟아야 합니다. 21-22절을 다시 봅니다. "그 남자는 그 속건제물 곧 속건제 숫양을 회막 문 여호와께로 끌고 올 것이요 제사장은 그가 범한 죄를 위하여 그 속건제의 숫양으로 여호와 앞에 속죄할 것이요 그리하면 그가 범한 죄를 사함 받으리라" 아멘.

이 본문을 이렇게 이해하면 본래 표현에도 적절하고 문맥도 잘 이해가 됩니다. 19절에 세 가지 예가 나오는데, 하나는 가축의 교미, 다른 하나는 두 종자 파종, 또 다른 하나는 두 재료 직조입니다. 20-22절은 첫째 예와 연결되고, 23-25절은 둘째 예와 연결되고, 26-31절은 셋째 예와 연결되기 때문입니다.

가축만 종의 경계 유지의 대상이 아니고, 사람도 대상입니다. 유부남과 유부녀의 간통만 문제가 되는 것이 아니고, 사람들이 일반적으로 인정하는 성매매라 할지라도 하나님의 백성은 동참하면 안 됩니다. 죄를 범한 것이어서 속건제물을 드려야 합니다. 숫양 한 마리를 드려야 합니다. 사회적, 도의적 책임이 아닙니다. 거룩한 백성이기에 그렇게 해야 합니다.

그럼, 두 재료로 직조한 옷을 입는 것과 같은 내용을 다루는 26절 이하를 살펴 봅니다. 우선 26-28절입니다. "너희는 무엇이든지 피째 먹지 말며 점을 치지 말며 술법을 행하지 말며 머리 가를 둥글게 깎지 말며 수염 끝을 손상하지 말며 죽은 자 때문에 너희의 살에 문신을 하지 말며 무늬를 놓지 말라 나는 여호와이니라" 아멘. 피 음용, 점치는 것, 점 보는 것 금지입니다. 피 음용 안 됩니다. 예수님의 피만 먹습니다. '점치다' 는 단어는 '뱀' 이라는 단어에서 유례되었습니다. 마귀에게 속한 일입니다. 미래를 내다보는 것, 안 됩니다. 하나님께서 주신 규례를 따라 살면서 하나님을 의지하며 미래는 하나님께 맡깁니다. 그분이 역사를 주관하십니다. 주관하시는 그분이 일하시도록 맡깁니다. 제 인생을 돌아보니 참 파란만장하더라고요. 그래서 생각했습니다. 앞으로 어떻게 될지 예상하지 않기로요. 짐작이나 예상을 안 하기로 했습니다. 그분이 지금까지도 파란만장하게 인도하셨으니, 앞으로도 그러시도록 맡기기로 했습니다. 여러분 인생은 어떠십니까? 예상하지 말고 맡기십시오. 그분이 인도하시도록요.

머리 가를 둥글게 깎는 것, 수염 끝을 손상하는 것, 죽은 자를 위해 살에 문신하거나 무늬 넣는 것(19:27-28), 모두 이교 풍습입니다. 그런 것 따라 하지 말라고 하십니다. 여호와 신앙을 가졌으니, 우상 숭배자들의 풍습을 따라 하지 말라고 하십니다. 저는 불교 용어도 피하려고 노력합니다. '나락' 이라는 표현이 있지요. "죄업을 짓고 매우 심한 괴로움의 세계에 난 중생이나 그런 중생의 세계"를 의미하는 불교 용어입니다. 이 용어가 "벗어나기 어려운 절망적인 상황을 비유적으로 이르는 말"로 쓰이기는 하지만, 본래 불교 용어이니 사용하지 않으려고 하지요. 일반적으로 사용하는 속어들도 쓰지 않으려 합니다. 욕은 두말할 것도 없지요.

사람들이 다들 한다고 따라 할 일은 아닙니다. 결국 모든 풍습 뒤에는 사상과 종교가 있습니다. 29절도 이교 풍습과 연결됩니다. "네 딸을 더럽혀 창녀가 되게 하지 말라 음행이 전국에 퍼져 죄악이 가득할까 하노라" 아멘. 어떻게 딸을 더럽혀 창녀가 되게 할 수 있느냐고 말씀하시겠지요. 정상적이지 않은 결혼에 딸을 내모는 것 대부분이 29절과 연관될 수 있습니다. 그리고 이것 역시 하나님을 경외하지 않는 이들 가운데에서 일어나는 일입니다. 결론은 30절입니다. "내 안식일을 지키고 내 성소를 귀히 여기라 나는 여호와이니라" 아멘. 날의 경계인 안식일을 지키는 것, 장소의 경계인 거룩한 곳을 귀히 여기는 것입니다.

레위기 19장은 '피차 복종' 에 대한 가르침으로 마무리됩니다. 32-37절입니다. "너는 센 머리 앞에서 일어서고 노인의 얼굴을 공경하며 네 하나님을 경외하라 나는 여호와이니라 거류민이 너희의 땅에 거류하여 함께 있거든 너희는 그를 학대하지 말고 너희와 함께 있는 거류민을 너희 중에서 낳은 자 같이 여기며 자기 같이 사랑하라 너희도 애굽 땅에서 거류민이 되었었느니라 나는 너희의 하나님 여호와이니라 너희는 재판할 때나 길이나 무게나 양을 잴 때 불의를 행하지 말고 공평한 저울과 공평한 추와 공평한 에바와 공평한 힌을 사용하라 나는 너희를 인도하여 애굽 땅에서 나오게 한 너희의 하나님 여호와이니라 너희는 내 모든 규례와 내 모든 법도를 지켜 행하라 나는 여호와이니라" 아멘.

하나님께서는 경계를 지으시고 조화를 기대하셨습니다. 그러나 인간은 편을 가르고 전쟁을 일으켰습니다. 하나님은 피차 복종을 기대하셨습니다. 그러나 인간은 약육강식, 적자생존을 말합니다. 약육강식과 적자생존을 노래하는 사회에서라도 하나님의 백성은 서로 존중하고 서로 복종합니다. 노인을 공경합니다. 외국인 노동자를 사랑하고, 우리 말을 잘 못하는 사람도 사랑하고, 흑인이든 백인이든 차별하지 않습니다. 기준에 대해서도 복종합니다. '공평한 추와 저울' 을 사용하는 것은 기준에 복종하는 것입니다. 기준에 복종하는 것이 거룩입니다.

결국 거룩이란 '나눔, 이웃 사랑, 경계 유지, 그리고 피차 복종' 이었습니다. 거룩한 삶이란 '나누는, 이웃을 사랑하는, 경계를 지키는, 서로 존중하고 복종하는 삶' 입니다. 하나님은 거룩한 삶을 기뻐하십니다. 그래서 우리는 '아버지 하나님의 거룩함으로' 살아갑니다.

이어지는 20장에서는 거룩함을 심하게 훼손하여 죽어야 하는 이들을 나열합니다. 이렇게 하지 않으면 그 땅이 이스라엘 자손들을 토해 내칠 것입니다. 22-23절입니다. "너희는 나의 모든 규례와 법도를 지켜 행하라 그리하여야 내가 너희를 인도하여 거주하게 하는 땅이 너희를 토하지 아니하리라 너희는 내가 너희 앞에서 쫓아내는 족속의 풍속을 따르지 말라 그들이 이 모든 것을 행하므로 내가 그들을 가증히 여기노라" 아멘. 20장의 가증한 일들을 가나안 7족속이 행했기에 그들이 쫓겨난다고 말씀하십니다. 그러므로 그들과 똑같이 살면 똑같은 처지에 직면하게 될 것입니다. 이스라엘 백성들이 바벨론으로 끌려가게 된 이유가 여기에 있습니다.

백성이 거룩해야 한다면, 성소에서 섬기는 제사장들은 더더욱 거룩해야 할 것입니다. 제사장들은 결혼 대상자에도 제약이 있습니다. 특히 "관유로 부음을 받고 위임되어 그 예복을 입은 대제사장"은 성소 섬기는 일에만 집중해야 합니다. 21장 10-12절입니다. "자기의 형제 중 관유로 부음을 받고 위임되어 그 예복을 입은 대제사장은 그의 머리를 풀지 말며 그의 옷을 찢지 말며 어떤 시체에든지 가까이 하지 말지니 그의 부모로 말미암아서도 더러워지게 하지 말며 그 성소에서 나오지 말며 그의 하나님의 성소를 속되게 하지 말라 이는 하나님께서 성별하신 관유가 그 위에 있음이니라 나는 여호와이니라" 아멘.

예수님께서 "나를 따르라" 명하셨는데 "나로 먼저 가서 내 아버지를 장사하게 허락하옵소서" 대답한 이에게, "죽은 자들로 자기의 죽은 자들을 장사하게 하고 너는 가서 하나님의 나라를 전파하라" 말씀하신(눅 9:59-60) 배경으로 레위기 21장 10-12절을 생각할 수 있습니다. 하나님 나라 복음을 전하는 제자의 '거룩함의 수준' 을 "관유로 부음을 받고 위임되어 그 예복을 입은 대제사장"의 수준으로 상정하고 계신 듯합니다.

'여호와의 군대' 가 되는, '십자가 군병' 이 되는 길이 참 까다로워 보입니다. 22장을 보면, 성물을 먹는 제사장들에 대해 다양하게 말씀하십니다. 거룩한 상태가 아니면 '성물' 을 먹을 수 없습니다. 더구나 모든 제물은 당일에만 먹을 수 있습니다. 유통기한이 하루가 안 됩니다. 29-30절입니다. "너희가 여호와께 감사제물을 드리려거든 너희가 기쁘게 받으심이 되도록 드릴지며 그 제물은 그 날에 먹고 이튿날까지 두지 말라 나는 여호와니라" 아멘. 19장 1-8절과 관련하여 설명한 것처럼, '재물의 바른 사용' 이 거룩에 포함됩니다.

하나님의 군병으로, 예배 공동체로 부름을 받은 이스라엘 백성은 지키는 절기도 특별합니다. 기념하는 날이 다릅니다. 방법도 다릅니다. 이스라엘 민족에게는 세 가지 중요한 절기가 있습니다. 유월절, 맥추절, 초막절입니다. 지금 우리로 하면, 유월절은 고난주간 및 부활절과 연관됩니다. 맥추절은 성령강림절과 관계됩니다. 초막절은 추수감사절과 연결될 수 있으나, 시기적으로는 우리 민족의 명절인 추석과 시기가 비슷합니다. 보통 9-10월에 추석이 있지요. 그 어간에 이스라엘의 초막절이 있다고 생각하시면 됩니다.

초막절은 모든 것이 풍성한 시기입니다. 먹을 것이 가장 많을 때입니다. 곡식도 과일도 풍성합니다. 즐겁습니다. 부족함이 없습니다. 우리 민족도 추석 때는 햅쌀로 송편을 빚었습니다. 새 옷을 지어 입었습니다. 옷을 지어 입을 만큼 넉넉한 시기였기 때문입니다. 넉넉하니 즐겁습니다. 이스라엘의 초막절에도 즐거움이 있습니다. 레위기 23장 40절입니다. "첫 날에는 너희가 아름다운 나무 실과와 종려나무 가지와 무성한 나무 가지와 시내 버들을 취하여 너희의 하나님 여호와 앞에서 이레 동안 즐거워할 것이라" 아멘.

'즐거워할 것이라' 의 의미를 풀어 설명하면, '즐거워하게 될 것이라' 입니다. 넉넉해지면 즐겁게 되나요? 맞습니다. 어느 정도는 그렇습니다. 그러나 꼭 그런 것만은 아닙니다. 벼락부자가 된 다음에 가정이 깨지기도 합니다. 로또에 당첨된 이들의 상황이 즐겁지만은 않다고들 말합니다. 가난할 때는 잘 나눠 먹다가 부자가 된 다음에는 더 부자가 되려고들 싸우기도 합니다. 그런데 초막절에 이스라엘 민족은 어찌하여 즐거워하게 될까요? 모든 것이 넉넉한데, 되려 종려나무 가지와 무성한 나뭇가지와 시내 버들을 가지고 초막을 지어 그곳에서 일주일을 지냅니다. 좋은 집 두고 허름한 초막을 짓고 지냅니다. 가난해서가 아닙니다. 부족해서가 아닙니다. 그런데도 즐거울 수 있을까요?

마음이 겸손해지면 즐거울 수 있습니다. 넉넉하지만 넉넉함이 내게서 비롯되지 않았다고 생각하면 즐거울 수 있습니다. 좋은 집이 아니라 광야를 생각하면 초막에서도 즐거울 수 있습니다. 초막절이 시작되기 닷새 전에 마음을 가다듬으면 가능합니다. 23장 27절입니다. "일곱째 달 열흘날은 속죄일이니 너희는 성회를 열고 스스로 괴롭게 하며 여호와께 화제를 드리고" 아멘. 눈에 띄는 표현이 있습니다. '스스로 괴롭게 하며' 입니다. 본래 '대답하다' 에서 나온 단어입니다. 대답을 잘하려면 겸손해야겠지요. 그래서 이 단어는 겸손하다는 의미도 갖습니다.

군인에게 군기가 들어있다는 것을 어떻게들 판단하나요? 그의 소리로 판단합니다. 힘찬 경례, 분명하고도 힘찬 대답입니다. 자신을 부르면, 자신의 계급과 이름을 말합니다. 작은 소리로 질문해도 큰소리로 대답합니다. 상관의 명령에 복명복창합니다. '복명복창' 의 사전 정의는 "상급자가 내린 명령ㆍ지시를 되풀이하여 말함. 또는 그렇게 하라는 명령. 이를 통하여 명령과 지시가 정확하게 전달되었음을 확인할 수 있으며, 그 시행을 다짐하게 된다." 입니다. 자신이 어떤 사람인가를 생각하지 않습니다. 자신의 계급과 역할만을 생각합니다. 나이가 더 어린 사람이 상관이라고 해도 명령에 복종합니다. 군대에서는 계급이 기준입니다. 그래서 승진에서 밀리면 옷을 벗습니다. 자기보다 서열이 낮은 후배의 부하가 될 수는 없기 때문이지요. 승진이 안 된 소령님을 본 적이 있습니다. 그분은 군 생활을 거의 하시지 못하셨지요. 후배에게 경례해야 하는데 하기도 싫고 할 수도 없으니, 거의 두문불출하셨지요.

대답을 잘하려면 마음이 겸손해야 합니다. 또한, 대답을 한다는 것은 부담스러운 일입니다. 묵비권이 있습니다. '진술을 거부할 수 있는 권리' 입니다. 그래서 '대답하다' 를 의미하는 이 단어는 '압박을 받다, 괴롭다.' 하는 의미를 갖기도 합니다. 이제 27절을 다시 봅니다. "일곱째 달 열흘날은 속죄일이니 너희는 성회를 열고 스스로 괴롭게 하며 여호와께 화제를 드리고" 아멘. 초막절 닷새 전에 다 같이 모여 대답합니다. 마음을 겸손하게 갖습니다. 압박을 느낍니다. 어떤 압박입니까? 하나님 앞에서 자신을 돌아보며 어그러졌던 것을 돌아봅니다. 겸손한 마음을 갖습니다. 하나하나 상황과 사안에 대해 대답합니다.

이와 같은 준비가 있었기에 초막절 일주일이 즐겁게 됩니다. 자신을 돌아보고 마음을 겸손하게 가지기 위해 일을 하면 안 됩니다. 28절입니다. "이 날에는 어떤 일도 하지 말 것은 너희를 위하여 너희 하나님 여호와 앞에 속죄할 속죄일이 됨이니라" 아멘. 여기서 '속죄' 에는 '덮다.' 를 의미하는 단어가 쓰였습니다. 덮이는 날입니다. 하나님께서 덮어주시는 날입니다. 마음을 겸손히 가지니 덮어주십니다. 아는 척하지 않고 잘난 척하지 않고 다른 사람 무시하는 마음을 버리니 덮어주십니다. 일을 멈추고 자신을 돌아봅니다.

얼마나 철저해야 하나요? 32절입니다. "이는 너희가 쉴 안식일이라 너희는 스스로 괴롭게 하고 이 달 아흐렛날 저녁 곧 그 저녁부터 이튿날 저녁까지 안식을 지킬지니라" 아멘. '이튿날' 이라는 표현은 작은 글씨로 쓰여 있어야 맞습니다. 본래 원문에는 없는 표현입니다. '저녁부터 저녁까지' 입니다. 하루입니다. 7월 10일은 우리 시간으로 9일 저녁에 시작해서 10일 저녁에 끝납니다. 다시 말해 오후 6시에 시작해서 오후 6시에 끝납니다. 하루 종일 속죄일을 지키라면서 '저녁부터 저녁까지' 라고 했습니다. 무슨 말입니까? 잠자는 시간, 밥 먹는 시간에도 괴로워하라는 말씀입니다.

초막절은 그냥 즐겁게 되지 않습니다. 닷새 전 속죄일 하루 동안 자신을 돌아보며 허물을 회개하고 마음을 겸손하게 가지며 마음이 준비되어야 초막절 일주일이 즐겁습니다. 한 달에 천만 원을 벌어도, '자신이 이천만 원 벌 사람인데 천만 원밖에 못 벌었다.' 그렇게 생각하면 즐겁지 않습니다. 그러나 매월 38만원을 벌어도, 능력 주신 하나님께 감사하면 즐거울 수 있습니다. 나를 어느 위치에 놓느냐가 중요합니다. 나 자신을 대단한 위치에 놓을수록 겸손하기 어렵고 풍족해도 즐거울 수 없습니다.

그래서 속죄일 전에 나팔을 붑니다. 24절을 보면, 일곱째 달 곧 그달 첫날에 나팔을 붑니다. "이스라엘 자손에게 말하여 이르라 일곱째 달 곧 그 달 첫 날은 너희에게 쉬는 날이 될지니 이는 나팔을 불어 기념할 날이요 성회라" 아멘. 나팔을 부는 것은 '자유 선포' 입니다. '자유 선포' 에는 '계급장을 떼는 것' 이 들어가 있습니다. 본래 유격훈련장에 가면 계급장이 붙어 있는 자기 군복을 벗고 계급장이 없는 군복으로 갈아입습니다. 본래는 사단장도 대위밖에 안 되는 유격 교관 앞에서 얼차려도 받고 해야 합니다.

은혜를 받으려면 '자유 선포' 가 있어야 합니다. 담임목사라도 계급장 내려놓고 예배를 드려야 은혜를 받습니다. 잘 들으면 원입자의 원입 소감을 들으면서도 은혜를 받습니다. '자식, 많이 컸네.' 하는 마음에는 은혜가 임하지 않습니다. 그러니 교회에 오래 다녔을수록 '자유 선포' 에 능해야 합니다. 예배를 드리다 보면, 헬라어나 히브리어에 대한 이해가 틀린 설교를 듣기도 합니다. 자유주의 신학에 물든 설명을 듣기도 합니다. 그래도 은혜를 받으려면 계급장을 내려놔야 합니다. 원어를 알고 있다는 계급장, 성경을 더 정확하게 알고 있다는 계급장을 내려놔야 합니다. 그런데 성경을 조금 알게 되면, 은혜를 조금 받게 되면, 마음이 높아져서 자꾸 설교를 판단하게 됩니다. 그러면 은혜도 없고 즐거움도 없습니다.

초막절을 지키기 전에 두 가지를 해야 합니다. 첫째는 '자유 선포' 이고, 둘째는 '스스로 괴롭게 하기' 입니다. 계급장을 내려놔야 하고, 마음을 내려놔야 합니다. 그래야 초막절이 즐겁습니다. 초막에서 일주일을 살 수 있습니다. 42-43절입니다. "너희는 이레 동안 초막에 거주하되 이스라엘에서 난 자는 다 초막에 거주할지니 이는 내가 이스라엘 자손을 애굽 땅에서 인도하여 내던 때에 초막에 거주하게 한 줄을 너희 대대로 알게 함이니라 나는 너희의 하나님 여호와이니라" 아멘. '이스라엘에서 난 자' 는 모두 초막에서 거주하라 하십니다. 지금 우리에게 적용하면, '예수께 속한 자는 모두 초막에 거주하라.' 이렇게 되겠습니다. 예수께 속한 자는 예수님을 보고, 계급장 내려놓고 마음도 내려놓으라고 말씀하시는 것입니다.

나이에게, 학번에게, 신앙 연륜에게 나팔을 부십시오. 받은 바 은혜에게 나팔을 부십시오. 그리고 마음을 낮추십시오. 대답을 준비하십시오. 성실하게 대답하십시오. 어리석은 질문이라고 무시하지 마시고, 잘 듣고 성실하고 정직하고 바르게 대답하십시오. 그러면 마음을 낮추게 됩니다. 아니 마음을 낮춰야 잘 대답할 수 있습니다. 그러면 여러분에게 즐거움이 임할 것입니다. 같이 모일 수 있고 같이 멈출 수 있습니다. 안식이 있습니다. 시간을 하나님께 드릴 수 있습니다.

절기는 하나님께 시간을 드리는 시기입니다. 하나님께 드리는 시간이 거룩합니다. 35-36절입니다. "첫 날에는 성회로 모일지니 너희는 아무 노동도 하지 말지며 이레 동안에 너희는 여호와께 화제를 드릴 것이요 여덟째 날에도 너희는 성회로 모여서 여호와께 화제를 드릴지니 이는 거룩한 대회라 너희는 어떤 노동도 하지 말지니라" 아멘. '성회(聖會)' 라 했습니다. 거룩한 모임입니다. 수련회는 '절기' 와 같습니다. 성회입니다. 거룩한 시간입니다. 하나님께 시간을 드리는 시기입니다. 시간을 드려야 거룩한 시간입니다. 자유가 선포되고 마음이 겸손해져서 하나님 앞에 드려지는 시간, 그 시간이 거룩합니다. 그 시간에 하나님께서 우리를 거룩하게 해주십니다.

절기는 때가 되어 지키지만, 등불은 매일, 진설병은 안식일마다 항상 드려져야 합니다. 24장 2-4절입니다. "이스라엘 자손에게 명령하여 불을 켜기 위하여 감람을[/올리브 열매를] 찧어낸 순결한 기름을 네게로 가져오게 하여 계속해서 등잔불을 켜 둘지며 아론은 회막안 증거궤 휘장 밖에서 저녁부터 아침까지 여호와 앞에 항상 등잔불을 정리할지니 이는 너희 대대로 지킬 영원한 규례라 그는 여호와 앞에서 순결한 등잔대 위의 등잔들을 항상 정리할지니라" 아멘. 엘리의 아들들이 심야 등불 간검(看檢)이 힘들어서 이 일을 사무엘에게 맡겼지요. "하나님의 등불은 아직 꺼지지 아니하였으며 사무엘은 하나님의 궤 있는 여호와의 전 안에 누웠더니"(삼상 3:3), "사무엘이 아침까지 누웠다가 여호와의 집의 문을 열었으나 그 이상을 엘리에게 알게 하기를 두려워하더니"(3:15)을 보면, 사무엘이 밤새워 등불 곁에서 지낸 것을 알 수 있습니다. 진설병에 대해서는 24장 8절을 봅니다. "안식일마다 이 떡을 여호와 앞에 항상 진설할지니 이는 이스라엘 자손을 위한 것이요 영원한 언약이니라" 아멘.

지금까지는 규례가 소개되었다면, 24장 10-23절에는 사례가 소개됩니다. "여호와의 이름을 모독하며 저주"한 사람이 실제로 죽습니다. 그런데 여기에 '동해보복법' 이 등장합니다. 19-22절입니다. "사람이 만일 그의 이웃에게 상해를 입혔으면 그가 행한 대로 그에게 행할 것이니 상처에는 상처로, 눈에는 눈으로, 이에는 이로 갚을지라 남에게 상해를 입힌 그대로 그에게 그렇게 할 것이며 짐승을 죽인 자는 그것을 물어 줄 것이요 사람을 죽인 자는 죽일지니 거류민에게든지 본토인에게든지 그 법을 동일하게 할 것은 나는 너희의 하나님 여호와임이니라" 아멘.

'동해보복' 이 구약 율법의 원칙은 아닙니다. 세 가지 경우에만 '동해보복' 이 적용됩니다. '임신부를 해한 자, 이웃을 해한 자, 위증으로 형제를 해하려고 한 자' 입니다. 레위기 24장 19-22절은 '이웃을 해한 자' 에 대한 규정입니다. 그럼, '임신부를 해한 자' 에 대한 규정부터 살펴봅니다. '임신부를 해한 자에 대한 동해보복 규정' 은 출애굽기 21장 22-25절에 나옵니다. "사람이 서로 싸우다가 임신한 여인을 쳐서 낙태하게 하였으나 다른 해가 없으면 그 남편의 청구대로 반드시 벌금을 내되 재판장의 판결을 따라 낼 것이니라 그러나 다른 해가 있으면 갚되 생명은 생명으로, 눈은 눈으로, 이는 이로, 손은 손으로, 발은 발로, 덴 것은 덴 것으로, 상하게 한 것은 상함으로, 때린 것은 때림으로 갚을지니라" 하였습니다. 임신한 여인을 쳐서 낙태하게 만들었을 뿐 아니라 임신부를 죽이거나 상해한 경우에 '동해보복' 을 말하는 것처럼 보입니다.

그런데 출애굽기 21장 22-25절은 설명이 많이 필요한 본문입니다. 우선 22절에서 "사람이 서로 싸우다가"는 '남자들이 서로 싸우다가' 입니다. 남자들이 싸우다가 그 싸움과 관계가 없는 임산부를 치게 되었습니다. 그러면 어떤 일이 있을 수 있을까요? 산모가 다치거나 죽거나, 유산하거나 조산할 수 있고, 태어난 태아에게 문제가 있을 수 있습니다. 그런데 22절에서는 "낙태하게 하였으나"라고 번역했습니다. 이 번역은 논란이 많습니다. 본래 히브리어 본문은 '그녀의 아이들이 태어나다.' 입니다. 임산부를 의도하지 않게 치게 되었지만, 아이가 태어나고 다른 해가 없으면 벌금형으로 해결될 수 있지만, 다른 해가 있으면 동해보복법으로 처리해야 한다는 규정입니다.

그런데 '아이가 나오다.' 를 '낙태' 로 번역하다 보니, 태아의 생명은 별로 중요하지 않다는 인상을 주게 되었습니다. 태아가 죽은 것은 벌금형이 가능하다는 거죠. '낙태' 는 '출산' 과 관련된 한 가지 형태입니다. 그리고 여기에 사용된 히브리어 단어는 '야짜' 인데, '나오다' 입니다. 이는 산 채로 나오는 것을 의미할 가능성이 높습니다.[1)] 동작을 표현하기 때문입니다. 태아가 나온 거죠. 히브리어 동사 형태를 고려할 때, 아이가 나오는 시점은 임신부가 맞은 때를 기준 삼지 않아도 됩니다. 임산부가 맞았고 그 맞은 결과로 그런 상태나 조건이 된 것을 표현하는 동사 형태입니다.[2]

출애굽기 21장 22-25절의 앞뒤 문맥을 보면 사람을 친 경우에 대해 규정합니다. 21장 12절부터 보면, 사람을 쳐 죽이면 그 사람은 사형입니다. 고의가 아니라면 도피성으로 피할 수 있습니다. 고의이면 제단에서라도 잡아내려 죽이라십니다. 아버지나 어머니 치는 자도 사형입니다. 인인매매자 사형입니다. 부모를 저주한 자도 부모를 치는 자와 동일하게 사형입니다. 싸우다가 쳤는데 다치기만 하면 손해를 배상하고 치료되게 해야 합니다. 주인이 종을 치는 경우, 바로 죽으면 형벌을 받지만, 하루나 이틀 연명하면 벌을 받지 않습니다. 그리고 이어지는 본문이 21장 22-25절입니다. 이어지는 21장 26절과 27절도 종을 다치게 한 경우에 대해 말합니다. 이로 볼 때, 고의는 아닌데, 임신부를 친 경우를 22-25절에서 특별하게 다루고 있습니다.

둘째 경우인, '이웃을 해한 자'에 대한 동해보복 규정은 이번 통독 본문인 레위기 24장에 19-22절에 나옵니다. 20절입니다. "사람이 만일 그의 이웃에게 상해를 입혔으면 그가 행한 대로 그에게 행할 것이니 상처에는 상처로, 눈에는 눈으로, 이에는 이로 갚을지라" 하였습니다. '이웃'에게 상해를 입힌 경우라고 명기합니다.

셋째 경우인, '위증으로 형제를 해하려고 한 자'에 대한 동해보복 규정은 신명기 19장 16-21절에 있습니다. 재판에서 위증한 경우입니다. "만일 위증하는 자가 있어 어떤 사람이 악을 행하였다고 말하면 그 논쟁하는 쌍방이 같이 하나님 앞에 나아가 그 당시의 제사장과 재판장 앞에 설 것이요 재판장은 자세히 조사하여 그 증인이 거짓 증거하여 그 형제를 거짓으로 모함한 것이 판명되면 그가 그의 형제에게 행하려고 꾀한 그대로 그에게 행하여 너희 중에서 악을 제하라 그리하면 그 남은 자들이 듣고 두려워하여 다시는 그런 악을 너희 중에서 행하지 아니하리라 네 눈이 긍휼히 여기지 말라 생명에

---

1) 이에 대해, 프롭(Willaim H. C. Propp, *Exodus 19-40*, AB [New York: Doubeday, 2006], 222)은 "사실, 히브리어 단어 '야짜'는 훨씬 더 종종 산 채로 출생하는 것을 가리킨다(예. 창 25:25-26; 38:28-30)." 이렇게 주석합니다.

2) 이에 대해서는 박형대, 『나름 친절한 헬라어 문법책』, 원어성경을 읽고픈 그대를 위한 책 하나 (서울: 그리심, 2017), 81-82쪽에 있는 '베카탈티형'에 대한 설명을 참고하세요.

는 생명으로, 눈에는 눈으로, 이에는 이로, 손에는 손으로, 발에는 발로이니라" 아멘. 재판에서 위증하여 형제를 해하려고 했다는 조건이 명시되었습니다.

동해보복법은 함무라비 법전에서도 발견되는데, 성경처럼 세 가지 경우로 한정하지 않습니다. 그냥 '눈을 쳐서 멀게 하면, 그 사람 눈도 멀게 하라, 뼈를 부러뜨리면 뼈를 부러뜨리라.' 하는 식으로 되어 있습니다. 동시에 벌금형도 발견됩니다. '평민의 눈을 멀게 하거나 뼈를 부러뜨리면, 60세겔을 달아주어라.' 입니다. 고대법 가운데 우르 남무 법에는 상해를 벌금형으로 처리했습니다. 다리 베면 10세겔, 뼈 부수면 60세겔, 코 베면 40세겔, 이런 식입니다.

구약성경은 임산부 및 태아와 관련된 상해에 대해서는 벌금형을 허락하지 않습니다. 임산부가 종이든, 평민이든 관계없습니다. 신분 고하를 막론하고 임신부를 상해하면, 임신부와 태아 모두에게 해가 없는 경우에만 벌금형이 가능합니다. 임신부에 대한 특별한 관심을 표현하고 계십니다. 출애굽기 21장, 레위기 24장, 신명기 19장을 고려할 때, 임신부와 이웃을 해한 자 및 위증으로 형제를 해하려고 한 자에 대한 법이 '구약성경의 동해보복법' 이었습니다. 긍휼의 법을 적용하기 어려운 특별한 경우입니다. 그러나 예수님은 긍휼의 범위를 확대하셨습니다. 하나님께서 해를 악인과 선인에게 비추시며 비를 의로운 자와 불의한 자에게 내려주시는 창조 때부터의 원리를 언급하시며 '원수 사랑법' 을 말씀하셨습니다(마 5:43-45). 이혼이 안 되는 이유로 아담과 하와 때의 말씀을 언급하신 것처럼, '원수 사랑' 의 이유를 창조부터의 현상에서 찾으셨습니다.

존 파이퍼 목사님(1946년생)은 1974년 여름에 독일에서 박사학위를 마쳤는데, 그때 '원수 사랑법' 으로 논문을 쓰셨고 1979년 캠브릿지 신약 시리즈로 논문을 출판하셨습니다. 목사님은 신약성경에 있는 다양한 형태의 '원수 사랑' 가르침이 예수님에게서 비롯되었는데, 이는 구약의 율법을 넘어서는 법이라고 논증했습니다. 서신서에 있는 '선을 행함(벧전 3:11; 살전 5:15; 갈 6:10), 평화 추구(벧전 3:11; 롬 12:18; 살전 5:13), 악으로 갚지 않는 것(롬 12:17; 살전 5:15; 벧전 3:9)' 과 같은 가르침이 표현은 다르지만 예수님의 '원수 사랑법' 에서 비롯되었다는 거죠. 하나님의 구원 계획에 따라 성육신하시고 원수인 우리를 구원하시려고 십자가에서 돌아가신 그 사랑으로 '동해보복법' 을 폐지하신 것이라고 말씀하십니다.

그러나 하나님의 원칙은 변하지 않았습니다. 처음부터 '원수 사랑' 이셨습니다. 그래서 아담과 하와가 범죄 했을 때 '가죽옷' 을 지어 입히셨습니다(창 3:21). 인간의 죄악이 관영해질수록 하나님의 '원수 사랑법' 도 그 정도가 높아졌습니다. 마침내 아들을 내어주시기까지에 이른 것입니다. 그러니 이제는 '원수 사랑법' 의 정도가 더 이상 높아질 수 없을 만큼 높아졌습니다. '원수 사랑' 이라는 표현 자체가 일반화될 수 있을 만큼 되었죠. 그러니 하나님의 사랑과 그리스도의 순종으로 구속을 입은 우리는 다른 사람을 긍휼히 여기고 그 범위를 확대하는 것이 당연한 것이 되었습니다.

유대인들은 레위기 19장 18절의 '네 이웃을 네 몸처럼 사랑하라.' 하신 말씀을 '원수 미움' 으로 발전시켰으나(마 5:43), 하나님의 뜻을 아시는 예수님은 '이웃 사랑' 을 '원수 사랑' 으로 발전시키셨습니다. 그러므로, 하나님과 함께 사는 법, 하나님의 백성으로 거룩하게 사는 법에는 '이웃 사랑, 원수 사랑' 이 있습니다. '동해보복법' 은 구약율법의 대명사가 아닙니다. 고대 근동에서 적용되던 동해보복 규정을 고려할 때, 구약성경의 동해보복법은 특별법이었습니다.

이제 하나님께서는 거룩하게 사는 백성의 '쉼, 안식' 에 대해 말씀하십니다. 25장 2절입니다. "이스라엘 자손에게 말하여 이르라 너희는 내가 너희에게 주는 땅에 들어간 후에 그 땅으로 여호와 앞에 안식하게 하라" 아멘. 안식일, 안식년, 희년에 대해 말씀하십니다. 매우 길게 말씀하십니다. 희년의 핵심 개념은 '자유' 입니다. '희년(禧年)' 에는 '복 희' 자를 씁니다. '복되고 경사스러운 해' 라는 뜻입니다. 노예도 해방되고 땅도 되찾으니 복되고 경사스럽다는 의미에서 '희년' 이라고 이름을 붙였습니다. 히브리어 본래 의미는 '양' 이나 '양각' 을 의미합니다. 희년에 양각 나팔을 불기에 '양각의 해' 라고 이름 지었습니다. 어근을 고려하면 '가져오게 되는 해' 도 됩니다. 오십 년이 지나면, 자유가 오고, 분배받았던 땅도 다시 받으니, 뭔가를 가져옵니다. 그러나 가져오는 힘이 받는 사람에게서 비롯된 것이 아니니, 가져오게 되었습니다. 받은 것이지요. 은혜입니다.

희년은 안식년이 일곱 번 지난 다음에 옵니다. 본래 '안식일' 은 '멈추는 날' 입니다. 우리말로는 '쉬는 날' 이라며 '안식일' 이라고 이름 붙였지만, 히브리어로는 '멈추는 날' 입니다. 무엇을 멈춥니까? 일을 멈춥니다. 왜 일을 멈춥니까? 사람이 떡으로만 사는 것이 아니라는 것을 생각하려고 멈춥니다. 사람이 자기 힘으로 사는 것이 아니라는 것을 배우라고 멈춥니다. '아, 멈춰도 사는구나! 일을 안 해도 되는구나!' 일을 멈추고 무엇을 합니까? 하나님을 생각합니다. 안식일 제사를 추가로 드리며 하나님께서 주시는 그리고 주실 은혜를 생각합니다.

그래서 예수님은 "안식일에 선을 행하는 것이 옳"다고 하셨고(마 12:12), "안식일이 사람을 위하여 있는 것이요 사람이 안식일을 위하여 있는 것이 아니"라고 하셨으며(막 2:27), "안식일에 선을 행하는 것과 악을 행하는 것, 생명을 구하는 것과 죽이는 것, 어느 것이 옳으냐"(눅 6:9) 질문도 하셨습니다. 안식일은 일상을 멈추는 날입니다. 특별히 일을 멈추는 날입니다. 돈 버는 일, 수확을 위한 일을 멈춥니다. 그러나 선행은 멈추지 않습니다. 생명을 구하는 일은 멈추지 않습니다. 그래서 제사도 지내고 할례도 행합니다. 평상시 일하느라 뒷전이었던 일, 사람을 돌보고 하나님을 생각하는 일을 합니다.

일을 멈추고 하나님을 생각하는 날을 이천오백 회 이상 지나고 나면, 생명을 위하고 선행을 위하며 하나님을 생각하며 지낸 일곱 번째 안식년 삼백육십 일이 차면, 어떤 날이 옵니까? 은혜의 날, 기쁨의 날이 옵니다. 은혜가 부어지는 날입니다. 하늘로부터 임하는 날입니다. 마치 죄 문제가 해결되지 못했는데, 예수님이 하늘로부터 성육신하신 것과 같은 일이 생깁니다. 받아들여지는 날입니다. 멈춤의 날이 차니, 은혜의 날이 임합니다. 뭔가 법칙 같지 않으십니까?

돈으로부터도, 욕심으로부터도 자유로워지는 날입니다. 종이 해방되는 날입니다. 종이야 해방되니 기쁘지만, 주인 입장에서는 재산이 줄어드는 날이고 본인이 스스로 해야 하는 일이 늘어나는 날입니다. 군림했는데 소박해지는 날입니다. 부리는 하인이 백 명이었다면 백 명 일손이 없어지는 날입니다. 부동산이 없어지는 날입니다. 특별한 경우가 아니라면 모든 부동산이 본래 주인에게로 돌아갑니다. 얼마간 가졌던 땅을 잃는 날입니다. 땅을 되찾는 사람은 즐겁겠지만, 땅을 돌려주는 사람은 그렇지 않을 수 있습니다.

그래서 땅값을 정할 때 '희년 때까지 남은 연수 곱하기 수확량' 으로 정합니다. 만일 밀 열 가마니가 수확되는 땅이고 희년까지 25년이 남았다면, 땅값은 밀 250가마니입니다. 비록 땅이 주인에게 돌아가더라도 땅을 매입한 사람에게 손해가 가지 않도록 했습니다. 땅을 팔지 않으면 가장 좋지만, 다시 말해 지계표, 땅 경계표를 옮기지 않으면 가장 좋지만, 사람이 살다 보면 땅을 팔아야 할 때도 생기니, 그때는 희년까지 남아 있는 햇수에 수확량을 곱한 돈을 받고 팝니다.

그런데 농사짓는 땅이 아니면 어떡할까요? 그 땅을 사더라도 수확량으로 인한 혜택을 받기가 어렵습니다. 특별히 성벽 내 가옥은 농사 외의 가치를 갖습니다. 이런 경우 일 년 안에만 무를 수 있게 했습니다. 25장 29-30절이 그 말입니다. "성벽 있는 성 내의 가옥을 팔았으면 판 지 만 일 년 안에는 무를 수 있나니 곧 그 기한 안에 무르려니와 일 년 안에 무르지 못하면 그 성 안의 가옥은 산 자의 소유로 확정되어 대대로 영구히 그에게 속하고 희년에라도 돌려보내지 아니할 것이니라" 아멘. 가옥에서는 소출이 없습니다. 특별히 성벽에 둘린 가옥은 안전을 제공합니다. 안락함을 제공합니다. 특별 가치가 인정됩니다. 그래서 희년이 되어도 본 소유주에게 돌아가지 않습니다.

어떤 면에서 인간의 수고와 노력으로 형성된 기반이 튼실할수록 희년으로부터 자유롭습니다. 31절이 이 점을 보여줍니다. "그러나 성벽이 둘리지 아니한 촌락의 가옥은 나라의 전토와 같이 물러 주기도 할 것이요 희년에 돌려보내기도 할 것이니라" 아멘. '그럴 수 있다.' 하는 형태로 번역되었지만, '그렇다.' 로 이해하는 것이 좋겠습니다. 성벽이 없다면, 그저 가옥이라면, 인간의 수고와 노력보다는 그 땅 본래의 성격이 더 강하다고 여겨 본 주인에게 돌아가도록 하셨습니다.

이렇게 규정하신 이유가 있습니다. 땅이 하나님의 것이기 때문입니다. 23절입니다. "토지를 영구히 팔지 말 것은 토지는 다 내 것임이니라 너희는 거류민이요 동거하는 자로서 나와 함께 있느니라" 아멘. 토지가 다 하나님의 것입니다. 그런데 그 땅이 가공됩니다. 집을 짓고 성을 짓습니다. 집을 짓는 데까지는 그래도 어느 정도 본 소유주이신 하나님께 처분권이 있다고 봅니다. 그러나 성곽까지 만들고 나면 하나님께서도 인간 수고와 노력을 인정하셔서 처분권을 주장하지 않으시겠다고 하신 것입니다. 참 합리적이시면서도 겸손하신 하나님이십니다. 인간이 땅 위에 뭘 짓든, '본래 내 땅이야!' 하지 않으시고, 그들 수고와 노력을 인정해주시는 하나님입니다.

그러나 예외가 있습니다. 하나님께 드려진 땅은 다릅니다. 레위 족속은 하나님께 드려진 족속입니다. 그래서 그들에게 준 땅 역시 다른 땅과는 달리, 하나님께 드려진 측면이 있습니다. 그래서 레위 족속이 받은 가옥은 일 년이 지나도 무를 수 있고, 희년이 되면 본래 주인에게로 돌아갑니다. 32-33절입니다. "레위 족속의 성읍 곧 그들의 소유의 성읍의 가옥은 레위 사람이 언제든지 무를 수 있으나 만일 레위 사람이 무르지 아니하면 그의 소유 성읍의 판 가옥은 희년에 돌려 보낼지니 이는 레위 사람의 성읍의 가옥은 이스라엘 자손 중에서 받은 그들의 기업이 됨이니라" 아멘.

이처럼 하나님께서는 인간의 수고와 노력을 인정하시면서도, 하나님께 드려진 사람과 땅에 대해서는 더 철저히 관리하십니다. 그래서 '매매 금지 구역' 도 지정하십니다. 레위 족속이 받은 성읍 주변의 땅입니다. 34절입니다. "그러나 그들의 성읍 주위에 있는 들판은 그들의 영원한 소유지이니 팔지 못할지니라" 아멘. 레위 족속의 최소 생계를 보장하는 규칙이기도 하고, 레위 족속이 자기가 머물러야 하는 곳을 떠나지 못하게 막는 규정이기도 합니다. 성읍 주위의 들판은 레위 족속이 기르는 가축을 위한 땅입니다. 그러니 그 땅의 매매를 금지하신 것은 레위 족속의 이주를 막기 위함으로 보입니다. 동시에 가옥은 아니더라도 천막을 치고 살 수 있는 공간은 확보해 주시는 배려로 보입니다.

이처럼 율법은 기본 질서가 유지되기를 바라시는 하나님의 마음이 담겨 있습니다. 인간은 자신의 필요와 욕망을 따라 하나님께서 정하신 것이라 하더라도 바꾸고 싶어 합니다. 그것을 아시는 하나님은 어느 정도 자유를 주시면서도 기본 틀, 특별히 회복을 위한 최소한의 안전장치는 유지하고 싶어 하십니다. 마치 다음 해 농사를 위해 남겨놓은 씨앗은 아무리 배가 고파도 먹지 않는 것과 같습니다. 장사하는 사람들도 종잣돈은 건드리지 않지요. 다음에 물건 살 돈을 건드리면 장사를 이어갈 수 없기 때문입니다.

희년이라고 하는 큰 틀의 규정이라고 해도 '거룩' 이라는 규정 안에 있습니다. 35절 이하가 그것을 보여줍니다. 이웃에 대한 거룩함 유지는 중요합니다. 재산 관리나 처분으로 인한 소유자 변경이 일어난다고 해도, 이웃에 대한 거룩함은 유지되어야 하는 것이죠. 35-37절입니다. "네 형제가 가난하게 되어 빈 손으로 네 곁에 있거든 너는 그를 도와 거류민이나 동거인처럼 너와 함께 생활하게 하되 너는 그에게 이자를 받지 말고 네 하나님을 경외하여 네 형제로 너와 함께 생활하게 할 것인즉 너는 그에게 이자를 위하여 돈을 꾸어 주지 말고 이익을 위하여 네 양식을 꾸어 주지 말라" 아멘.

경제활동에 질서가 있습니다. 그러나 그 질서보다 더 중요한 질서가 있습니다. 거룩입니다. 거룩의 결과인 사랑입니다. 긍휼입니다. 생명입니다. 구원입니다. 생명 구원보다 더 중요한 것은 없습니다. 그러므로 안식일 법보다 우선하고 희년 법보다 우선합니다. 인간의 수고와 노력이 고려됩니다. 그러나 인간의 수고와 노력을 넘어설 때가 있습니다. 사람이 죽게 된 경우입니다. 특별히 하나님의 백성이 죽게 되었다면, 그를 살리는 것이 우선입니다. 근거로 '구원의 하나님'이 제시됩니다. 38절입니다. "나는 너희의 하나님이 되며 또 가나안 땅을 너희에게 주려고 애굽 땅에서 너희를 인도하여 낸 너희의 하나님 여호와이니라" 아멘.

구원의 하나님, 생명의 하나님을 닮아 사는 것이 우선입니다. 하나님의 은혜가 아니었다면 가옥도 전토도 없습니다. 아니, 자유도 없습니다. 그들은 애굽 바로의 종이었습니다. 그러므로 형제가 낮아져서 밟히게 되면, 일단은 살려야 합니다. 비상(非常)이기 때문입니다.

이어지는 26장은 성전과 왕궁을 지은 솔로몬에게 하나님께서 요약하여 제시하신 본문입니다(대하 7:12-22). 비가 안 올 때, 메뚜기 떼가 소출을 먹어버릴 때, 전염병이 창궐할 때, 하나님께 항복하고 기도하며 얼굴을 구하고 악에서 떠나라고 말씀하셨지요. 26장에는 그 말씀이 길게 풀어 설명됩니다. 40-42절만 봅니다. "그들이 나를 거스른 잘못으로 자기의 죄악과 그들의 조상의 죄악을 자복하고 또 그들이 내게 대항하므로 나도 그들에게 대항하여 내가 그들을 그들의 원수들의 땅으로 끌어 갔음을 깨닫고 그 할례 받지 아니한 그들의 마음이 낮아져서 그들의 죄악의 형벌을 기쁘게 받으면 내가 야곱과 맺은 내 언약과 이삭과 맺은 내 언약을 기억하며 아브라함과 맺은 내 언약을 기억하고 그 땅을 기억하리라" 아멘.

레위기는 하나님께 드리는 법도로 마무리됩니다. 레위기 27장이 제게는 매우 중요했습니다. 자발적 헤렘 규정이 가장 먼저 나오는 부분이 있기 때문입니다. 28-29절입니다. "어떤 사람이 자기 소유 중에서 오직 여호와께 온전히 바친 모든 것은 사람이든지 가축이든지 기업의 밭이든지 팔지도 못하고 무르지도 못하나니 바친 것은 다 여호와께 지극히 거룩함이며 온전히 바쳐진 그 사람은 다시 무르지 못하나니 반드시 죽일지니라" 아멘. 27장을 읽어보면, 헤렘 예물은 다른 어떤 예물보다도, 맨 처음에 언급되는 '사람을 드리는 예물' 보다도(27:1-8), 십일조(27:30-33)나 초태생(27:26-27)보다도 규정이 엄격합니다. 무르지도 속하지도 못하는, 대체하지도 못하는 예물이지요.

이처럼 레위기는 성소를 봉헌한 이스라엘 백성들이 하나님의 백성으로 살아가려면 어찌해야 하는지, 어떠해야 하는지를 매우 자세하게 소개합니다. 이 이야기는 민수기 7장에서 다시 시작될 것입니다. 그럼, 민수기 1-6장에는 무엇이 있나요? 잘 아는 대로 '민수(民數)' 즉, '백성을 계수하는 일' 이 있습니다. 특별히 20세 이상으로 싸움에 나갈 만한 자들의 수를 헤아립니다. 레위 지파는 제외됩니다. 그들은 성소를 지켜야 하기에 전쟁에 나가지 않습니다. 순서는 르우벤, 시므온, 유다, 잇사갈, 스불론, 에브라임, 므낫세, 베냐민, 단, 아셀, 갓, 납달리 순입니다. 각각의 지파의 숫자와 전체 합이 소개됩니다. 39년이 지나고 민수기 26장에서 한 번 더 계수될 것이기 때문에 각 지파의 수가 중요합니다. 광야 생활을 어떻게 하느냐에 따라 수가 늘 수도 있고 줄 수도 있기 때문입니다.

각 지파의 수와 '레위 지파를 계수하지 않은 이유' (1장 47-53절)가 소개된 다음에, 진 편성과 행군 순서가 제시됩니다.

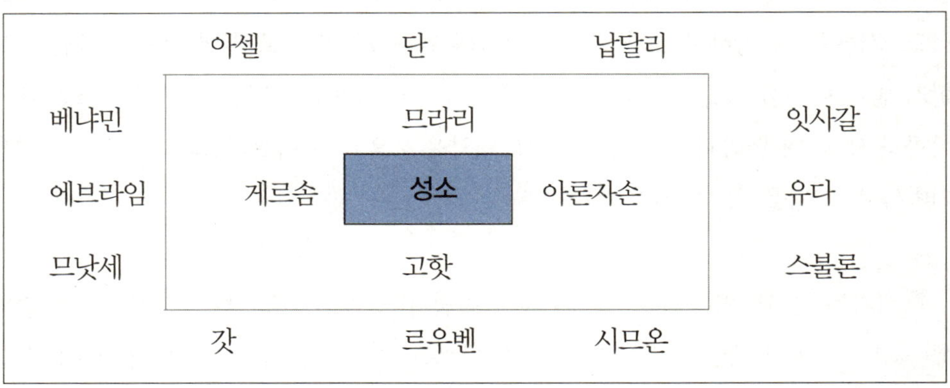

백성이 진영에서 어떻게 배치되는 지가 소개된 다음에, 레위인 계수가 3장에서 소개됩니다. 아론 자손의 수는 간단합니다. 아론과 네 아들인데, 두 아들이 죽었으니 세 명입니다. 나머지 레위 지파는 '일 개월 이상된 남자'를 모두 헤아립니다. 성소에서 봉사할 이들은 이스라엘 백성의 초태생 대신에 취해집니다. 3장 45-48절입니다. "이스라엘 자손 중 모든 처음 태어난 자 대신에 레위인을 취하고 또 그들의 가축 대신에 레위인의 가축을 취하라 레위인은 내 것이라 나는 여호와니라 이스라엘 자손의 처음 태어난 자가 레위인보다 이백칠십삼 명이 더 많은즉 속전으로 한 사람에 다섯 세겔씩 받되 성소의 세겔로 받으라 한 세겔은 이십 게라니라 그 더한 자의 속전을 아론과 그의 아들들에게 줄 것이니라" 아멘. 왜 한 사람에 다섯 세겔씩 계산했을까요? 레위기 27장 6절을 따른 것입니다. "일 개월로부터 다섯 살까지는 남자면 그 값을 은 다섯 세겔로 하고 여자면 그 값을 은 삼 세겔로 하며" 아멘. 일 개월 이상의 남자의 경우 최소 가격이 다섯 세겔입니다.

레위의 아들 게르손, 고핫[그핫], 므라리 자손 22,000명이 초태생 대신 드려진 다음에, 30-50세까지가 다시 헤아려집니다. 8,580명입니다. 민수기 4장에는 이들이 할 임무가 소개됩니다. 성물을 옮기는 일을 아무나 하면 안 됩니다. 다윗이 언약궤 옮길 때 처음에 이 점을 무시해서 실패했습니다. 15, 18-20절입니다. "진영을 떠날 때에 아론과 그의 아들들이 성소와 성소의 모든 기구 덮는 일을 마치거든 고핫 자손들이 와서 멜 것이니라 그러나 성물은 만지지 말라 그들이 죽으리라 회막 물건 중에서 이것들은 고핫 자손이 멜 것이며 … 너희는 고핫 족속의 지파를 레위인 중에서 끊어지게 하지 말지니 그들이 지성물에 접근할 때에 그들의 생명을 보존하고 죽지 않게 하기 위하여 이같이 하라 아론과 그의 아들들이 들어가서 각 사람에게 그가 할 일과 그가 멜 것을 지휘하게 할지니라 그들은 잠시라도 들어가서 성소를 보지 말라 그들이 죽으리라" 아멘.

성물을 조심스럽게 다루듯, 진영 안은 늘 거룩해야 합니다. 5장은 진영을 더럽히지 않기 위해 어떻게 해야 하는지 기술합니다. 2-4절을 읽습니다. "이스라엘 자손에게 명령하여 모든 나병 환자와 유출증이 있는 자와 주검으로 부정하게 된 자를 다 진영 밖으로 내보내되 남녀를 막론하고 다 진영 밖으로 내보내어 그들이 진영을 더럽히게 하지 말라 내가 그 진영 가운데에 거하느니라 하시매 이스라엘 자손이 그같이 행하여 그들을 진영 밖으로 내보냈으니 곧 여호와께서 모세에게 이르신 대로 이스라엘 자손이 행하였더라" 아멘. 나병 환자가 동네에서 살지 못하는 이유가 여기에 있습니다. 11절 이하에 있는 '의심의 법'은 진영 안에는 '의심'도 없어야 한다는 점을 분명히 보여줍니다.

이어지는 6장은 나실인 규례로 유명합니다. 바울도 서원을 하고 결례를 행하기도 했지요. 고린도에서 서원을 하고 겐그레아에서 머리를 깎았습니다(행 18:18). 진영 안에서 뭔가 더 거룩하게 지내는 방법입니다. 21절입니다. "이는 곧 서원한 나실인이 자기의 몸을 구별한 일로 말미암아 여호와께 헌물을 드림과 행할 법이며 이외에도 힘이 미치는 대로 하려니와 그가 서원한 대로 자기의 몸을 구별하는 법을 따라 할 것이니라" 아멘. 삼손이 나실인이었습니다(삿 13:7). 사무엘도 그랬지요. 한나가 "주의 여종에게 아들을 주시면 내가 그의 평생에 그를 여호와께 드리고 삭도를 그의 머리에 대지 아니하겠나이다" 서원했지요(삼상 1:11).

서원 규례는 제사장의 축복으로 알려진 내용으로 이어집니다. 6장 23-26절입니다. "아론과 그의 아들들에게 말하여 이르기를 너희는 이스라엘 자손을 위하여 이렇게 축복하여 이르되 여호와는 네게 복을 주시고 너를 지키시기를 원하며 여호와는 그의 얼굴을 네게 비추사 은혜 베푸시기를 원하며 여호와는 그 얼굴을 네게로 향하여 드사 평강 주시기를 원하노라 할지니라 하라" 아멘. 하나님의 군대로 부름을 받아 거룩하게 살고, 스스로 더 거룩해지려고 나실인으로 살기까지 하는 하나님의 군대 백성은 복을 받을 만합니다.

이제 통독 마지막 부분입니다. 민수기 7장에는 같은 내용이 열두 번 반복됩니다. 성소를 봉헌할 때 각 지파의 지휘관들이 예물을 드렸다는 내용입니다. 성소 봉헌에 백성의 지도자들이 헌신한 것이죠. 12일에 걸쳐 드려집니다. 84-88절은 정리 부분입니다.

이어지는 8장에서는 레위인을 요제로 드린 일이 소개됩니다. 성소가 봉헌될 때 제사장 위임식만 있었던 것이 아니라, 레위인을 요제로 드린 일이 있었던 것이지요. 7절과 24-26절입니다. "너는 이같이 하여 그들을 정결하게 하되 곧 속죄의 물을 그들에게 뿌리고 그들에게 그들의 전신을 삭도로 밀게 하고 그 의복을 빨게 하여 몸을 정결하게 하고 … 레위인은 이같이 할지니 곧 이십오 세 이상으로는 회막에 들어가서 복무하고 봉사할 것이요 오십 세부터는 그 일을 쉬어 봉사하지 아니할 것이나 그의 형제와 함께 회막에서 돕는 직무를 지킬 것이요 일하지 아니할 것이라 너는 레위인의 직무에 대하여 이같이 할지니라" 아멘. 수염만 잘려도 수치라며 다윗의 신복들이 수염이 자란 다음에 돌아오도록 했는데(삼하 10:5), 레위인은 온몸의 털이 밀리고 요제로 드려졌습니다. 이처럼 군사로 부름을 받아 사는 사람은 구별되어야 합니다. 우리를 군대로 부르신, 십자가 군병으로 부르신 하나님의 뜻을 생각하고, 거룩한 군사로 살기 위해 더 거룩해져야 할 부분에 대해 기도합시다.

질의와 응답

하나. "딸아이가 문신하고 싶어 합니다. 레위기 19장 28절에서 '너희의 살에 문신을 하지 말며 무늬를 놓지 말라' 말씀하셨는데, 레위기의 말씀을 지금도 그대로 적용하는 것에 대해 어떻게 생각하시나요?"

구약의 법 정신은 여전히 유효합니다. 동해보복법과 관련하여 '원수사랑법'이 구약 본래의 법 정신이라고 말씀드렸습니다. "율법이나 선지자를 폐하러 온" 것이 아니라 "완전하게 하려" 오셨다는(마 5:17), "그러므로 누구든지 이 계명 중의 지극히 작은 것 하나라도 버리고 또 그같이 사람을 가르치는 자는 천국에서 지극히 작다 일컬음을 받을 것이요 누구든지 이를 행하며 가르치는 자는 천국에서 크다 일컬음을 받으리라" (5:19) 말씀하신 예수님을 기억합니다. 더불어, 로마서 7장 12절의 "이로 보건대 율법은 거룩하고 계명도 거룩하고 의로우며 선하도다" 하는 고백도 고려될 필요가 있습니다. 비록 율법에 무게중심을 지나치게 많이 둔 가상 인물의 고백이기는 했지만, 율법을 부담스러워하기도 하는 사람의 고백이기에 고려될 만합니다.

둘. “십자가 군사로 훈련받으며 살았습니다. 그런데 요즘 젊은이들은 훈련받으려고들 하지 않습니다. 순종 훈련이 어떻게 하면 가능할까요?”

훈련과 자유를 적절히 배합하는 것이 필요합니다. 논문지도를 할 때 밀어붙임과 방목을 잘 섞되, 사람에 따라 비율을 조정하는 것이 좋습니다. 저는 주로 방목(放牧)하는 편입니다. 그러나 타이밍을 생각하면서 압력을 줍니다. 사실, 제가 바빠서 충분히 못 해서 그렇지, 친절하게 알려주면 대체로 잘 따라옵니다. 어떤 전도사님과 면담하는데, 제게 묻더라고요. “요즘 세대의 특징에는 어떤 것이 있을까요?” 그래서 대답했지요. 자유로운데 약하다고요. 틀에 얽매이지 않아 자유로워 좋은데, 틀을 따라가는 힘이 부족하기도 하다고요. 어떤 면에서, 요즘 젊은이들은 내버려 두면서 하나님의 간섭을 기다리는 것도 필요해 보입니다.

셋. “십자가 군사는 거룩해야 한다고 말씀하셨는데, 이 시대를 사는 저희가 거룩하기 위해 피해야 할 것과 추구해야 할 것에는 어떤 것들이 있을까요?”

레위기 19장과 관련해서 자세히 설명했습니다. 거룩한 삶이란 ‘나누는, 이웃을 사랑하는, 경계를 지키는, 서로 존중하고 복종하는 삶’ 이라고 말씀드렸지요. 마음이 정결해야 하는 것 같습니다. 말씀을 읽을 때는 말씀에 집중할 수 있고, 기도할 때는 기도할 수 있으려면, 마음이 깨끗해야 합니다. 머리가 번잡하지 않아야 합니다. 세상으로부터, 세상의 다양한 잡스러움으로부터 자유로워지고, 그것으로부터 떠나 하나님께 집중할 수 있을 때 거룩한 삶이 가능하겠습니다.

넷. “조금만 더 하면 죽을 것 같을 때, 더 해야 하나요, 아니면 멈춰야 하나요?”

반복을 통해 조금씩 늘려가는 것이 좋겠지요. 대체로, 하던 일을 ‘조금 더’ 할 가능성이 크기에, 조금씩 늘려가는 것이 안전하겠습니다. 그러나 ‘못하는 것’ 을 잘하게 될 때는 ‘조금 더’ 가 아닌 어떤 ‘급격한’ 변화가 필요해 보입니다. 그리고 급격한 변화에는 하나님의 역사가 있어야 성공하는 것 같습니다.

다섯. "레위기 2장 28-29절의 자발적 헤렘은 왜 그렇게 엄격하나요?"

헤렘에 대해서는 『헤렘 제자도』라는 제 책에서 자세하게 설명했습니다. 레위기 27장의 말씀도요. '헤렘' 자체가 개념상 엄격한 듯합니다. 예외를 인정하지 않습니다. '오직'이 기본 개념입니다. 대체도 안 되고 무를 수도 없습니다. '사랑'이 '오직'과 잘 통하는 것 같습니다. '오직 너만, 오직 나만' 이런 표현이 사랑과 잘 어울리지요.

여섯. "민수기 21장 2절에 호르마가 나오는데, 이것도 헤렘입니까?

맞습니다. 이 구절 역시 『헤렘 제자도』에 자세한 설명이 있습니다. 좀 더 자세한 설명은 『헤렘을 찾아서?』에 있습니다.

Weekly Reading

8

민수기 9－29장까지

"오합지졸이 정규군으로"

민 9-11장	민 12-14장	민 15-17장	민 18-20장	민 21-23장	민 24-26장	민 27-29장

check

애굽에서 종살이하던 이스라엘 자손 가운데 '싸움에 나갈 만한' 자들을 헤아렸습니다. 육십만 삼천오백오십 명이었습니다. 한 마디로 '육십만 대군' 입니다. 이 정도 군대이면 뭐든 해볼 것 같은데 실력이 형편없습니다. 오합지졸("까마귀가 모인 것처럼 질서가 없이 모인 병졸이라는 뜻으로, 임시로 모여들어서 규율이 없고 무질서한 병졸 또는 군중을 이르는 말")입니다. 그런데 이들이 정규군이 되어갑니다. 어떻게 해서 그리되었을까요?

쓴잔

I.
오합지졸 티를 벗기가
쉽지 않았다.

성소도 제사장도 레위인도 구별되었지만
백성의 원망은 치료되지 않았다.

모이라는 장로들 가운데 두 명이 결석인데
비대면 원격 은혜 주어진다.

미리암은 나병에 걸리고
정탐 나간 지도자들의 간은 콩알만 해진다.

고기 달라는 원망 소리 높아가니
모세도 견디다 못해 '제 새낍니까?' 외친다.

사십 년 연장 소식에 오기를 부려 보지만
호르마까지 도망이다.

실패의 쓴잔을
마셨다.

II.
이런 오합지졸들에게도 바랄 게 있으신지
"그 땅에 들어가 살면…" 말씀을 이어가신다.

소귀에 경 읽기이니
안식일에 나무하는 자 있다.

한술 더 떠
고라 일당은 쿠데타를 꿈꾼다.

땅이 갈라지고 여호와께로부터 불이 나왔는데
다 모세와 아론 탓이란다.

주님 마음으로 아론 달려가
만 사천칠백 번째 시체 앞에 선다.

주님 마음 받았으니
죽은 지팡이에서 싹이 돋고 꽃 피고 열매 맺는다.

배신의 쓴잔을
마셨다.

III.
오합지졸들 안에 질서가 잡혀가니

사명(使命)이 분명해진다.
"성소를 담당하라.
직분을 담당하라."

예물 가운데 헤렘 예물 있고
십일조 가운데 '생명의 십일조' 있다.

붉은 암송아지 재로 시체의 부정은 씻기나
불신을 씻겨지지 않는다.

미리암은 죽고
모세는 므리바 반석 두 번 친다.

에돔은 거절하고
아론도 죽는다.

불신의 쓴잔을
마셨다.

IV.
오합지졸도 쓴잔을 마시다 보니
정규군이 되어간다.

오기 부리다 혼쭐 난 호르마에서
첫 승리 거둔다.

원망하다 물린 불뱀의 독도
놋뱀 은혜로 해독이다.

해독으로 새로워진 몸과 마음으로
요단 동편의 시혼과 옥을 헤렘했다.

벌벌 떠는 발락, 발람 선지자 유혹하나
하나님을 속일 수는 없다.

싯딤의 음행은 비느하스의 질투심으로 극복되고

정규군이 세워지자 딸들도 용감하다.
고난의 쓴잔을
마셨다.

V.
오합지졸 정규군 만드시느라
우리 주님 쓴잔 받으셨다.

내가 마실 실패의 잔을
우리 주님 대신 잡으셨다.

우리 마실 배신의 잔을
신실하신 주님이 대신 붙드셨다.

제자들 마실 불신의 잔을
아멘의 주님이 대신 뒤집어쓰셨다.

성도들 마실 고난의 잔을
영광의 주님이 대신 당하셨다.

주님이 누리신 고난과 불신과 배신과 실패의 잔으로
우리는 하나님의 자녀가 되었다.

이제 우리는 실패와 배신과 불신과 고난의 잔이
두렵지 않아야 하는데…

이번 통독은 여전히 성전봉헌 때의 이야기로 시작합니다. 1장에서 출애굽 2년째 둘째 달 첫째 날에 군인 수를 헤아렸다고 했으니, 1월 14일 유월절이면 이전 이야기입니다. 넘어가는 '유월'의 은혜를 누렸는데, 하나님께서는 기억하라 하십니다. 그날의 '유월'을 잊지 말라 하십니다. 그날의 은혜를 벌써 잊은 사람들이 있습니다. 1년 전 일이니, 이해는 됩니다. 9장 6-7절입니다. "그 때에 사람의 시체로 말미암아 부정하게 되어서 유월절을 지킬 수 없는 사람들이 있었는데 그들이 그 날에 모세와 아론 앞에 이르러 그에게 이르되 우리가 사람의 시체로 말미암아 부정하게 되었거니와 우리를 금지하여 이스라엘 자손과 함께 정한 기일에 여호와께 헌물을 드리지 못하게 하심은 어찌함이니이까" 아멘. 장례식이 있었습니다. 출애굽도 했고 언약도 맺고 성소도 봉헌했으니 절기를 지키는 것보다 장례를 치르는 것이 더 중요해졌습니다. 당당하게 요구합니다. 지키게 해달라는 것입니다. '부정(不淨)하지만 지키게 해주시오. 다른 일도 아니고 장례 치르느라 부정해졌는데, 허락해줘야 하는 것 아닙니까?'

하나님의 대답은 '한 번의 유예는 가능하나 두 번은 안 된다.' 입니다. '시체나 여행으로 1월 14일의 유월절을 지키지 못했다면 2월 14일에 한 번 더 기회를 주겠다. 그러나 그때에도 지키지 못한다면 죄를 지은 것이다.' 말씀하십니다. 9장 10-13절입니다. "이스라엘 자손에게 말하여 이르라 너희나 너희 후손 중에 시체로 말미암아 부정하게 되든지 먼 여행 중에 있다 할지라도 다 여호와 앞에 마땅히 유월절을 지키되 둘째 달 열넷째 날 해 질 때에 그것을 지켜서 어린 양에 무교병과 쓴 나물을 아울러 먹을 것이요 아침까지 그것을 조금도 남겨두지 말며 그 뼈를 하나도 꺾지 말아서 유월절 모든 율례대로 지킬 것이니라 그러나 사람이 정결하기도 하고 여행 중에도 있지 아니하면서 유월절을 지키지 아니하는 자는 그 백성 중에서 끊어지리니 이런 사람은 그 정한 기일에 여호와께 헌물을 드리지 아니하였은즉 그의 죄를 담당할지며" 아멘.

하나님께서 정하신 규례에 대해 인간 편에서의 입장을 주장합니다. 그래도 하나님께서는 그들을 인도하십니다. 그리고 이스라엘 백성 편에서의 순종도 있습니다. 22-23절입니다. "이틀이든지 한 달이든지 일 년이든지 구름이 성막 위에 머물러 있을 동안에는 이스라엘 자손이 진영에 머물고 행진하지 아니하다가 떠오르면 행진하였으니 곧 그들이 여호와의 명령을 따라 진을 치며 여호와의 명령을 따라 행진하고 또 모세를 통하여 이르신 여호와의 명령을 따라 여호와의 직임을 지켰더라" 아멘.

성소를 봉헌하고 제사장과 레위인을 구별하고 유월절을 지켰습니다. 1월 14일에 유월절을 지키지 못한 이들은 2월 14일에 지키도록 했습니다. 그러다 '둘째 해 둘째 달 스무날' 이 되었을 때, 구름이 증거의 성막에서 떠올랐습니다. 민수기 2장에 소개된 지침대로 행진합니다. 행진에 대한 전체적인 모습이 10장 33-36절에 요약적으로 소개됩니다. "그들이 여호와의 산에서 떠나 삼 일 길을 갈 때에 여호와의 언약궤가 그 삼 일 길에 앞서 가며 그들의 쉴 곳을 찾았고 그들이 진영을 떠날 때에 낮에는 여호와의 구름이 그 위에 덮였었더라 궤가 떠날 때에는 모세가 말하되 여호와여 일어나서 주의 대적들을 흩으시고 주를 미워하는 자가 주 앞에서 도망하게 하소서 하였고 궤가 쉴 때에는 말하되 여호와여 이스라엘 종족들에게로 돌아오소서 하였더라" 아멘. 여호와의 언약궤는 백성 앞에 앞서가며 '쉴 곳'을 찾습니다.

쉼을 주시는 하나님과 대조적으로 백성은 원망으로 하나님과 지도자를 쉬지 못하게 합니다. 11장 1절을 보면, '악한 말로' 원망했습니다. 이 일로 여호와의 불이 진영 끝을 살랐습니다. 백성이 부르짖으니 모세가 기도했고 불이 꺼집니다. 11장 4절을 보면 "그들 중에 섞여 사는 다른 인종들이 탐욕을 품으매 이스라엘 자손도 다시 울며 이르되 누가 우리에게 고기를 주어 먹게 하랴" 원망합니다. 5-6절입니다. "우리가 애굽에 있을 때에는 값없이 생선과 오이와 참외와 부추와 파와 마늘들을 먹은 것이 생각나거늘 이제는 우리의 기력이 다하여 이 만나 외에는 보이는 것이 아무 것도 없도다 하니" 아멘. 이제는 모세도 참기 힘듭니다. '죽여 달라.' 말합니다. 15절입니다. "주께서 내게 이같이 행하실진대 구하옵나니 내게 은혜를 베푸사 즉시 나를 죽여 내가 고난 당함을 내가 보지 않게 하옵소서" 아멘. 하나님도 참 힘드시겠습니다. 백성만 원망하는 게 아니고 지도자도 덩달아 원망하기 때문입니다. 백성이 원망해도 지도자는 원망에 '감염'되지 않고 잘 가야 하나 봅니다. 그런데 많이 힘드니까 모세의 마음이 매우 잘 이해가 됩니다.

이때 있었던 일이 백성의 장로 칠십인 위에 하나님의 영이 임한 사건입니다. 이 사건은 성령이 개인이 아닌 집단에게 임한 사건으로 오순절 성령강림의 전조로 이해되기도 합니다. 심지어 엘닷과 메닷이라는 장로는 참석하지도 않았는데, 그들에게도 영이 임하여 예언하는 일이 있습니다. 이런 놀라운 은혜가 있었지만 백성의 욕심은 수그러들지 않았습니다. 32절에 보면 백성이 이틀 동안 메추라기를 모았는데, 적게 모은 자도 열 호멜(2,200리터)이었다고 소개합니다. 하나님의 말씀, 하나님의 영에 대한 관심이 적어 참석하지 않는 일까지 있는데, 고기 모으는 일에는 모두가 열심이었습니다.

이제 원망의 범위는 최고지도자라 할 수 있는 미리암과 아론에게까지 도달합니다. 이들의 원망입니다. 12장 2절입니다. "그들이 이르되 여호와께서 모세와만 말씀하셨느냐 우리와도 말씀하지 아니하셨느냐 하매 여호와께서 이 말을 들으셨더라" 아멘. 이에 대한 하나님의 대답입니다. 6-8절입니다. "이르시되 내 말을 들으라 너희 중에 선지자가 있으면 나 여호와가 환상으로 나를 그에게 알리기도 하고 꿈으로 그와 말하기도 하거니와 내 종 모세와는 그렇지 아니하니 그는 내 온 집에 충성함이라 그와는 내가 대면하여 명백히 말하고 은밀한 말로 하지 아니하며 그는 또 여호와의 형상을 보거늘 너희가 어찌하여 내 종 모세 비방하기를 두려워하지 아니하느냐" 아멘. 모세가 기도했지만, 미리암은 나병으로 인해 진영 밖에 일주일 동안 갇혀 있었습니다.

이런 상황에서 가나안 정탐이 이뤄졌으니, 정탐이 제대로 이뤄졌을 리 만무합니다. 우리가 잘 아는 대로 갈렙이 믿음의 보고를 했지만 받아들여지지 않습니다. 참 이상하지요? 회의해보면 이런 일이 있습니다. 사람들 고집이 보통이 아닙니다. 사람들의 편견도 꽤 깊습니다. 백성이 밤새도록 통곡합니다. '철야 통곡' 입니다. 이것이 원망의 힘입니다. 14장 1-3절입니다. "온 회중이 소리를 높여 부르짖으며 백성이 밤새도록 통곡하였더라 이스라엘 자손이 다 모세와 아론을 원망하며 온 회중이 그들에게 이르되 우리가 애굽 땅에서 죽었거나 이 광야에서 죽었으면 좋았을 것을 어찌하여 여호와가 우리를 그 땅에서 인도하여 칼에 쓰러지게 하려 하는가 우리 처자가 사로잡히리니 애굽으로 돌아가는 것이 낫지 아니하랴" 아멘. 다시 종이 되겠다고 합니다. 예수님 믿고 좀 힘들어지면 다시 우상 숭배하는 이들이 있습니다. 우상을 숭배하는 것과 예수님을 믿고 사는 것이 같이 갈 수 없다는 것을 별로 생각하지 않습니다. 이에 대한 하나님의 대답입니다. 14장 11절입니다. "여호와께서 모세에게 이르시되 이 백성이 어느 때까지 나를 멸시하겠느냐 내가 그들 중에 많은 이적을 행하였으나 어느 때까지 나를 믿지 않겠느냐" 아멘.

모세는 하나님으로부터 '내가 백성을 다 죽이겠다.' 하시는 말씀을 여러 번 들었습니다. 첫째는 금송아지 사건 때입니다. "내가 이 백성을 보니 목이 뻣뻣한 백성이로다 그런즉 내가 하는 대로 두라 내가 그들에게 진노하여 그들을 진멸하고 너를 큰 나라가 되게 하리라"(출 32:9-10) 말씀하셨습니다. 그러자 모세가 "여호와여 어찌하여 그 큰 권능과 강한 손으로 애굽 땅에서 인도하여 내신 주의 백성에게 진노하시나이까 어찌하여 애굽 사람들이 이르기를 여호와가 자기의 백성을 산에서 죽이고 지면에서 진멸하려는 악한 의도로 인도해 내었다고 말하게 하시려 하나이까 주의 맹렬한 노를 그치시고 뜻을 돌이키사 주의 백성에게 이 화를 내리지 마옵소서 주의 종 아브라함과 이삭과 이스라엘을 기억하소서 주께서 그들을 위하여 주를 가리켜 맹세하여 이르시기를 내가 너희의 자손을 하늘의 별처럼 많게 하고 내가 허락한 이 온 땅을 너희의 자손에게 주어 영원한 기업이 되게 하리라 하셨나이다"(32:11-13) 말씀드렸습니다. 그러자 "여호와께서 뜻을 돌이키사 말씀하신 화를 그 백성에게 내리지 아니하시니라"(32:14) 했습니다.

백성을 모두 죽이시겠다는 하나님의 말씀이 두 번째로 나오는 본문이 민수기 14장 11-12절입니다. 가나안을 정탐하고 온 정탐꾼들에게 설득당한 이스라엘 백성들이 밤새 울고 원망하자 "여호와께서 모세에게 이르시되 이 백성이 어느 때까지 나를 멸시하겠느냐 내가 그들 중에 많은 이적을 행하였으나 어느 때까지 나를 믿지 않겠느냐 내가 전염병으로 그들을 쳐서 멸하고 네게 그들보다 크고 강한 나라를 이루게 하리라"(14:11-12) 말씀하십니다. 이때에도 모세는 하나님께 백성을 위해 기도합니다. 모세의 말이 14장 13-19절에 있습니다. 17-19절만 봅니다. "이제 구하옵나니 이미 말씀하신 대로 주의 큰 권능을 나타내옵소서 이르시기를 여호와는 노하기를 더디하시고 인자가 많아 죄악과 허물을 사하시나 형벌 받을 자는 결단코 사하지 아니하시고 아버지의 죄악을 자식에게 갚아 삼사대까지 이르게 하리라 하셨나이다 구하옵나니 주의 인자의 광대하심을 따라 이 백성의 죄악을 사하시되 애굽에서부터 지금까지 이 백성을 사하신 것 같이 사하시옵소서" 아멘.

모세가 출애굽기 34장 6-7절에 있는 여호와 하나님의 말씀을 인용하고 있습니다. 이로 볼 때, 민수기 13-14장의 상황은 출애굽기 32장 금송아지 때의 상황과 다릅니다. 그때는 모세의 중보로, 그리고 5과에서 살펴본 레위인들의 '하나님을 위하는 행동' 등으로 문제가 해결되고 언약 갱신이 이뤄졌습니다. 그런데 가데스 바네아 정탐에 이어진 원망은 언약 갱신 때 하나님께서 계시하신 내용에 기초한 모세의 기도를 들으시고 하나님께서 "내가 네 말대로 사하노라"(14:20) 하시지만, '하나님의 목소리를 청종하지 않는 이들은 약속의 땅을 못 본다.' 말씀하시고 '광야'로 들어가라 하시지요(14:21-25). 은혜가 더해질수록 합격점이 높아집니다.

백성을 모두 죽이시겠다는 하나님의 말씀이 세 번째로 나오는 본문은 민수기 16장 21절입니다. "너희는 이 회중에게서 떠나라 내가 순식간에 그들을 멸하려 하노라" 아멘. 고라와 르우벤 자손 다단, 아비람 등이 모세와 아론을 거슬러 일어났기 때문입니다. 16장 3절입니다. "그들이 모여서 모세와 아론을 거슬러 그들에게 이르되 너희가 분수에 지나도다 회중이 다 각각 거룩하고 여호와께서도 그들 중에 계시거늘 너희가 어찌하여 여호와의 총회 위에 스스로 높이느냐" 아멘. 모세가 다양하게 노력하지만 문제가 해결되지 않자(16:4-19), 하나님께서 회중을 멸하겠다고(16:21) 하신 것입니다.

이때에도 문제는 해결됩니다. 모세와 아론이 "하나님이여 모든 육체의 생명의 하나님이여 한 사람이 범죄하였거늘 온 회중에게 진노하시나이까"(16:22) 기도합니다. 이에 여호와께서 모세에게 "회중에게 명령하여 이르기를 너희는 고라와 다단과 아비람의 장막 사방에서 떠나라 하라"(16:24) 말씀하십니다. 고라, 다단, 아비람과 같이 반역한 자들을 하나님께서 바로 심판하십니다. 32-33, 35절입니다. "땅이 그 입을 열어 그들과 그들의 집과 고라에게 속한 모든 사람과 그들의 재물을 삼키매 그들과 그의 모든 재물이 산 채로 스올에 빠지며 땅이 그 위에 덮이니 그들이 회중 가운데서 망하니라 … 여호와께서부터 불이 나와서 분향하는 이백오십 명을 불살랐더라" 아멘. 고라, 다단, 아비람 등이 죽은 이유는 38절에 나옵니다. "사람들은 범죄하여 그들의 생명을 스스로 해하였거니와"입니다. 그들은 죄를 지었고 그들 죄의 결과로, 땅이 갈라져 그 안에 빠져 죽고 제단에서 불이 나와 이백오십 명이 타 죽습니다.

그런데 백성을 모두 죽이시겠다는 하나님이 말씀이 이튿날 다시 임합니다. 16장 45절입니다. "너희는 이 회중에게서 떠나라 내가 순식간에 그들을 멸하려 하노라 하시매 그 두 사람이 엎드리니라" 아멘. 고라, 다단, 아비람과 이백오십 명의 지휘관이 죽었음에도 불구하고 왜 이렇게 말씀하셨을까요? 백성이 또 다시 원망했기 때문입니다. 고라 반역으로 인해 발생한 하나님의 심판에 대한 백성의 해석이 41절에 나옵니다. "너희가 여호와의 백성을 죽였도다"입니다. 이스라엘 자손이 모세와 아론을 원망했습니다. 땅이 갈라진 것도 제단에서 불이 나온 것도 다 모세와 아론 때문이라는 것입니다. 이때 하나님께서는 45절과 같이 "너희는 이 회중에게서 떠나라 내가 순식간에 그들을 멸하려 하노라" 말씀하신 것입니다. 그리고 이때에는 모세의 간구를 기다려 듣지 않으시고 심판을 시작하셨습니다. 46절을 보면, 염병이 이미 시작되었습니다. 48절을 보면, 아론이 향로를 가지고 "죽은 자와 산 자 사이에 섰을 때에 염병이 그"칩니다. 염병에 죽은 자가 만 사천칠백 명이었답니다(16:49).

이번에 모세는 하나님께 간구할 기회를 얻지 못했습니다. 하나님의 명령은 "이 회중에게서 떠나라"(16:45) 였습니다. 모세는 말로가 아니라 아론을 통해 속죄했습니다. 46-48절입니다. "이에 모세가 아론에게 이르되 너는 향로를 가져다가 제단의 불을 그것에 담고 그 위에 향을 피워 가지고 급히 회중에게로 가서 그들을 위하여 속죄하라 여호와께서 진노하셨음으로 염병이 시작되었음이니라 아론이 모세의 명령을 따라 향로를 가지고 회중에게로 달려간즉 백성 중에 염병이 시작되었는지라 이에 백성을 위하여 속죄하고 죽은 자와 산 자 사이에 섰을 때에 염병이 그치니라" 아멘. 모세는 하나님의 마음을 아는 사람입니다. 그래서 세 번이나 하나님을 말로 설득하는 데 성공했습니다. 그러나 이번 상황은 다릅니다. 하나님께서도 이전 상황이 있었기에 바로 심판을 시작하십니다. 순식간에 만 사천칠백 명이 죽습니다. 순식간에 죽었습니다. 아론이 조금만 늦었으면 다 죽을 뻔했습니다.

모세는 어떤 사람입니까? 하나님을 아는 사람입니다. 어떻게 해야 하나님의 진노가 멈추는지 아는 사람입니다. 하나님께서는 모세가 아는 대로 진노를 멈추셨습니다. 일꾼으로 산다는 것은 하나님을 아는 것이고, 하나님의 뜻을 아는 것입니다. 모세가 하나님을 아는 것 이상으로 하나님께서도 모세를 아십니다. 자기 일꾼에 대한 하나님의 기대가 있습니다. 이어지는 17장이 이점을 분명하게 보여줍니다. '아론의 싹 난 지팡이'입니다. 17장 5절입니다. "내가 택한 자의 지팡이에는 싹이 나리니 이것으로 이스라엘 자손이 너희에게 대하여 원망하는 말을 내 앞에서 그치게 하리라" 아멘.

다 쓸어버리겠다는, 모두 진멸하고 새로 시작하시겠다는 하나님의 진노 표현이 모세에게 주어집니다. 한 번은 금송아지 사건 때입니다. 이때 아론은 백성 가운데 있었습니다. 다른 한 번은 가데스 바네아 정탐 때입니다. 그런데 고라 반역 때는 '백성을 순식간에 멸하시겠다.' 하는 하나님의 진노 표현이 모세와 아론에게 주어집니다. 이제는 아론도 하나님의 마음을 이해할 시기에 도달했기 때문입니다. 백성을 모두 멸하시겠다는 네 번째 말씀은 모세에게 주어집니다. 모세는 아론에게 해결책을 얘기하고 아론은 순종하여 염병이 그치게 합니다. 하나님의 진노를 멈추게 한 아론의 지팡이에 싹이 납니다. 이제는 아론도 달라졌습니다. 그가 주님의 마음으로 죽은 사람과 산 사람 사이에 섰기 때문입니다.

백성의 죄악으로 인해 하나님께서는 진노하십니다. 그러나 일꾼들에게 기대하시는 것이 있습니다. 중보와 간구와 용서입니다. 언제나 그렇습니다. 그래서 하나님의 종이요, 일꾼입니다. 우리가 하나님으로부터 용서를 받았기에 그리할 수 있습니다. 기쁘게는 못하더라도 점점 기쁜 마음으로 할 수 있습니다. 우리 모두 하나님의 마음을 이해하는 일꾼으로 사역할 수 있기를 바랍니다.

주님의 마음으로 달려가는 아론은 금송아지를 만들던 아론이 아닙니다. 그는 분명 달라졌습니다. 이러한 아론에게 하나님께서는 사명을 분명히 하십니다. 18장 1, 5, 7절입니다. "여호와께서 아론에게 이르시되 너와 네 아들들과 네 조상의 가문은 성소에 대한 죄를 함께 담당할 것이요 너와 네 아들들은 너희의 제사장 직분에 대한 죄를 함께 담당할 것이니라 … 이와 같이 너희는 성소의 직무와 제단의 직무를 다하라 그리하면 여호와의 진노가 다시는 이스라엘 자손에게 미치지 아니하리라 … 너와 네 아들들은 제단과 휘장 안의 모든 일에 대하여 제사장의 직분을 지켜 섬기라 내가 제사장의 직분을 너희에게 선물로 주었은즉 거기 가까이 하는 외인은 죽임을 당할지니라" 아멘.

이들에게 몫도 주십니다. "지성물 중에 불사르지 아니한 것, 모든 헌물의 모든 소제와 속죄제와 속건제물, 거제물과 모든 요제물, 첫 소산 곧 제일 좋은 기름과 제일 좋은 포도주와 곡식, 처음 익은 모든 열매"입니다(18:9-13). 14절에 있는 "특별히 드린 모든 것"은 '헤렘' 입니다. 헤렘은 제사장을 위해 사용됩니다. 십일조에 대한 언급도 있습니다. 24절을 보면 이스라엘 자손이 여호와께 십일조를 거제로 드립니다. 죽이지 않아도 됩니다. 28절을 보면, 레위인도 "이스라엘 자손에게서 받는 모든 것의 십일조 중에서 여호와께 거제로 드리고 여호와께 드린 그 거제물은 제사장 아론에게로 돌"립니다.

그러면, 제사장은 십일조를 어떻게 드릴까요? 29-30절입니다. "너희가 받은 모든 헌물 중에서 너희는 그 아름다운 것 곧 거룩하게 한 부분을 가져다가 여호와께 거제로 드릴지니라 이러므로 너는 그들에게 이르라 너희가 그 중에서 아름다운 것을 가져다가 드리고 남은 것은 너희 레위인에게는 타작마당의 소출과 포도즙 틀의 소출 같이 되리니" 아멘. 29절에는 "그 아름다운 것 곧 거룩하게 한 부분"을 드리라고 했고, 30절에서는 "그 중에서 아름다운 것"을 드리라 했습니다. 이 '아름다운 것'이 무엇일까요? '기름'이라는 단어가 쓰였습니다. 기름을 드리라는 것이지요. 동물의 기름을 드리려면 죽이지 않으면 불가능합니다. 아벨이 하나님께 무엇을 드렸습니다까? "양의 첫 새끼와 그 기름"(창 4:4)을 드렸습니다. 이 말은 죽였다는 말입니다. 레위기의 표현대로라면, "내장에 덮인 기름과 내장에 붙은 모든 기름과 두 콩팥과 그 위의 기름 곧 허리 쪽에 있는 것과 간에 덮인 꺼풀"(레 3:3-4 등)입니다. 이걸 잘라 드렸는데 살아있을 동물이 있을까요? 그래서 제사장의 십일조는 '생명의 십일조'입니다. 10분의 1을 드리는 것이 아니고 '기름'을 드립니다. 기름과 함께 생명이 드려집니다.

제사장처럼 생명을 드려 잿물이 되어 부정을 씻는 암송아지가 있습니다. 죽음으로 '재'가 되고 '부정을 씨는 물'의 재료가 됩니다. 19장 9절입니다. "이에 정결한 자가 암송아지의 재를 거두어 진영 밖 정한 곳에 둘지니 이것은 이스라엘 자손 회중을 위하여 간직하였다가 부정을 씻는 물을 위해 간직할지니 그것은 속죄제니라" 아멘. 이처럼 하나님께서는 끊임없이 백성의 부족함과 더러움을 해결할 길을 찾으시는데, 지도자 모세와 아론은 여기에 미치지 못합니다. 므리바 사건이 다시 일어납니다. 반석에게 명하라는 하나님의 명령을 어기고 반석을 두 번 칩니다. 20장 10-12절입니다. "모세와 아론이 회중을 그 반석 앞에 모으고 모세가 그들에게 이르되 반역한 너희여 들으라 우리가 너희를 위하여 이 반석에서 물을 내랴 하고 모세가 그의 손을 들어 그의 지팡이로 반석을 두 번 치니 물이 많이 솟아 나오므로 회중과 그들의 짐승이 마시니라 여호와께서 모세와 아론에게 이르시되 너희가 나를 믿지 아니하고 이스라엘 자손의 목전에서 내 거룩함을 나타내지 아니한 고로 너희는 이 회중을 내가 그들에게 준 땅으로 인도하여 들이지 못하리라 하시니라" 아멘. 믿었어야 했는데, 확인했어야 했는데, 넘겨짚어 행하다, 이전 경험을 의지하였습니다.

이제 약속의 땅에 거의 다 왔습니다. 에돔과 모압 땅만 지나면 됩니다. 그러나 에돔과 모압이 허락하지 않습니다. 에돔을 지나기 전에 아론이 죽습니다. 아론이 죽은 다음에 이스라엘 백성이 언약 백성이 된 다음에 얻은 첫 승리가 소개됩니다. 호르마 승리입니다(21:1-3). 그러나 에돔을 지날 때 백성이 한 번 더 원망합니다. 21장 4-5절입니다. "백성이 호르 산에서 출발하여 홍해 길을 따라 에돔 땅을 우회하려 하였다가 길로 말미암아 백성의 마음이 상하니라 백성이 하나님과 모세를 향하여 원망하되 어찌하여 우리를 애굽에서 인도해 내어 이 광야에서 죽게 하는가 이 곳에는 먹을 것도 없고 물도 없도다 우리 마음이 이 하찮은 음식을 싫어하노라 하매" 아멘. 이때 그 유명한 불뱀과 놋뱀 사건이 일어납니다. "뱀에게 물린 자가 놋뱀을 쳐다본즉 모두 살더라"(21:9). 이 말씀을 사도 요한이 소개합니다. "모세가 광야에서 뱀을 든 것 같이 인자도 들려야 하리니 이는 그를 믿는 자마다 영생을 얻게 하려 하심이니라"(요 3:14-15) 아멘.

에돔을 불뱀과 함께 건넌 다음에 모압에 도달했습니다. 그런데 여기에는 불뱀보다 더한 뱀이 있습니다. 모압 왕 발락입니다. 그리고 이 발락의 계획에 동조한 선지자가 있습니다. 발람입니다. 발람의 나귀는 수나귀였을까요, 암나귀였을까요? 암나귀였습니다. 나귀 관련 동사가 여성형을 취합니다. 세상에 나귀가 말을 합니다. 들어볼까요? 22장 28-30절입니다. "여호와께서 나귀 입을 여시니 발람에게 이르되 내가 당신에게 무엇을 하였기에 나를 이같이 세 번을 때리느냐 발람이 나귀에게 말하되 네가 나를 거역하기 때문이니 내 손에 칼이 있었더면 곧 너를 죽였으리라 나귀가 발람에게 이르되 나는 당신이 오늘까지 당신의 일생 동안 탄 나귀가 아니냐 내가 언제 당신에게 이같이 하는 버릇이 있었더냐 그가 말하되 없었느니라" 아멘.

나귀만도 못한 선지자입니다. 나귀는 자기 몸이 상하는 순간에도 주인에게 충성합니다. 그러나 돈에 노예가 된 선지자는 돈을 위해 하나님을 팝니다. 결국 25장에 소개된 모압 여인과의 음행 사건은 발람의 계책이었습니다. 31장 8절과 16절을 미리 봅니다. 다음 통독 부분입니다. "그 죽인 자 외에 미디안의 다섯 왕을 죽였으니 미디안의 왕들은 에위와 레겜과 수르와 후르와 레바이며 또 브올의 아들 발람을 칼로 죽였더라 … 보라 이들이 발람의 꾀를 따라 이스라엘 자손을 브올의 사건에서 여호와 앞에 범죄하게 하여 여호와의 회중 가운데에 염병이 일어나게 하였느니라" 아멘.

발람은 신약성경에서 여러 번 등장합니다. 특별히 베드로 사도는 교회 내 거짓 교사들에 대해 말하면서 발람을 예로 듭니다. 베드로후서 2장 15-16절입니다. "그들이 바른 길을 떠나 미혹되어 브올의 아들 발람의 길을 따르는도다 그는 불의의 삯을 사랑하다가 자기의 불법으로 말미암아 책망을 받되 말하지 못하는 나귀가 사람의 소리로 말하여 이 선지자의 미친 행동을 저지하였느니라" 아멘. 거짓 교사들은 길을 잃었습니다. 브올 사람 발람의 길을 따릅니다. 불의의 삯을 사랑한 것입니다. 자기모순에 빠져, 자신의 어그러짐에 대한 책망을 받았습니다. 16절의 "자기의 불법"이라는 표현이 독특합니다. '자기 모순, 스스로의 어그러짐' 으로 설명될 수 있습니다.

민수기 22장을 보면, 발람이 자신을 데리러 온 이들에게 "여호와께서 내게 이르시는 대로 너희에게 대답하리라"(22:8) 그렇게 말합니다. 하나님의 대답은 "너는 그들과 함께 가지도 말고 그 백성을 저주하지도 말라 그들은 복을 받은 자들이니라"(22:12)였습니다. 그러나 발람이 처음에 온 이들보다 더 높은 고관들을 보고 뭐라고 말합니까? "발락이 그 집에 가득한 은금을 내게 줄지라도 내가 능히 여호와 내 하나님의 말씀을 어겨 덜하거나 더하지 못하겠노라 그런즉 이제 너희도 이 밤에 여기서 유숙하라 여호와께서 내게 무슨 말씀을 더하실는지 알아보리라"(22:18-19) 그렇게 말합니다. 더 높은 고관을 보자 마음이 바뀌었습니다. 더 높은 연봉에 마음이 바뀌었습니다. '하나님의 말씀대로' 라고 했지만, 금액이 달라지니 달라집니다. 결국은 가지 말라는 말씀을 어기고 갑니다. 저주하려고 시도하다 안 되자, 모압 여인들을 동원하여 음행 사건을 일으켜 저주받을 수밖에 없는 상황을 만들어 냅니다. 이유가 무엇입니까? 이익을 얻고 싶었기 때문입니다. 돈을 벌려고 그랬습니다.

나귀가 말합니다. 선지자의 미친 행동을 저지합니다. '미친 행동' 은 '질서 없음' 의 번역입니다. 발람이 자기모순에 빠지자 말을 못 하는 나귀, 멍에 아래 있는 짐승인 나귀가 사람의 소리로 말하며 선지자의 질서 없음을 금했습니다. 암나귀가 묻습니다. "내가 당신에게 무엇을 하였기에 나를 이같이 세 번을 때리느냐 … 나는 당신이 오늘까지 당신의 일생 동안 탄 나귀가 아니냐 내가 언제 당신에게 이같이 하는 버릇이 있었더냐"(민 22:28, 30). 발람은 이 암나귀를 타고 다녔습니다. 그것도 평생을 타고 다녔습니다. 늙은 암나귀는 늘 순종했습니다. 그런데 발람은 그것을 기억하지 못했습니다. 자신의 욕심, 탐심으로 움직이고 있었기에, 진실을 보지 못했습니다. 그러다 보니 평생 타고 다닌 늙은 암나귀를 세 번이나 때린 것입니다. 미친 행동입니다. 질서 없음입니다. 그러나 탐욕의 눈으로 보면 가능하겠지요. 거짓과 불의의 눈으로 보면 당연하겠지요. 그러나 진리와 경건의 눈으로 보면 미친 짓이요, 질서 없음이요, 탐욕에 연단(鍊鍛)된 마음의 발현입니다.

발람 얘기가 요한계시록 2장 14-15절에도 나옵니다. 버가모 교회의 사자에게 책망할 것이 있다고 하시네요. "그러나 네게 두어 가지 책망할 것이 있나니 거기 네게 발람의 교훈을 지키는 자들이 있도다 발람이 발락을 가르쳐 이스라엘 자손 앞에 걸림돌을 놓아 우상의 제물을 먹게 하였고 또 행음하게 하였느니라 이와 같이 네게도 니골라당의 교훈을 지키는 자들이 있도다" 아멘. 다양한 우상 신전, 엄청난 크기의 제단, 다양한 문화 시설이 보충되면서 오가는 사람들의 놀이터가 된 버가모에서 신앙생활을 하는 신자들을 유혹하는 요소가 있습니다. 우상 제물의 유혹과 음행입니다.

모압 왕 발락의 요청으로 이스라엘을 저주하려 했던 발람이 뜻대로 되지 않자 낸 꾀가 있었습니다. 이스라엘의 하나님은 우상숭배와 음행을 싫어하시니, 모압 여인들로 유혹하여 그들로 음행하고 우상을 숭배하게 하면 하나님으로부터 저주를 받을 수밖에 없다는 꾀입니다. 민수기 25장을 보면, 비느하스의 어떤 행동으로 모압 여인과의 음행으로 인해 발생한 염병이 그칩니다. "이스라엘 자손의 온 회중이 회막문에서 울 때에 이스라엘 자손 한 사람이 모세와 온 회중의 눈앞에 미디안의 한 여인을 데리고 그의 형제에게로 온지라 제사장 아론의 손자 엘르아살의 아들 비느하스가 보고 회중 가운데에서 일어나 손에 창을 들고 그 이스라엘 남자를 따라 그의 막사에 들어가 이스라엘 남자와 그 여인의 배를 꿰뚫어서 두 사람을 죽이니 염병이 이스라엘 자손에게서 그쳤더라" 아멘.

매우 심각한 형태의 저항이 있고 난 다음에야 모압 여인들과의 음행으로 인해 발생한 전염병이 그쳤습니다. 이러한 저항을 예수님께서는 버가모 교회의 사자에게 요청하시는 것으로 보입니다. 요한계시록 2장 16절입니다. "그러므로 회개하라 그리하지 아니하면 내가 네게 속히 가서 내 입의 검으로 그들과 싸우리라" 아멘. '회개' 란 기본적으로 '생각의 전환' 을 의미합니다. 무엇을 회개해야 할까요? 생각을 전환하지 않으면 무슨 일이 발생할까요? 주님께서 '그들' 과 싸우시겠다고 하십니다. 여기서 '그들' 은 니골라 당의 교훈을 지키는 자들입니다. 교회 안에 있지만, 우상 제물을 먹고 음행하는 이들입니다. 주님은 이들과 싸우시려고 날이 선 검을 가지셨습니다. 버가모 교회의 사자가 이들과 싸우기를 바라십니다. 그가 싸우지 않으면 주님께서 직접 싸우시겠다고 하십니다. 그러므로 여기 '회개' 는 '니골라 당의 교훈을 지키는 자들에 대한 생각을 전환하는 것' 이라고 보는 것이 맞겠습니다.

교회 안에 있지만, 우상 제물을 먹고 음행을 즐기는 자들이 있습니다. 이들은 교회 안에서 신자의 멤버십을 갖기에 부적절한 자들입니다. 그런데 버가모 교회의 사자가 이들을 용인(容認)하고 있습니다. 잘못된 사상을 가지고 교회를 변질시키는 이들을 용인하면 안 됩니다. 그들과 싸워야 합니다. 비느하스처럼 강력한 저항의식을 가지고 대적해야 합니다. 사탄은 대적해야 하지요. 우리 싸움이 방법이 비느하스와 같을 수는 없습니다. 그러나 용인되는 범위 내에서 강하게 대적해야 합니다. 주님의 책망이 있기 때문입니다. 그리고 주님께서 오셔서 그들과 싸울 때, 그들과 분리되어 있지 않는다면, 우리 역시 주님과 싸우게 될 것입니다.

모압 여인 음행 사건(25장)이 끝나고 이스라엘은 다시 계수됩니다(26장). 불신했던 세대는 모두 광야에서 죽었습니다. 고기 먹다 죽고, 오기 부리다 죽고, 땅이 갈라져 죽고, 불에 타 죽고, 놋뱀을 안 봐 죽고, 음행으로 죽었습니다. 군대가 새로워진 뒤에 슬로브핫의 딸들이 아버지의 기업을 자신들이 갖고 싶다고 말합니다. 27장 3-4절입니다. "우리 아버지가 광야에서 죽었으나 여호와를 거슬러 모인 고라의 무리에 들지 아니하고 자기 죄로 죽었고 아들이 없나이다 어찌하여 아들이 없다고 우리 아버지의 이름이 그의 종족 중에서 삭제되리이까 우리 아버지의 형제 중에서 우리에게 기업을 주소서 하매" 아멘. 반역하지 않고 '자기 죄' 로 죽었으니 기업을 받을 자격이 있는데 아들이 없으니 부친의 이름이 삭제될 위기에 놓였습니다.

친절하신 하나님의 대답입니다. 7-11절입니다. “슬로브핫 딸들의 말이 옳으니 너는 반드시 그들의 아버지의 형제 중에서 그들에게 기업을 주어 받게 하되 그들의 아버지의 기업을 그들에게 돌릴지니라 너는 이스라엘 자손에게 말하여 이르기를 사람이 죽고 아들이 없으면 그의 기업을 그의 딸에게 돌릴 것이요 딸도 없으면 그의 기업을 그의 형제에게 줄 것이요 형제도 없으면 그의 기업을 그의 아버지의 형제에게 줄 것이요 그의 아버지의 형제도 없으면 그의 기업을 가장 가까운 친족에게 주어 받게 할지니라 하고 나 여호와가 너 모세에게 명령한 대로 이스라엘 자손에게 판결의 규례가 되게 할지니라” 아멘.

이제 가나안 입성이 본격적으로 준비될 때입니다. 모세의 후계자로 여호수아가 준비됩니다(27:12-23). 가나안 땅에서 지켜야 할 절기들이 소개됩니다(28-29장). 날마다 드리는 상번제, 안식일 번제, 매달 첫날 드리는 초하루 번제, 첫째 달 열넷째 날부터 이레 동안 지키는 유월절, 칠칠절, 일곱째 달 초하루, 일곱째 달 열흘 속죄일, 일곱째 달 열다섯째 날부터 8일간 지키는 장막절 규례가 소개됩니다. 정규군이 치를 가장 중요한 전쟁은 예배 전쟁이었습니다. 오합지졸이 정규군이 되다니 기적입니다.

주님이 우리 대신 받으신 쓴잔을 생각하며 감사하는 기도를 먼저 드리면 좋겠습니다. 그리고 실패와 배신과 불신과 고난의 쓴잔을 주님처럼 받을 수 있는 믿음과 용기를 달라고 기도하고 싶습니다. 일꾼들에게는 그런 일이 많기 때문입니다.

질의와 응답

하나. “민수기의 칠십인역 제목은 ‘아리스모이’(숫자들)인데 히브리어 성경의 제목은 ‘베미드바르’(광야에서)입니다. 어느 것이 적당할까요?”

민수기에 백성 계수가 두 번이나 나오기에 ‘숫자들’이라는 제목도 괜찮아 보입니다. 그러나 민수기에서 일어난 다양한 사건이 ‘광야에서’ 일어난 것을 생각하면 ‘광야에서’라는 제목도 좋아 보입니다. 다음과의 제목을 ‘광야 졸업, 가나안 입학’으로 잡았습니다. 광야를 통과하며 군대가 됩니다. 연구실은 공부만 하면 되는 광야 같은 곳입니다. 광야에서 훈련이 잘 받아야 위험한 가나안에서 승리할 수 있겠습니다.

둘. "끝부분에 있는 '정규군이 치를 가장 중요한 전쟁은 예배 전쟁이었습니다.' 하는 표현이 충격적이었습니다. 그런데 절기는 삶보다는 정규예배와 잘 연결되지 않나요?"

상번제는 오전 9시와 오후 3시에 드립니다. 준비하는 시간과 처리하는 시간을 고려할 때, 오전 7시부터 오후 5시 정도까지는 부지런히 드려야 했습니다. 안식일 제사도 그렇습니다. 절기의 경우 보통 일주일씩 계속 제사를 드립니다. 수련회를 일주일 동안 갖는다고 생각해 보세요. 그것도 일 년에 세 번씩이나요. 지금의 저희보다 예배드림에 더 많은 시간이 할애되어야 했습니다.

셋. "민수기 7장은 상황상 출애굽기 40장과 같은 시기에 있었던 일을 기록한 것으로 보입니다. 봉헌의 과정이 출애굽기, 레위기, 민수기까지 연결되는 것인가요? 봉헌은 성막뿐 아니라 진영 배치까지 포함하는 것인가요?"

출애굽기 뒷부분부터 민수기까지에는 언약 체결, 성전 봉헌, 제사장 위임식, 봉사자 봉헌, 인구조사까지 포함됩니다. 어떤 면에서 언약 백성이 예배 공동체로 세워지는 과정을 보여줍니다. '오합지졸이 정규군' 되는 과정입니다. 예배 전쟁을 치를 정규군입니다. 정규군이 되기 위해 군사훈련이 필요하지 않았습니다. 믿음의 훈련이 필요했습니다.

출애굽기 40장 17절을 보면, "둘째 해 첫째 달 곧 그 달 초하루에 성막을 세우니라"라고 했습니다. 출애굽 이듬해 1월 1일입니다. 물론 음력이고요. 민수기 1장 1절은 "이스라엘 자손이 애굽 땅에서 나온 후 둘째 해 둘째 달 첫째 날"이라는 시점에서 시작합니다. 출애굽 이듬해 2월 1일이지요. 그러므로 레위기는 출애굽 이듬해 1월 한 달에 들어갈 내용이겠지요. 그런데 민수기 7장 1절을 보면, "모세가 장막 세우기를 끝내고 그것에 기름을 발라 거룩히 구별하고 또 그 모든 기구와 제단과 그 모든 기물에 기름을 발라 거룩히 구별한 날" 애기를 합니다. 이 표현은 출애굽기 40장 2-11, 18-22, 24, 26, 28절과 연결됩니다. 정규군 계수 및 이동 등에 대한 규례가 정리된 다음에, 출애굽 이듬해 1월 1일부터 12일 동안 지파별로 같은 양의 헌물이 드려졌음을 알립니다. 민수기 7장에서 지파별 헌물이 언급된 것에 대해, 레빈은 출애굽기 30장 15절의 "부자라고 반 세겔에서 더 내지 말고 가난한 자라고 덜 내지 말지며"가 환기된다고 보았습니다.[1] 그러므로, 출애굽기, 레위기, 민수기를 '시간순'으로 읽기보다는 '주제 순'으로 읽는 것이 더 좋을 것 같습니다.

넷. "모세를 긍정적으로 평가하는 경향이 있습니다. 바나바와 바울의 싸움에 대해서 평가할 때, 바울처럼 자기주장을 끌고 나가야 한다고 말합니다. 장례로 인해 유월절을 지키지 못한 것을 어떻게 봐야 할까요? 긍정적으로 봐야 할까요, 아니면 부정적으로 봐야 할까요?"

하나님의 사람들도 실수도 하고 잘못도 합니다. 민수기 20장을 보면, 모세와 아론이 하나님으로부터 "너희가 나를 믿지 아니하고 이스라엘 자손의 목전에서 내 거룩함을 나타내지 아니한 고로 너희는 이 회중을 내가 그들에게 준 땅으로 인도하여 들이지 못하리라"(민 20:12) 하는 책망을 듣습니다. 분명 잘못했지요. 새로운 단계로 이끄시는 하나님의 명령에 순종하지 못했습니다. 다윗도 "사울의 옷자락 벰으로 말미암아 … 마음이 찔"렸습니다(삼상 24:5). 죽이지 않은 것을 잘한 것이지만, 옷자락을 벤 것은 잘못한 것이지요. 다윗도 알았지만 잘한 부분만 강조하지요.

바나바와 사울이 갈라선 것(행 15:39)이 어쩔 수 없었다고 말할 수도 있지만, 두 사람이 더 성숙했다면 그러지 않았을 것이라고 말할 수도 있습니다. 갈라섬의 책임이 바나바에게만 있다고 할 수는 없을 것입니다. 성향의 차이가 있습니다. 그러나 성숙 과정을 통해 성향마저 바뀔 수 있다는 것을 사도행전 22장과 26장에 소개된 바울 회심 간증의 차이를 통해 깨닫습니다.[2] 점점 더 하나님 중심적이면서도 이웃을 향해 더욱 겸손한 바울을 읽습니다. 사도행전 15장 이후에, 엄격하고 강한 바울에게서 부드럽고 포용적인 모습을 점점 더 발견합니다. 예로, 예루살렘 교회의 '결례 참여 요청'을 수용하는 바울이 있습니다(행 21:17-26).

---

1) Baruch A. Levine, *Numbers 1-20*, AB (New Haven: Yale University Press, 1993), 247.

2) 박형대, 『사도행전과 우리』, 226-239쪽 참고.

Weekly Reading

9

민수기 30 장 – 신명기 14장

"광야 졸업, 가나안 입학"

민 30-32장	민 33-35장	민 36 -신 2장	신 3-5장	신 6-8장	신 9-11장	신 12-14장

check

가나안 입성이 본격적으로 준비되는 부분인 민수기 27-36장과 모압 평지에서 이뤄진 신명기 1-14장 말씀이 이번 통독 본문입니다. 광야 생활을 회고하면서 정리하고, 어떤 면에서 졸업하고, 가나안 입성을 준비하는 시간에 해당되는 이 부분의 제목을 '광야 졸업, 가나안 입학' 으로 잡아보았습니다.

광야 졸업 가나안 입학

I.
빛나는 졸업장을 받으려면
입학을 해야 한다.

졸업하면 끝일 줄 알았는데
입학이 기다리고 있다.

입학은 새로운 졸업으로
졸업은 새로운 입학으로 이어진다.

광야를 졸업하려 하니
가나안 입학이 기다리고 있다.

II.

만나와 메추라기밖에 없는 광야
먹을 것이 넘쳐나 우상과도 나눠 먹는 가나안

물이 없어 반석을 때려야 물이 나오는 광야
건기가 있긴 하지만 시내와 강이 흐르는 땅 가나안

일교차가 심한 광야
그리 덥지도 그리 춥지도 않은 가나안

매서운 바람이 귀를 떼어가는 광야
사람 바람이 코를 베어 가는 가나안

III.

우리밖에 없는 광야
칠 족속 섞여 사는 가나안

사고파는 일 없는 광야
사고파는 일로 먹고사는 가나안

가만히 있어도 정신이 나는 광야
가만히 있으면 죄로 물들어가는 가나안

날마다 새 출발 해야 하는 광야
텃새가 날로 깊어만 가는 가나안

IV.

애굽에서 광야로 왔고
광야에서 가나안으로 들어간다.

노예도 오합지졸도 아닌
정규군 되어 들어간다.

가나안에 비교하면
광야는 호텔이다.

믿음이 있어야
가나안이 집이 된다.

누구라도 입학과 졸업, 졸업과 입학의 경험은 있을 것입니다. 이제 '민족교회' 인 이스라엘은 '국가 교회' 로 나아가는 시점에 와있습니다. '민족교회' 라 부르는 이유는 민족 전체가 교회이기 때문이고, '국가 교회로 나아간다.' 이렇게 보는 이유는 영토를 얻게 되는 시점에 와 있기 때문입니다. 노예였는데 군대가 되었고, 오합지졸이었는데 정규군이 되었습니다.

호르마의 승리에 이어 이뤄진, 헤스본 왕 시혼 및 바산 왕 옥과의 전투는 마치 졸업시험과 같았습니다. 호르마(민 21:1-3)는 '헤렘된 곳' 이라는 의미를 갖습니다.[1] 헤스본 왕 시혼 및 바산 왕 옥과의 전투 이야기(민 21:21-35)는 제8과 서론인 '쓴잔' 이라는 글에 언급했습니다. 이 전투는 이번 민수기 본문과 신명기 본문에 두 번이나 등장합니다. 시혼과 옥이 다스리던 땅을 르우벤, 갓, 므낫세 반 지파가 기업으로 받고 싶어하기 때문이기도 하고(민수기 32장), 이들이 가나안 7족속 가운데 하나인 아모리 족속이기 때문이기도 합니다(신 2:24-3:22). 장차 가나안 땅에서 일곱 족속을 헤렘시킬 것을 생각하면, "아모리 족속의 두 왕"(신 3:8)을 헤렘시킨 것은 가나안 사명을 이룰 수 있다는 능력이 검증된 사건이었습니다.

시혼 및 옥과의 전쟁과 더불어 언급되는 전쟁이 미디안과의 전쟁입니다. 민수기 25장에 소개된 모압 여인과의 음행 사건과 연관된 족속으로 모압과 미디안이 있습니다. 모압 왕 발락은 미디안 장로들에게 "이제 이 무리가 소가 밭의 풀을 뜯어 먹음 같이 우리 사방에 있는 것을 다 뜯어먹으리로다" 말했습니다(민 22:4). 결국, 모압 장로들과 미디안 장로들이 발람을 설득하러 유브라데 강 가에 있는 '브돌' 로 가지요(22:5, 7). 발람이 미디안 전쟁에서 죽은 걸 보면(31:8, 16), 미디안에 머물면서 이스라엘을 망하게 할 계책을 준 것으로 보입니다.

하나님께서는 모압에 대해서는 모압 사람이 여호와의 총회에 들어오지 못하는 것으

1) 헤렘에 대해서는 박형대, 『헤렘 제자도』(서울: 그리심, 2018)을 보세요.

로 이 문제를 다루십니다(신 23:3-6). 그들이 "영원히 여호와의 총회에 들어오지 못하"(23:3)는 이유 가운데 하나로, "메소보다미아의 브돌 사람 브올의 아들 발람에게 뇌물을 주어 너희를 저주하게 하려"(23:4)한 것이 제시됩니다. 모압과의 전쟁을 허락하지 않으신 이유는 하나님께서 그들에게 기업을 주셨기 때문입니다. "여호와께서 내게 이르시되 모압을 괴롭히지 말라 그와 싸우지도 말라 그 땅을 내가 네게 기업으로 주지 아니하리니 이는 내가 롯 자손에게 아르를 기업으로 주었음이라"(신 2:9) 아멘.

모압과 달리 미디안은 하나님께서 기업을 주신 것이 아니기에, 싸움 명령이 납니다. 민수기 31장 1-2절입니다. "여호와께서 모세에게 말씀하여 이르시되 이스라엘 자손의 원수를 미디안에게 갚으라 그 후에 네가 네 조상에게로 돌아가리라" 아멘. 군인들이 여자들을 살려서 데려오자 모세가 한 말입니다. "너희가 여자들을 다 살려두었느냐 보라 이들이 발람의 꾀를 따라 이스라엘 자손을 브올의 사건에서 여호와 앞에 범죄하게 하여 여호와의 회중 가운데에 염병이 일어나게 하였느니라"(31:15-16) 아멘. 결국 미디안 족속에 대한 처리는 광야 사건의 뒷마무리였습니다. 하나님께서는 여기까지가 모세가 감당해야 할 역할이라고 말씀하셨습니다. 그다음에야 죽을 수 있다고 하신 것이지요.

이 점에서 '미디안과의 전투' 및 '헤스본 왕 시혼과 바산 왕 옥과의 전투'는 광야의 이스라엘이 광야를 떠나기 전에 매듭을 지어야 할 일이었습니다. 그래서 두 전투 모두 졸업시험이라고 부를 수 있습니다.

동시에 모압 평지에서 베풀어진 모세의 회고와 율법 선포는 입학식이라고 부를 수 있습니다. 신명기 5장에 있는 십계명이 그 점을 분명히 해줍니다. 출애굽기 20장에 있는 십계명과 언약 체결이 '광야 학교 입학식'이라고 한다면, 신명기 5장을 중심으로 한 신명기 전체가 '가나안 학교 입학식'이라고 부를 수 있다는 말씀입니다. 그럼, 이제 졸업과 입학이 어떻게 이뤄졌는지 순서대로 살펴보겠습니다.

우선 민수기 30장은 그 땅에서의 삶과 관계된 준비의 일환으로 주어집니다. 제8과에서 말씀드린 것처럼, 27장 12-23절에는 '가나안을 기업으로 얻는 일'을 수행할 때 지도자 역할을 맡을 여호수아에 대한 말씀이 있습니다. 이어지는 28-29장은 안식일,

초하루, 유월절, 칠칠절, 속죄일, 장막절에 대한 말씀입니다. 지금까지는 농사를 짓지 않았기 때문에, 칠칠절이나 장막절과 같이 농경 혹은 광야 생활과 깊은 연관이 있는 절기와는 관계없는 삶을 살았습니다. 그러나 이제 가나안 땅에 들어가면 '출애굽, 광야 생활, 농경' 과 관계된 모든 절기를 지켜야 합니다. 그래서 이 부분이 한 번 더 강조됩니다.

민수기 31장은 민수기 6장의 '나실인 서원법' 의 연장선상에서 이해될 필요가 있습니다. 하나님 백성의 진영 가운데 '거룩하게 구별된 이들이 있을 것' 을 기대하신 하나님께 한 '서원이나 서약(혹은 맹세)' 은 반드시 이행되어야 한다는 점이 강조됩니다. 서원에는 나실인 서원이 포함될 것입니다. 서약은 주로 '맹세' 로 번역된 단어입니다. 단, 완화조건이 하나 있습니다. 여성의 경우, 딸이나 아내로서 한 서원이나 맹세(서약)의 경우, 아버지나 남편이 수용하지 않으면 지키지 않아도 된다는 것입니다. 이 규정의 의의는 모든 '서원과 서약' 의 최종 책임은 아버지와 남편이 진다는 것입니다. 이는 권위의 문제이기도 하지만, 책임의 문제이기도 합니다. 절기뿐 아니라 하나님과의 약속도 잘 지켜져야 합니다.

이제 졸업고사입니다. 미디안과 전투가 벌어집니다. 가나안 일곱 족속에 해당되지는 않기에 '헤렘' 되지는 않습니다. 그러나 모든 남자를 다 죽이고 남자를 아는 여자도 모두 죽이도록 합니다. 31장 17-18절입니다. "그러므로 아이들 중에서 남자는 다 죽이고 남자와 동침하여 사내를 아는 여자도 다 죽이고 남자와 동침하지 아니하여 사내를 알지 못하는 여자들은 다 너희를 위하여 살려 둘 것이니라" 아멘. 여기서 긍휼의 문제가 제기될 수 있습니다. 그러나 '천지를 지으시고 모든 생명을 지으신 하나님의 결정에 의한 심판' 에 대해 피조물이 문제를 제기할 수 있을까요? 삶과 죽음의 문제가 하나님 앞에서 그리 큰 문제가 아니라는 것을 생각할 때 이 문제는 좀 더 무겁지 않게 다뤄질 수 있겠습니다. 하나님께서는 모든 인류에게 영원한 생명을 주고자 하셨으나, '죄' 로 말미암아 죄가 세상에 들어오고 인류는 '죄' 아래 있게 되었습니다. 하나님께서 인류의 일상까지 존중하고 고려하시지만, 궁극적이고 근본적인 것을 생각할 때 백 세를 사나, 오백 세를 사나 하나님께는 그리 큰 차이가 없는 것입니다. 아브라함과 이삭과 야곱이 모세 당시에는 죽은 지 수백 년이 지났지만, 하나님께서는 모세에게 '나는 아브라함과 이삭과 야곱의 하나님 여호와이다.' 이렇게 소개하셨기 때문입니다(출 3:6).

이에 대해 예수님께서는 "죽은 자의 부활을 논할진대 하나님이 너희에게 말씀하신 바 나는 아브라함의 하나님이요 이삭의 하나님이요 야곱의 하나님이로라 하신 것을 읽어 보지 못하였느냐 하나님은 죽은 자의 하나님이 아니요 살아 있는 자의 하나님이시니라" 말씀하셨습니다(마 22:31-32). 여기서 '살아 있는 자의 하나님' 이라는 표현에는 '하나님 언약 백성인 아브라함, 이삭, 야곱은 여전히 살아있는 것이다.' 하는 의미가 기본적으로 있지만, 동시에 '죽음이 살아계신 하나님 앞에서는 큰 의미가 없다.' 하는 부차적인 의미도 내포되어있습니다.

한편, 하나님 심판의 도구가 되는 문제가 있습니다. 앗수르가 하나님의 몽둥이였던 것처럼, 하나님의 백성이 악인의 심판을 맡는 경우가 있습니다. 이때 하나님의 백성이 어떤 마음으로 심판을 수행하느냐는 매우 중요합니다. 그들이 의로워서 하나님 심판의 손발이 되는 것이 아님을 분명히 해야 합니다. 하나님의 명령을 수행할 따름이지요. 그분의 명령이기에 수행합니다. 그러므로 순종하는 마음과 더불어, 긍휼의 마음이 있어야 합니다. "긍휼을 행하지 아니하는 자에게는 긍휼 없는 심판이 있으리라 긍휼은 심판을 이기고 자랑하느니라"(약 2:13) 아멘.

삶과 죽음의 문제가 동족이나 가족, 특히 본인과 관계될 때, 우리는 어떤 결론에 도달하기가 훨씬 더 어려운 것이 사실입니다. 그러나 예수 그리스도의 죽음을 우리 구원의 근거로 믿고 고백하는 우리이기에, '삶과 죽음의 문제' 에 관하여 '보다 성경적이고 객관적이고 냉철한 사유에 기초한 명제' 를 도출할 수 있기를 바라는 마음입니다.

민수기 32장은 헤스본 왕 시혼과 바산 왕 옥과의 전쟁을 통해 얻은 땅을 두 지파 반이 그들 자신의 기업으로 구하자 모세가 '조건부' 로 허락한 내용입니다. 이들의 요구는 32장 3-5절에, 모세의 답변은 6-15절에, 모세의 답변에 대한 그들의 대답은 16-19절에, 이에 대한 모세의 응답은 20-24절에, 그들의 약속과 모세의 명령은 25-30절에, 그들의 최종 대답과 기업분배는 31-42절에 나옵니다. 28절부터 32절까지만 봅니다. "이에 모세가 그들에 대하여 제사장 엘르아살과 눈의 아들 여호수아와 이스라엘 자손 지파의 수령들에게 명령하니라 모세가 그들에게 이르되 갓 자손과 르우벤 자손이 만일 각각 무장하고 너희와 함께 요단을 건너가서 여호와 앞에서 싸워서 그 땅이 너희 앞에 항복하기에 이르면 길르앗 땅을 그들의 소유로 줄 것이니라 그러나 만일 그들이 너희와 함께 무장하고 건너지 아니하면 그들은 가나안 땅에서 너희와 함께 땅을 소유할 것이니라 갓 자손과 르우벤 자손이 대답하여 이르되 여호와께서 당신의 종들에게 명령하신 대로 우리가 행할 것이라 우리가 무장하고 여호와 앞에서 가나안 땅에 건너가서 요단 이쪽을 우리가 소유할 기업이 되게 하리이다" 아멘. 이 약속은 여호수아서에서 매우 중요하게 다뤄집니다. 특별히 여호수아 22장은 이 부분과 관계됩니다.

민수기 33장 1-49절은 출애굽한 이스라엘의 노정(路程)을 소개합니다. 그동안에는 성막 제조 및 봉헌, 제사장 임직, 레위인 구별, 예배자로서의 백성 등에 대해 집중했다면, 33장은 전체적인 노정에 대해 요약합니다. 제가 특별히 좋아하는 구절이 여기에 있습니다. 14절입니다. "알루스를 떠나 르비딤에 진을 쳤는데 거기는 백성이 마실 물이 없었더라" 아멘. 하나님의 인도를 받아 갔는데 마실 물이 없었습니다. 하나님의 인도가 어떠한지를 보여주는 듯합니다. 궁핍과 어려움으로 인해 그리스도를 만납니다.

민수기 33장 50절부터 민수기 마지막 36장까지는 가나안 땅에 들어갔을 때 기업을 어떻게 분배할 것인가에 대한 말씀입니다. 원칙이 33장 51-56절에 제시됩니다. 수에 따라 기업이 분배될 것입니다. 54절만 봅니다. "너희의 종족을 따라 그 땅을 제비 뽑아 나눌 것이니 수가 많으면 많은 기업을 주고 적으면 적은 기업을 주되 각기 제비 뽑은 대로 그 소유가 될 것인즉 너희 조상의 지파를 따라 기업을 받을 것이니라" 아멘. 34장은 기업으로 받을 전체 경계와 기업 분할 책임자 명단입니다. 모든 땅이 하나님께 속하였으니 하나님의 결정에 따라 부여됩니다.

민수기 35장은 레위인에게 줄 성읍과 도피성에 대한 말씀입니다. 35장 6절입니다. "너희가 레위인에게 줄 성읍은 살인자들이 피하게 할 도피성으로 여섯 성읍이요 그 외에 사십이 성읍이라" 아멘. 48개의 성읍이 성곽과 주변을 중심으로 레위인에게 분배됩니다. 성곽과 성곽 주변 1킬로미터까지입니다. 그리고 48개 가운데 여섯 개가 도피성입니다. 레위인들은 하나님과 그분의 율법에 집중하여 살아야 하는 사람들입니다.

민수기 36장에 있는 슬로브핫의 딸들 얘기도 기업분배와 관계됩니다. 슬로브핫의 딸들의 요구는 민수기 27장에 소개되었습니다. 36장은 슬로브핫의 딸들의 요구가 받아들여졌기에 발생할 수 있는 문제에 대한 해결책이 소개됩니다. 므낫세의 손자 마길의 아들 길르앗 자손 종족들의 수령들이 말합니다. 3-4절입니다. "그들이[/슬로브핫의 딸들이] 만일 이스라엘 자손의 다른 지파들의 남자들의 아내가 되면 거들의 기업은 우리 조상의 기업에서 떨어져 나가고 그들이 속할 그 지파의 기업에 첨가되리니 그러면 우리가 제비 뽑은 기업에서 떨어져 나갈 것이요 이스라엘 자손의 희년을 당하여 그 기업이 그가 속한 지파에 첨가될 것이라 그런즉 그들의 기업은 우리 조상 지파의 기업에서 아주 삭감되리이다" 아멘. 이에 대한 하나님의 대답은 "슬로브핫의 딸들은 마음대로 시집가려니와 오직 그 조상 지파의 종족에게로만 시집갈지니"(36:6) 하는 것이었습니다. 슬로브핫의 딸들은 하나님의 명대로 행하여 "그들의 숙부의 아들들의 아내가" 됩니다(36:11).

민수기는 36장 13절로 끝납니다. "이는 여리고 맞은편 요단 가 모압 평지에서 여호와께서 모세를 통하여 이스라엘 자손에게 명령하신 계명과 규례니라" 아멘. '모압 평지'가 계명과 규례가 주어진 장소로 제시됩니다. 이 장소는 22장 1절에서 제시되었습니다. "이스라엘 자손이 또 길을 떠나 모압 평지에 진을 쳤으니 요단 건너편 곧 여리고 맞은편이더라" 아멘. 모압 평지에서 광야 생활의 마지막 사건들이 있었음을 알려주는 구절들입니다. 그런데 이어지는 신명기 1장 1-5절은 '가나안 입학식'과 같은 일이 유사한 곳에서 일어났음을 알려줍니다. '모압 땅'에 그들이 있습니다. 물론 시간은 다른 시간입니다. 애굽에서 나온 때로부터 40년 11월 1일입니다. 3-5절입니다. "마흔째 해 열한째 달 그 달 첫째 날에 모세가 이스라엘 자손에게 여호와께서 그들을 위하여 자기에게 주신 명령을 다 알렸으니 그 때는 모세가 헤스본에 거주하는 아모리 왕 시혼을 쳐죽이고 에드레이에서 아스다롯에 거주하는 바산 왕 옥을 쳐죽인 후라 모세가 요단 저쪽 모압 땅에서 이 율법을 설명하기 시작하였더라 일렀으되" 아멘.

모세는 이스라엘에 지도자들을 세운 일을 회고합니다. 신명기 1장 9-18절에 있습니다. 이어 가데스 바네아 사건을 회고합니다. 19-46절에 있습니다. 19절만 읽습니다. "우리 하나님 여호와께서 우리에게 명령하신 대로 우리가 호렙 산을 떠나 너희가 보았던 그 크고 두려운 광야를 지나 아모리 족속의 산지 길로 가데스 바네아에 이른 때에" 아멘. 하나님과 언약을 맺은 이스라엘 백성들은 하나님 주신 기업으로 떠나라는 명령을 받자 순종했습니다. 호렙산을 떠났습니다. 그러나 그들을 기다린 것은 '크고 두려운 광야' 였습니다. 하나님의 명령대로 수행한다고 해서, 하나님께서 뜻하신 대로 순종한다고 해서 평탄한 길이 보장되지는 않습니다. 오히려 어려움이 있습니다. 밤을 먹으려면 밤송이를 벗겨야 하듯, 밤송이 벗겨도 밤껍질을 또 깎아야 하듯 껍질을 벗기는 일이 있습니다. 주님 주시는 기업 받으려면 '크고 두려운 광야' 를 통과해야 합니다. 이어 기업을 얻기 위해 들어가야 합니다. 두 가지 어려움이 있습니다. 하나는 사람은 없고 환경이 험한 곳을 통과하는 어려움입니다. 다른 하나는 환경은 좋은데 사람이 있는 곳을 차지해야 하는 어려움입니다. 환경이 좋지 않으면 사람도 살지 않습니다. 환경이 좋으면 사람들이 많이 삽니다. 환경이 좋을수록 더 강한 사람들이 삽니다.

노예 생활을 했던 이스라엘 사람들은 '크고 두려운 광야' 는 잘 지나갔습니다. 그러나 장대한 아낙 자손이 있는 약속의 땅은 들어가기가 두려웠습니다. 40일간의 정탐도 잘 마쳤고 그 땅의 실과를 가져오는 것은 성공했지만, 그 땅에 들어가 강한 사람들을 물리치고 그 땅을 기업으로 받는 일은 40년이 지나서야 성공했다는 말씀입니다. 노예 생활보다는 광야 생활에 익숙한 세대가 일어난 뒤에야 성공합니다. 광야 생활에 익숙해지면 사람이 두렵지 않습니다. 그러나 애굽의 문명 속에서 종살이한 이들은 사람이 두려웠습니다. 사람 눈치 보며 산 세월이 너무나 길었습니다. 사람을 자꾸 쳐다봅니다.

모세의 말은 분명합니다. 1장 20-21절입니다. "내가 너희에게 이르기를 우리 하나님 여호와께서 우리에게 주신 아모리 족속의 산지에 너희가 이르렀나니 너희의 하나님 여호와께서 이 땅을 너희 앞에 두셨은즉 너희 조상의 하나님 여호와께서 너희에게 이르신 대로 올라가서 차지하라 두려워하지 말라 주저하지 말라 한즉" 아멘. 두려워할 것도 없고 주저할 필요도 없습니다. 올라가서 차지하면 됩니다. 그러나 뭘 차지해본 적이 없는 그들은 조심스럽습니다. 뭔가 전체가 아니라 일부를 차지하려 합니다. 22절입니다. "너희가 다 내 앞으로 나아와 말하기를 우리가 사람을 우리보다 먼저 보내어 우리를 위하여 그 땅을 정탐하고 어느 길로 올라가야 할 것과 어느 성읍으로 들어가야 할 것을 우리에게 알리게 하자 하기에". '어느 길로 올라가야 할 것과 어느 성읍으로 들어가야 할 것' 을 왜 알아야 합니까? 안전한 길, 안전한 곳을 찾기 때문입니다. 위험하지 않은 곳, 사람들이 강하지 않은 곳, 별로 힘쓰지 않아도 얻을 수 있는 땅을 찾고 있습니다.

민수기 13장을 보면, "여호와께서 모세에게 말씀하여 이르시되 사람을 보내어 내가 이스라엘 자손에게 주는 가나안 땅을 정탐하게 하되 그들의 조상의 가문 각 지파 중에서 지휘관 된 자 한 사람씩 보내라 모세가 여호와의 명령을 따라 바란 광야에서 그들을 보냈으니 그들은 다 이스라엘 자손의 수령 된 사람이라"(13:1-3) 했습니다. 신명기 1장의 본문과 달라 보입니다. 그러나 둘을 합쳐 보니, 하나님의 명령이 백성의 요청에 기인했다는 것을 알 수 있습니다. 백성이 요청하니 하나님께서 허락하셨다는 말입니다. 사실 하나님께서는 어느 길로 갈지 알고 계셨습니다. 불기둥과 구름기둥의 인도를 신뢰한다면 굳이 정탐하지 않아도 됩니다. 그들이 광야로 나올 때 미리 정탐하지 않았습니다. 출애굽할 때도 미리 정탐하지 않았습니다. 선발대를 미리 보냈다면 홍해 앞으로 가지도 않았을 것이고 애굽 군대도 따라오지 않았을 것입니다.

그런데 이스라엘 백성들은 사람들이 두려웠기 때문에 광야로 나올 때는 요청하지 않던 정탐을 요청한 것입니다. 하나님께서는 이들의 요청을 받아주셨습니다. 맘에 들지 않으셨을 것이고 '그냥 믿고 따라와.' 하시며 물리칠 수도 있으셨겠지만 그리하지 않으셨습니다. 우리의 요청을 존중하시는 하나님이십니다. 어쩌면 정탐해보자는 게 준비의 일종일 수 있기에 좋게 여길 수 있습니다. 모세도 이들의 말을 좋게 여겼습니다. 23절입니다. "내가 그들의 말을 좋게 여겨 너희 중 각 지파에서 한 사람씩 열둘을 택하매" 아멘. 결국 이 대표들로 인해 문제가 생깁니다. 여호수아와 갈렙을 제외한 열 명이 그 땅을 악평합니다.

민수기 13장 27절 이하를 보면, 열두 정탐들은 "모세에게 말하여 이르되 당신이 우리를 보낸 땅에 간즉 과연 그 땅에 젖과 꿀이 흐르는데 이것은 그 땅의 과일이니이다 그러나 그 땅 거주민은 강하고 성읍은 견고하고 심히 클 뿐 아니라 거기서 아낙 자손을 보았으며 아말렉인은 남방 땅에 거주하고 헷인과 여부스인과 아모리인은 산지에 거주하고 가나안인은 해변과 요단 가에 거주하더이다"(13:27-29) 하였고, 이에 기초하여 갈렙은 "우리가 곧 올라가서 그 땅을 취하자 능히 이기리라"(13:30) 하였고 다른 정탐들은 "우리는 능히 올라가서 그 백성을 치지 못하리라 그들은 우리보다 강하니라 … 우리가 두루 다니며 정탐한 땅은 그 거주민을 삼키는 땅이요 거기서 본 모든 백성은 신장이 장대한 자들이며 거기서 네피림 후손인 아낙 자손의 거인들을 보았나니 우리는 스스로 보기에도 메뚜기 같으니 그들이 보기에도 그와 같았을 것이니라"(13:31-33) 하였습니다.

신명기 1장 25절은 그들의 보고 내용을 "우리의 하나님 여호와께서 우리에게 주시는 땅이 좋더라" 하며 간략하게 소개합니다. 이어 정탐들의 말보다는 백성의 반응을 중심으로 그때 상황을 정리합니다. 그들의 반응이 27-28절에 있습니다. "장막 중에서 원망하여 이르기를 여호와께서 우리를 미워하시므로 아모리 족속의 손에 넘겨 멸하시려고 우리를 애굽 땅에서 인도하여 내셨도다 우리가 어디로 가랴 우리의 형제들이 우리를 낙심하게 하여 말하기를 그 백성은 우리보다 장대하며 그 성읍들은 크고 성곽은 하늘에 닿았으며 우리가 또 거기서 아낙 자손을 보았노라 하는도다 하기로" 아멘. 그들은 하나님께서 그들을 애굽에서 나오게 하신 이유가 그들이 미워서 아모리 족속의 손에 넘겨 멸하시려는 데 있다고 말합니다. 말도 안 되는 얘기가 그들에게는 통합니다. 그 땅이 좋다는 것은 고려되지 않습니다. 그 땅이 얼마나 좋으면 그리 장대한 자들까지 살고 있을까 생각하지 않습니다. 사람은 두렵고 기업은 편하게 얻고 싶다 보니, 하나님을 원망합니다. 전체를 얻으라시는 하나님의 명령이 담고 있는 뜻을 모릅니다. 1장 11절을 보면 모세는 "너희 조상의 하나님 여호와께서 너희를 현재보다 천 배나 많게 하시며"라고 했습니다. 지도자인 모세는 천 배를 보고 있습니다. 그러나 백성들은 자신들이 메뚜기 떼랍니다.

이런 상황에서 모세가 믿음으로 고백합니다. 1장 29-33절입니다. "내가 너희에게 말하기를 그들을 무서워하지 말라 두려워하지 말라 너희보다 먼저 가시는 너희의 하나님 여호와께서 애굽에서 너희를 위하여 너희 목전에서 모든 일을 행하신 것 같이 이제도 너희를 위하여 싸우실 것이며 광야에서도 너희가 당하였거니와 사람이 자기의 아들을 안는 것 같이 너희의 하나님 여호와께서 너희가 걸어온 길에서 너희를 안으사 이곳까지 이르게 하셨느니라 하나 이 일에 너희가 너희의 하나님 여호와를 믿지 아니하였도다 그는 너희보다 먼저 그 길을 가시며 장막 칠 곳을 찾으시고 밤에는 불로, 낮에는 구름으로 너희가 갈 길을 지시하신 자이시니라" 아멘. 우리도 좀 비슷합니다. 좀 잘 되는가 싶으면 으쓱대다가 어려움이 생기면 금세 움츠러듭니다. 특별 새벽기도 기간에,

애들이 약해서, 애들이 아플까 봐 나오지 못한다고들 염려했지만, 막상 애들은 멀쩡했습니다. 나온 애들 가운데 피곤해한 애들도 있었죠. 그러나 대부분 잘 나왔고 나와서 좋았습니다.

주님 명령은 분명하고 주님의 인도도 명료합니다. 우리가 믿지 못해, 그분의 인도를 신뢰하지 않아서 기업을 얻지 못하는 겁니다. 사람 두려워해서 땅을 차지하지 못하는 겁니다. 괜히 '우리를 미워하셔서 출애굽하게 하셨다.' 하는 것과 같은 엉뚱한 말을 하는 것입니다. 정직해야 하고, 진실해야 합니다. 사람이 두려우면 사람이 두려우니 도와달라 기도해야죠. 하나님께서 함께하시니 두려울 게 없습니다. 돈 들어갈 것도, 사람들이 떠나는 것도 걱정할 필요 없습니다. 어차피 사람은 외모를 보고, 어차피 인생은 하나님을 거부하는 것이 기본이니, 하나님을 믿고 신뢰하는 자는 신뢰하고 갑니다. 내가 망하는 것만 두려워하지 않으면 됩니다. 결국 하나님 나라 흥하면 나도 흥하는 것이니 나는 망해도 좋습니다. 그 각오로 갑니다. 나의 1% 순종이 하나님 역사 99%를 끌어낸다는 것을 믿고 순종하며 갑니다.

신명기 2장 1-22절에는 에돔과 모압과 암몬을 치지 않은 이유가 기술됩니다. 이어 앞서 말씀드린 시혼과 옥에 대한 헤렘이 소개됩니다. 2장 24절부터 3장 22절까지입니다. 이어 모세가 아니라 여호수아가 가나안에서의 지도자가 되어야 하는 이유가 소개됩니다(3:22-29).

이제 모세는 그들과 함께 할 수 없습니다. 그러므로 시내산에서 율법을 수여받은 자로서 마지막으로 율법과 언약에 대해 재교육합니다. 회고이면서 동시에 재교육입니다. 시내산 언약 체결은 어떤 사건보다도 중요한 사건이므로 자세하게 소개됩니다. 4장 10-15절입니다. 10절만 봅니다. "네가 호렙 산에서 네 하나님 여호와 앞에 섰던 날에 여호와께서 내게 이르시기를 나에게 백성을 모으라 내가 그들에게 내 말을 들려주어 그들이 세상에 사는 날 동안 나를 경외함을 배우게 하며 그 자녀에게 가르치게 하리라 하시매" 아멘. 이어 4장 43절까지 모세의 1차 권면 혹은 설교가 주어집니다.

하나님을 어떻게 섬길 것인가? 우상은 보이지만 말하지 않고 움직이지 않습니다. 하나님은 보이지 않으시지만 말씀하시고 행동하십니다. 말씀하신다는 것은 원칙을 제시하신다는 것을, 행동하신다는 것은 직접 역사하신다는 것을 의미합니다. 사람들은 자신들이 조종(操縱)할 수 있는 신을 원합니다. 자기 뜻을 관철(貫徹)하고 싶어 합니다. 그런데 천지를 지으신 하나님께서는 백성의 거룩을 원하시고 백성이 거룩하지 않을 때 심판하십니다. 대개는 이걸 부담스러워하죠.

하나님의 현현은 매우 독특합니다. 4장 15절입니다. "여호와께서 호렙 산 불길 중에서 너희에게 말씀하시던 날에 너희가 어떤 형상도 보지 못하였은즉 너희는 깊이 삼가라" 아멘. 호렙산에 불이 붙었고 하나님은 흑암 가운데 계셔서 아무 모습도 모이지 않았습니다. '호렙'의 뜻은 '말랐다' 입니다. 실제로 시내산에 가보면 말라 있습니다. 생물이 거의 없습니다. 아무것도 없는데 불이 붙을 수 있습니까? 없습니다. 불이 붙으면 환합니다. 그런데 아무것도 보이지 않을 수 있습니까? 역시 그럴 수 없습니다. 어떤 간섭이 없다면 일어날 수 없습니다. 호렙에서 언약을 맺을 때 발생한 모습을 통해, 하나님께서는 눈에 보이는 어떤 형상을 만들어 놓고 하나님이라며 섬기는 것이 적절하지 않음을 보여주셨습니다.

이어지는 우상 목록은 창조 순서의 반대입니다. 남녀 사람, 짐승, 새, 기는 것, 물고기, 천체입니다. 4장 16절입니다. "그리하여 스스로 부패하여 자기를 위해 어떤 형상대로든지 우상을 새겨 만들지 말라 남자의 형상이든지, 여자의 형상이든지" 아멘. 남녀로 구성된 인생은 남녀로 구성된 우상을 만들었습니다. 부부 신을 만들었습니다. 자기 모습을 신의 모습에 투사했습니다. 하지만 하나님은 부부 신이 아닙니다. 그러니 남자와 여자의 형상으로 하나님을 표현하는 것은 적절하지 않습니다. 인간이 하나님의 형상을 따라 만들어진 것이지, 하나님께서 인간의 형상을 따라 만들어지신 게 아닙니다. 사람들은 자꾸 순서를 뒤집으려 합니다. 하나님께서 인간을 만드셨는데, 지음 받은 피조물로서 조물주를 만들려 합니다.

인간은 짐승과 새 가운데 부러운 것의 모습으로 자신이 섬길 신을 표현하기도 했습니다. 그러나 하나님은 우리 부러움이 대상이 아니라 섬김의 대상입니다. 4장 17절입니다. "땅 위에 있는 어떤 짐승의 형상이든지, 하늘을 나는 날개 가진 어떤 새의 형상이든지" 아멘. 또한, 사람들은 자신이 흉내 내기 어려운 방법으로 기어 다니는 곤충이나 도달할 수 없는 곳에 사는 물고기로 섬길 신을 표현하기도 했습니다. 이것도 하지 말아야 할 일입니다. 18절입니다. “땅 위에 기는 어떤 곤충의 형상이든지, 땅 아래 물 속에 있는 어떤 어족의 형상이든지 만들지 말라” 아멘. 우리는 예수님을 마음에 모심으로 신의 성품에 참여할 수 있고, 믿음의 기도를 통해 어디나 도달할 수 있습니다. 또한, 사람들은 자신들이 도달할 수도 없는 곳에 있으면서 빛과 온기를 공급해주는 해와 달과 별에서 신비감을 느낍니다. 그러나 해와 달과 별 역시 피조물입니다. 19절입니다. “또 그리하여 네가 하늘을 향하여 눈을 들어 해와 달과 별들, 하늘 위의 모든 천체 곧 너희의 하나님 여호와께서 천하 만민을 위하여 배정하신 것을 보고 미혹하여 그것에 경배하며 섬기지 말라” 아멘. 천체(天體)는 “천하 만민을 위해 배정하신 것”이라 표현됩니다. 우리에게 배정된 것을 우리를 배정한 것 삼으면 순서가 뒤바뀐 것입니다. 아무리 좋아 보여도 눈에 보이는 것에 마음 뺏기지 않는 게 좋습니다.

눈에 보이는 것을 따라가지 않으면서 기억해야 할 일이 있습니다. 4장 20절입니다. “여호와께서 너희를 택하시고 너희를 쇠 풀무불 곧 애굽에서 인도하여 내사 자기 기업의 백성을 삼으신 것이 오늘과 같아도” 아멘. 신비한 일입니다. 애굽에서 종살이하던 이스라엘 백성들이 출애굽한 사건은 생각할수록 신기합니다. 종이었던 민족이 집단적으로 탈출한 일은 없었습니다. 개인이, 소수가 탈출한 적은 있었습니다. 그러나 하나의 민족이 통째로 해방된 예는 없었습니다. 어느 땅에 거류하는 백성이 타민족의 식민 백성이 되었다가 해방된 일은 우리도 경험했습니다. 그러나 이스라엘이 애굽에서 해방된 것과 같은 일은 일어날 수도 없고, 오직 이스라엘과 관련하여 애굽에서만 일어났습니다. 그러니 이 사건은 두고두고 기억할 만합니다. 하나님께서 어떤 분인지 알려주기 때문입니다.

더불어 정말 더 기억해야 할, 진짜 신비한 일이 있습니다. 4장 21절입니다. “여호와께서 너희로 말미암아 내게 진노하사 내게 요단을 건너지 못하며 네 하나님 여호와께서 네게 기업으로 주신 그 아름다운 땅에 들어가지 못하게 하리라고 맹세하셨은즉” 아멘. 모세가 가나안 땅에 들어가지 못한 것입니다. 그는 이스라엘 출애굽의 일등 공신입니다. 그런데 그가 들어가지 못합니다. 볼 수는 있습니다. 그러나 요단을 건너 그 땅에 들어가지는 못합니다. 이처럼 편애 없는 신은 없습니다. 40년이나 충성했으면 봐주실 만도 한데 국물도 없습니다. 40년이나 지도자로 섬겼기에 그 땅에 들어올 수 없습니다.

이런 분이 하나님이십니다. 가까울수록, 더 많이 알수록 더 높은 기준을 적용하십니다. 세상은 가까울수록, 더 많이 알수록, 편애가 더 심합니다. 하나님은 반대입니다.

모세는 자신이 요단 동편 땅에서 죽을 것을 알고 있습니다. 동시에 이스라엘 백성들이 그 땅에 들어갈 것도 알고 있습니다. 4장 22절입니다. "나는 이 땅에서 죽고 요단을 건너지 못하려니와 너희는 건너가서 그 아름다운 땅을 얻으리니" 아멘. 모세는 들어가지 못하고 다른 백성들이 들어가는 것이 신비합니다. 이 신비의 배경에 하나님의 약속이 있습니다. "너희가 사로잡히리라 하던 너희의 아이들과 당시에 선악을 분별하지 못하던 너희의 자녀들도 그리로 들어갈 것이라 내가 그 땅을 그들에게 주어 산업이 되게 하리라"(1:39) 아멘. 약속하신 대로 이스라엘 백성은 들어갑니다. 다만, 들어가서 '믿음으로 사느냐, 자기 욕심대로 사느냐?' 하는 것은 그들에게 놓여있습니다. 자기 욕심대로 살면, 아간처럼 멸망할 것입니다. 믿음으로 살면, 라합이라 하더라도 구원받을 것입니다.

이처럼 긴 권면의 일차적인 이유는 4장 23절에 정리됩니다. "너희는 스스로 삼가 너희의 하나님 여호와께서 너희와 세우신 언약을 잊지 말고 네 하나님 여호와께서 금하신 어떤 형상의 우상도 조각하지 말라" 아멘. 소극적으로는 우상을 만들지 않는 것입니다. 그러나 적극적으로는 하나님은 우상이 아니므로 그분과 맺은 언약을 기억하고 그 언약에 부합된 삶을 살아야 한다는 것입니다. 혼인서약을 했으면 부부의 정조(貞操)와 대의(大義)를 지켜야 합니다. 검은 머리 파뿌리 되도록 아플 때나 건강할 때나 형통할 때나 힘들 때나 사랑해야 하는 것입니다. 경제적으로 파산 상태가 되면 너무나 쉽게 이혼합니다. 가난해지면 하나님도 버립니다. 자신이 힘들게 되면 배우자도 버리지만 하나님도 버립니다. 교회도 버립니다. 자신이 기준입니다. 자식도 버립니다. 자신마저도 버립니다. 하나님이 기준이면 힘들다고 해서 버릴 게 없습니다. 하나님을 더 간절히 찾고, 가족들을 더 사랑하고, 교회 예배를 더 사모합니다. 하나님께서는 재기(再起)를 주십니다. 그래서 다시 일어납니다. 그 길, 생명의 길을 사람들이 싫어합니다. 그래서 파멸의 길로 갑니다. 후회의 길입니다. 많은 사람이 가는 멸망의 길입니다. 사망에 도달합니다. 우리는 힘들다고 하나님을 버리지 않습니다. 아무도 버리지 않습니다. 내버려 둘 수는 있겠지요. 더욱 사랑합니다. 겸손해져서 모든 것을 더 귀히 여깁니다.

하나님은 어떤 분이십니까? "소멸하는 불이시요 질투하시는 하나님"이십니다. 4장 24절입니다. "네 하나님 여호와는 소멸하는 불이시요 질투하시는 하나님이시니라" 아멘. '소멸하다'는 '먹다'는 단어의 번역입니다. '먹는다.' 하는 표현은 매우 적극적인 표현입니다. 그것도 '불처럼 먹는다.' 하셨으니 더 적극적입니다. 산불을 생각해보세요. 순식간에 모든 것이 타버립니다. 그분의 사랑을 질투로 표현했습니다. 아가서 8장 6절에 "너는 나를 도장 같이 마음에 품고 도장 같이 팔에 두라 사랑은 죽음 같이 강하고 질투는 스올 같이 잔인하며 불길 같이 일어나니 그 기세가 여호와의 불과 같으니라" 했습니다. 죽음같이 강한 것이 사랑이고, 질투는 음부같이 철저하여 그 기세가 여호와의 불의 기세와 같습니다. '먹는 하나님'은 '먹지 못하는 우상'과 대조됩니다. 28절입니다. "너희는 거기서 사람의 손으로 만든 바 보지도 못하며 듣지도 못하며 먹지도 못하며 냄새도 맡지 못하는 목석의 신들을 섬기리라" 아멘.

이같이 반복적으로 확실하게 말하나 이스라엘이 배부르고 살찌면, 가문이 번성하고 부유해지면, 건강하여 장수하면, 이스라엘은 먹지도 못하는 우상을 만들어 신으로 섬길 것입니다. 4장 25절입니다. "네가 그 땅에서 아들을 낳고 손자를 얻으며 오래 살 때에 만일 스스로 부패하여 무슨 형상의 우상이든지 조각하여 네 하나님 여호와 앞에 악을 행함으로 그의 노를 일으키면" 아멘. 화장실 들어갈 때와 나올 때의 마음이 다릅니다. 아무것도 없을 때는 하나님께 도와 달라 외치지만, 뭔가를 가지게 되면 하나님께 간섭하지 말라 외칩니다. 오히려 따집니다. 가난할 때는 교회 어디 방이라도 하나 주시면 감지덕지 하지만, 부유해지고 높아지면 3층 집도 싫어집니다.

하나님께서는 이스라엘이 우상을 만들기만 하면 '속히 망할 것이라' 말씀하십니다. 4장 26절입니다. "내가 오늘 천지를 불러 증거를 삼노니 너희가 요단을 건너가서 얻는 땅에서 속히 망할 것이라 너희가 거기서 너희의 날이 길지 못하고 전멸될 것이니라" 아멘. 그들은 여호수아와 당시 장로들이 죽자 바로 우상을 섬기기 시작했습니다. 그러나 유다가 망할 때까지 800년 걸렸습니다. 하나님의 기준으로는 800년이 '속히' 입니다. 하나님은 스케일이 크십니다. 시간 면에서도, 공간 면에서도, 관계 측면에서도 하나님은 '꽁생원'이 아니십니다. 하나님 섬기는 우리도 마음을 넓힐 필요가 있습니다.

하나님은 이스라엘이 우상숭배로 인해 포로로 끌려간 다음에도 그들이 돌이키기만

하면 만나주십니다. 4장 29절입니다. "그러나 네가 거기서 네 하나님 여호와를 찾게 되리니 만일 마음을 다하고 뜻을 다하여 그를 찾으면 만나리라" 아멘. 에스라서에서 이 점이 확인됩니다. 포로 상태에서 귀환한 다음에도 형통을 위해 말씀을 어깁니다. 하나님께서는 우리를 사랑하심으로 넉넉하게 하시고 형통하게 하시는데, 늘 넉넉함과 형통이 문제입니다. 잘하는 게 문제입니다. 뭘 잘하지 못하면, 가난하면, 겸손하기 쉽고 하나님 찾기 쉽고 은혜받기도 좋은데, 뭔가 가졌다고 생각하는 순간 마음에 기름이 낍니다. 그래서 머리에 든 것도 하나님 앞에 나오면 늘 청소합니다. 가진 재산도 하나님 앞에 나오면 내 것이 아닙니다. 오남매(五男妹)도 내 소유 아니고 현재 누리는 어떤 것도 내 것이 아닙니다. 나는 주님의 것이고, 나는 주님의 종입니다.

환난이 양약이 됩니다. 4장 30-31절입니다. "이 모든 일이 네게 임하여 환난을 당하다가 끝날에 네가 네 하나님 여호와께로 돌아와서 그의 말씀을 청종하리니 네 하나님 여호와는 자비하신 하나님이심이라 그가 너를 버리지 아니하시며 너를 멸하지 아니하시며 네 조상들에게 맹세하신 언약을 잊지 아니하시리라" 아멘. 환난을 겪은 백성이 달라집니다. 우상을 만들지 않습니다. 그분의 말씀을 청종합니다. 환난을 통해 자신의 미련함과 하나님의 사랑을 모두 깨달았기에, 자신에게 인생 키("배의 방향을 조종하는 장치")를 맡기지 않습니다. 하나님께 맡깁니다. 그리고 순종합니다. 하나님께 맡겼다면서 자기는 몰라라 하며 자기 하고 싶은 거나 하면 안 되겠지요. 하나님께 맡겼기에 그분의 음성에 청종합니다. 넉넉함이나 편안함으로 나 자신을 싸지 않습니다. 그분의 말씀으로 나를 쌉니다. 불 속이라도 들어갑니다. 사자 굴에도 떨어집니다. 사자 굴에서 하나님을 만납니다. 풀무불 속에서 예수님을 만납니다. 그리고 미소 짓습니다. 그분을 만났기 때문이죠. 오늘도 그분을 만나시기 바랍니다.

모세의 두 번째 말씀은 4장 44절부터 시작됩니다. 첫 번째 말씀이 요약된 다음에 십계명이 다시 주어집니다. 특별히 5장 2-3절은 중요합니다. "우리 하나님 여호와께서 호렙 산에서 우리와 언약을 세우셨나니 이 언약은 여호와께서 우리 조상들과 세우신 것이 아니요 오늘 여기 살아 있는 우리 곧 우리와 세우신 것이라" 아멘. 이 율법은 '지키면 사는 법' 입니다. 5장 32-33절입니다. "그런즉 너희 하나님 여호와께서 너희에게 명령하신 대로 너희는 삼가 행하여 좌로나 우로나 치우치지 말고 너희 하나님 여호와께서 너희에게 명령하신 모든 도를 행하라 그리하면 너희가 살 것이요 복이 너희에게 있을 것이며 너희가 차지한 땅에서 너희의 날이 길리라" 아멘.

지키면 사는 이 법에 대한 유명한 구절이 6장 4-9절에 소개됩니다. "이스라엘아 들으라 우리 하나님 여호와는 오직 유일한 여호와이시니 너는 마음을 다하고 뜻을 다하고 힘을 다하여 네 하나님 여호와를 사랑하라 오늘 내가 네게 명하는 이 말씀을 너는 마음에 새기고 네 자녀에게 부지런히 가르치며 집에 앉았을 때에든지 길을 갈 때에든지 누워 있을 때에든지 일어날 때에든지 이 말씀을 강론할 것이며 너는 또 그것을 네 손목에 매어 기호를 삼으며 네 미간에 붙여 표로 삼고 또 네 집 문설주와 바깥 문에 기록할지니라" 아멘. 하나님 말씀에 '올인' 해야, 하나님 말씀을 삶 전체를 통해 배워야, 생명이 있고 장수하며 행복하다고 말씀하십니다.

그럼, 6장 1절부터 봅니다. "이는 곧 너희의 하나님 여호와께서 너희에게 가르치라고 명하신 명령과 규례와 법도라 너희가 건너가서 차지할 땅에서 행할 것이니" 아멘. '이는' 에서 '이' 는 앞서 5장에서 말씀하신 십계명을 기본적으로 가리킵니다. 십계명은 '행하라고 가르치신 명령과 규례와 법도' 입니다. '명령' 이란 명하신 것이고, '규례' 란 새겨진 것이고, '법도' 란 법에 부합되는 의로, 판단 받거나 재판받을 때 무죄로 결론지어질 내용을 의미합니다. '명령' 이라 부르심은 소리로 들려주셨기 때문이고, '규례' 즉 새겨진 것이라 하심은 돌판에 새겨졌기 때문이고, '법도' 라 하심은 들려주시고 새겨주신 말씀을 기준으로 하나님의 심판이 이뤄질 것이기 때문에 사용하셨습니다.

하나님은 말씀을 들려주셔서 듣게 하시고 글자를 통해 보여주십니다. 하나님의 얼굴을 보여주시지는 않습니다. 사람이 외모를 보기 때문에, 예수님을 보고도 하나님을 알아보지 못하기 때문에, 말씀을 들려주시고 글씨를 보여주십니다. 그런데 요즘 교육은 주로 동영상으로 이뤄집니다. 그래서 말로만 해서는 인식이 잘 되지 않습니다. 글씨만 읽어서도 이해를 잘 못합니다. 들으면서 영상을 봐야 하고, 글을 읽으면서 그림을 봐야 이해합니다. 그러나 하나님의 교육 방법은 듣고 읽는 것이었습니다. 말을 통해 인식되려면 듣는 대로 생각할 수 있어야 합니다. 쉽게 말해 정직해야 합니다. '아' 를 '아' 로 듣고, '어' 를 '어' 로 들어야 합니다. '기쁘다' 를 '기쁘다' 로, '슬프다' 를 '슬프다' 로 들어야 합니다. '기쁘다' 도 '슬프다' 로 듣고, '화나다' 도 '슬프다' 로 듣는다면 의사소통이 불가능합니다. 자기감정을 색안경 삼아 무슨 말을 하든지 자기감정을 기준으로 상대방의 감정을 이해한다면 듣는 것을 어찌 이해하겠습니까? 어른들은 감정이입의 대가입니다. 자기감정을 주변 상황에 쉽게 대입합니다. 내가 울면, 소도 울고, 새도 울고, 나무도 울고, 구름도 웁니다. 그러나 애들은 우는 아이와 함께 울고 웃는 아이와 함께 웃습니다. 울다가도 누가 웃으면 금방 웃습니다. 웃다가도 누가 울면 같이 웁니다. 한 번 웃어보세요. 울어보세요. 웃어보세요.

쉽지 않으시죠? 생각이 많으셔서 잘 안 됩니다. 잘 되시나요? 마음이 어린아이 같아서 그렇습니다. 모세는 배워야 할 대상을 '너희' 라 불렀습니다. 모든 백성입니다. 모두가 배워야 합니다. 6장 2절에서는 '너희' 를 보다 구체적으로 표현했습니다. "곧 너와 네 아들과 네 손자들이 평생에 네 하나님 여호와를 경외하며 내가 너희에게 명한 그 모든 규례와 명령을 지키게 하기 위한 것이며 또 네 날을 장구하게 하기 위한 것이라" 아멘. '너와 네 아들과 네 손자들' 즉 우리 모두입니다. 우리 모두에게 배움이 필요합니다.

어떻게 배웁니까? 들어야 합니다. 하나님은 말씀하시는 하나님이기 때문에 그렇습니다. 4절입니다. "이스라엘아 들으라 우리 하나님 여호와는 오직 유일한 여호와이시니" 아멘. 들으라에 해당하는 히브리어 '쉐마' 는 이제 유명한 말이 되었습니다. 우리 하나님은 한 분이기에, 우리 하나님 같은 분은 없기에 그분 말씀을 들어야 합니다. 스가랴 14장 9절에서는 하나님의 이름을 '하나' 라고까지 부릅니다. "여호와께서 천하의 왕이 되시리니 그 날에는 여호와께서 홀로 한 분이실 것이요 그의 이름이 홀로 하나이실 것이라" 아멘. 여기서 '하나' 는 하나님의 이름입니다. 이 점에서 우리가 하늘에 계신 신을 '하나' 에 '님' 을 붙여 '하나님' 이라 부르는 것은 유래를 찾아보기 어려울 정도로 독특하다 하겠습니다.

하나님 같은 분은 없습니다. 온 땅을 만드신 분도 그분이시고, 우리를 사랑하사 독생자를 내놓으셔서 구원하신 분도 그분이십니다. 그런데 이상하게도, 아니 당연하게도 그분을 사랑하는 길이 그분의 말씀을 듣는 데에 있습니다. 어른들의 잔소리는 애들로 졸리게 만듭니다. 그런데 하나님의 말씀은 우리로 정신 나게 합니다. 물론 제 설교가 졸릴 때 있습니다. 그건 제가 졸리게 설교해서 그렇구요. 성경 말씀 읽는데 졸릴 때 있습니다. 이해가 안 될 때 그렇고, 몸이 피곤해서 실제로 자야 할 때 그렇습니다. 그런 경우가 아니라면, 들리는 대로 듣고 있다면 하나님의 말씀은 우리로 정신 나게 만듭니다. 그뿐 아니라 우리로 하나님을 사랑하게 만듭니다. 6장 5절입니다. "너는 마음을 다하고 뜻을 다하고 힘을 다하여 네 하나님 여호와를 사랑하라" 아멘. '사랑하라' 가 명령 같지만 제가 정리한 히브리어 문법대로라면 '사랑하게 된다.' 는 말씀입니다. '하나님의 말씀을 들어라! 그러면 그분을 사랑하게 된다.' 하는 말씀이라는 거죠. 이와 비슷하게 '사랑하게 될 것이다.' 로 번역할 것이 제안되기도 합니다.

예수님은 요한복음 14장 21절에서 "나의 계명을 지키는 자라야 나를 사랑하는 자니 나를 사랑하는 자는 내 아버지께 사랑을 받을 것이요 나도 그를 사랑하여 그에게 나를 나타내리라" 말씀하셨습니다. 여기서 '지킨다' 로 번역된 단어는 '간직하다' 라는 뜻을 가진 단어입니다. 실천보다는 보유를 의미하죠. 말씀을 보유하면 말씀이 일합니다. 마음이 변화되어 행동과 삶이 바뀝니다. 신명기 6장 4절의 '들으라' 와 연결됩니다. 말씀을 들으면 그분을 사랑하게 됩니다. 하나님을 사랑하지 않는 이유는 그분의 말씀을 듣지 않기 때문입니다. 어떻게 사랑하게 됩니까? "마음을 다하고 뜻을 다하고 힘을 다하여" 사랑하게 됩니다. 전심으로, 목숨 다해, 힘껏 사랑하게 됩니다. 마치 아이들이 눈에 보이는 것이 목숨 걸듯, 하나님께 목숨 걸게 됩니다. 요한1서 4장 9-10절과 같습니다. "하나님의 사랑이 우리에게 이렇게 나타난 바 되었으니 하나님이 자기의 독생자를 세상에 보내심은 그로 말미암아 우리를 살리려 하심이라 사랑은 여기 있으니 우리가 하나님을 사랑한 것이 아니요 하나님이 우리를 사랑하사 우리 죄를 속하기 위하여 화목제물로 그 아들을 보내셨음이라" 아멘.

하나님의 말씀을 듣고 사랑하다 보면 마음에 새겨집니다. 6장 6절입니다. "오늘 내가 네게 명하는 이 말씀을 너는 마음에 새기고" 아멘. 과격한 내용의 뉴스를 들으면 과격함이 마음에 들어오고, 음란한 영상을 보면 음란한 생각이 머리에 들어오지만, 하나님의 말씀을 들으면 마음에 하나님의 사랑이 새겨집니다. 마음을 무엇으로 담고 삶을 무엇으로 채우시겠습니까? 썩어질 것, 더러운 것으로 채우시겠습니까? 아니면, 영원하신 하나님의 말씀으로 채우시겠습니까? 말씀으로 채우면 사랑이 찹니다. 그래서 행복합니다. 형통합니다. 장수합니다. 이 땅에서도 잘 됩니다. 웃음꽃이 핍니다. 말씀으로 채우면 그렇습니다. 말씀이 마음에 그냥 새겨지지 않습니다. 우이독경(牛耳讀經)이라는 말이 있습니다. 소귀에 경 읽기라 했습니다. 이해하지 못하면, 수용하지 않으면, 받아 묵상하지 않으면 새겨지지 않습니다. 읽고 외우고 살아보고 듣고 이해하고 설명하다 보면 새겨집니다.

마음에 새겨지면 가르치게 됩니다. 어떻게 가르칩니까? 6장 7절입니다. "네 자녀에게 부지런히 가르치며 집에 앉았을 때에든지 길을 갈 때에든지 누워 있을 때에든지 일어날 때에든지 이 말씀을 강론할 것이며" 아멘. '부지런히' 가르칩니다. 여기서 '부지런히' 라는 말은 반복하여, 날카롭게 하여, 확실하게 가르친다는 말씀입니다. '구멍을 뚫는 도구' 를 드릴(drill)이라 부릅니다. 본래 이 단어는 기술을 익히기 위해 반복하는 행동을 의미했습니다. 반복적으로 돌다 보니 구멍이 뚫립니다. 그래서 구멍을 뚫는 도구가 드릴이 되었습니다. 드릴로 구멍을 뚫듯, 하나님의 말씀을 들으면 그분을 사랑하게 되고 그분 말씀을 마음에 새기게 되니 자녀들을 하나님의 말씀으로 구멍 내게 됩니다. 자꾸 듣는 노래를 흥얼거리듯, 성경 읽으면 성경 내용이 떠오릅니다. 하나님의 성품이 마음에 들어와 죄성(罪性)이 떠납니다.

집에 있든지, 길을 가든지, 장소에 제한이 없습니다. 자려고 누울 때든지, 아침에 일어날 때든지, 시간에 제한이 없습니다. 6장 8절에서는 말씀을 손목에 매고, 눈 사이 미간에 이마 장식을 삼게 된다고 하십니다. 내 눈에 가장 잘 보이는 손에, 다른 사람이 나를 볼 때 가장 잘 보이는 이마에도 말씀을 붙이게 됩니다. 9절에서는 다른 사람들을 만나 사업을 논하고 물건을 사고파는 문설주 즉, 문기둥과 바깥문에도 말씀을 기록하게 된다고 하십니다. 모든 일상생활에서 반복적으로 확실하게 말씀을 가르치게 된다는 말씀이지요. 부지런히 가르치다 보면 삶의 소소한 모든 순간에도 가르침에 집중하게 됩니다.

신명기 6장 1-9절의 핵심은 이것입니다. '들으라 그러면 사랑하게 된다. 마음에 새기게 된다. 부지런히 가르치게 된다. 말하게 된다. 기호를 만들고 표를 만들게 된다. 기록하게 된다. 듣기만 해라. 그러면 사랑하는 것도, 새기는 것도, 가르치는 것도, 말하는 것도, 표식과 기록도 다 된다.' 어떤 면에서 명령이 여러 개인 것 같지만, 실은 하나입니다. '들으라!' '들으라! 그러면 달라진다.' 이렇게 말씀하신 것입니다. 로마서 10장 17절입니다. "그러므로 믿음은 들음에서 나며 들음은 그리스도의 말씀으로 말미암았느니라" 아멘. 듣는 것이 중요합니다. 그래서 이 구절에 앞서 말씀하시기를, "누구든지 주의 이름을 부르는 자는 구원을 받으리라 그런즉 그들이 믿지 아니하는 이를 어찌 부르리요 듣지도 못한 이를 어찌 믿으리요 전파하는 자가 없이 어찌 들으리요 보내심을 받지 아니하였으면 어찌 전파하리요 기록된 바 아름답도다 좋은 소식을 전하는 자들의 발이여 함과 같으니라"(롬 10:13-15) 하셨습니다. 보내주셔야 전하고, 전해야 듣고, 들어야 믿고, 믿어야 주님의 이름을 부르고, 불러야 구원을 받는다는 말씀입니다. 모든 순간이 중요합니다. 그러나 보내셔서 전하는 데까지는 하나님과 일꾼의 영역이고, 듣고 믿고 불러 구원받는 부분은 신자의 영역이니, 듣는 것이 구원받는 이들에게는 출발점이 되는 것입니다. 그래서 '믿음은 들음에서 난다.' 말씀하신 것입니다.

들었는데 믿지 않기도 합니다. 들을 귀가 없어서 그렇습니다. 그래서 예수님께서 '들을 귀 있는 자는 들으라.' 그렇게 말씀하셨습니다(예. 마 13:9). 요한계시록 2장에서 교회들에게 말씀을 주실 때도, "귀 있는 자는 성령이 교회들에게 하시는 말씀을 들을지어다" 하셨습니다. 라오디게아 교회에게 주신 유명한 말씀도 보면, "볼지어다 내가 문 밖에 서서 두드리노니 누구든지 내 음성을 듣고 문을 열면 내가 그에게로 들어가 그와 더불어 먹고 그는 나와 더불어 먹으리라"(계 3:20) 하셨습니다. 핵심은 듣는 것이었습니다. 그래서 말씀하십니다. '들으라. 그러면 나머지는 그냥 된다.'

음악이 나옵니다. 음악을 들으면 가락에 몸이 실리고 마음이 실립니다. 저희 아이가 학교 과제로 실험을 하나 했습니다. 콩을 심고 어떤 그룹에는 불경을 들려주고 어떤 그룹에는 이슬람교의 경전인 코란을 들려주고 어떤 그룹에는 성경을 들려주었습니다. 불경을 들려준 콩들은 잘 자라지 못하고 콩도 많이 맺지 못했습니다. 코란을 들려준 콩들은 잘 자랐고 열매도 많이 맺혔습니다. 성경을 들려준 콩들도 잘 자랐고 열매도 많이 맺혔습니다. 성경을 들려준 콩 열매의 개수와 코란을 들려준 콩 열매의 개수가 같았습니다. 그런데 성경을 들려준 콩 열매가 더 실했습니다. 더구나 더 특별한 일이 생겼습니다. 성경을 읽어준 콩들이 죽었다가 다시 살아난 것입니다. 꼭 지어낸 것 같은 얘기지요? 아무튼 저도 같이 관찰하면서 참 특별하다고 생각했습니다. 들은 것만 달랐을 뿐인데도, 열매의 개수, 열매의 크기, 그리고 수명이 달랐습니다.

무엇을 듣고 사십니까? 우리 교회에는 어떤 소리가 흘러나옵니까? 절에 가면 불경 읽는 소리가 흘러나옵니다. 대개는 녹음기를 틀어 놓았습니다. 그러니 관광을 온 이들도 불경을 내용을 듣지 않을 수가 없습니다. 더군다나 잘 모르는 말이니 아무 생각 없이 듣습니다. 교회에서는 찬송 소리가 흘러나옵니다. 찬송 소리가 흘러나오면 뭐 달라지는 것이 있을까요? 달라집니다. 저는 교회 주변에 있는 아카시아나무의 가시 크기가 더 작은 것을 보았습니다. 찬송 소리를 들은 나무의 변화입니다.

요즘 고기를 사다 보면, 곡물 먹인 소고기라고 선전하는 것을 읽을 수 있습니다. 풀을 먹이지 않았고 곡물을 먹였다는 광고입니다. 이 표현이 누가복음 15장 탕자의 비유에 나옵니다. 23절에서 아버지가 말합니다. "그리고 살진 송아지를 끌어다가 잡으라 우리가 먹고 즐기자" 아멘. 여기서 '살진'이라는 단어는 '곡물을 먹인'이라는 뜻을 가진 단어입니다. 곡물을 먹인 송아지는 특별한 송아지입니다. 고기가 부드럽습니다. 아들을 반기는 아버지의 마음을 읽을 수 있는 대목입니다. 고기를 부드럽게 만들려고 소를 키울 때 곡물을 먹입니다. 그런데 소고기의 품질을 더 높이기 위해 무엇을 하시는지 아십니까? 음악을 들려줍니다. 좋은 음악을 들려줍니다. 이미 오래전부터 곡물을 먹이고 좋은 음악을 들려주며 키운 소고기는 일반 소고기 가격의 열 배 이상을 받았습니다.

무엇을 듣느냐가 중요합니다. 그래서 모태신앙이라고 부릅니다. 어머니 태로부터 찬송을 듣고 말씀을 들은 아이는 뭐가 달라도 다릅니다. 엄마 뱃속에서 많이 들은 음성을 들으면 울지 않습니다. 아이들을 부지런히 가르치면 작은 것 하나라도 부모가 귀찮을 정도로 말씀대로 하려 합니다. 가정예배를 늘 드리다 보면 아이들이 말합니다. "오늘은 가정예배 안 드리나요?" 뭘 안 하다가 갑자기 하면 애들이 시큰둥한 반응을 보입니다. 너무 잘 먹다가 못 먹어도, 너무 못 먹다가 잘 먹어도 아이들 눈이 동그래집니다. 그래서 애들에게는 거짓말을 못한다고 하지요.

아이들과 같이 지내면서 많이 배웁니다. 제가 얼마나 잘 듣지 못하는지 깨닫습니다. 한 번은 아이가 신발은 신으면서 발이 아프다고 했습니다. '아프긴 뭐가 아플까?' 하고 미심쩍어 살펴보니 신발이 작았습니다. 아이의 발이 커진 것을 생각하지 못하고 신발 안에 돌이나 가시가 있는지만 살펴본 것입니다. 그러면서 깨닫습니다. '내가 말을 잘 들으면 애들도 말을 잘 듣는구나.' 하는 것을요. 그래서 원만하면 아이들이 원하는 것을 해주려 합니다. 제 눈에 중요해 보이지 않아도 그 아이에게는 중요할 것이기에 중요하게 생각하려 노력합니다. 아이들에게 맞추다 보면, 우리도 하나님 나라를 어린 아이들처럼 받을 가능성이 커질 것 같습니다. 내 권위와 경험을 내세워 아이들의 제안을 묵살(默殺)하면 내 한계를 넘어서기 어렵습니다. 물론 아이들도 한계는 있습니다. 그들은 길게 보기 어렵고 넓게 보기 어렵습니다. 그래서 그들도 배워야 하고 훈련받아야 합니다. 모든 문제를 말씀대로 해결해 보는 훈련입니다. 수학 공식을 안다고 문제를 바로 풀 수 있는 것이 아니듯, 하나님 말씀을 삶의 모든 현장에 적용해보아야 말씀대로 살 능력이 생기기 때문입니다.

자녀들에게 가르칠 내용이 6장 4절에 있습니다. "이스라엘아 들으라 우리 하나님 여호와는 오직 유일한 여호와이시니" 아멘. '우리 하나님 여호와는 한 분' 이라는 내용입니다. 다른 신은 없다는 내용입니다. 그게 그렇게 중요합니까? 그게 그렇게 중요합니다. 다른 신은 없습니다. 의지할 다른 대상은 없습니다. 우리가 경배할 다른 대상은 없습니다. 우리를 언약 백성 삼으신 하나님은 한 분이십니다. 이것이 너무도 중요하기에 히브리어 성경을 보면, '들으라' 에 해당하는 단어의 끝 글자와 '하나' 에 해당하는 단어의 끝 글자를 크게 적었습니다. 두 글자를 합하면 '증거' 가 됩니다.

성경에서는 '증거' 라는 단어가 하나님의 약속이 성취되었음을 보여주는 것을 부를 때 사용합니다. 증거를 보면서 확인합니다. 하나님께서 약속을 지키셨다는 것을요. 가장 중요한 증거가 예수님입니다. 하나님 구원 약속이 이뤄졌다는 증거이십니다. 그래서 예수님에 대해서 네 개의 복음서로 기록하셨습니다. 하나님께서 약속을 지키셨다는 중요한 증거가 있습니다. 바로 우리입니다. 하나님께서 우리를 사랑하신다는 증거가 우리입니다. 그러므로 우리는 우리 자체로 가치가 있습니다.

하나님 말씀을 삶 전체를 통해 배워야, 생명이 있고 장수하며 행복하다고 말씀하신 다음에, 순종에 대한 강조가 있습니다(6:10-25). 특별히 가나안 일곱 족속의 헤렘에 대해 강조됩니다(7장). 그들은 자신들에 대한 자부심을 버리고 하나님의 명령에 순종해야 가나안 학교에서 살아남을 수 있습니다. 작은 틈을 타고 마귀가 역사합니다. 그러니 얼마나 철저히 해야 합니까? 7장 5절입니다. "오직 너희가 그들에게 행할 것은 이러하니 그들의 제단을 헐며 주상을 깨뜨리며 아세라 목상을 찍으며 조각한 우상들을 불사를 것이니라" 아멘. '헐다, 깨뜨리다, 찍다, 불사르다' 하는 단어들 모두 '완전히, 철저히, 빠짐없이, 확실하게' 처리할 것을 표현합니다. 우상 제단이나 우상을 재활용하지 말라는 말입니다. 찍어버리고 헐어버리고 깨뜨리고 태워버리라 말씀하십니다.

이어지는 7장 6절에서는 이토록 철저히 다뤄야 하는 다른 이유가 제시됩니다. 4절에서는 그들이 너희 아들을 유혹할 것이기 때문이라는 소극적인 이유 때문에 그들에 대해 인정을 베풀거나 관계하거나 하면 안 된다고 하셨는데, 6절에서는 보다 적극적이면서도 근본적인 이유가 제시됩니다. "너는 여호와 네 하나님의 성민이라 네 하나님 여호와께서 지상 만민 중에서 너를 자기 기업의 백성으로 택하셨나니" 아멘. '성민(聖民)'은 거룩한 백성입니다. 여기서 '거룩'은 하나님의 성품입니다. 하나님의 성품을 표현할 백성으로, 하나님께서 이런 분이라는 것을 보여줄 실체입니다. 이스라엘은 하나님의 소유, 하나님께서 아끼는 귀한 것으로 선택되었습니다.

왜 하나님께서 이스라엘을 선택하셔서 거룩한 백성 삼으셨습니까? 이것 역시 소극적인 이유와 적극적인 이유가 제시됩니다. 우선 7장 7절에는 소극적인 이유가 제시됩니다. "여호와께서 너희를 기뻐하시고 너희를 택하심은 너희가 다른 민족보다 수효가 많기 때문이 아니니라 너희는 오히려 모든 민족 중에 가장 적으니라" 아멘. 숫자에 있지 않았습니다. 대개는 크고 많은 것을 좋아합니다. 집도 큰 집을 좋아합니다. 요즘은 교회도 큰 교회 찾아다닙니다. 담임 목회도 큰 교회에서 하면 더 좋다고 여깁니다. 회사도 크면 좋고 사람도 키가 큰 것을 더 선호합니다.

말라기 2장 15절을 보면, "그에게는 영이 충만하였으나 오직 하나를 만들지 아니하셨느냐 어찌하여 하나만 만드셨느냐 이는 경건한 자손을 얻고자 하심이라" 했습니다. 하나님께서는 많은 사람을 처음부터 한꺼번에 지으실 수 있으셨지만, 아담 하나만 만드신 이유가 '경건한 자손'[하나님의 씨]을 얻는 데 있었다고 말씀합니다. 하나님께서는 거룩한 것을 좋아하십니다. 그래서 작은 데서 시작하십니다. 온 땅이 죄로 가득해지자, 노아 가족 여덟 명으로 다시 시작하셨습니다. 아브라함 한 사람을 택하시고 그가 백

세에 받은 이삭 한 사람으로부터 시작하시되, 이삭의 쌍둥이 아들 가운데 야곱 한 사람으로부터 이스라엘 열두 지파를 형성하셨습니다. 사람들은 크고 많고 부자를 좋아하나, 하나님께서는 작고 적고 가난한 자를 좋아하십니다. 골리앗은 컸고 다윗은 작았습니다. 사울은 컸고 다윗은 작았습니다. 작은 자로 천을 이루는 것이 하나님의 방법입니다(사 60:22). 한 개의 밀알이 죽어 많은 열매를 맺는 것이 하나님의 방법입니다(요 12:24).

대군을 이끌어야 전쟁에서 승리한다고 여기는 인생 때문에, 숫자가 많아 이겼다고 생각하는 우리 때문에, 하나님께서는 소수정예를 뽑으십니다. 다윗의 첫 삼인, 삼십 용사처럼(삼하 23:8-39), 소수로 큰일을 이루십니다. 그래서 우리 힘으로 된 것이 아님을 보이십니다. 예수님은 더 작은 수로 하나님 나라를 이루셨습니다. 열한 사도, 백이십 명의 성령을 기다리는 사람들, 부활을 목도(目睹)한 오백 명으로 하나님 나라를 시작하셨습니다. 허다한 무리가 예수님을 따랐지만, 예수님은 옷깃을 만진 한 여인에게 집중하셨습니다(마 9:22). 교회는 군중에서 시작하지 않습니다. 몇 사람의 신자, 예수님을 주님으로 모신 몇 사람으로 시작합니다.

그럼, 하나님께서 이스라엘을 선택하신 이유는 무엇입니까? 7장 8절입니다. "여호와께서 다만 너희를 사랑하심으로 말미암아, 또는 너희의 조상들에게 하신 맹세를 지키려 하심으로 말미암아 자기의 권능의 손으로 너희를 인도하여 내시되 너희를 그 종 되었던 집에서 애굽 왕 바로의 손에서 속량하셨나니" 아멘. 사랑 때문에 맹세 때문에, 사랑과 맹세가 이유라 하십니다. 부부관계로 표현하자면, '사랑할 뿐 아니라 혼인서약을 했으므로' 하는 것이 이유입니다. '사랑' 도 하나님으로부터 났고, '맹세' 도 하나님으로부터 났습니다. 하나님께서 이스라엘을 택하신 이유는 이스라엘에게서 난 것이 아니고, 하나님에게서 났습니다.

여기서 우리는 하나님의 신실함을 엿볼 수 있습니다. 자신에게서 난 이유에 충실하신 하나님이십니다. 이스라엘의 어떠함에도 불구하고, 그들의 아집(我執)과 불순종에도 불구하고 자신에게서 비롯된 사랑과 맹세에 충실하신 하나님이십니다. 이러한 하나님의 성실함을 보면서 우리는 하나님을 사랑하고 계명을 지키는 자에게 베풀어질 은혜를 예상할 수 있습니다. 그것은 '언약과 인자' 입니다. 식탁(食卓) 교제(交際)를 통해 형성되는 친밀한 관계와 허다한 허물을 덮어주는 사랑입니다. 천 대까지 베풀어지는 언약과 인자입니다(출 34:7). '천 대'라는 표현은 '영원토록'을 의미합니다. 하나님의 신실함을 기초로, 하나님을 사랑하고 계명을 지키는 자에게 베풀어질 친밀한 교제와 인자하신 사랑이 영원히 이어질 것을 기대할 수 있습니다.

하나님의 신실함에 기초하여 기대되는 영원한 자비로 인해, 하나님의 즉각적 보응 또한 예상됩니다. 7장 10절입니다. "그를 미워하는 자에게는 당장에 보응하여 멸하시나니 여호와는 자기를 미워하는 자에게 지체하지 아니하시고 당장에 그에게 보응하시느니라" 아멘. 이는 하나님의 변덕을 표현한 것이 아닙니다. 하나님의 확실함을 표현합니다. 확실하고 영원한 사랑을 통해, 미움에까지 철저하신 그분의 성품을 예상하게 합니다. 죄를 0.00001 퍼센트까지도 남기지 않으시려는 그분의 성품으로 독생자께서는 우리를 위해 십자가까지 지셔야 했습니다.

이러한 하나님의 성품 다시 말해, 사랑에 다함이 없으시지만 죄에 대한 미움도 한없으신 성품을 안다면, 하나님께서 주신 명령과 규례와 법도를 간직하는 게 마땅합니다. 내가 복을 받기 위함이라는 이기적인 이유보다는 우리를 구원하신 그분에 대한 에티켓입니다. 부모님에 대한 사랑을 카네이션이나 선물이나 노래로 표현하듯, 그분에 대한 사랑 표현은 그분 말씀 간직으로 표현합니다. 온유하고 겸손하신 그분은 우리가 그분 말씀을 마음에 간직하는 그것으로 족하다 말씀하십니다. 뭔가 큰 것을 드리지 않아도, 뭔가 놀라운 일을 행하지 않아도, 말씀을 마음에 간직하는 그것 하나만으로 족하다 하십니다. 그분이 우리의 하나님이십니다. 그분을 찬양합니다.

신명기 8장에는 예수님께서 광야 시험 때 인용하신 말씀이 있습니다. 3절입니다. "너를 낮추시며 너를 주리게 하시며 또 너도 알지 못하며 네 조상들도 알지 못하던 만나를 네게 먹이신 것은 사람이 떡으로만 사는 것이 아니요 여호와의 입에서 나오는 모든 말씀으로 사는 줄을 네가 알게 하려 하심이니라" 아멘. 4-10절을 보면, 앞뒤 문맥이 이해됩니다. 인생을 아시는 하나님께서는 이스라엘 백성의 장차 행보에 대해서도 충분히 예상하실 수 있습니다. 17절입니다. "그러나 네가 마음에 이르기를 내 능력과 내 손의 힘으로 내가 이 재물을 얻었다 말할 것이라" 아멘. 9장 4절도 봅니다. "네 하나님 여호와께서 그들을 네 앞에서 쫓아내신 후에 네가 심중에 이르기를 내 공의로움으로 말미암아 여호와께서 나를 이 땅으로 인도하여 들여서 그것을 차지하게 하셨다 하지 말라 이 민족들이 악함으로 말미암아 여호와께서 그들을 네 앞에서 쫓아내심이니라" 아멘. 그들은 그들이 언약 체결 뒤에 얼마나 빨리 금송아지를 만들었는지를 잊지 말아야 합니다. 9장 12절입니다. "내게 이르시되 일어나 여기서 속히 내려가라 네가 애굽에서 인도하여 낸 네 백성이 스스로 부패하여 내가 그들에게 명령한 도를 속히 떠나 자기를 위하여 우상을 부어 만들었느니라" 아멘.

시내산 언약 갱신은 매우 중요한 사건이므로 신명기 9장 25절부터 10장 11절까지 자세히 소개됩니다. 시내산 언약 체결과 언약 갱신의 상황을 보니, 이스라엘은 10장 12절의 상태를 유지해야 살 수 있습니다. "이스라엘아 네 하나님 여호와께서 네게 요구하시는 것이 무엇이냐 곧 네 하나님 여호와를 경외하여 그의 모든 도를 행하고 그를 사랑하며 마음을 다하고 뜻을 다하여 네 하나님 여호와를 섬기고" 아멘. 이어 마음의 할례가 언급됩니다. 선지서의 중요한 주제입니다. 16절입니다. "그러므로 너희는 마음에 할례를 행하고 다시는 목을 곧게 하지 말라" 아멘. 하나님을 경외하고 사랑하는, 할례받은 마음으로 말씀대로 살아야 합니다. 11장 1절입니다. "그런즉 네 하나님 여호와를 사랑하여 그가 주신 책무와 법도와 규례와 명령을 항상 지키라" 아멘. 지키면 살지만 지키지 못하면 그 땅에서 쫓겨날 것입니다. '복과 저주' 가 그들 앞에 있습니다. 이것을 잊지 않도록 복과 저주를 그리심 산과 에발 산에서 선포하라는 말씀이 11장 26-32절까지 주어집니다.

신명기 11장에 들어오면서 새로운 단어가 하나 등장합니다. 1절의 '책무' 라는 단어입니다. '지켜야 할 바' 입니다. 신명기 전체에서 한 번만 등장하는 단어입니다. 받은 은혜가 많아지면 생기는 게 '책무' 입니다. 국민으로서 권리를 누리다 보면 구체적으로 다가오는 것이 의무입니다. 관계가 깊어지면 해야 할 바를 설명할 필요가 줄어듭니다. '행동양식' 이 결정되기 때문입니다. 처음 학교에 다니기 시작할 때는 엄마가 데려다 줍니다. 끝나는 시간, 시작하는 시간을 다른 사람들이 맞춰줍니다. 그러다 중학생 정도 되면 학교 시작하는 시간에 맞춰 학교 가는 것 정도는 본인이 알아서 하는 게 맞습니다. 40년 광야생활을 통해 하나님이 어떤 분이신지 알게 되었으니 가져야 할 '마음가짐' 이 결정됩니다. 큰 권능과 편 팔로 구원받았으니, 또한 10장 마지막절인 22절에서 언급하듯이 "애굽에 내려간 네 조상들이 겨우 칠십 인이었으나 이제는 네 하나님 여호와께서 너를 하늘의 별 같이 많게 하셨"으니 이제는 '행동양식' 이 결정되었습니다.

'마음가짐' 과 '행동양식' 이 어떠해야 합니까? 1절을 다시 봅니다. "그런즉 네 하나님 여호와를 사랑하여 그가 주신 책무와 법도와 규례와 명령을 항상 지키라" 아멘. 마음가짐의 기본은 '사랑' 입니다. 행동양식에서 중요한 것은 '항상' 입니다. 종합하면 '항상 사랑으로 지키라' 입니다. 사랑하기 때문에 그분의 말씀대로, 해야 할 바를 하며 살라는 말씀입니다. 해야 하니까 하는 것이 아닙니다. 사랑하니까 하는 것입니다. 야곱이 라헬을 사랑하니 "칠 년을 며칠 같이" 여긴 것처럼(창 29:20), 하나님을 사랑하면 사십 년 광야 생활도 '수일' 이 됩니다.

'마음가짐' 과 '행동양식' 이 유지되기 위해 꼭 필요한 것이 있습니다. 기억입니다. 앎입니다. 아무것도 모른 채로 마음가짐과 행동양식을 유지하는 것은 위선입니다. 맹목적 사랑입니다. 하나님께서는 근거 없는 사랑을 바라지 않으십니다. 이유가 분명한 사랑, 근거가 충분한 행동을 기대하십니다. 11장 2-7절입니다. 7절만 봅니다. "너희가 여호와께서 행하신 이 모든 큰 일을 너희의 눈으로 보았느니라" 아멘. 2절 서두에 있는 "너희의 자녀는 알지도 못하고 보지도 못하였으나"를 고려할 때, 이 말씀은 특별히 출애굽을 경험한 세대를 겨냥합니다. 40세에서 60세까지에 속하는 세대는 출애굽을 경험했습니다. 그 아래 세대는 출애굽을 경험하지 못했습니다. 윗세대는 고생을 더 많이 한 세대입니다. 아랫세대는 풍요를 더 누릴 세대입니다. 윗세대는 하나님의 역사를 더 풍부하게 경험했습니다. 홍해를 건넜던 세대입니다. 다단과 아비람에게 임한 심판을 경험한 세대입니다.

여기서 반역 주동자였던 고라가 언급되지 않는 이유는 '고라 자손' 때문으로 보입니다. 민수기 26장 9-11절을 보면, 두 번째 인구조사 시에 고라의 아들들이 죽지 않은 것을 언급합니다. "엘리압의 아들은 느무엘과 다단과 아비람이라 이 다단과 아비람은 회중 가운데서 부름을 받은 자들이니 고라의 무리에 들어가서 모세와 아론을 거슬러 여호와께 반역할 때에 땅이 그 입을 벌려서 그 무리와 고라를 삼키매 그들이 죽었고 당시에 불이 이백오십 명을 삼켜 징표가 되게 하였으나 고라의 아들들은 죽지 아니하였더라" 아멘. 다단과 아비람에게 속한 자들은 이제 더 이상 이스라엘 무리 가운데 없지만 고라의 자손들은 이스라엘 무리 가운데 있습니다. 그들은 아버지의 반역에 동참하지 않은 이들입니다. 비록 '고라 자손'이라는 불명예스러운 이름으로 불렸으나 그들의 마음가짐은 어느 누구보다도 하나님 앞에서 바른 것이었습니다. 그러니 약속의 땅에 들어가기 전 그때 상황을 회고하는 과정에서 고라의 반역은 지나간 일이 되었습니다. 고라 자손들이 남아있기 때문입니다.

사랑이라는 마음가짐과 마땅한 바를 행하는 행동양식을 지키는 이들에게 약속된 것이 강성함과 기업과 장구함입니다. 11장 8-9절입니다. "그러므로 너희는 내가 오늘 너희에게 명하는 모든 명령을 지키라 그리하며 너희가 강성할 것이요 너희가 건너가 차지할 땅에 들어가서 그것을 차지할 것이며 또 여호와께서 너희의 조상들에게 맹세하여 그들과 그들의 후손에게 주시라고 하신 땅 곧 젖과 꿀이 흐르는 땅에서 너희의 날이 장구하리라" 아멘.

하나님께서 주시려는 기업은 어떤 땅입니까? 좋은 땅입니다. 하나님의 눈이 항상 그 위에 있는 땅입니다. 하늘에서 내리는 비를 흡수하는 땅입니다. 하나님의 은혜를 담지(擔持)했다가 열매로 결실하는 땅입니다. 은혜를 아는 땅입니다. 은혜를 아는 땅이기에 은혜를 아는 자들만이 가질 수 있는 땅입니다. 11장 10-12절입니다. "네가 들어가 차지하려 하는 땅은 네가 나온 애굽 땅과 같지 아니하니 거기에서는 너희가 파종한 후에 발로 물 대기를 채소밭에 댐과 같이 하였거니와 너희가 건너가서 차지할 땅은 산과 골짜기가 있어서 하늘에서 내리는 비를 흡수하는 땅이요 네 하나님 여호와께서 돌보아 주시는 땅이라 연초부터 연말까지 네 하나님 여호와의 눈이 항상 그 위에 있느니라" 아멘. 이 땅은 나일강 주변 땅과 다릅니다. 나일강 주변 지역은 물 대기를 해서 농사를 짓습니다. 인간의 수고가 중요합니다. 물론 나일강도 '범람'이라고 하는 인간 영역 밖의 요소가 있습니다. 그러나 농사의 핵심에 인간의 수고가 있습니다. 하지만 약속의 땅은 인간의 수고보다는 하나님의 은혜로 풍요가 보장되는 땅입니다.

이어지는 11장 13-15절은 이스라엘이 사랑의 마음가짐으로 살아가기만 하면 어떤 과정이 그 땅에 적용될지 말씀하시는 내용입니다. "내가 오늘 너희에게 명하는 내 명령을 너희가 만일 청종하고 너희의 하나님 여호와를 사랑하여 마음을 다하고 뜻을 다

하여 섬기면 여호와께서 너희의 땅에 이른 비, 늦은 비를 적당한 때에 내리시리니 너희가 곡식과 포도주와 기름을 얻을 것이요 또 가축을 위하여 들에 풀이 나게 하시리니 네가 먹고 배부를 것이라" 아멘. 14절과 15절의 주어는 일인칭 단수로 되어있습니다. 하나님께서 직접 말씀하신 것으로 표현됩니다. 비가 적당히 옵니다. 땅은 곡식과 포도와 올리브를 냅니다. 곡간에 추수한 곡식과 포도주와 기름이 가득합니다. 들에는 목초가 충분하여 가축이 잘 자랍니다. 먹을 것이 풍부합니다. 넉넉합니다. 행복합니다.

이어지는 11장 16-17절은 '사랑 메카니즘[심리 과정]'이 아니라 '미혹 메카니즘[심리 과정]'으로 가면 어찌 될지 알려주십니다. 여기서 '미혹'이란 '미련, 단순 무식'과 같이 이해될 수 있습니다. 하나님의 역사하심을 기억하지 못하고 믿지도 않고 그저 눈에 보이는 대로 살아가는 것을 표현합니다. 읽습니다. "너희는 스스로 삼가라 두렵건대 마음에 미혹하여 돌이켜 다른 신들을 섬기며 그것에게 절하므로 여호와께서 너희에게 진노하사 하늘을 닫아 비를 내리지 아니하여 땅이 소산을 내지 않게 하시므로 너희가 여호와께서 주신 아름다운 땅에서 속히 멸망할까 하노라" 아멘. 무엇이 지혜입니까? 하나님께서 하시는 일을 마음에 두고 그 역사하심을 기초로 도출할 수 있는 사랑과 충성으로 살아가는 것입니다.

신명기 12장은 예배에 대한 말씀입니다. 헌신 없이 은혜가 유지되지 않고, 사랑 없이 관계가 유지되지 않습니다. 하나님과의 관계 유지를 위해 필요한 것이 무엇일까요? 하나님께서 주신 기업에서 살 때 그분 정하신 규례와 법도를 지키는 것입니다. 1절입니다. "네 조상의 하나님 여호와께서 네게 주셔서 차지하게 하신 땅에서 너희가 평생에 지켜 행할 규례와 법도는 이러하니라" 아멘. 자기 소견에 옳은 대로 행하면 안 됩니다. 8절입니다. "우리가 오늘 여기에서는 각기 소견대로 하였거니와 너희가 거기에서는 그렇게 하지 말지니라" 아멘.

수영장에서도 지켜야 할 수칙이 있습니다. 수영복을 입어야 합니다. 수영모를 써야 합니다. 음식물을 가지고 수영장 안으로 들어가면 안 됩니다. 테니스장에 들어갈 때도 규칙이 있습니다. 테니스화를 신어야 합니다. 윔블던 경기장에서는 흰색 복장만 허락됩니다. 중고등학생들은 학교에 갈 때 교복을 입습니다. 마찬가지로 약속하신 땅에 살려면 지켜야 할 규례가 있습니다. 성령이 소멸되지 않기 위해서도 지켜야 할 게 있습니다. 데살로니가전서 5장 19절 "성령을 소멸하지 말며" 앞에는 '항상 기뻐하라, 쉬지 말고 기도하라, 범사에 감사하라'가 있고, 뒤에는 '예언을 멸시하지 말고 범사에 헤아려 좋은 것을 취하고 악은 어떤 모양이라도 버리라'가 있습니다. 성령을 소멸하지 않는 것과 악을 버리는 것이 관계됩니다.

이스라엘 백성들도 그러해야 했습니다. 먼저, 우상숭배가 이뤄지던 곳을 완전히 파괴해야 했습니다. 그래서 이름까지라도 기억되지 않도록 해야 했습니다. 12장 2-3절입니다. "너희가 쫓아낼 민족들이 그들의 신들을 섬기는 곳은 높은 산이든지 작은 산이든지 푸른 나무 아래든지를 막론하고 그 모든 곳을 너희가 마땅히 파멸하며 그 제단을 헐며 주상을 깨뜨리며 아세라 상을 불사르고 또 그 조각한 신상들을 찍어 그 이름을 그 곳에서 멸하라" 아멘. 이는 하나님의 이름만이 남게 하기 위한 준비 작업입니다. 왜 이렇게 합니까? 체결된 언약 때문이고, 이 땅을 주신 분이 여호와 하나님 한 분이시기 때문입니다. 우상 집은 우상을 섬기기 좋게 만들어져 있습니다. 그 집에는 우상 섬기는 사상이 담겨 있습니다. 그래서 우상 집마저 허무는 것입니다. 시설을 아까워하지 않습니다.

둘째, 예배 장소로 택해진 곳으로 나아가 즐겁게 예배드립니다. 12장 4-7절입니다. "너희의 하나님 여호와께는 너희가 그처럼 행하지 말고 오직 너희의 하나님 여호와께서 자기의 이름을 두시려고 너희 모든 지파 중에서 택하신 곳인 그 계실 곳으로 찾아 나아가서 너희의 번제와 너희의 제물과 너희의 십일조와 너희 손의 거제와 너희의 서원제와 낙헌 예물과 너희 소와 양의 처음 난 것들을 너희는 그리로 가져다가 드리고 거기 곧 너희의 하나님 여호와 앞에서 먹고 너희의 하나님 여호와께서 너희의 손으로 수고한 일에 복 주심으로 말미암아 너희와 너희의 가족이 즐거워할지니라" 아멘. '낙헌 예물'이란 '자발적으로 드리는 예물'을 의미합니다.

하나님께서 한 곳을 택하실 것입니다. 공동체가 한곳에 모입니다. 자기 편의를 따라 아무 데서나 제멋대로 우상을 숭배하던 풍습을 접고 좀 불편하더라도 모두가 한자리에 모이는 중앙 성소 예배를 시행합니다. 교회 안 나가는 성도를 '안나가'를 뒤집어 '가나안 성도'라고 부릅니다. 교회에서 상처받은 이들이 하나님을 믿지만 교회는 나가지 않겠다고 결심한 것입니다. 그러나 교회에 모이는 것은 필수입니다. 우선은 내가 다듬어지는 공간이 교회입니다. 둘째는 나의 섬김이 필요한 곳입니다. 무엇보다 중요한 것은 하나님께서 우리의 예배를 받으십니다. 공동체의 예배를 받으십니다. 그래서 교회에 모입니다. 좀 힘들지만 함께 있으면서 좀 더 다듬어집니다. 백지장(白紙張)도 맞들면 낫다고 하나님 나라 이루는데 더 큰 힘이 생깁니다. "너희와 너희의 가족이 즐거워할지니라"(12:7) 하셨습니다.

셋째, 하나님 택하신 곳에서 함께 즐거워합니다. 여기에는 '자녀, 노비, 레위인'이 포함됩니다. 12장 11-12, 18-19절입니다. "너희는 너희의 하나님 여호와께서 자기 이름을 두시려고 택하실 그곳으로 내가 명령하는 것을 모두 가지고 갈지니 곧 너희의 번제와 너희의 희생과 너희의 십일조와 너희 손의 거제와 너희가 여호와께 서원하는 모든 아름다운 서원물을 가져가고 너희와 너희의 자녀와 노비와 함께 너희의 하나님 여호와 앞에서 즐거워할 것이요 네 성중에 있는 레위인과도 그리할지니 레위인은 너희 중에 분깃이나 기업이 없음이니라 … 오직 네 하나님 여호와께서 택하실 곳에서 네 하나님 여호와 앞에서 너는 네 자녀와 노비와 성중에 거주하는 레위인과 함께 그것을 먹고 또 네 손으로 수고한 모든 일로 말미암아 네 하나님 여호와 앞에서 즐거워하되 너는 삼가 네 땅에 거주하는 동안에 레위인을 저버리지 말지니라" 아멘. 12장 7절에 있는 '너희의 가족'이 보다 구체적으로 제시됩니다. '가족'은 '집'이라는 단어의 번역입니다. '아들과 딸, 남종과 여종, 문 안에 있는 레위인'입니다. 아들뿐 아니라 딸도 존중합니다. 남종뿐 아니라 여종도 예배에 참석시킵니다. 함께 예배드리지 않으면 예배 공동체가 되지 못합니다. 특별히 문 안에 있는, 성 중에 있는 레위인과 함께 즐거워하라 명하셨습니다.

넷째, 규례대로 먹습니다. 12장 15-17절입니다. "그러나 네 하나님 여호와께서 네게 주신 복을 따라 각 성에서 네 마음에 원하는 대로 가축을 잡아 그 고기를 먹을 수 있나니 곧 정한 자나 부정한 자를 막론하고 노루나 사슴을 먹는 것 같이 먹으려니와 오직 그 피는 먹지 말고 물 같이 땅에 쏟을 것이며 너는 곡식과 포도주와 기름의 십일조와 네 소와 양의 처음 난 것과 네 서원을 갚는 예물과 네 낙헌 예물과 네 손의 거제물은 네 각 성에서 먹지 말고" 아멘. 광야에서는 소나 양이나 염소를 "먼저 회막 문으로 끌고 가서 여호와의 성막 앞에서 여호와께 예물로" 드린 다음에 먹어야 했습니다(레 17:2-7). 그러나 약속의 땅을 기업으로 받은 다음, 예배 처소가 한 곳으로 정해진 다음에는 규례가 달라집니다. 첫 소산, 서원 예물, 낙헌 예물, 거제물만 예물로 드리고 먹으면 됩니다. 어떤 경우에도 피를 먹으면 안 됩니다. 장차 예수 그리스도의 피만 먹어야 하기에 그렇습니다.

하나님 백성으로 살아가는 데에도 법도가 있습니다. 규례가 있습니다. 지키는 이유가 있습니다. 그 안에 하나님의 마음이 담겨 있기 때문입니다. 규례와 법도를 지키며 하나님을 배웁니다. 교회 곳곳에 하나님의 법도가 바르게 구현되기를 바랍니다.

신명기 13장은 다른 신을 섬기는 사람이나 성읍에 대한 처리에 대한 말씀입니다. 14장에서는 예배자에 대한 레위기 말씀을 요약해서 알려주십니다. 가나안 입학식은 다음 통독까지 계속됩니다.

질의와 응답

하나. "하나님께서 구름 기둥과 불기둥으로 인도하시는데, 왜 호밥에게 같이 가 달라고(민 10:29) 합니까?"

하나님의 인도와 함께 호밥의 도움도 있다면 더 좋겠습니다. 아말렉과의 전투에서 모세의 기도만 있었던 것이 아니라 여호수아의 싸움도 있었습니다. 가나안 땅에 들어가기 전에 여호수아는 정탐을 보냅니다. 두 명만 보냅니다. 호세아가 아내 고멜을 하나님의 명령이기 때문에 사랑하는 것도 좋지만, 고멜을 충분히 이해하고 사랑한다면 더 좋겠습니다. 신뢰와 이해가 다 있다면 더 좋겠습니다. 믿음도 있고 치밀함도 있으면 더 좋겠다는 얘기입니다. 구름 기둥과 불기둥의 인도를 받지만, 호밥이 구체적으로 도와주면 더 좋겠지요.

둘. "민수기 33장에 광야 노정이 있습니다. 졸업식에서 그간 지나온 길을 말하는 것과 같습니다. 그런데 민수기 33장에는 장소만 기록되어 있어서, 특별하게 기록된 것들 다시 말해, 유월절, 르비딤의 물 없는 것, 아론의 죽음과 같은 것에 대해서만 자세히 알 수 있습니다. 왜 더 중요한 것은 언급하지 않았을까요?"

언급된 부분이 중요한 부분이겠습니다. 고린도전서 10장 4절을 보면, "그 반석은 곧 그리스도시라"라고 했습니다. 광야 생활에서 가장 중요한 것이 '반석에서 나온 물' 입니다. 반석에서 나온 물을 마시고 아말렉을 무찌를 수 있었습니다. 그 물이 바로 예수님입니다. 예수님을 쳐서 물을 마십니다. 다음 단계는 예수님에 대한 존중입니다. 그런데 반석에게 말을 해야 할 때 반석을 쳐서 모세와 아론이 실패합니다. 그러므로 르비딤이 중요했습니다. 또한, 유월절을 비롯한 다양한 규례의 변화가 중요했습니다. 아론이 변화되어 동역자가 된 것이 중요했습니다.

셋. "민수기가 슬로브핫 딸들에 대한 기록으로 끝납니다. 왜 그럴까요?"

슬로브핫 딸들의 얘기는 기업분배와 관계됩니다. 가나안이라는 집과 관련된 가장 중요한 주제이지요. 더불어 다섯 명의 여성의 문제 제기를 존중하시는 하나님, 하나님의 결정에 대한 족장들의 문제 제기를 존중하시는 하나님을 만나도록 돕는 본문입니다. 율법이 고정되지 않았음을, 공동체 구성원 가운데 누구라도 무시되지 않았음을 보여줍니다.

넷. "인터넷으로 예배에 참여하는 것을 어떻게 봐야 합니까?"

대면과 비대면 참여자를 하나의 공동체로 여기는 것이 필요합니다. 그리고 대면 예배가 특권이고 영광스러운 것임을 알려주면 좋겠습니다. 또한, 비대면 참여의 이유를 확인하고 개선을 위해 노력하는 것도 중요하겠습니다.

다섯. "가나안 땅에 들어가는 것을 '입학' 이라고 표현하셨는데요. 입학해서 무엇을 배우게 될까요?"

광야 입학 출애굽 때는 하나님께서 거의 다 하셨는데, 가나안 입학 때는 그들이 결정하도록 두신 부분이 많습니다. 가나안에서는 사람에 대한 두려움을 이기고, 다양한 사람들 속에서 하나님의 방식으로 사는 법을 배우게 되겠지요. 가진 것이 많아도 하나님을 경외하는 것이 어떤 것인지 알게 되겠지요.

Weekly Reading

10

신명기 15장 – 여호수아 1장

"모세의 훈시"

신 15-17장	신 18-20장	신 21-23장	신 24-26장	신 27-29장	신 30-33장	신 34장-수1장

check

이번 통독 본문은 '광야 졸업, 가나안 입학' 상황에서 시작합니다. 이미 입학식은 꽤 진행되었습니다. 모세 교장 선생님의 첫째 훈시가 끝나고, 둘째 훈시가 4장 44절부터 시작됩니다. 전날을 돌아보니 앞으로 잘할 수 있을지 걱정스럽습니다.

하나님께서는 언약을 통해 이스라엘을 백성 삼으시고, 약속의 땅을 기업으로 주셔서, 이스라엘이 제사장 나라가 되어 온 땅에 하나님의 존재와 통치를 선포하고 확인시키며 적용하기를 원하셨습니다. 그런데 이스라엘의 불신으로 39년 정도 약속 성취가 미뤄졌습니다. 다양한 반역과 실패의 경험뿐 아니라 성공과 성숙의 경험이 광야 학교에서 있었습니다. 어쩌면 이제는 광야에서 잘 살 수 있게 되었습니다.

그러나 하나님께서 그들을 부르신 목적은 '영원토록 광야에서 사는 것' 이 아니었습니다. 광야를 지나 가나안으로 가고, '홀로' 를 지나 '함께' 로 가고, '나만' 을 지나 '우리' 와 '그들' 로 가야 했습니다. '만나와 메추라기' 가 아니라, 농사를 통해 '밀, 보리, 올리브, 포도, 아몬드' 를 수확하고, 목축을 통해 '소와 양' 을 기르고, '포도주, 기름, 치즈' 와 같은 가공식품을 만들어 먹는 풍성한 삶으로 나아가야 했습니다. 텐트가 아니라 견고한 성에 살면서도 하나님만을 신뢰하는 믿음이, 저장된 곡식과 과일과 기름이 풍부해도 하나님만을 의지하는 지혜가, 유혹과 위협 가득해도 하나님만을 즐거워하는 진실함이 있는 수준으로 나아가야 했습니다.

미디안에서 노예가 아닌 이방인으로 살아보았던 모세가 이스라엘 백성들을 보니 마음이 놓이지 않습니다. 회고와 재교육, 노래와 축복을 힘써 베풀고 모세는 죽습니다. 할 일을 마친 것입니다. 그의 훈시는 헛되지 않았습니다.

훈시

I.
모세의 훈시를 들으며
어린 시절 교장 선생님의 훈시
요즘 교장 선생님의 훈시
그리고 훈시 같은 걸 하는 나를 생각한다.

어린 시절 학교 운동장에 모이면 교장 선생님의 훈시가 있었다.
다 맞는 말씀이고 옳으신 말씀인데
여름엔 너무 더웠고
겨울엔 너무 추웠다.

장갑도 없던 시절
손은 부르트고 갈라져 얼어붙지만
열중쉬어 자세로 그토록 긴 시간을
기다려야 했다.

교장 선생님은
왜 그리, 하고 싶은 말씀이 많을까?
가끔 대신 하시는 교감 선생님도
마찬가지다.

II.
그런데 요즘
아이들 입학 졸업으로
유치원이나 학교에 가서
훈시를 종종 듣는다.

많이 짧아졌다.
대부분 실내에서
손이 얼지 않아도 되고
일사병으로 쓰러지지 않아도 된다.

그런데 뭔가 아쉽다.
훈시가 아닌 것 같다.
덥거나 춥지 않아서
불편해서가 아니다.

정
책임감
권위
뭐 그런 게 느껴지지 않기 때문이다.

III.
어느덧
교장 선생님은 아니지만
훈시 같은 걸
할 때가 있다.

아비로서 아이들에게
교수로서 학생들에게
그리고 설교가 훈시는 아니지만
성경 풀이에 훈시 같은 게 담길 때 있다.

짧게 하려 하고
바르게 하려 하고
가급적 남에게보다는
나 자신에게 한다.

오늘 모세의 훈시를 들으며
훈시의 모범을 듣는다.

그의 세심함과 사랑
노래를 듣는다.

IV.
모압 땅
가나안 입학식입니다.
광야를 졸업했으니
가나안 입학이 가능해졌습니다.

가데스 바네아 시험 탈락
헤스본 바산 재시험 합격
지도자 여호수아 소개
회고와 재교육으로 훈시가 출발합니다.

시내 산 언약 상황을 돌아보니
언약 체결보다 중요한 것이
준수였습니다.
자부심을 버리고 할례 받은 마음을 유지해야 합니다.

세세한 지침이 내려지고
경고와 축복, 손가락 걸고 도장 찍는 일이 지나자
축하 세레모니 있습니다.
이제 훈시 마친 모세는 죽고 바통은 여호수아에게 넘어갑니다.

모세의 둘째 훈시(4:44-28:68)의 특징을 잘 보여주는 단어가 있습니다. 11장 1절의 '책무' 입니다. '지켜야 할 바' 입니다. 신명기에 딱 한 번 나옵니다. 받은 은혜가 많아지면서 생기는 것이 '책무' 입니다. 광야 학교를 졸업합니다. 이제 가나안 학교에 입학합니다. 출애굽부터 광야 39년 학교에서 배운 게 있고 은혜가 있습니다. 그러니 책무가, 가질 마음가짐이, 따를 행동양식이 정해졌습니다. 11장 1절입니다. "그런즉 네 하나님 여호와를 사랑하여 그가 주신 책무와 법도와 규례와 명령을 항상 지키라" 아멘.

사랑으로 책무를 따르기만 하면 됩니다. 그러면 강성(强盛)함과 기업(基業)과 장구

(長久)함이 보장됩니다. 그러나 '사랑 메카니즘[심리 과정]' 이 아니라 '미혹 메카니즘' 으로 가면 약해지고 기업을 뺏기고 단명합니다. 헌신 없이 은혜가 유지되지 않고, 사랑 없이 관계가 유지되지 않습니다. 사랑의 관계가 유지되도록 하나님께서는 장차 가나안에서 '중앙 성소' 를 허락하실 것입니다. 예루살렘이죠. 이곳이 중앙 성소가 되리라는 것은 아브라함이 이삭이 바칠 때 이미 계시 되었습니다. '모리아 산' 입니다(창22:2). 그러나 예루살렘에 중앙 성소가 세워지기까지 400년을 기다려야 했습니다. 다윗이 여부스 성을 점령하고 법궤를 들이기까지입니다. 중앙 성소가 선다는 것은 우상숭배가 이뤄지던 곳을 파괴한다는 것을, 모든 처소에게 '그곳' 으로 기쁘게 나아가 즐겁게 예배드리는 것을, 예배자들이 함께 교제하고 즐거워하는 것을 의미합니다.

또한 '중앙 성소' 에서 한 하나님 여호와만을 예배한다는 것은 '다른 신을 섬기는 자들이 약속의 땅 안에 없어야 한다는 것' 을 의미합니다. 그래서 다른 신을 섬기자고 꾀는 "선지자나 꿈 꾸는 자는 죽이라"(13:5) 이러한 명령이 주어집니다. 성읍 사람들 전체가 다른 신을 섬기게 되면 '그 성읍 전체를 헤렘시키라' (13:12-18) 하는 명령도 주십니다. 가나안 일곱 족속을 헤렘시키는 것보다 더 엄격한 헤렘 과정이 제시됩니다. 사람뿐 아니라, 가축과 물건까지도 남겨두면 안 됩니다.

한 하나님을 섬기고 사는 백성은 우상을 섬기는 사람들과 달라야 정상입니다. 14장 2절입니다. "너는 네 하나님 여호와의 성민이라 여호와께서 지상 만민 중에서 너를 택하여 자기 기업의 백성으로 삼으셨느니라" 아멘. 이들은 '성민' 즉, '거룩한 백성' 이고, '택하여 자기 기업의 백성으로 삼' 은 백성입니다. 하나님의 '소유' 입니다. 베드로전서 2장 9절입니다. "그러나 너희는 택하신 족속이요 왕 같은 제사장들이요 거룩한 나라요 그의 소유가 된 백성이니 이는 너희를 어두운 데서 불러 내어 그의 기이한 빛에 들어가게 하신 이의 아름다운 덕을 선포하게 하려 하심이라" 아멘.

그들과 우리가 연결됩니다. 그래서 십여 년 전에 " '맏아들을 이끌어 세상에 다시 들어오게 하실 때에' (히브리서 1:6)에 대한 논의"라는 소논문을 썼습니다.[1] 여기서 '맏아들' 은 이스라엘을, '맏아들을 이끌어 세상에 다시 들어오게 하실 때' 는 '광야 생활

1) 박형대, " '맏아들을 이끌어 세상에 다시 들어오게 하실 때에' (히브리서 1:6)에 대한 논의," 「신약연구」 5 (2006): 137-162.

을 마치고 가나안으로 입성하는 때' 다시 말해, 광야 졸업하고 가나안 입학하는 때를 가리킨다고 설명했습니다. 우리에게도 이런 때가 있습니다. 세례받는 때이고, 직분 받는 때이고, 은혜가 무르익는 때이고, 열매 맺는 때이고, 요단 강 건너가는 때 즉, 죽을 때입니다. 이 모든 때는 연결되어 있습니다. 세례는 죽음이고, 직분은 열매를 위해 받고, 은혜도 구원과 열매를 위해 받습니다.

십일조 규례가 두 번이나 훈시에 등장합니다. 14장 22-29절과 26장 12-15절입니다. 중앙 성소에 대한 말씀(12-13장)이 주어지고 일상의 법이 베풀어지는 초두와 마지막에 십일조에 대한 규례, 그것도 가난하고 어려운 이들을 위한 규례로 '삼 년째 십일조' 가 언급되는 것은 매우 중요합니다. 14장 28-29절과 26장 12-15절만 봅니다. "매 삼 년 끝에 그 해 소산의 십분의 일을 다 내어 네 성읍에 저축하여 저희 중에 분깃이나 기업이 없는 레위인과 네 성중에 거류하는 객과 및 고아와 과부들이 와서 먹고 배부르게 하라 그리하면 네 하나님 여호와께서 네 손으로 하는 범사에 네게 복을 주시리라" 아멘. "셋째 해 곧 십일조를 드리는 해에 네 모든 소산의 십일조 내기를 마친 후에 그것을 레위인과 객과 고아와 과부에게 주어 네 성읍 안에서 먹고 배부르게 하라 그리 할 때에 네 하나님 여호와 앞에 아뢰기를 내가 성물을 내 집에서 내어 레위인과 객과 고아와 과부에게 주기를 주께서 내게 명령하신 명령대로 하였사오니 내가 주의 명령을 범하지도 아니하였고 잊지도 아니하였나이다 내가 애곡하는 날에 이 성물을 먹지 아니하였고 부정한 몸으로 이를 떼어두지 아니하였고 죽은 자를 위하여 이를 쓰지 아니하였고 내 하나님 여호와의 말씀을 청종하여 주께서 내게 명령하신 대로 다 행하였사오니 원하건대 주의 거룩한 처소 하늘에서 보시고 주의 백성 이스라엘에게 복을 주시며 우리 조상들에게 맹세하여 우리에게 주신 젖과 꿀이 흐르는 땅에 복을 내리소서 할지니라" 아멘. 중앙 성소에 대한 말씀과 먹거리에 대한 말씀 다음에 십일조 말씀을 주시고, 훈시가 마무리되기 직전에 십일조 말씀을 주셨습니다. 이는 모세의 둘째 훈시의 중심 사상에 십일조가 있다는 것을 보여줍니다.

역대하 31장을 보면, 히스기야의 개혁 절정에 십일조가 언급된 것을 봅니다(1-19절). 농경 생활이 시작되고 우상숭배의 유혹이 극심해질 때 그것을 이겨내고 '중앙 성소 예배' 와 '유일신 하나님 예배' 를 지켜낼 중요한 규례로 십일조가 꼽힌 것입니다.

백성이 십일조를 하면 가난한 이들이 살 수 있게 되고, 레위인과 제사장은 직무를 계속하게 되어, 신앙 유지의 근간이 무너지지 않을 것입니다. 더불어 십일조를 드리면서, 십일조를 가난한 이들을 위해 사용하면서, 하나님과 제물 가운데에서 하나님 쪽으로 마음이 더 기울게 될 것입니다.

그럼, 이번 통독 부분인 15장부터 살펴봅니다. '면제년' 규례는 십계명과 연결됩니다. 광야 시절을 기억할 수 있도록 돕는, 마음에 간직할 말씀이 십계명이고, 그 십계명에는 세 가지 무게중심이 있습니다. 하나는 맨 처음에 등장하는, 하나님 외에 다른 신을 섬기지 말라는, 우상을 만들지 말라는 규정입니다. 마지막 규정은 네 이웃의 것을 탐내지 말라는 규정입니다. 그리고 십계명의 무게중심이라 할 수 있는 가운데에 안식일 규정이 있습니다. 하나님께서 너를 애굽에서 구원하셨으니 안식일을 지키라 말씀하십니다. 구원이 네 능력이 있지 않았으니 '멈출 줄' 알아야 한다고 말씀하시는 것입니다. '나눔'의 배경 사상에 '멈춤'이 있었습니다.

그 '멈춤'의 연장선에 15장의 '면제'가 있습니다. '면제'라는 단어는 '내려놓다, 떨어뜨리다, 떨구다'에서 왔습니다. '너의 것을 내려놓아라. 너의 권리를 내려놓아라.' 하십니다. 일곱째 날마다 안식일을 지키면서 멈추는 것을 배웁니다. 그렇게 육 년 동안 배운 다음에, 다시 말해 삼백여 번이나 멈춤을 배운 다음에, 안식년이 찾아옵니다. 안식년이 되면 경작을 멈춥니다. 출애굽기 23장 10-11절입니다. "너는 여섯 해 동안은 너의 땅에 파종하여 그 소산을 거두고 일곱째 해에는 갈지 말고 묵혀두어서 네 백성의 가난한 자들이 먹게 하라 그 남은 것은 들짐승이 먹으리라 네 포도원과 감람원도 그리 할지니라".

경작을 멈추고 일 년간 하나님께 집중하면서 자신을 돌아봅니다. 안식년이 끝나갑니다. 그 시기가 15장 1절의 "매 칠 년 끝"입니다. 일 년간 자신이 누구인지를, 자신이 하나님의 구원과 공급하심으로 사는 자임을 충분히 확인했습니다. 내 목숨이 내 것이 아니고, 내 소유가 내 수고만의 결과가 아님을, 특별히 기업은 더욱 그렇다는 것을 기억하고 깨닫습니다. 일만 달란트 탕감받은 자(마 18:27)임을 깨닫습니다. 그렇다면 내게 일백 데나리온 빚진 자를 탕감해줄 수 있습니다. 이렇게 일곱 번을 지나면 희년입니다. 그때에는 부동산마저도 내려놓을 수 있습니다. 종으로 팔린 자도 집으로 보내줄 수 있습니다.

레위기 25장 8-12절입니다. "너는 일곱 안식년을 계수할지니 이는 칠 년이 일곱 번인즉 안식년 일곱 번 동안 곧 사십구 년이라 일곱째 달 열흘날은 속죄일이니 너는 뿔나팔 소리를 내되 전국에서 뿔나팔을 크게 불지며 너희는 오십 년째 해를 거룩하게 하여 그 땅에 있는 모든 주님을 위하여 자유를 공포하라 이 해는 너희에게 희년이니 너희는 각각 자기의 소유지[분배 받은 토지]로 돌아가며 각각 자기의 가족에게로 돌아갈지며 그 오십 년째 해는 너희의 희년이니 너희는 파종하지 말며 스스로 난 것을 거두지 말며 가꾸지 아니한 포도를 거두지 말라 이는 희년이니 너희에게 거룩함이니라 너희는 밭의 소출을 먹으리라" 아멘.

구원이 멈춤으로, 멈춤이 내려놓음으로, 내려놓음이 자유로 이어집니다. 그러나 내려놓음도 대상에 따라 정도가 달라집니다. 15장 2-3절입니다. "면제의 규례는 이러하니라 그의 이웃에게 꾸어준 모든 채주는 그것을 면제하고 그의 이웃에게나 그 형제에게 독촉하지 말지니 이는 여호와를 위하여 면제를 선포하였음이라 이방인에게는 네가 독촉하려니와 네 형제에게 꾸어준 것은 네 손에서 면제하라" 아멘. 빚을 갚으라는 압박을 외국인에게는 할 수 있으나 동족에게는 하지 말라 하십니다. 14장 21절도 보면, "너희는 너희의 하나님 여호와의 성민이라 스스로 죽은 모든 것은 먹지 말 것이나 그것을 성중에 거류하는 객에게 주어 먹게 하거나 이방인에게 파는 것은 가하니라" 했습니다. 동족에게는 자신과 같은 원칙이 적용됩니다. 함께 사는 객, 함께 사는 타국인에게는 좀 더 완화된 원칙이 적용됩니다. 함께 살지 않는 타국인에게는 많이 다른 원칙이 적용됩니다. 스스로 죽은 것을 이스라엘 백성은 먹으면 안 됩니다. 함께 사는 타국인은 먹어도 됩니다. 그들은 함께 사는 이들이므로 그냥 줍니다. 함께 살지 않는 외국인에게는 스스로 죽은 거라도 그냥 주지 않습니다. 돈을 받고 팝니다.

교회는 이 부분을 교회에 적용했습니다. "믿는 사람이 다 함께 있어 모든 물건을 서로 통용하고 또 재산과 소유를 팔아 각 사람의 필요를 따라 나눠 주며 나라다 마음을 같이하여 성전에 모이기를 힘쓰고 집에서 떡을 떼며 기쁨과 순전한 마음으로 음식을 먹고 하나님을 찬미하며 또 온 백성에게 칭송을 받으니 주께서 구원 받는 사람을 날마다 더하게 하시니라"(행 2:44-47). 믿는 사람들 사이에 한층 더 높은 내려놓음을 적용한 것입니다. 이러한 원칙은 예수님의 말씀에 기초하였습니다. 마태복음 10장 40-42절입니다. "너희를 영접하는 자는 나를 영접하는 것이요 나를 영접하는 자는 나를 보내신 이를 영접하는 것이니라 선지자의 이름으로 선지자를 영접하는 자는 선지자의 상을 받을 것이요 의인의 이름으로 의인을 영접하는 자는 의인의 상을 받을 것이요 또 누구든지 제자의 이름으로 이 작은 자 중 하나에게 냉수 한 그릇이라도 주는 자는 내가 진실로 너희에게 이르노니 그 사람이 결단코 상을 잃지 아니하리라 하시니라" 아멘. 예수님, 선지자, 의인, 제자가 언급됩니다. '이 작은 자'는 '제자'를 가리킵니다. 아무나가 아닙니다. 하나님께서 귀하게 보는 이들입니다.

면제년 규례를 지키기만 하면 이스라엘 가운데 가난한 자가 없을 것입니다. 히브리어 '가난한 자'라는 단어는 '원하다'에서 나왔습니다. 간절히 원하는 자가 가난한 자입니다. 없으니까, 부족하니까 간절히 원합니다. 면제년 규례를 지키면 가난한 자가 없을 거라고 말씀하십니다. 자신의 부족으로 빚을 져서 어려웠더라도 칠 년 끝 면제년에 빚 탕감을 받으면 다시 일어날 힘이 생기기 때문입니다. 면제년 직후에 빚을 진 경우는 별로 없을 것이므로 평균적으로 보면 삼 년 정도 빚을 집니다. 그런데 이 규례를 지키지 않으면 가난한 형제가 생깁니다. 7절에 '가난한 형제'라는 표현이 나옵니다. 이 말은 면제년 규례를 온전히 순종하지 않았다는 것을 보여줍니다. 하나님 말씀에 온전히 순종하지 않으면 말이 길어집니다. 15장 7-11절을 보니, 말은 길어지고 축복은 줄어듭니다. 면제년 규례를 지키면, 4-6절 보니, '가난한 자가 없고, 복을 받아 꾸어줄지라도 꾸지 않고, 여러 나라를 통치할지라도 통치 당하지 않는다.' 하셨습니다. 그런데 10절에서 말씀하시는 복은 '네가 하는 모든 일과 네 손이 닿는 모든 일에 네게 복을 주시리라' 입니다. 형통의 복만 말씀하십니다.

사람도 단계가 있지만, 순종에도 단계가 있습니다. 신학교에 온 학생들과 얘기하다 보면, 부름 받아 온 순종에도 단계가 있습니다. 한마디 말씀에 순종하고 오기도 하고, 한두 번 돌아오기도 하고, 나이 들고 병들고 망가지고 자식 잃고 오기도 합니다. 옆 사람이 순종하지 않아 대신 온 사람도 있습니다. 순종에도 단계가 있습니다. 즉각 순종하는 자에게는 하나님께서도 더 큰 복을 주십니다.

이어지는 12-18절에서는 면제년에 종도 풀어 주라 말씀하십니다. 물론 조건이 있습니다. "네 동족 히브리 남자나 히브리 여자"의 경우입니다. 모든 종은 희년에 자유를 얻을 것입니다. 그러나 이스라엘 사람이라면 면제년에 자유를 얻습니다. 19-22절은 짐승도 단계가 있음을 말씀하십니다. 처음 난 수컷은 특별대우를 받습니다. "네 소의 첫 새끼는 부리지 말고 네 양의 첫 새끼의 털은 깍지 말고" 하십니다. 제물로 드려져야 합니다. "매년 여호와께서 택하신 곳 네 하나님 여호와 앞에서 먹"어야 합니다. 첫 새끼라도 흠이 있으면 하나님께 예물로 드리지는 못하고 먹기만 합니다.

이어지는 23절에서는 피를 먹지 말라 하십니다. 이는 예수님의 피만 먹어야 하기 때문입니다. 구약의 모든 제물은 예수님 제물의 그림자입니다. 우리는 예수님의 살을 먹고 피를 마셔서 거룩함을 유지하고 영생을 누립니다. 구약 제물 고기를 먹는 것은 예수님 살 먹는 것의 그림자입니다. 구약 제물 고기는 예수님 살 먹는 것의 그림자로 먹는 것을 허락하셨습니다. 그러나 짐승의 피 먹는 것을 허락하지 않으셨습니다. 그림자인 것을 분명하게 하시기 위함입니다. 예수님 살과 피 먹는 우리는 더 이상 부정하거나 정한 동물의 구별이 필요하지 않습니다. 디모데전서 4장 3-5절입니다. "음식물은 하나님이 지으신 바니 믿는 자들과 진리를 아는 자들이 감사함으로 받을 것이니라 하나님께서 지으신 모든 것이 선하매 감사함으로 받으면 버릴 것이 없나니 하나님의 말씀과 기도로 거룩하여짐이라" 아멘.

존재도 단계가 있고, 순종도 단계가 있으며, 거룩함도 단계가 있습니다. 예수님의 살과 피를 먹고 마시는 자로서 지극히 거룩한 자 되시기를 바랍니다. 동시에 하나님 말씀이라면 언제라도 즉각 순종, 기쁨 순종하실 수 있기를 바랍니다. 이처럼 '십일조의 나눔, 멈춤으로 구원과 정체성 확인'이 이뤄진다면, 중앙 성소 예배는 지속될 것입니다.

신명기 16장에 소개되는 절기(節氣)도 '구원과 정체성 확인의 시간'입니다. 먹을 것이 가장 풍성한 시기에 이스라엘 백성들은 광야에서 지낸 것을 생각하면서 초막에서 지냅니다(레 23:43 참고). 언제 지킵니까? '소출'을 거두어들인 다음에 지킵니다. 중요한 소출로 곡식과 포도주를 언급합니다. 이레(일주일) 동안 지키는 것이 독특합니다. 날

짜는 음력으로 7월 15일부터 일주일간입니다(레 23:39 참고). 절기에 마음을 충분히 쏟을 수 있도록 시간을 넉넉하게 잡았습니다.

어떻게 지킵니까? 즐겁게 지킵니다. 신명기 본문은 이 점을 강조하고 있습니다. 16장 14절도 '즐거워하다'로 끝나고, 15절도 '즐거워하다'로 끝납니다. 초막절은 즐거워하는 절기입니다. 장막에 거주해야 하는 광야에서 살지 않는 것을 기뻐하고, 광야에서는 맛볼 수 없는 소출로 인해 즐거워합니다. 그런데 혼자 즐거워하지 말고 '함께' 즐거워해야 한다고 말씀하십니다. 14절입니다. "절기를 지킬 때에는 너와 네 자녀와 노비와 네 성중에 거주하는 레위인과 객과 고아와 과부가 함께 즐거워하되" 아멘. '너, 네 아들(자), 네 딸(녀), 남자 종(노), 여자 종(비), 레위인, 객, 고아, 과부'가 나열됩니다. 나와 관계된 사람들이 모두 즐거워하도록 준비해야 합니다. 내가 속한 사회에서 약자에 속하는 이들(레위인, 객, 고아, 과부)도 즐거워하도록 상황을 조성해야 합니다.

어디서 즐거워합니까? 15절을 보시면, 하나님 앞에서 즐거워합니다. 하나님께서 택하신 곳에서, 하나님 앞에서 즐거워하며 절기를 지킵니다. 그분이 '모든 소출'과 '손을 행한 모든 일'에 복을 주셨기 때문입니다. '넉넉할 때, 공동체 구성원 모두가 하나님 앞에서 즐거워하는 절기'가 초막절입니다. 나누려면 어떻게 해야 합니까? '드려야' 합니다. 16-17절입니다. "너의 가운데 모든 남자는 일 년에 세 번 곧 무교절과 칠칠절과 초막절에 네 하나님 여호와께서 택하신 곳에서 여호와를 뵈옵되 빈손으로 여호와를 뵈옵지 말고 각 사람이 네 하나님 여호와께서 주신 복을 따라 그 힘대로 드릴지니라" 아멘. 복을 많이 받았으면 많이 드립니다.

구원의 감격과 기쁨으로 예배드리고 교제하며 살다가도, '누가 옳은가?' 하는 문제가 공동체 내에 발생합니다. 이때 어떻게 판단해야 할까요? 16장 18절부터 17장 13절은 이때 어떻게 할지 말씀하십니다.

재판 기준에도 단계가 있습니다. 16장 19절입니다. "너는 재판을 굽게 하지 말며 사람을 외모로 보지 말며 또 뇌물을 받지 말라 뇌물은 지혜자의 눈을 어둡게 하고 의인의 말을 굽게 하느니라" 아멘. 우선 재판을 굽게 하면 안 됩니다. 이 말을 직역하면, '공의를 늘이지 말라.' 이렇게 됩니다. 법에 따라 바르다고 판단되는 영역을 확대시키지 말라는 말입니다. "사람을 외모로 보지 말며"는 '얼굴을 인식하지 말라.' 하는 것이 됩니다. 얼굴 보지 말고, 체면 차리지 말고, 그 사안만 보라는 말입니다. 물론 뇌물을 받아도 안 됩니다. 돈이 결정에 영향을 미치게 되면, 지혜자라 해도 눈이 멀게 되고, 의로운 이라 해도 말을 비틉니다. 돈 때문에 대의를 버리는 경우를 많이 보았습니다. 돈 때문에 생명을 버립니다. 때로는 돈 때문에 하나님도 버립니다. 재물 얻는 능력은 하나님께서 주신다고(신 8:18) 하셨습니다. 재물이 필요하면 하나님께서 주십니다. 하나님을 모시기 위해 돈을 버려야 맞습니다. 돈을 얻으려고 하나님을 버리면 하나님에게서도 멀어지고 돈도 잃습니다. 망합니다. 하나님을 모시려고 돈을 버리면 결국 돈이 따라옵니다. 하나님을 따라가면 돈이 따라오지만, 돈을 따라가면 돈은 도망갑니다. 하나님은 의로우시지만, 돈은 불의합니다(눅 16:9).

그러니 어찌해야 합니까? 16장 20절입니다. "너는 마땅히 공의만을 따르라 그리하면 네가 살겠고 네 하나님 여호와께서 네게 주시는 땅을 차지하리라" 아멘. 여기서 '마땅히 공의만을' 이라는 표현은 '의(義) 의(義)' 즉, 의라는 단어가 두 번 겹쳐 있는 표현을 번역한 것입니다. 의라는 단어가 연속해서 두 번 나온 경우도 구약성경에서 여기뿐입니다. '제정된 법에 부합되는 원칙' 이 아니라, '절대적인 바름' 을 의미하는 단어가 두 번 연속으로 쓰였습니다. '하나님의 속성과 연관된 의' 입니다. 그러니 "마땅히 공의만을 따르라" 하시는 말씀은 '오직 하나님의 어떠하심대로 결정하려고 힘쓰라.' 하는 것을 의미합니다. 하나님의 뜻, 그분의 성품 오직 그것만이 가나안에 거하는 이스라엘이, 교회가 추구할 기준입니다. 주의 일 하려면 '인정(人情)' 을 버려야 한다고 배웠습니다. 하나님 일을 할 때 '사람으로서 본래 가지고 있는 심성이나 감정' 이 방해될 때 있습니다.

재판 기준이 하나님의 속성이신 '의(義)' 이므로, 재판 기준을 지키는 것과 하나님을 섬기는 것은 동전의 양면과 같습니다. 하나님을 섬겨야 재판 기준을 알고 따르게 됩니다. 의롭게 재판해야 하나님을 바르게 섬기게 됩니다. 그래서 16장 21절에서 17장 7절까지가 이어집니다. 아세라 여신의 가치관이 들어오면 안 됩니다. 그래서 아세라 목상을 세우지 않습니다. 교회에 이것저것 들이지 않습니다. 전도한답시고 교회에 상업시설을 들입니다. 자본의 논리가 같이 들어옵니다. 돈 잘 버는 사람들이 소중하게 여겨집니다. 틀렸습니다. 아세라가 들어온 것입니다.

'흠이나 악질이 있는 소와 양' 을 하나님께 제물로 드리면 안 됩니다. 17장 1절입니다. "흠이나 악질이 있는 소와 양은 아무것도 네 하나님 여호와께 드리지 말지니 이는 네 하나님 여호와께 가증한 것이 됨이니라" 아멘. 소와 양이 흠이 있을 수 있고 질병에 걸릴 수 있습니다. 이런 것을 먹을 수는 있습니다. 15장 21-22절에서 "그러나 그 짐승이 흠이 있어서 절거나 눈이 멀었거나 무슨 흠이 있으면 네 하나님 여호와께 잡아 드리지 못할지니 네 성중에서 먹되 부정한 자나 정한 자가 다 같이 먹기를 노루와 사슴을 먹음 같이 할 것이요" 했습니다. 흠이 있어도 먹습니다. 그러나 제물로 쓰면 안 됩니다. 흠이 있거나 병에 걸린 짐승을 제사에 쓰는 이유가 무엇일까요? 결국은 돈 때문입니다. 건강한 것을 계속 사용하고 흠이 있거나 아픈 짐승은 죽이기 위함입니다. 건강한 소와 양은 계속해서 새끼를 잘 낳을 것입니다. 소는 농사일에 도움이 되고, 양은 털을 공급해줄 것입니다. 아픈 소는 일할 수 없고, 병든 양의 털은 가치가 떨어집니다. 그러니 어차피 죽일 것, 흠 있고 병든 짐승을 제물 삼자는 주장이 생길 수 있습니다.

"주님께 귀한 것 드려 젊을 때 힘 다하라"(찬송가 575장) 했습니다. 그러나 사람들은 하나님께 드려져 내 것이 될 수 없다면 흠 있는 것을 드리고자 합니다. 첫 소산을 드리라고 했는데, 끝물을 드리려 합니다. 이것을 성경은 가증하다고 말합니다. 17장 1절 끝부분입니다. "이는 네 하나님 여호와께 가증한 것이 됨이니라" 아멘. 흠 있는 소가 가증한 것이 아닙니다. 흠 있는 소를 제물로 쓰는 그 가치관이 가증합니다. 결국 그 가치관 때문에 우상이 만들어지고 생명이 경시됩니다. 자기가 하나님이 됩니다. 이런 악은 남녀를 불문하고 저지를 수 있습니다. 2절의 '남자나 여자가' 가 이것을 강조합니다. 5절입니다. "너는 그 악을 행한 남자나 여자를 네 성문으로 끌어내고 그 남자나 여자를 돌로 쳐죽이되" 아멘. '남자와 여자' 를 강조합니다.

이어지는 17장 8절로 13절에서는 재판이 어려운 경우, 어떻게 결정하는 것이 하나님 뜻에 부합되는지 판단하기 어려운 경우에 어떻게 할지 말씀하십니다. 하나님께서 택하신 곳, 중앙 성소로 가라십니다. 8-9절입니다. "네 성중에서 서로 피를 흘렸거나 다투었거나 구타하였거나 서로 간에 고소하여 네가 판결하기 어려운 일이 생기거든 너는 일어나 네 하나님 여호와께서 택하실 곳으로 올라가서 레위 사람 제사장과 당시 재판장에게 나아가서 물으라 그리하면 그들이 어떻게 판결할지를 네게 가르치리니" 아멘. 우리말 표현에는 분명히 드러나지 않지만, 여기서 제시된 기준은 '법대로' 입니다. 하나님의 성품을 따라 판단하기 어려우면 '제정된 법대로' 결정하라는 말씀입니다. 임의로 하지 말고 법대로 하다 보면, 하나님의 온전하신 뜻을 향해 갈 것이라는 말씀입니다.

오순절 성령 강림 이후라고 해도 제자들이 늘 모든 것을 잘 알고 주님을 따라간 것은 아니었습니다. 베드로가 고넬료 집에 갈 때, 유대인으로서 이방인과 교제하는 것이 당시 유대인 법으로는 위법이었습니다(행 10:28). 베드로는 유대인 법을 지키고 살았습니다. 주님의 강권 역사로 그 법을 넘어섰습니다. 그 법을 넘어서기 전에는 그 법을 지켰습니다. 조금은 온전해 보이지 않지만, 법을 지키는 것이 온전한 법으로 나아가는 징검다리가 됩니다. 11-12절입니다. "곧 그들이 네게 가르치는 율법의 뜻대로, 그들이 네게 말하는 판결대로 행할 것이요 그들이 네게 보이는 판결을 어겨 좌로나 우로나 치우치지 말 것이니라 사람이 만일 무법하게 행하고 네 하나님 여호와 앞에 서서 섬기는 제사장이나 재판장에게 듣지 아니하거든 그 사람을 죽여 이스라엘 중에서 악을 제하여 버리라" 아멘. 우리는 다양한 것을 결정하며 삽니다. 이때 하나님이 기준입니다. 하나님 뜻을 잘 모르겠으면 정해진 원칙이 기준입니다. 이 기준을 어기는 것은 하나님의 뜻을 저버리는 것입니다.

이같이 모세는 가나안에서 시작될 삶을 마음에 두고 어떻게 살지, 어떤 가치관을 가져야 할지 훈시합니다. 이어지는 왕의 규례(17:14-20)도 앞일을 내다보고 주시는 말씀입니다. 하나님께서 이스라엘의 왕이시지만, 그들이 왕을 원하게 될 때 어찌해야 할지 말씀합니다. 18장에 있는 제사장과 레위 사람의 몫은 중앙 성소 유지를 위해 필요한 요소입니다. '나 같은 선지자' 다시 말해, '모세와 같은 선지자' 의 배경이 되는 18장 15-22절도 중요합니다. 19장 도피성은 앞서 민수기 35장에서 주신 말씀의 확인입니다. 갈등의 완충지대입니다. 위증 안 됩니다(19:15-21). 이 부분은 '동해보복법' 을 설명할 때(제7과) 말씀드렸습니다. 17절을 보면 "논쟁하는 쌍방"이 나옵니다. 이 말은 두 사람 사이의 의견충돌을 가리킵니다. 만일 논쟁의 이유가 '거짓 증거' 에 있었다면 이는 십계명 가운데 제9계명을 어기는 것이 됩니다. 따라서 엄하게 다뤄집니다. "생명에는 생명으로, 눈에는 눈으로, 이에는 이로, 손에는 손으로, 발에는 발로"(19:21) 다뤄집니다. 거짓으로 증언한 자가 "그의 형제에게 해하려고 꾀한 그대로 그에게 행"합니다(19:19). 거짓 증거를 통해 죽이려 했다면 죽여야 하고 상해를 꾀했다면 상해를 줘야 합니다. 이유는 거짓말을 하여 '논쟁'을 일으켰기 때문입니다. 더구나 형제에게 죽음이나 상해를 주게 될 내용을 가지고 '논쟁'을 일으켰기 때문입니다.

전쟁할 때도 원칙이 있습니다(20장). 하나님 백성들은 '전쟁'을 하더라도 회의(會議)하듯 합니다. 그러므로 그들에게 두려움이 없어야 합니다. 의견을 교환할 때 두려움이 있다면 의견을 교환하기 어렵습니다. 마찬가지입니다. 싸우러 나가는데 두려움이 있다면 싸울 수 없습니다. 싸움을 앞두고서도 두려워하지 않을 근거는 하나님께 있습니다. 20장 1절입니다. "네가 나가서 적군과 싸우려 할 때에 말과 병거와 백성이 너보다 많음을 볼지라도 그들을 두려워하지 말라 애굽 땅에서 너를 인도하여 내신 네 하나님 여호와께서 너와 함께 하시느니라" 아멘.

하나님께서는 왕의 규례를 통해 말을 많이 두지 말라 하셨습니다(신 17:16). 그러니 전쟁하러 나가는 경우 더 많은 말과 병거로 무장한 적군을 만나게 되는 것은 당연합니다. 그러나 그때 하나님 백성은 출애굽을 떠올려야 합니다. 애굽의 병거로부터 자신들을 구원하신 하나님을 믿습니다. 임마누엘의 하나님으로 인해 두려워하지 않습니다. 사람을 두려워하는 것은 부정적입니다. 하나님을 두려워하는 것은 긍정적입니다. 사람을 두려워하다 보면 거짓과 분 냄이 일어나지만, 하나님을 두려워하다 보면 이웃을 사랑하게 됩니다. 사람을 두려워하는 사람은 하나님을 두려워하지 않습니다. 반대로, 하나님을 두려워하는 사람은 사람을 두려워하지 않습니다. 여호와 경외는 형제 사랑으로 이어집니다.

개인적인 갈등으로 인해 문제해결에 나설 때든, 국가적인 갈등으로 인해 문제해결에 나설 때든, 하나님 백성은 하나님을 의지하여 사람을 두려워하지 말아야 합니다. 우리는 사람을 두려워하지 않습니다. 죽는 것도 두려워하지 않습니다. '살아서 나를 믿는 자는 영원히 죽지 않는다.' 말씀하신(요 11:26) 예수님의 말씀이 진리임을 믿기 때문입니다. 죽는 게 두렵지 않습니다. 전능하신 하나님께서 함께 계시는 전쟁의 승패로부터도 자유롭습니다. 전쟁의 승패는 그분께 달려있습니다. 그분이 이기게 하시면 이기고 지게 하시면 집니다.

싸우러 나갈 때 제사장들도 같이 나갑니다. 법궤를 가지고 나가지는 않습니다(삼상 4:4 비교). 제사장만 가면 됩니다. 제사 드린다며 남아있지 않습니다. 백성과 함께 동고동락하는 것이 제사장입니다. 똘마니 내보내는 조폭의 방법은 제사장의 방법이 아닙니다. 제사장은 하나님을 떠올리는데 매우 적절한 사람입니다. 싸움터 가까이 이르렀을 때 제사장이 말합니다. 3-4절입니다. "말하여 이르기를 이스라엘아 들으라 너희가 오늘 너희의 대적과 싸우려고 나아왔으니 마음에 겁내지 말며 두려워하지 말며 떨지 말며 그들로 말미암아 놀라지 말라 너희 하나님 여호와는 너희와 함께 행하시며 너희를 위하여 너희 적군과 싸우시고 구원하실 것이라 할 것이며" 아멘. '주눅들 필요 없다. 위축되지 마라. 어깨를 펴라. 저들은 말과 병거를 가지고 나왔지만, 우리는 만군의 여호와 하나님과 함께 나왔다.'

제사장들이 하나님으로 인해 담대하도록 도울 때, 책임자들도 자기 일을 합니다. 5-7절입니다. "책임자들은 백성에게 말하여 이르기를 새 집을 건축하고 낙성식을 행하지 못한 자가 있느냐 그는 집으로 돌아갈지니 전사하면 타인이 낙성식을 행할까 하노라 포도원을 만들고 그 과실을 먹지 못한 자가 있느냐 그는 집으로 돌아갈지니 전사하면 타인이 그를 데려갈까 하노라 하고" 아멘. 전쟁에서 죽지 않는다 하지 않았습니다. '전사할 경우 그만의 사명에 지장을 초래할 경우' 를 언급합니다. '집을 지었는데, 봉헌하지 못했다. 포도원을 만들었는데 첫 소산을 드리지 못했다. 약혼했는데, 생명 잉태를 위한 시간을 갖지 못했다.' 그렇다면 돌아가서 사명을 먼저 감당하랍니다. 한 명이라도 더 끌어모아야 승리하는 싸움을 싸우는 게 아닙니다. 하나님을 의지하기에 승리하는 전쟁입니다. 그러니 돌려보낼 자는 돌려보냅니다.

돌려보낼 자가 또 있습니다. 두려워하는 자입니다. 20장 8절입니다. "책임자들은 또 백성에게 말하여 이르기를 두려워서 마음이 허약한 자가 있느냐 그는 집으로 돌아갈지니 그의 형제들의 마음도 그의 마음과 같이 낙심될까 하노라 하고" 아멘. '멍석 깔아주면 잘 못한다.' 하는 속담이 있습니다. 혼자서는 잘하다가도 무대에만 올라가면 떠는 경우가 있습니다. 잘 떨지 않는 애가 있는데, 가만히 보니 철저히 연습합니다. 그리고 연습이 다 끝나지 않으면 무대에 서지 않습니다. 유치원 다닐 때 선생님이 운동회 때 할 율동을 백 번 연습하라고 하셨다며 정말 백 번 연습하는 것을 보았습니다. 전쟁을 위해 우리도 연습할 것이 있습니다. 하나님을 신뢰하는 연습입니다. 일상에서 하나님을 신뢰합니다. 일상에서 늘 담대합니다. 하나님께서 하실 것을 믿습니다. 전쟁에 나가서도 하나님을 의지합니다. 일상에서도 주님을 위해 삽니다. 그러므로 강한 적을 만날 때도 주님 위하는 마음으로 진격합니다.

이어지는 20장 10절부터 18절까지에는 전쟁 수행원칙이 제시됩니다. 무작정 싸우지 않습니다. '화평' 즉 샬롬을 선언합니다. 거절하면 싸웁니다. 일단 싸우면 전쟁이라는 일반원칙을 따릅니다. 다만 특별원칙이 있습니다. 16-18절입니다. 가나안 7족속은 헤렘시켜야 합니다. 하나님의 명령이기 때문입니다. 미적거리면 안 됩니다. 그러면 하나님의 뜻이 이뤄지지 않습니다. 전쟁 수행원칙으로 마지막으로 제시되는 것은 '나무 특별히 과수를 찍지 말라.' 하는 것입니다. 승리만을 생각하지 말고, 승리 이후를 생각하라는 말씀입니다. 단기가 아니라 장기를 생각합니다. 길게 봐야지요. 눈앞에 있는 어려움만을 피하려다 보면 더 큰 어려움이 옵니다.

시시콜콜해 보이는 일상의 문제도 원칙을 따라 처리해야 합니다(21:1-25:16). 생명이 중시되어야 하고, 거룩이 중시되어야 합니다. 아말렉에 대한 말씀(25:17-19)은 사울의 때에 다루십니다(삼상 15:2-3).

신명기 26장에는 모세의 두 번째 훈시가 종합됩니다. 하나님께 예배드리러 나오는 자가 하는 고백이 소개됩니다. 사도신경과는 사뭇 다른 고백입니다. 신학적 고백이 아니라 언약 역사적 고백입니다. 언약이 역사 속에서, 삶속에서 이뤄졌다는 고백입니다. 교리적 고백이 아닙니다. 실천적 고백입니다. 규례, 율례, 법도, 명령이 아니라 증언입니다. 삶이 묻어납니다. 예배 시간에는 이러한 증언이 있어야 한다는 가르침을 26장은 우리에게 주고 있습니다. 그럼 고백을 읽어봅니다.

먼저는 하나님께서 주신 땅에서 그 토지 모든 소산의 첫 소산을 거두고 그것을 가져다가 광주리에 담고 하나님께서 택하신 곳으로 가져가서 하는 고백입니다. 3절입니다. "그 때의 제사장에게 나아가 그에게 이르기를 내가 오늘 당신의 하나님 여호와께 아뢰나이다 내가 여호와께서 우리에게 주시겠다고 우리 조상들에게 맹세하신 땅에 이르렀나이다 할 것이요" 아멘. 이 고백은 근본적인 고백입니다. 소출에 대한 고백이 아니고 소출을 가능케 한 땅에 대한 고백입니다. 은사(恩賜)에 대한 고백이 아니고 은사를 가능케 한 구속 고백입니다. 용돈 감사가 아니라 낳아 주심 감사입니다. 밥상 감사가 아니라 혼인 감사입니다. 은혜 역사 인식입니다. 관계의 출발점을 떠올리는 고백입니다. 출애굽, 광야, 약속의 땅을 기업으로 받게 된 시기에 대한 고백입니다. 원초적 고백입니다. 처음으로 돌아가는 고백입니다. 허물과 죄로 죽을 수밖에 없었던 시기에 대한 고백입니다. 죄에 대해 무능했던 시기에 대한 고백입니다. 소망 없던 시절, 사랑할 수 없었던 시절에 대한 고백입니다. 하나님의 자비와 은총으로 주어진 새로운 삶에 대한 감사 고백입니다. 이제는 가능하게 되었다는 회상입니다. 다시는 이전으로 돌아가지 않겠다는 결단입니다. 소출에 마음 뺏기지 않고 소출이 가능했던 땅을 기업으로 주신 하나님을 기억하는 마음입니다. 그분께 감사한 것입니다. 고마운 것입니다. 그분을 공경합니다. 그래서 광주리에 맏물을 담아 가지고 와서 '하나님 제가 하나님께서 조상들에게 주시겠다 약속하신 땅에 왔습니다. 지금 도착했습니다. 저는 지금 그 시기에 있습니다. 먼 과거 사건이지만 아직 저는 그 시간 속에 있습니다. 아직도 첫사랑의 뜨거움이 있습니다.' 하고 고백합니다.

이렇게 고백하면 제사장이 광주리를 받아 하나님 제단 앞에 놓습니다. 하나님께서 그 고백을 받으신 것입니다. 첫 소산에 대한 고백이 아닙니다. 출발점에 대한 고백입니다. 그 고백으로 인해 첫 소산이 예물 자격을 얻습니다. 하나님은 가난한 분이 아닙니다. 뭐든 갖다 바치면 히죽거리는 우상이 아니십니다. 그분은 천지를 말씀으로 지으신 분입니다. 사랑 관계에 기초한 감사의 고백 없이는 예물 수령을 하지 않으십니다.

하나님의 예물수납으로 둘째 고백이 가능합니다. 5-10상반절입니다. "너는 또 네 하나님 여호와 앞에 아뢰기를 내 조상은 방랑하는[멸망하는] 아람 사람으로서 애굽에 내려가 거기에서 소수로 거류하였더니 거기에서 크고 강하고 번성한 민족이 되었는데 애굽 사람이 우리를 학대하며 우리를 괴롭히며 우리에게 중노동을 시키므로 우리가 우리 조상의 하나님 여호와께 부르짖었더니 여호와께서 우리 음성을 들으시고 우리의 고통과 신고와 압제를 보시고 여호와께서 강한 손과 편 팔과 큰 위엄과 이적과 기사로 우리를 애굽에서 인도하여 내시고 이곳으로 인도하사 이 땅 곧 젖과 꿀이 흐르는 땅을 주셨나이다 여호와여 이제 내가 주께서 내게 주신 토지 소산의 맏물을 가져왔나이다" 아멘. 먼저 자신의 존재를 인정합니다(5절). 자신을 '아람 사람' 이라 부르는 이유는 조상 야곱이 밧단 아람에 가서 아람 여자들과 혼인하여 자신들을 낳았기 때문입니다. 다음으로 이전 상태를 인정합니다(6-7절). 또한 하나님의 구원과 공급을 인정합니다(8-9절). 마지막으로 순종을 고백합니다(10상반절). '하나님 저는 복을 받을 만하지 않았습니다. 그런데 복을 받았습니다. 그래서 말씀대로 첫 소산인 맏물을 가져왔습니다.'

이어지는 26장 13절부터 15절까지에는 셋째 해 십일조를 드려 레위인과 객과 고아와 과부를 공궤하여 배부르게 할 때에 다시 말해, 이웃 향해 구제를 베풀고서 하는 고백입니다. 13-15절을 다시 봅니다. "그리할 때에 네 하나님 여호와 앞에 아뢰기를 내가 성물을 내 집에서 내어[제거하여] 레위인과 객과 고아와 과부에게 주기를 주께서 내게 명령하신 명령대로 하였사오니 내가 주의 명령을 범하지도 아니하였고 잊지도 아니하였나이다 내가 애곡하는 날에 이 성물을 먹지 아니하였고 부정한 몸으로 이를 떼어두지 아니하였고 죽은 자를 위하여 이를 쓰지 아니하였고 내 하나님 여호와의 말씀을 청종하여 주께서 내게 명령하신 대로 다 행하였사오니 원하건대 주의 거룩한 처소 하늘에서 보시고 주의 백성 이스라엘에게 복을 주시며 우리 조상들에게 맹세하여 우리에게 주신 젖과 꿀이 흐르는 땅에 복을 내리소서 할지니라" 아멘. 명령대로 다 했다고 고백합니다. 이어 축복을 간구합니다. 그동안 말씀대로 살지 못했다 말하지 않았습니다. 한 주간 죄만 짓고 왔다고 기도하지 않았습니다. 명령하신 명령대로 했습니다. 명령을 범하지 않았습니다. 잊지도 않았습니다. 청종했습니다. 명령하신 대로 다 행했습니다. 이 고백이 예배 때 할 고백입니다. 산상수훈에 이런 말씀 있습니다. "그러므로 예물을 제단에 드리려다가 거기서 네 형제에게 원망들을 만한 일이 있는 것이 생각나거든 예물을 제단 앞에 두고 먼저 가서 형제와 화목하고 그 후에 와서 예물을 드리라" (마 5:23-24) 아멘.

나머지는 이해하기 쉽습니다. 신명기 27장은 그 땅에 들어간 다음에 축복과 저주를 어떻게 선포할지 말씀하신 내용입니다. 28장은 순종과 복, 불순종과 저주의 상관관계를 귀에 못이 박히도록 자세하고도 반복적으로 설명하신 내용입니다. 이어 29장부터 30장까지는 반복 복습 같은 결론입니다.

신명기 30장 1절입니다. "내가 네게 진술한 모든 복과 저주가 네게 임하므로 네가 네 하나님 여호와로부터 쫓겨간 모든 나라 가운데서 이 일이 마음에서 기억이 나거든" 아멘. 복과 저주에 대한 하나님의 말씀, 강하게 되는 것과 하찮게 되는 것에 대한 하나님의 말씀이 현실화 되었을 때, 하나님 백성이 할 일은 마음에 말씀을 떠올리는 것입니다. 어려웠던 순간이나 어렵게 만든 사람이 아니라 진리의 말씀을 마음에 떠올려야 삽니다. 어려웠던 순간을 떠올리면 낙심할 것이고, 어렵게 만든 사람을 떠올리면 분노를 품겠지만, 진리의 말씀을 기억하게 되면 회개하게 됩니다.

이어지는 2절입니다. "너와 네 자손이 네 하나님 여호와께로 돌아와 내가 오늘 네게 명령한 것을 온전히 따라 마음을 다하고 뜻을 다하여 여호와의 말씀을 청종하면" 아멘. 공동체가 전심으로 생명 다해 순종할 때 돌이킬 수 있습니다. '너와 네 자손' 이라 했습니다. 부모만 회개한다고 해결되지 않습니다. 자식들의 마음도 같이 변해야 합니다. '마음을 다하고 뜻을 다하고' 에서 '뜻' 에 해당하는 단어는 기본적으로 '목숨' 을 의미하는 단어입니다. 그러기에 '전심으로 생명 다해' 말씀에 집중해야 삽니다. 어설프게 회개하는 것은 회개가 아닙니다. 어설프게 끊은 술은 다시 마시게 됩니다. 확실히 끊어야 마시지 않게 됩니다. 내 몸을 거룩하게 구별하겠다는 결단이 있어야 됩니다. 예배도 마찬가지입니다. 예배에 반드시 참석하겠다는 결단이 있어야 빠지지 않고 오게 됩니다. 예배가 그렇게 중요합니까? 중요합니다. 예배보다 더 중요한 것으로 무엇을 들 수 있습니까? 시험이요? 대학이요? 직장이요? 하나님 중심의 사람은 예배를 중시합니다. 예배를 중시하는 사람은 다른 어떤 것보다도 예배를 중시합니다. 예배를 중시하면 삶에 불순물이 덜 낍니다. 어설픈 자신감이 들어오지 않습니다. 하나님 경외가 들어옵니다. 시간을 헛되이 보내지 않습니다. 사람들에게 속지 않습니다. 재물에도 마음 빼앗기지 않습니다. 담대합니다. 사람이 두렵지 않고 하나님이 두렵습니다. 진리를 알기에 방황하지 않습니다. 하나님께서 책임지십니다.

이어지는 3절을 보니, 하나님께서 긍휼히 여기시니 회복됩니다. "네 하나님 여호와께서 마음을 돌이키시고 너를 긍휼히 여기사 포로에서 돌아오게 하시되 네 하나님 여호와께서 흩으신 그 모든 백성 중에서 너를 모으시리니" 아멘. 하나님께서 포로 됨에서 돌아오게 하시기에 살아납니다. 하나님께서 모아주시니 힘이 세집니다. 하늘 끝에 있을지라도 돌아옵니다. 이들에게 기대하시는 것이 '마음의 할례' 입니다. 6절입니다. "네 하나님 여호와께서 네 마음과 네 자손의 마음에 할례를 베푸사 너로 마음을 다하며 뜻을 다하여 네 하나님 여호와를 사랑하게 하사 너로 생명을 얻게 하실 것이며" 아멘. 마음이란 단어가 세 번이나 나옵니다. '너의 마음, 네 자손의 마음, 마음을 다하여' 입니다. 신명기 10장 16절에서 "그러므로 너희는 마음에 할례를 행하고 다시는 목을 곧게 하지 말라" 하셨는데, 하나님께서 공동체 모두의 마음에 할례를 행하시겠다고 합니다. 언제입니까? 포로 됨에서 돌아와서 다시 번성하게 되었을 때입니다. 5절입니다. "네 하나님 여호와께서 너를 네 조상들이 차지한 땅으로 돌아오게 하사 네게 다시 그것을 차지하게 하실 것이며 여호와께서 또 네게 선을 행하사 너를 네 조상들보다 더 번성하게 하실 것이며" 아멘. 그리고 이어지는 것이 마음의 할례입니다.

할례란 포피를 베는 것입니다. 칼로 살을 잘라냅니다. 고통스럽습니다. 마음의 할례도 마찬가지입니다. 마음이 찢어집니다. 고통스럽습니다. 여기서 우리는 세 번째 시기의 어려움을 발견합니다. 출애굽과 광야 시기에는 무엇이 어렵다고 했습니까? 빈털터리 되는 게 어렵다고 했습니다. 포로기 전 가나안 생활에서는 무엇이 어렵다고 했습니까? 유혹을 뿌리치기가 어렵습니다. 그럼, 포로에서 돌아온 공동체가 겪을 어려움은 무엇입니까? 마음이 찢어지는 것입니다. 에스라서에서 이방 아내와 그 소생을 잘라내는 공동체의 아픔을 읽습니다(에스라 10장). 말씀을 지키기 위해 가족을 잘라냅니다. 마음이 찢어집니다. 마음이 찢어지는 아픔, 이것이 포로귀환공동체가 이겨내야 할 어려움입니다.

마음이 찢어지면 살길이 있습니다. 마음을 찢습니다. 에스라는 속옷과 겉옷을 찢고 머리털과 수염을 뜯으며 기가 막혀 앉았습니다(스 9:3). 마음이 찢기니 속옷과 겉옷뿐 아니라 머리털과 수염까지 잡아 뜯었습니다. 주님으로부터 비롯되지 않은 것들을 모두 털어내고 세상 유혹으로부터도 자유로워진 다음, 신자에게 남은 것은 마음을 찢는 일입니다. 기도하는 일, 죄인을 위해 기도하는 일, 복음을 전파하는 일입니다. 스데반처럼 돌에 맞아 죽으면서도 용서하는 기도를 합니다(행 7:60). 마음이 찢어집니다. 마음이 걸레가 됩니다. 여기 닦고 저기 닦고 이리 찢기고 저리 찢겨 걸레가 됩니다. 그래도 걸레가 있으니 청소가 됩니다.

빈털터리 되는 것, 본래 내 것 아니었으니 괜찮습니다. 유혹을 뿌리치는 것, 자꾸 하다 보면 쉬워집니다. 견딜 만합니다. 그런데 마음을 찢는 것은 찢을 때마다 힘듭니다. 마음을 찢느니 차라리 죽는 게 좋겠습니다. 그런데 마음이 찢겨야 포로귀환공동체입니다. 마음 찢는 것이 그들의 일입니다. 이미 이래저래 찢겼는데, 또 찢깁니다. 하도 많이 찢겨 이제는 너덜너덜합니다. 더 찢으시려면 주님이 꿰매주시겠죠. 꿰매고 뭐 또 찢으시고, 괜찮습니다. 주님 마음 나 때문에 너덜너덜해지신 것 알기 때문이죠. 주님은 몸까지 갈기갈기 찢기셨기 때문이죠. 마음에 아픔이 있어야 마음의 할례입니다. 주님 믿고 형통했는데 가슴 아픈 일 생깁니까? 세 번째 단계에 들어서신 것입니다. 축하드립니다.

포로귀환 공동체쯤 되면 이제 말씀은 어디에 있을까요? 30장 11-14절입니다. "내가 오늘 네가 명령한 이 명령은 네게 어려운 것도 아니요 먼 것도 아니라 하늘에 있는 것이 아니니 네가 이르기를 누가 우리를 위하여 하늘에 올라가 그의 명령을 우리에게로 가지고 와서 우리에게 들려 행하게 하랴 할 것이 아니요 이것이 바다 밖에 있는 것이 아니니 네가 이르기를 누가 우리를 위하여 바다를 건너가서 그의 명령을 우리에게로 가지고 와서 우리에게 들려 행하게 하랴 할 것도 아니라 오직 그 말씀이 네게 매우 가까워서 네 입에 있으며 네 마음에 있는즉 네가 이를 행할 수 있느니라" 아멘. 말씀이 어디에 있어요? 입과 마음에 있습니다.

말씀을 찾으러 멀리 갈 필요가 없습니다. 입과 마음에 있기 때문이죠. 로마서 10장 6절 이하에서 이 부분을 잘 설명해줍니다(제52과 참고). "믿음으로 말미암는 의는 이같이 말하되 네 마음에 누가 하늘에 올라가겠느냐 하지 말라 하니 올라가겠느냐 함은 그리스도를 모셔 내리려는 것이요 혹은 누가 무저갱에 내려가겠느냐 하지 말라 하니 내려가겠느냐 함은 그리스도를 죽은 자 가운데서 모셔 올리려는 것이라 그러면 무엇을 말하느냐 말씀이 네게 가까워 네 입에 있으며 네 마음에 있다 하였으니 곧 우리가 전파하는 믿음의 말씀이라 네가 만일 네 입으로 예수를 주로 시인하며 또 하나님께서 그를 죽은 자 가운데서 살리신 것을 네 마음에 믿으면 구원을 받으리라 사람이 마음으로 믿어 의에 이르고 입으로 시인하여 구원에 이르느니라 성경에 이르되 누구든지 그를 믿는 자는 부끄러움을 당하지 아니하리라 하니 유대인이나 헬라인이나 차별이 없음이라 한 분이신 주께서 모든 사람의 주가 되사 그를 부르는 모든 사람에게 부요하시도다 누구든지 주의 이름을 부르는 자는 구원을 받으리라"(롬 10:6-13) 아멘. 믿음의 말씀을 마음에 가진 자가 포로귀환 공동체입니다. 그는 이제 자기 집을 짓지 않습니다. 하나님 나라의 집을 짓습니다. 마음 찢을 일이 많습니다. 그러나 이제는 내가 사는 것이 아니라 내 안에 그리스도께서 사시기에 기쁘게 찢으며 삽니다.

믿음의 말씀이 고통을 통해 마음에 새겨집니다. 새 언약은 모두 이 부분에 대해 말씀하십니다. 예레미야 31장 33절입니다. "그러나 그 날 후에 내가 이스라엘 집과 맺을 언약은 이러하니 곧 내가 나의 법을 그들의 속에 두며 그들의 마음에 기록하여 나는 그들의 하나님이 되고 그들은 내 백성이 될 것이라 여호와의 말씀이니라" 아멘. 에스겔 36장 26절입니다. "또 새 영을 너희 속에 두고 새 마음을 너희에게 주되 너희 육신에서 굳은 마음을 제거하고 부드러운 마음을 줄 것이며" 아멘.

사실, 출애굽과 광야 단계, 가나안 단계, 귀환 단계 모두에서 하나님께서 기대하시는 것은 마음에 말씀이 새겨지는 것입니다. 믿음의 말씀이 새겨지는 것입니다. 빈털터리가 되는 것도, 유혹을 벗어나는 것도, 마음에 할례를 받는 것도, 궁극적으로는 모두 마음에 말씀을 새기기 위함입니다. 에발산에 큰 돌을 세우고 말씀을 기록하기 위해 석회를 바르듯, 마음에 말씀을 새기려니 빈털터리의 겸손한 마음이 필요하고, 유혹을 벗는 결단의 마음이 필요하고, 부드러운 살 같은 마음이 드러나려니 마음의 할례가 필요합니다. 세상 악에 익숙해진 돌 같은 마음에서 거죽이 벗겨져야 말씀이 새겨집니다. 그래서 로마서 2장 28-29절에서는 "무릇 표면적 유대인이 유대인이 아니요 표면적 육신의 할례가 할례가 아니니라 오직 이면적 유대인이 유대인이며 할례는 마음에 할지니 영에 있고 율법 조문에 있지 아니한 것이라 그 칭찬이 사람에게서가 아니요 다만 하나님에게서니라" 하였습니다. 갈라디아서 5장 6절에서는 "그리스도 예수 안에서는 할례나 무할례나 효력이 없으되 사랑으로써 역사하는 믿음뿐이니라" 했습니다.

어느 단계에 계십니까? 출애굽과 광야 단계이십니까? 빈털터리 되는 것을 두려워하지 마십시오. 어차피 다 비워야 채워집니다. 통에 오물(汚物)이 있는데 곡식 담을 수 있나요? 오물 다 비워야 곡식 담습니다. 가나안 단계이십니까? 유혹은 기회가 아닙니다. 과감하게 거부하십시오. 신뢰할 수 없는 사람과 멍에를 맬 수는 없습니다. 여러분 자신이 신뢰할 만한 사람이 되십시오. 언약을 소중하게 여기고 관계를 중시하며 거짓된 유혹을 떨쳐내십시오. 견고해져야 맡길 수 있습니다. 이제 견고해져서 주님으로부터 사명을 받았습니까? 마음 찢기는 것을 두려워하지 마십시오.

신명기 31장부터는 모세로부터 여호수아로 리더십이 옮겨가는 과정의 기술입니다. 모세는 노래를 부르고(32장), 백성을 축복하고(33장), 그의 모든 생애를 마칩니다(34장). 이제 여호수아가 바통을 받았습니다. 여호수아 1장은 여호수아가 책임을 맡기 시작하는 모습을 담았습니다. 가나안 입학식에서 학생 대표를 맡은 사람입니다.

질의와 응답

하나. "지난 과 마지막 질의의 대답 때, 광야 입학인 출애굽 때는 하나님께서 다 하셨는데, 가나안 입학 때는 그들이 결정하도록 허락하셨다고 정리하셨는데요. 가나안 입학에서 무엇을 배웠을까요?"

광야에서는 훈련받습니다. 가나안은 실전입니다. 여호수아가 보낸 정탐들을 통해 가데스 바네아에서의 실패가 만회됩니다. 자기 기업을 소중하게 여기는 슬로브핫의 딸들을 통해 이스라엘 백성의 변화된 모습을 봅니다. 이제 그들은 사람에 대한 두려움을 이기고 하나님만을 두려워하는 삶을 방식을 배워갈 것입니다.

둘. "모세의 둘째 훈시의 핵심에 '책무'가 있다고 하셨습니다. 그러면 2세대에게 주어지는 권한은 무엇일까요?"

책무를 감당할 은혜겠지요. 책무를 감당할 때 느끼는 즐거움과 행복을 '권한'이라고 말씀드리고 싶습니다. 잠을 자지 않아도, 밥을 먹지 않아도, 열매로 인해 기뻐하는 즐거움입니다. 말씀을 깨닫는 즐거움, 찬양이 잘 되는 즐거움, 장례 예배를 드린 다음에 오는 '초기화(reset)' 상태 등이 '권한'이겠습니다.

셋. "모세는 훈시 후에, 바벨론 포로를 말합니다. 훈시를 잘한 것이 맞나요?"

컴퓨터보다 더 크신 하나님은 예측하실 수 있습니다. 예측을 기초로 판단하지는 않으시지만, 예측이 가능하십니다. 인류를 창조하시는 순간 독생자 내놓으셔야 했습니다. 아들을 내놓기로 작정하시고 인류를 지으셨다고 말할 수 있습니다. 인류가 로봇이 아니기 때문입니다. 모세의 훈시, 모세오경, 모세의 노래에서, 포로로 끌려가는 것까지도 '복'이라고 제시하는 것 같습니다. 그때에야 비로소 참된 경외, 하나님 향한 참 사랑이 가능해지기 때문이지요.

넷. "삼 년째에 드리는 십일조를 어떻게 사용하나요?"

삼 년째에 십일조를 한 번 더하라는 말씀은 아니겠습니다. 삼 년째 십일조를 특별한 목적으로 사용하라십니다. 그러면 제사장들은 어떻게 사나요? 삼 년째 십일조로 그들을 먹일 수 있습니다. '수혜 대상 확대'로 이해하면 될 것 같습니다. 삼 년째에는 다른 약자에게까지 수혜 대상을 확대합니다.

Weekly Reading

11

여호수아 2-22장

"하나님 손에 들린 칼이 되어"

수 2-4장	수 5-7장	수 8-10장	수 11-13장	수 14-16장	수 17-19장	수 20-22장

check

오래전, 어떤 목사님의 사모님이 제가 요청하지도 않았는데 영어 이름을 주셨지요. 그 이름이 Joshua(여호수아)였습니다. 이 이름은 긴 세월 기억 속에서만 존재했는데, 영국에 갔을 때 저의 진짜 이름이 되었습니다. 영국 교회 성도님들이 제 이름(형대) 발음이 어렵다며, 영어 이름이 있느냐 물으셨지요. 쓰지는 않지만 오래전에 누가 준 게 있다며 알려주었더니, 그분들에게 저는 '여호수아(죠수아)'가 되었습니다. 외국에는 이 이름을 가진 사람들이 꽤 있습니다. Joshua를 줄여서 Josh(죠쉬)라고 부르기도 하지요.

모세의 시종 여호수아의 첫째 이미지는 '싸움꾼'입니다. 출애굽기 17장 8-16절에 소개된 '아말렉과의 싸움' 때문입니다. 10, 13-14절입니다. "여호수아가 모세의 말대로 행하여 아말렉과 싸우고 모세와 아론과 훌은 산 꼭대기에 올라가서 … 여호수아가 칼날로 아말렉과 그 백성을 쳐서 무찌르니라 여호와께서 모세에게 이르시되 이것을 책에 기록하여 기념하게 하고 여호수아의 귀에 외워 들리라 내가 아말렉을 없이하여 천하에서 기억도 못 하게 하리라" 아멘. 여호수아 평생이 외우고 다녀야 하는 말씀이 '하나님께서 아말렉을 천하에서 기억되지 않도록 없애시겠다.' 였습니다.

여호수아에 대한 둘째 이미지는 '판단 미숙'입니다. 이 부분은 기브온 거민과의 문제 등에서 종종 드러나는 측면입니다. 출애굽기 32장에서 맨 처음 등장합니다. 여호수아가 모세와 함께 시내 산에서 내려오고 있었고, 이스라엘 백성들은 금송아지를 만들어 놓고 잔치를 벌이고 있었습니다. 이때 있었던 모세와 여호수아 사이의 대화입니다. 17-18절입니다. "여호수아가 백성들의 요란한 소리를 듣고 모세에게 말하되 진중에서 싸우는 소리가 나나이다 모세가 이르되 이는 승전가도 아니요 패하여 부르짖는 소리도 아니라 내가 듣기에는 노래하는 소리로다 하고" 아멘.

여호수아에 대한 세 번째 이미지는 '진 바깥 회막을 떠나지 않는 사람' 입니다. 출애굽기 33장 7-11절입니다. "모세가 항상 장막을 취하여 진 밖에 쳐서 진과 멀리 떠나게 하고 회막이라 이름하니 여호와를 앙모하는 자는 다 진 바깥 회막으로 나아가며 모세가 회막으로 나아갈 때에는 백성이 다 일어나 자기 장막 문에 서서 모세가 회막에 들어가기까지 바라보며 모세가 회막에 들어갈 때에 구름 기둥이 내려 회막 문에 서며 여호와께서 모세와 말씀하시니 모든 백성이 회막 문에 구름 기둥이 서 있는 것을 보고 다 일어나 각기 장막 문에 서서 예배하며 사람이 자기의 친구와 이야기함 같이 여호와께서는 모세와 대면하여 말씀하시며 모세는 진으로 돌아오나 눈의 아들 젊은 수종자 여호수아는 회막을 떠나지 아니하니라" 아멘. 제사장이 아니니 성소에 머물 수도 없고 머물지도 않습니다. 그러나 진영 바깥 하나님의 임재 앞에 머무는 사람이 여호수아입니다.

여호수아에 대한 네 번째 이미지는 '먼저 나서지 않는 사람' 입니다. 소심한 측면이 있는 듯합니다. 민수기 13장을 보면 여호수아는 에브라임 지파의 대표로 가나안 정탐에 참여합니다. 여기에는 '호세아' 라는 이름으로도 소개되지만(민 13:8), 민수기 13장 16절("모세가 눈의 아들 호세아를 여호수아라 불렀더라")을 볼 때, 호세아는 여호수아입니다. 민수기 13장 30-33절을 보면, 나머지 열 정탐의 보고에 맞서 '다른 보고' 를 한 사람은 갈렙이었습니다. 여호수아는 다음날 백성이 애굽으로 돌아가려고 할 때, 갈렙과 함께 옷을 찢으며 그 땅을 소개하고 어떤 태도를 가져야 하는지 달했습니다. 이로 볼 때, 여호수아는 본래 할 말이 있지만 '먼저 나서지 않는' 사람의 이미지를 가지고 있습니다.

여호수아의 네 가지 이미지, '싸움꾼, 판단이 미숙한 사람, 진 바깥 회막을 떠나지 않는 사람, 먼저 나서지 않는 사람' 이러한 특성이 여호수아서에 소개된 여호수아를 이해하는 데 도움이 됩니다.

이번 통독 본문을 생각하면서 '칼날'이라는 단어에 주목했습니다. 여호수아서에서 가장 중요한 개념인 '헤렘'에 대해서는, 여호수아서를 묵상할 때 헤렘 개념을 고려하면 어떻게 달라질 수 있는지에 대해 소개한 글의 결론만 봅니다.

> 이러한 성경신학적 맥락을 통해 우리는 여호수아서를 묵상할 필요가 있다. 당시 이스라엘 백성은 예수 그리스도를 통해 헤렘법이 어떻게 성취될지 분명하게 몰랐지만 하나님께서는 아셨기 때문이다. 가나안의 왕들이 달릴 때, 성부 하나님께서는 성자 예수님이 십자가에서 자기 백성의 대표자로 대표적 대속을 위한 헤렘적 죽음을 죽으실 것을 알고 계셨기 때문이다. 그러므로 예수 그리스도를 통해 구속을 받은 성도는 여호수아서를 묵상할 때 나무에 달린 가나안의 왕들에게서 자신을 위해 십자가를 지신 예수 그리스도를 기억해야 할 것이다. 하나님의 율법에 인간적 의미를 부여하려는 유혹을 뿌리쳐야 할 것이다. 하나님의 기업과 하나님의 성령이 아무나가 아니라, 하나님의 말씀을 하나님께서 의도하신 그대로 받아들이고 간직하고 준행하는 성도에게 부여된다는 것을 깨닫게 될 것이다. 아무리 큰 은혜를 받더라도 아나니아와 삽비라 부부와 같이 제멋대로 헤렘법을 적용하는 자에게는 심판이 있다는 것을 알게 될 것이다. 예수님께서 헤렘적 죽음을 통해 제자들의 본이 되셨다는 것도 고려하여 본문을 해석하고 적용해야만 본문을 바르게 해석하고 적용하는 것이 될 것이다. 제자란 예수님처럼, 하나님께서 말씀하시고 작정하신 대로 길 되신 예수님을 따라가는 자들이다. 헤렘 개념이 내포하고 있듯, '대가(對價)를 바라지 않고 드리는 헌신'으로 자기 정체성을 삼는 사람들이다.[1]

'칼'의 히브리어는 '헤렙'입니다. '헤렘'과 매우 비슷합니다. '칼날'을 직역하면 '칼의 입으로'입니다. 여호수아 6장 21절의 "칼날로 멸하니라"는 '칼의 입으로 헤렘했다'입니다. 유사한 표현이 11장 11절에 나옵니다. "칼날로 쳐서 진멸하여"는 '칼날로 쳐서 헤렘하여'입니다. 이 두 구절 외에도 여호수아에는 열 번이나 '칼날'이라는 표현이 나옵니다. 주로 '칼날로 치다.' 하는 의미로 사용됩니다. 8장 24절, 10장 28, 30, 32, 35, 37, 39절, 11장 12, 14절, 19장 47절입니다. 구약성경에 '칼날'이라는 표현이 35회 등장하는데, 12회이면 3분의 1이 넘는 용례가 여호수아서에 쓰인 것이죠.

'헤렙으로 헤렘하다. 헤렙의 입으로 헤렘하다.' 하는 표현이 독특합니다. 헤렘 개념

---

1) 박형대, 『헤렘 제자도』, 26-27. 이 글은 본래 성서유니온선교회에서 발행하는 「묵상과 설교」 2013년 12월호에 게재되었습니다.

과 이 표현을 생각하면, 여호수아서에 있는 이스라엘 백성을 '하나님의 손에 들린 칼' 이라고 부를 수도 있겠습니다. 앗수르를 '하나님의 몽둥이' 로 부르기도 하셨는데(사 10:5, 15, 24), 이스라엘 백성은 '하나님 손에 들린 칼' 인 거죠.

칼의 날

I.
칼에는 매력이 있다.
번득이고 무게가 있고 차갑다.
칼을 찬 사람은 왠지 멋있어 보인다.

칼에는 능력이 있다.
베고 찌르고 뜨는 능력이다.
코를 베고 썩은 호박을 찌르고 회를 뜨는 능력이다.

애들은 본능적으로 칼싸움을 하는 것 같다.
작대기 들고
장난감 칼을 들고 휘두른다.

'칼을 취하는 자, 칼로 망한다.' 말씀하셨으나(마 26:52)
칼을 보면 가지려 하고
칼을 잡으면 휘두르려 한다.

그래서 '칼자루를 잡았다.' 하는 말을 쓴다.
'헤게모니를 쥐었다.' 하는 말이다.
칼자루를 잡았으니 칼날을 잡지 않은 것이다.

II.
칼날을 잡으려는 자가 있겠는가?
급한 상황에서 두 손바닥으로 칼날을 잡기도 하지만
조금만 밀려도 손에서 피가 날 것이다.

여호수아가
칼을 빼 손에 든, 여호와의 군대 장관[대장]을 만났다.
싸울 것인가, 그의 칼이 될 것인가?

여호수아는 신을 벗고 그분의 칼
그분의 칼날이 되었다.
이제 여호수아는 하나님 손에 들린 칼이다.

싸움꾼이 칼이 되고
판단력 흐린 자가 칼날이 되고
용기 필요한 자가 하나님 손에 잡힌 칼이 되었다.

광야를 졸업한 이스라엘이 칼날이 되고
가나안에 입학한 이스라엘의 손에 칼이 들렸다.
무슨 일이 일어날 것인가?

III.
두려워 말라 말씀하시는 하나님
명령하시라 외치는 백성
칼날이 되어 요단을 가르는 제사장들

여리고의 승리
아이 성의 패배
아간은 헤렘이 되고

판단력 흐려 기브온 거민을 받았지만
정신 차린 칼날 되어
가나안 땅을 먹었다.
갈렙은 순종의 칼날이 되고
에브라임은 주장하는 칼이었지만
기업은 분배된다.

성령의 검을 든 우리

하나님의 검이 된 우리
순종하는 칼날인가, 주장하는 칼인가?

지팡이를 잡았던 모세가 죽었습니다. 칼을 들었던 여호수아가 지도자가 되었습니다. 하나님의 약속이 있습니다. 나이도 많고 친구도 없으며, 백성 대부분과 세대 차이 나는 여호수아에게 하나님께서는 약속을 주십니다. 1장 3-4절입니다. "내가 모세에게 말한 바와 같이 너희 발바닥으로 밟는 곳은 모두 내가 너희에게 주었으니 곧 광야와 이 레바논에서부터 큰 강 곧 유브라데 강까지 헷 족속의 온 땅과 또 해 지는 쪽 대해까지 너희의 영토가 되리라" 아멘. 이 약속은 모세에게 주신 약속이었습니다. 모세에게 주어진 말씀은 신명기 11장 24절에 나옵니다. "너희의 발바닥으로 밟는 곳은 다 너희의 소유가 되리니 너희의 경계는 곧 광야에서부터 레바논까지와 유브라데 강에서부터 서해까지라" 아멘.

이 약속에는 두 가지 조건이 있습니다. 하나는 '너희 발바닥으로 밟는 곳' 이고도 다른 하나는 범위입니다. 범위를 보면, 하나님께서 약속하신 땅은 매우 넓은 땅입니다. 남쪽 경계는 광야입니다. 북쪽 경계는 레바논입니다. 동쪽 경계는 유브라데 강입니다. 서쪽 경계는 지중해입니다. 현재 나라들 가운데 이스라엘, 요르단, 사우디아라비아, 쿠웨이트, 레바논, 시리아, 이라크가 이 범위와 관계됩니다. 이 정도면 거의 느부갓네살에 의해 건설된 신바벨론 제국에 맞먹는 규모입니다.

하나님께서는 아직 아무것도 가지고 있지 않은 여호수아에게 바벨론 제국에 맞먹는 땅을 약속하셨습니다. 그런데 조건이 있습니다. 발바닥으로 밟아야 합니다. 그런데 '발바닥으로 밟는다.' 하는 말이 무슨 의미였을까요? 구약성경의 용례를 보면, 발바닥은 신체 부위 가운데 가장 아래에 있는 부분입니다. 그래서 '발바닥에서 정수리까지' 라는 표현으로 몸 전체를 표현하기도 합니다. 신명기 28장 35절을 보면, 하나님 말씀에 불순종하면 발바닥에서 정수리까지 심한 종기가 날 것이라고 하셨습니다. 이 말씀이 성취된 것을 이사야 1장 6절에서 확인합니다. 유다와 예루살렘에 대해 이렇게 말씀하십니다. "발바닥에서 머리까지 성한 곳이 없이 상한 것과 터진 것과 새로 맞은 흔적뿐이거늘 그것을 짜며 싸매며 기름으로 부드럽게 함을 받지 못하였도다" 아멘. 사무엘하

14장 25절에서는 다윗의 아들 압살롬의 아름다움을 표현할 때 이 표현을 씁니다. "온 이스라엘 가운데에서 압살롬 같이 아름다움으로 크게 칭찬 받는 자가 없었으니 그는 발바닥부터 정수리가지 흠이 없음이라" 아멘.

또한, '발바닥'은 신체 부위 가운데 가장 피곤하여 쉼이 필요한 부분으로 표현되기도 합니다. 발바닥은 몸 전체의 무게를 견디는 곳입니다. 창세기 8장 9절을 보면, 노아의 방주에서 나온 비둘기가 발바닥을 쉴 곳을 찾지 못했다고 기록합니다. 우리말 성경에 "비둘기가 발붙일 곳을 찾지 못하고" 하였는데, 히브리어로는 '발바닥'이라는 표현을 썼습니다. 같은 표현이 신명기 28장 65절에도 나옵니다. "그 여러 민족 중에서 네가 평안함을 얻지 못하며 네 발바닥이 쉴 곳도 얻지 못하고 여호와께서 거기에서 네 마음을 떨게 하고 눈을 쇠하게 하고 정신을 산란하게 하시리니" 아멘.

매우 좁은 땅을 표현할 때도 쓰였습니다. 신명기 2장 5절입니다. "그들과 다투지 말라 그들의 땅은 한 발자국도 너희에게 주지 아니하리니 이는 내가 세일 산을 에서에게 기업으로 주었음이라" 아멘. 권세를 표현할 때도 쓰입니다. 열왕기상 5장 3절입니다. 솔로몬이 두로 왕 히람에게 말합니다. "당신도 알거니와 내 아버지 다윗이 사방의 전쟁으로 말미암아 그의 하나님 여호와의 이름을 위하여 성전을 건축하지 못하고 여호와께서 그의 원수들을 그의 발바닥 밑에 두시기를 기다렸나이다" 아멘. 비슷한 의미로 이사야 60장 14절과 말라기 4장 3절에도 쓰입니다. 발바닥 아래에 둔다는 말은 권세 아래에 있음을 표현합니다.

그럼, 여호수아 1장 3절의 발바닥은 무엇을 의미할까요? 여호수아서에 쓰인 발바닥의 다른 용례를 보면 의미를 파악하는 데 도움이 되겠습니다. 여호수아 3장 13절입니다. "온 땅의 주 여호와의 궤를 멘 제사장들의 발바닥이 요단 물을 밟고 멈추면 요단 물 곧 위에서부터 흘러내리던 물이 끊어지고 한 곳에 쌓여 서리라" 아멘. 한 절 더 봅니다. 4장 18절입니다. "여호와의 언약궤를 멘 제사장들이 요단 가운데에서 나오며 그 발바닥으로 육지를 밟는 동시에 요단 물이 본 곳으로 도로 흘러서 전과 같이 언덕에 넘쳤더라" 아멘. 제사장들의 발바닥이 무슨 스위치 같습니다. 요단 물을 밟으니 요단 물이 끊어집니다. 요단 바깥 육지를 밟으니 요단 물이 다시 흐릅니다.

제사장들은 언약궤를 멨습니다. 무거운 언약궤를 멘 제사장들의 맨발은 아팠을 것입니다. 더구나 이스라엘 백성 모두가 요단강을 건널 때까지 움직이지 않고 기다려야 했으니 통증이 꽤 오래 지속되었을 것입니다. 이 발바닥은 섬김의 발바닥입니다. 수고의 발바닥입니다. 믿음의 발바닥입니다. 말씀대로 이뤄질 것을 믿고 물이 흐르는 강바닥에 붙어 있는 발바닥이고, 또한 강 바깥으로 나오는 발바닥이니 믿음의 발바닥입니다. 믿음으로 수고하며 섬기는 부분으로 발바닥이 강조됩니다.

하나님께서 기업을 주신다고 할 때 항상 '발바닥'을 언급하시는 것은 아닙니다. 예로, 창세기 13장 17절을 보면, 하나님께서 아브람에게 말씀하십니다. "너는 일어나 그 당을 종과 횡으로 두루 다녀 보라 내가 그것을 네게 주리라" 아멘. '두루 다녀 보라' 하는 표현에는 '걷는다'라는 단어가 쓰였습니다. '걸어 다니기만 해도 다 네 땅이다.' 말씀하신 것입니다. 아브람은 가나안 땅에서 사는 것이 무서웠습니다. 그래서 아내 사라를 동생이라고 속였습니다. 그런 그에게는 걸어가는 것도 힘들었습니다. 그러니 '걸어만 가도 네 땅이다.' 하셨습니다.

한편, 모세가 갈렙에게 한 말도 있습니다. 여호수아 14장 9절입니다. "그 날에 모세가 맹세하여 이르되 네가 내 하나님 여호와께 충성하였은즉 네 발로 밟는 땅은 영원히 너와 네 자손의 기업이 되리라 하였나이다" 아멘. 여기의 '발'은 '발바닥'이 아닙니다. 갈렙이 하나님께 충성하였기에, 갈렙의 경우 발바닥이 아니라 발로만 밟아도 기업이 된다는 말씀을 받았습니다. 신을 신고 밟기만 해도 됩니다. 맨발로 다니는 것보다는 쉽습니다.

그런데, 믿음의 고백을 하지 못한 이스라엘에게 주신 하나님의 약속은 아브람이나 갈렙에게 주신 약속과는 달랐습니다. '너희 발바닥으로 밟는 곳은 모두 내가 너희에게 준다.' 하는 것이었습니다. '믿음에 기초한 수고와 섬김이 있어야 된다.' 하는 말씀입니다.

'수고와 섬김의 발바닥'의 예는 에스겔서에도 나옵니다. 에스겔 1장을 보면, 네 생물이 나옵니다. 생물은 네 개의 얼굴이 있었습니다. 사람, 사자, 소, 독수리입니다. 이 가운데 어떤 얼굴이 생물의 진짜 얼굴일까요? 네, 소의 얼굴입니다. 10장 14절에서 '그룹의 얼굴'이라는 표현이 있는데, 사람, 사자, 독수리의 얼굴과 같이 나오기에 남은 얼굴이 소의 얼굴이므로, 그룹의 진짜 얼굴은 소의 얼굴입니다. 그런데 생물이 소라는 증거가 하나 더 있습니다. 에스겔 1장 7절입니다. "그들의 다리는 곧은 다리요 그들의 발바닥은 송아지 발바닥 같고" 아멘. 그들의 발바닥이 누구의 발바닥 같습니까? 송아지 발바닥 같습니다. 그러니 생물은 헌신과 수고의 대명사 '소' 입니다.

그런데, 재미있는 것은 에스겔서 마지막 부분에 있는 종말론적인 성전과 관련하여 하나님께서 성전을 '하나님의 발바닥을 두는 곳' 이라 표현하셨다는 것입니다. 에스겔서 43장 7절입니다. "그가 내게 이르시되 인자야 이는 내 보좌의 처소, 내 발[발바닥]을 두는 처소, 내가 이스라엘 족속 가운데에 영원히 있을 곳이라 이스라엘 족속 곧 그들과 그들의 왕들이 음행하며 그 죽은 왕들의 시체로 다시는 내 거룩한 이름을 더럽히지 아니하리라" 아멘. 여기서 '발' 은 '발바닥' 입니다. '보좌의 처소' 라는 말은 '다스리시는 곳' 이라는 뜻입니다. 그럼 '발바닥을 두는 처소' 라는 말은 무슨 뜻일까요? 저는 '섬김이 있는 처소' 즉, '하나님 아들 예수 그리스도의 섬김이 있는 처소' 를 '내 발바닥을 두는 처소' 로 표현하셨다고 생각합니다.

수고하는 신체 부위를 가리키는 발바닥은 신명기 28장 56절에도 나옵니다. 온유하고 연약한 여인을 표현할 때 '자기 발바닥으로 땅을 밟아 보지도 않았다.' 하는 표현을 사용합니다. 이스라엘의 불순종이 지속될 때 어떤 일이 있을지 말씀하십니다. "또 너희 중에 온유하고 연약한 부녀 곧 온유하고 연약하여 자기 발바닥으로 땅을 밟아 보지도 아니하던 자라도 자기 품의 남편과 자기 자녀를 미운 눈으로 바라보며" 아멘. '발바닥으로 땅을 밟아 보지도 않았다.' 하는 말은 늘 신을 신고 다녔다는 말입니다. 농사를 짓고 포도즙을 밟고 하는 사람은 발바닥으로 땅 밟을 일이 많습니다. 그러나 종을 부리며 노동하지 않는 사람은 발바닥으로 땅을 밟을 일이 없겠죠.

여호수아는 모세의 수종자로 있을 때 회막을 떠나지 않았습니다(출 33:9-11). 전쟁이 있으면 싸우러 나갔지만, 평상시에는 하나님 앞에 앉아 있었습니다. 그런데 이제 그는 돌아다녀야 합니다. 또한, 여호수아도 갈렙처럼 충성했지만(민 32:12), 다시 말해, 여호수아도 갈렙처럼 발로 밟기만 해도 되는 수준이었지만, 그는 이스라엘 전체의 지도자였기에 발바닥으로 밟아야 했습니다.

불순종했던 이스라엘, 믿지 못해 원망의 울음을 밤새 울었던 이스라엘에게, 하나님께서는 '너희의 믿음의 수고와 섬김이 있는 곳'을 너희 기업으로 주겠다고 말씀하신 것입니다. 어떤 사람은 아브람처럼 걸어만 다녀도 될지 모릅니다. 어떤 사람은 갈렙처럼 발로 밟기만 해도 될지 모릅니다. 그러나 누군가는 발바닥으로 밟아야 합니다. 대형교회 목회는 걸어만 다녀도 되는 목회일 수 있습니다. 프로그램을 만들어만 놓으면 천 명 모이는 것은 어렵지 않을 수 있습니다. 중형교회 목회는 발로 밟으면 되는 목회 같아 보입니다. 반면, 개척교회는 발바닥으로 밟아야 겨우 될까 말까 하는 목회 같습니다.

나이도 많고 든든한 후원자도 잃고 친구도 없는 여호수아에게 하나님께서는 개척교회 목회를 명하셨습니다. 아브람 목회도 아니고, 갈렙 목회드 아닙니다. 그래서인지 5장 15절을 보시면, 여호와의 군대 장관이 여호수아에게 말합니다. "네 발에서 신을 벗으라 네가 선 곳은 거룩하니라" 아멘. 여호수아의 목회는 개척교회 목회이고, 발바닥 목회입니다.

그럼, 발바닥 목회는 어떻게 할까요? 7절입니다. "오직 강하고 담대하여 나의 종 모세가 네게 명령한 그 율법을 다 지켜 행하고 우로나 좌로나 치우치지 말라 그리하면 어디로 가든지 형통하리니" 아멘. 발바닥 목회는 율법대로 행하는 것을 유지할 때 가능합니다. 거저 되지 않습니다. 율법을 다 지켜 행하고 치우치지 않아야 가능합니다. 계속 말씀대로 살아야 합니다. 보장된 것이 없습니다.

그럼, 어떻게 해야 율법을 계속해서 모두 다 지킬 수 있습니까? 8절입니다. "이 율법책을 네 입에서 떠나지 말게 하며 주야로 그것을 묵상하여 그 안에 기록된 대로 다 지켜 행하라 그리하면 네 길이 평탄하게 될 것이며 네가 형통하리라" 아멘. 율법이 입에 있어야 합니다. 말씀 묵상이 있어야 합니다. 발바닥과 입이 연결됩니다. 발바닥으로 밟아야 하는데, 계속 발바닥으로 밟으려면 입에 율법이 있어야 합니다. 발바닥이 입에 달려 있습니다. 발바닥이 하나님 말씀에 달려 있습니다. 말씀이 임해야 발바닥이 바르게 움직입니다. 말씀의 검이 되어야 합니다. 그러면 담대할 수 있습니다. 사명을 완수할 수 있습니다. 9절입니다. "내가 네게 명령한 것이 아니냐 강하고 담대하라 두려워하지 말며 놀라지 말라 네가 어디로 가든지 네 하나님 여호와가 너와 함께 하느니라" 아멘.

요단강을 건너라는 하나님의 명령이 떨어졌습니다. 1장 2절입니다. "내 종 모세가 죽었으니 이제 너는 이 모든 백성과 더불어 일어나 이 요단을 건너 내가 그들 곧 이스라엘 자손에게 주는 그 땅으로 가라" 아멘. 여호수아는 그 일이 '사흘 안에' 일어날 것이라 말합니다. 1장 11절입니다. "진중에 두루 다니며 그 백성에게 명령하여 이르기를 양식을 준비하라 사흘 안에 너희가 이 요단을 건너 너희의 하나님 여호와께서 너희에게 주사 차지하게 하시는 땅을 차지하기 위하여 들어갈 것임이니라 하라" 아멘. 양식을 준비시킵니다. 5장 12절을 보면, 요단 강을 건너고 그 땅의 소산물을 먹은 다음 날에 만나가 그쳤습니다. 그러니 아직 만나가 하늘에서 내렸습니다. 그러나 여호수아는 백성들로 하여금 양식을 준비시킵니다. 발바닥으로 그 땅을 밟고 다니며 양식을 준비하도록 명합니다. 이제는 만나 줍는 식의 식사 준비는 끝날 것입니다. 믿음으로 수고해야 하는 시기가 되었습니다.

여호수아가 요단 동편에 기업을 얻은 두 지파 반에게 '형제보다 앞서 건너가서 그들을 도우라.' 명하고(1:14), 그들은 순종을 맹세합니다(1:16-18). 1장 14절의 명령을 봅니다. "너희의 처자와 가축은 모세가 너희에게 준 요단 이쪽 땅에 머무르려니와 너희 모든 용사들은 무장하고 너희의 형제보다 앞서 건너가서 그들을 돕되" 아멘. 여기서 '무장하고' 라는 단어는 '50명씩 그룹을 지어' 라는 표현입니다. '대열을 갖추어' 와 같은 표현이기에 '무장하고' 로 번역했습니다. 요단강 동편에 기업을 얻은 이들에게 거기 앉아 기도하라고 하지 않았습니다. 후방 지원을 해달라 하지 않았습니다. 너희들도 우리가 발바닥으로 밟을 때 같이 밟아야 한다고 말했습니다. 가족들은 뒤로 하고 새롭게 공동체를 50명씩 구성하여 요단강을 건너가서 남은 아홉 지파 반이 그 땅을 차지할 때까지 도우라 명합니다. 남은 지파들은 발바닥으로 밟아야 그 땅을 차지할 것입니다. 그러니 르우벤 지파, 갓 지파, 므낫세 반 지파도 발바닥 밟는 수고를 하라고 명합니다.

이스라엘에게 가나안이 주어질 때 믿음의 수고가 있어야 했다는 것을 기억합시다. 비록 여호수아가 여호와께 순종했지만, 백성들과 함께 가야 했기에 그 역시 신을 벗어야 했다는 것을 기억합시다. 지금 한국교회는 어쩌면 여호수아 목회를 해야 할 시점에 온 것으로 보입니다. 80년대 목회는 아브람 목회와 같았습니다. 교회만 설립되면 사람들이 모였습니다. 천막 교회가 건물로 바뀌고, 백 명 교회가 천 명 되는데 그다지 많이 걸리지 않았습니다. 그러나 40년이 지난 지금, 이제는 갈렙 목회도 힘든 시절이 되었습니다. 발바닥으로 밟아야 전도도 되고 양육도 되는 시절입니다. 한 사람, 한 사람에게 집중해야 할 시절입니다. 빠른 성장보다 더딘 성장이 건강한 시절입니다. 많은 사람을 훈련하기보다 한 명이라도 제대로 훈련 시켜야 할 시절입니다. 여기까지가 지난번 통독 범위입니다.

요단강을 건넌다는 것은 더 이상 홀로 있지 않다는 것을 의미합니다. 라합이 있고, 여리고 성이 있고, 아이 성, 기브온 거민, 하솔 왕 등 매우 다양한 가나안의 구성원들을 만난다는 말입니다. 때로는 검이, 때로는 식칼이, 때로는 회칼이 되어야 합니다. 주인의 뜻을 알고 민첩하고 정확하게 움직여야 합니다. 강하나 겸손하신 주인의 손에 들렸으니 순종만 하면 모든 일이 성공으로 귀결될 것입니다. 그러나 가나안의 구성원들도 만만치 않으니, 순종의 칼이 아니라 주장하는 칼이 되면 모든 일이 실패로 귀결될 것입니다.

여호수아가 정탐을 보냅니다. 이 일은 1장 11절의 명령과 비슷한 때에 내려진 것 같습니다. '사흘' 이라는 시간이 3장 2절과 연결되기 때문입니다. 싯딤에서 정탐들을 보낸 여호수아는(2:1), 이스라엘 백성들을 싯딤에서 길갈 맞은편 요단으로 이동시켰을 수 있습니다(3:1). 정탐을 보냄과 동시에 전진 배치시킨 것이지요. 본문이 이것을 말하고 있지 않다면, 여호수아는 정탐을 보냄으로써 요단 건너기를 지체한 것이 됩니다. 둘 가운데 어느 것이 맞을까요? '사흘' 이라는 표현이 거듭됩니다. 2장 16, 22절을 보면, 두 정탐이 숨어 지낸 시간이 '사흘' 입니다. '사흘 안에 건너리라.' 말하고 정탐을 보냈는데, 이들이 일찍 돌아오지 못한 것이지요. 다른 한편으로 보면, '사흘' 만에 돌아온 것이지요. 정탐들이 숨어지낸 시간이 '사흘' 이었습니다. 여호수아의 첫 번째 말이 실행된 다음, 사흘의 끝자락에도(3:2) 관리들이 진중에 두루 다니며 명령했을까요? 아니면, 첫째 말을 순종하지 않고 사흘이 지나서야 순종했을까요? 결국 여호수아가 '내일' 이라는 시간을 새롭게 말하는데(3:5), 이 부분이 1장 11절과 같이 갈까요, 따로 갈까요? 1장과 2장과 3장의 '사흘' 이 같은 날을 가리킨다면, 모든 일이 하나님의 은혜로 아귀가 딱들어맞는다고 볼 수 있겠습니다.

가데스 바네아 정탐 실패라는 역사가 있었기에, 여호수아는 두 명만 보냈습니다. 어쩌면 유다와 에브라임 지파 대표만 보냈을 것 같습니다. 유다 지파의 대표는 나중에 라합과 결혼한 살몬이었겠지요. 에브라임 지파 대표의 이름은 짐작하기 어렵습니다. 아무튼 비밀입니다. 누가 갔는지 비밀입니다. 보고도 여호수아에게만 합니다.

'싯딤' 에서 보낸 것도 중요해 보입니다. 민수기 25장을 보면, 모압 여인과의 음행으로 염병이 생겨 염병으로 죽은 자가 이만 사천 명이었는데, 그곳이 '싯딤' 이었습니다. 이 사건은 매우 중요한 사건이었습니다. 불신하여 약속을 받지 못하는 사람들이 마지막으로 죽는 사건이었습니다. 이들이 죽기 전에 미리암과 아론의 죽음은 민수기 20장에 소개됩니다. 미리암은 신 광야 가데스에서, 아론은 에돔 땅 변경 호르 산에서 죽습니다. 믿지 못했던 사람들이 모두 죽고 난 다음 인구조사가 다시 이뤄집니다. 모압 평지에서 이뤄진 두 번째 인구조사는 민수기 26장에 있습니다. 이 점에서 싯딤은 이스라엘이 마지막으로 실패한 역사적인 현장이었습니다. 저주를 통해 이스라엘을 망하게 하려던 발락과 발람의 의도를 하나님께서 막아주셨는데, 이스라엘은 스스로 우상을 숭배하고 모압 여인과의 음행으로 망하게 된 것입니다. 그 역사의 현장에서 여호수아는 두 번째 정탐을 보냈습니다.

두 사람의 정탐 얘기는 유명합니다. 여리고 왕의 정보력은 뛰어났습니다. 수상한 사람들이 정탐하러 들어왔다는 보고가 왕에게 전달됩니다. 아주 정확하지는 않았습니다. '두 명' 이라고 하지 않고 '몇 사람' 이라고 보고한 걸 보면요(2:2). 그럼에도, 그들의 행방은 정확히 알았습니다. 라합의 집에 들이닥칩니다. 평상시에 신뢰가 쌓여 있어서였을까요? 라합의 말대로 쫓아 나갑니다. 라합은 두 정탐의 입에 보고할 말을 주었습니다. 2장 9절과 24절입니다. "말하되 여호와께서 이 땅을 너희에게 주신 줄을 내가 아노라 우리가 너희를 심히 두려워하고 이 땅 주민들이 다 너희 앞에서 간담이 녹나니 … 또 여호수아에게 이르되 진실로 여호와께서 그 온 땅을 우리 손에 주셨으므로 그 땅의 모든 주민이 우리 앞에서 간담이 녹더이다 하더라" 아멘. 두 정탐은 라합의 말을 여호수아에게 그대로 전했습니다. 라합은 여리고의 군인과 이스라엘 군인을 지휘하는 실제적인 지휘관입니다.

그러므로 라합의 말을 조금 더 들어보는 것이 좋겠습니다. 2장 10-13절입니다. "이는 너희가 애굽에서 나올 때에 여호와께서 너희 앞에서 홍해 물을 마르게 하신 일과 너희가 요단 저쪽에 있는 아모리 사람의 두 왕 시혼과 옥에게 행한 일 곧 그들을 전멸시킨 일을 우리가 들었음이니라 우리가 듣자 곧 마음이 녹았고 너희로 말미암아 사람이 정신을 잃었나니 너희의 하나님 여호와는 위로는 하늘에서도 아래로는 땅에서도 하나님이시니라 그러므로 이제 청하노니 내가 너희를 선대하였은즉 너희도 내 아버지의 집을 선대하도록 여호와로 내게 맹세하고 내게 증표를 내라 그리고 나의 부모와 나의 남녀 형제와 그들에게 속한 모든 사람을 살려 주어 우리 목숨을 죽음에서 건져내라" 아멘. 10절의 '전멸시킨'은 '헤렘'입니다. 라합은 이스라엘의 임무를 정확하게 표현합니다. 모세가 신명기 초두에서 언급한 성공사례입니다. 이 점에서 라합은 신비의 인물입니다. 그리고 판단력이 흐려 종종 어물쩍거리는 여호수아와 대비되는 인물입니다. 히브리서 기자는 라합에 대해 "믿음으로 기생 라합은 정탐꾼을 평안히 영접하였으므로 순종하지 아니한 자와 함께 멸망하지 아니하였도다"(히 11:31) 했고, 야고보는 "또 이와 같이 기생 라합이 사자들을 접대하여 다른 길로 나가게 할 때에 행함으로 의롭다 하심을 받은 것이 아니냐"(약 2:25) 평가했습니다.

믿음으로 행하고, 행함으로 믿음을 보여준 라합은 아브라함에 버금가는 좋은 사례가 됩니다. 라합의 말에 힘을 얻은 여호수아는 바로 "내일 너희 가운데에 기이한 일들을 행하시리라" 말할 수 있었습니다(3:5). 하나님의 직접 지시가 3장 7절부터 바로 이어지고, 어떤 형태의 책망도 없는 것을 보면, '사흘'이 모두 같은 날을 가리킨다고 보는 것이 좋겠습니다. 이제 여호수아가 이스라엘 백성에게 말합니다. 3장 11-13절입니다. "보라 온 땅의 주의 언약궤가 너희 앞에서 요단을 건너가나니 이제 이스라엘 지파 중에서 각 지파에 한 사람씩 열두 명을 택하라 온 땅의 주 여호와의 궤를 멘 제사장들의 발바닥이 요단 물을 밟고 멈추면 요단 물 곧 위에서부터 흘러내리던 물이 끊어지고 한 곳에 쌓여 서리라" 아멘.

길갈의 위치에 따라 '요단을 건넌 곳'과 '물이 쌓인 곳' 사이의 거리가 달라집니다. 여리고 곁 요단에서 아담까지는 24킬로미터 정도, 사르단까지는 30킬로미터 정도 떨어져 있습니다. 길갈이 여리고 근처라면 '물이 쌓인 곳'과 '건넌 요단' 사이에는 이십여 킬로미터의 차이가 생기고, 길갈이 아담 근처라면 '물이 쌓인 곳'과 '건넌 요단' 사이는 그리 많이 떨어져 있지 않게 됩니다. 길갈과 아담 사이의 거리가 멀수록 제사장들은 오래도록 물속에 있어야 했습니다. 물론 물이 쌓이는 것이 잘 보이지 않았을 것이기 때문에 믿음을 가지고 기다려야 했습니다. 본문이 '아담과 사르단이 멀리 있다.' 말하기 때문에, '건넌 요단'과 '물이 쌓인 곳' 사이의 거리가 멀다고 보는 것이 좋겠습니다.

제사장들은 순종했고 이스라엘 백성은 요단강을 건넜습니다(4:15-18). 4장 19절은 이스라엘 백성이 요단을 건너 길갈에 진친 날을 알려줍니다. "첫째 달 십일에 백성이 요단에서 올라와 여리고 동쪽 경계 길갈에 진 치매" 아멘. 첫째 달 십 일입니다. 신명기가 "마흔째 해 열한째 달 그 달 첫째 날"을 지정했던 것을 생각하면(신 1:3), 두 달 10일 걸렸습니다. 70일이네요. 출애굽한 지 41년째 해 1월 10일에 요단강을 건너 가나안 땅에 들어왔습니다.

여호수아 5장을 보면, 가나안 땅에 들어온 이스라엘 백성의 업그레이드를 발견합니다. 등급이 올라간 거죠. 1절에서는 이스라엘 백성들의 평가 등급이 올라간 것을 읽을 수 있습니다. "요단 서쪽의 아모리 사람의 모든 왕들과 해변의 가나안 사람의 모든 왕들이 여호와께서 요단 물을 이스라엘 자손들 앞에서 말리시고 우리를 건너게 하셨음을 듣고 마음이 녹았고 이스라엘 자손들 때문에 정신을 잃었더라" 아멘. 여리고에 살던 라합이 정탐들에게 했던 말(2:9-11)을 보면, 두 가지 사건으로 인해 마음이 녹았다고 했습니다. 하나는 하나님께서 홍해 물을 마르게 하신 일이고, 다른 하나는 바산 왕 옥과 헤스본 왕 옥의 백성을 헤렘시키고 그 땅을 점령한 것입니다. 이 말은 라합 개인의 말이었습니다. 라합의 통찰력을 생각할 때 신뢰할 만하지만, 그럼에도 개인의 평가입니다.

그런데 5장 1절을 보면, 이스라엘에 대한 평가가 업그레이드된 사실이 성경 기자에 의해 소개됩니다. 요단 서쪽에 있는 아모리 사람의 모든 왕의 마음이 녹았습니다. 지중해변에 사는 가나안 사람의 모든 왕도 정신을 잃었습니다. 라합과 같은 백성이 아니라 왕들 모두의 마음이 녹았습니다. 이유도 업데이트되었습니다. 40년 전에 있었던 홍해 도하가 아닙니다. 요단 동편에서 일어난 남의 나라 얘기가 아닙니다. 자신들의 변방 경계인 요단강에서 일어난 일입니다. 요단강물이 멈춰 선 것입니다. 마치 댐이 있는 것처럼, 눈에 보이지 않은 댐이 건설된 것처럼 아담 성읍 근처에 물이 쌓였습니다. 동서로는 산이 있지만 남쪽에는 아무것도 없는데 물이 쌓인 것입니다.

현재 길갈 캠프라는 곳에서 아담 성읍까지는 12킬로미터 정도입니다. 이리저리 굽이쳐 흐르는 요단강을 생각하면 24킬로미터 정도 되는 강물이 흘러 지나가야 합니다. 자유낙하 속도로 지나간다 해도, 언약궤를 멘 제사장들의 발이 요단강물에 잠기고 40분은 지나야 합니다. 제사장들이 얼마나 힘들었을지 짐작이 가시나요? 발이 퉁퉁 불었을 것입니다. 붇기만 했을까요? 물이 차가웠을 테니, 어는 듯했을 것입니다. 길갈과 아담 성읍 사이의 물이 흘러 지나가고 이스라엘 백성들 모두가 요단강을 건너기까지 적어도 두 시간 정도는 필요합니다. 여기서 우리는 순종을 배우고, 맨발의 수고를 배웁니다.

여리고, 길갈, 아담성읍, 그리고 할례산의 위치를 확인해 봅니다. 여리고에서 길갈까지 16킬로미터, 길갈에서 길갈 캠프까지 7킬로미터, 길갈 캠프에서 아담 성읍까지 12킬로미터입니다. 아담은 요단강과 얍복강이 만나는 지점에 있는 동네입니다. 사람들이 많이 거주했을 가능성이 높습니다. 그들은 강물이 끊어지고 물이 하늘에 쌓이는 것을 보았습니다. 이들을 통해, 이스라엘이 요단강을 건널 때 어떤 일이 일어났는지 소문이 퍼졌을 것입니다. 아담에서 세겜까지는 하룻길밖에 되지 않습니다. 그러니 아담 성읍에서 일어난 일은 세겜을 통해 가나안 전역으로 금방 퍼져 나갔을 것입니다. 물론 여리고 사람들은 이스라엘 사람들이 요단강을 걸어서 건너는 것을 보고 기겁했을 것입니다. 홍해를 마른 땅으로 건넜다는데, 정말인가 보다 했을 것입니다. 이스라엘의 요단 도하는 이스라엘에 대한 평가를 업그레이드 되게 하였습니다.

둘째로, 이스라엘은 요단강 도하를 통해 많이 달라졌습니다. 집단 할례가 행해집니다. 태어난 지 8일 된 아이로부터 사십 세에 이른 장정까지 할례가 행해집니다. 수십만에 이르는 남자들의 할례입니다. 지금 우리식으로 하면 수십만 명이 같은 날 세례를 받는 것과 비교될 수 있습니다. 삼분의 일 정도의 할례 받은 군대가 있기에 아주 불안

하지는 않지만, 그래도 적들이 널려있는 상황에서 군대의 삼분의 이가 할례를 받는 것은 결단이 있어야 가능합니다. 하나님께서는 여호수아에게 할례를 명하십니다. 5장 2-3절입니다. "그 때에 여호와께서 여호수아에게 이르시되 너는 부싯돌로 칼을 만들어 이스라엘 자손들에게 다시 할례를 행하라 하시매 여호수아가 부싯돌로 칼을 만들어 할례 산에서 이스라엘 자손들에게 할례를 행하니라" 아멘.

'다시 할례'는 '두 번째 할례'입니다. 이에 대해 아브라함 당시에 있었던 첫 번째 집단 할례 다음에 행해진 '두 번째 집단 할례'를 의미하는 것으로 보기도 합니다. 물론, 애굽에서 행해지던 할례와 비교하여 '두 번째 할례'라고 표현한 것으로 보기도 합니다. 제 생각에는, '둘째'라는 표현이 할례보다는 이스라엘 자손에게 붙어 있기에, '할례'라고 하는 중요한 표징을 이스라엘 자손들에게 재확인시키라시는 명령이 아닌가 싶습니다. 요단강을 건널 때 열두 돌이 표징이 된 것처럼, 할례 역시 하나님께서 이스라엘에게 주신 중요한 표징이었던 것입니다. 그런데 광야에서 일어난 세대, 어떤 면에서 '두 번째 세대'라고 부를 수 있는 그들에게 언약의 표징인 할례가 확인될 필요가 있었습니다. 더구나 바로 이어질 유월절 예식을 정상적으로 행하기 위해서라도 할례는 필수적인 요소였습니다.

이스라엘 자손 가운데 할례 받지 못한 새로운 세대가 있었다고 5장 4-7절은 설명합니다. "여호수아가 할례를 시행한 까닭은 이것이니 애굽에서 나온 모든 백성 중 남자 곧 모든 군사는 애굽에서 나온 후 광야 길에서 죽었는데 그 나온 백성은 다 할례를 받았으나 다만 애굽에서 나온 후 광야 길에서 난 자는 할례를 받지 못하였음이라 … 그들의 대를 잇게 하신 이 자손에게 여호수아가 할례를 행하였으니 길에서는 그들에게 할례를 행하지 못하였으므로 할례 없는 자가 되었음이었더라" 아멘. 여기서 '할례 없는 자'라는 표현이 중요합니다. '포피 있는 자'라는 표현입니다. 이 말은 '언약 없는 자'라는 표현으로 바꿀 수도 있는 표현입니다. 하나님 은혜로 약속의 땅에 들어왔는데, 언약의 징표인 할례와 무관한 이들이 있는 것입니다. 그러니 임무를 수행하기 전에 자격부터 갖추어야 했습니다. 할례를 위해 이스라엘 자손들은 길갈에서 17킬로미터 정도를 걸어서 할례산으로 이동했습니다. 거기서 할례를 받고 다시 길갈 진영으로 돌아온 뒤, 낫기를 기다렸습니다. 8절입니다. "또 그 모든 백성에게 할례 행하기를 마치매 백성이 진중 각 처소에 머물며 낫기를 기다릴 때에" 아멘. 모든 것이 급박하게 진행됩니다. 요단강을 건널 때가 첫째 달 십 일이었습니다. 그런데 건너자마자 할례산으로 갔고 할례를 행하고 돌아왔으며, 아직 상처가 아물기도 전에 유월절을 지킵니다. 10절에 보면 유월절을 지킨 날이 십사일 저녁입니다.

이스라엘 자손들이 일사불란하게 움직입니다. 요단을 건너고 할례 행하고 유월절을 준비하여 지키기까지 나흘밖에 걸리지 않습니다. 모두가 한 사람처럼 움직입니다. 불평이 없습니다. 유월절 이튿날에는 그 땅의 소산물을 먹습니다. 그리고 이튿날, 만나가 끝납니다. 하나님의 역사도 급하지만, 이스라엘의 순종도 수준급입니다. 이스라엘의 순종이 업그레이드되었습니다. 제사장들은 한 시간 이상을 물속에 있고 한 시간 이상 이스라엘 자손들이 요단 건너는 것을 지켜봅니다. 군인들은 세 시간 이상을 걸어서 할례산에 가서 할례를 행하고 다시 세 시간 이상을, 할례로 인해 아마도 여섯 시간은 걸어서 진영으로 돌아옵니다. 하루 정도만 쉰 다음에 유월절을 지냅니다. 아직 만나가 있습니다. 그러나 유월절 바로 다음 날부터 그 땅의 소산물을 가지고 양식을 삼습니다. 부지런합니다. 불필요한 은혜를 구하지 않습니다. 애굽에서 먹던 음식 생각하며 불평하던 이스라엘 자손이 아닙니다.

세 번째 업그레이드는 리더 측면에서 일어납니다. 5장 13-15절입니다. "여호수아가 여리고에 이르렀을 때에 눈을 들어 본즉 한 사람이 칼을 빼어 손에 들고 마주 서 있는지라 여호수아가 나아가서 그에게 묻되 너는 우리를 위하느냐 우리의 적들을 위하느냐 하니 그가 이르되 아니라 나는 여호와의 군대 대장으로 지금 왔느니라 하는지라 여호수아가 얼굴을 땅에 대고 엎드려 절하고 그에게 이르되 내 주여 종에게 무슨 말씀을 하려 하시나이까 여호와의 군대 대장이 여호수아에게 이르되 네 발에서 신을 벗으라 네가 선 곳은 거룩하니라 하니 여호수아가 그대로 행하니라" 아멘.

여호수아의 질문을 보면, 여호수아는 낯선 사람을 두 종류 가운데 하나일 것이라고 생각했습니다. 자신들을 위하든지, 적들을 위하든지 할 거라 여기고 '너는 우리를 위하느냐 우리의 적들을 위하느냐' 이렇게 물었습니다. 질문을 직역하면 이렇습니다. '너는 우리를 위하느냐? 혹 우리 대적을?' '너, 우리 편이냐? 혹 우리 적 편 아냐?' 이 짧은 질문에서 여호수아의 긴장감을 읽을 수 있습니다. 아무래도 우리를 돕는 자

같긴 한데, 아닐 수도 있다는 생각이 여호수아에게 있습니다. 순간적으로나마 중심이 하나님에게서 자신들에게로 이동되었습니다.

여호와의 군대 대장의 대답은 '나는 너희 편도, 너희 적의 편도 아니다.' 하는 것이었습니다. "나는 여호와의 군대 대장으로 지금 왔느니라" 아멘. 자신은 하나님을 위해 일하는 자라고 소개합니다. 여호수아는 여호와의 군대 대장에게 엎드려 절하고 질문합니다. "내 주여 종에게 무슨 말씀을 하려 하시나이까" 아멘. 이스라엘의 평판이 업그레이드되었고 이스라엘 자체가 업그레이드된 시점에서, 하나님께서는 이스라엘 전체 리더를 업그레이드시키십니다. 여호와의 군대 대장이 직접 이스라엘 군대를 이끌도록 하십니다. 여호수아는 신을 벗습니다. 이제 지휘권은 여호와의 군대 대장에게 있습니다. 하나님과 친밀해지려면 신을 벗어야 합니다. 신을 벗은 여호수아는 이제 하나님의 칼, 하나님의 칼날입니다.

하나님 말씀에 순종할 때, 평판의 업그레이드가 있습니다. 하나님 말씀을 민첩하게 순종할 때, 정체성의 업그레이드가 있습니다. 더구나 내가 하나님 말씀에 순종하는 자로 있을 때, 하나님께서는 예수님과 같은 분을 우리의 지도자로 세워주십니다. 여호와의 군대 대장은 여호수아의 절을 받습니다. 이 점에는 그는 여느 천사가 아닙니다. 이런 경우, 성육신 전에 현현하신 그리스도로 분류합니다.

우리도 평판, 정체성, 리더 견지에서 업그레이드가 이뤄지고 있는지 점검해볼 필요가 있습니다. 우리는 하나님의 말씀에 순종하고 하나님께서는 우리의 순종에 기초하여 일하시기 때문에 발생하는 평판의 변화가 필요합니다. 교회가 세상으로부터 받는 비판을 두 가지로 나눠보면, 하나님 말씀에 순종하기 때문에 받는 비판과 하나님 말씀에 순종하지 않기 때문에 받는 비판이 있습니다. 동성애가 죄라고 이혼하지 말라고 말하기 때문에, 돈을 사랑하지 않고 사람을 의지하지 않기 때문에 받는 비판은 하나님 말씀에 순종하기 때문에 받는 비판입니다. 반면, 교회가 돈을 사랑하고 직임을 세습하기 때문에 받는 비판은 하나님 말씀에 불순종하기 때문에 받는 비판입니다. 하나님 말씀에 순종하기 때문에 비판받고, 우리의 순종에 기초한 하나님의 역사가 있기에 평판이 달라지기를 바랍니다. 이것을 위해서는 언약궤를 멘 제사장들의 순종이 절실합니다.

열두 돌을 옮겼던 열두 지도자와 같은 직분자들의 순종 또한 절실합니다.

정체성 부분에서의 변화로는 '공동체성 회복' 을 생각할 수 있습니다. 이스라엘 공동체는 둘로 나눌 수 있었습니다. 할례받은 사람과 할례받지 않은 사람입니다. 두 그룹은 매우 다릅니다. 할례받은 그룹은 애굽 노예 생활을 경험한 세대입니다. 할례받지 않은 그룹은 애굽 노예 생활을 경험해보지 못한 세대입니다. 다를 수밖에 없습니다. 서로 상대방을 멸시하며 낮춰 말하기 시작하면 끝도 없을 수 있습니다. 애굽을 경험한 세대는 다른 세대를 향해 '너희가 고생을 아느냐? 할례도 안 받은 게 어디서 까불어!' 하며 업신여길 수 있습니다. 광야 세대는 '그래도 당신들은 이것저것 먹어 봤잖아요? 우리는 만나밖에 못 먹어 봤어요. 어떤 면에서 우리는 순수해요. 그리고 우리는 노예 생활을 하지 않아 자유로워요.' 뭐 이렇게 자신들을 치켜세울 수 있습니다.

할례산 할례는 이 두 세대 간의 협조가 없으면 이뤄질 수 없었습니다. 사십이 넘은 세대는 신세대가 할례를 받고 잘 회복되도록, 안전하게 모든 게 진행되도록 도와야 했습니다. 사십이 안 된 세대는 자신들에게 낯선 할례라는 예식을 몸으로 받아야 했습니다. 윗세대를 신뢰해야 했습니다. 공동체성 회복, 집단성 회복, 동질성 회복은 현재 북과 남이, 여당과 야당이, 진보와 보수가, 기성세대와 젊은 세대가 회복해야 할 영역입니다. 다른 사람을 나보다 훌륭하다고 여기는 것, 이것이 중요합니다. 집단성 회복은 신뢰에 기초한 순종으로 이뤄집니다.

마지막으로 지도자 개선을 위해 내가 하고 싶은 것, 내가 누리는 것을 내려놓고 예수님께, 하나님의 말씀에 권한을 드릴 수 있기를 바랍니다. 억지로는 하지 않으셔도 됩니다. 그러나 은혜받은 만큼은 노력해 보십시오. 여호수아는 요단강을 건너고 싶지도 않고 이제는 나이도 많이 범사에 자신이 없었습니다. 그러나 담대하게 두 정탐을 보내고, 요단 도하를 감행하고, 할례를 시행하면서 자신으로부터 훨씬 더 자유로워질 수 있었습니다. 마치 베드로가 은혜를 받을수록 남이 묶는 띠에 묶여 가게 된 것처럼(요 21:18), 여호수아도 하나님께서 매주시는 띠에 묶여 가는 것에 대해 편안할 수 있었습니다. 하나님의 인도에 대해 편안하게 신을 벗을 수 있기를 바랍니다. 직업을 고를 때도, 살 집을 고를 때도, 아이를 위해 마음 쓸 때도, 하나님께 헤게모니를 드릴 수 있기를 바랍니다. 헤게모니는 헬라어에서 나온 단어입니다. '헤게몬' 은 인도자를 의미합니다. 헤게몬은 '인도하다'를 의미하는 '아고'에서 나왔습니다. 주님께 헤게모니를 드린다는 말은 신을 벗는다는 것을, 운전대를 드린다는 것을 의미합니다. 맡기는 거죠. 부디, 하나님 말씀 순종 통한 평판의 업그레이드가, 공동체성 회복을 통한 정체성의 업그레이드가, 헤게모니를 주님께 드리는 것을 통한 리더십의 업그레이드가 교회와 우리 모두의 삶 속에서 일어나기를 바랍니다.

여리고 성이 무너진 얘기는 매우 유명합니다. 매우 독특한 방식으로 여리고 성이 무너졌습니다. 라합의 집이 "성벽 위에" 있다는 설명을 생각한다면(2:15), 분명 여리고 성벽이 무너져내릴 때 그의 집 아래에 있는 성벽은 무너져내리지 않았겠지요. 6장 22-23절입니다. "여호수아가 그 땅을 정탐한 두 사람에게 이르되 그 기생의 집에 들어가서 너희가 그 여인에게 맹세한 대로 그와 그에게 속한 모든 것을 이끌어 내라 하매 정탐한 젊은이들이 들어가서 라합과 그의 부모와 그의 형제와 그에게 속한 모든 것을 이끌어 내고 또 그의 친족도 다 이끌어 내어 그들을 이스라엘의 진영 밖에 두고" 아멘. 아마도 라합의 가족들은 두 정탐꾼처럼 줄을 타고 내려왔을 가능성이 큽니다.

여기까지는 모든 것이 순조로워 보입니다. 물론 위기도 있었습니다. 두 정탐꾼의 위기, 제사장들이 물속에서 버텨야 할 때의 위기, 할례를 행할 때의 위기와 같은 것입니다. 그런데, 여리고 성 전투에서 이스라엘 백성은 매우 새로운 종류의 위기에 봉착하게 됩니다. 모세가 '훈시'를 통해 그토록 신신당부했던 부분과 관계됩니다. '재물 유혹, 넉넉해짐으로 인한 교만과 불순종'입니다. 이 유혹과 교만과 불순종에 아간이 빠집니다. 아간의 범죄는 이스라엘 전체의 범죄로 간주됩니다. 7장 1절입니다. "이스라엘 자손들이 온전히 바친 물건[헤렘]으로 말미암아 범죄하였으니 이는 유다 지파 세라의 증손 삽디의 손자 갈미의 아들 아간이 온전히 바친 물건[헤렘]을 가졌음이라 여호와께서 이스라엘 자손들에게 진노하시니라" 아멘. 전체가 '하나님의 손에 붙들린 칼'이기 때문에 일부분만 거룩하거나, 일부분만 오염되지 않습니다. 더구나 헤렘 예물로 오염되었기에, 전체가 헤렘 대상이 됩니다. 출애굽 이후 금송아지 사건 때와 유사한 상황에 직면합니다.

여호수아가 엎드립니다. 판단이 잘 안 됩니다. 7장 7절입니다. "이르되 슬프도소이다 주 여호와여 어찌하여 이 백성을 인도하여 요단을 건너게 하시고 우리를 아모리 사람의 손에 넘겨 멸망시키려 하셨나이까 우리가 요단 저쪽을 만족하게 여겨 거주하였더면 좋을 뻔하였나이다". 판단이 흐려 상황을 정확하게 인지하지 못했습니다. 겁내는 여호수아에게 하나님께서는 책망과 함께 지침을 주십니다. 10-11, 15절입니다. "여호와께서 여호수아에게 이르시되 일어나라 어찌하여 이렇게 엎드렸느냐 이스라엘이 범죄하여 내가 그들에게 명령한 나의 언약을 어겼으며 또한 그들이 온전히 바친 물건[헤렘]을 가져가고 도둑질하며 속이고 그것을 그들의 물건들 가운데에 두었느니라 … 온전히 바친 물건[헤렘]을 가진 자로 뽑힌 자를 불사르되 그와 그의 모든 소유를 그리하라 이는 여호와의 언약을 어기고 이스라엘 가운데에서 망령된 일을 행하였음이라 하셨다 하라" 아멘. 여호수아는 지침대로 준수합니다. 이제 여호수아는 아이 성을 우습게 여기지 않고, 달리 보면 하나님께서 맡기신 사명을 가벼이 여기지 않고 신중하게 순종하며 대합니다. 하나님의 일은 어느 것 하나 쉬운 것이 없습니다. 물론, 믿음으로 시행하면 어려운 것도 없습니다.

가나안 땅을 기업으로 받는 일은 여리고 성 승리로 끝나지 않습니다. 여리고 성 승리가 갖는 의미가 큽니다. 하나님의 약속을 믿고 명령에 순종할 때 얼마나 놀라운 일이 일어나는지를 잘 보여 줍니다. 그러나 거기에 만족하고 "백성을 다 올라가게 하지 말고 이삼천 명만 올라가서 아이를 치게 하소서 그들은 소수이니 모든 백성을 그리로 보내어 수고롭게 하지 마소서"(7:3) 하고 말한 것과 같이, 이방의 풍속대로 일을 진행한다면 가나안 땅을 기업으로 받는 일은 마무리되지 못합니다.

아간 사건이 처리된 다음에 하나님께서는 마치 아무 일도 없었다는 듯 말씀하십니다. 두려워하지도 당혹스러워하지도 말라고 하십니다. 더불어 '아이'에 대한 약속을 주십니다. 8장 1절입니다. "여호와께서 여호수아에게 이르시되 두려워하지 말라 놀라지 말라 군사를 다 거느리고 일어나 아이로 올라가라 보라 내가 아이 왕과 그의 백성과 그의 성읍과 그의 땅을 다 네 손에 넘겨 주었으니" 아멘. 이젠 됐습니다. 아이 성도 얻을 수 있게 되었습니다. 하나님의 허락이 떨어졌기 때문입니다. 2절을 보시면, 전리품을 얻는 것이 허락됩니다. 아간 생각하니 안타깝습니다. '아간 아저씨! 조금만 기다

리지요. 한 번만 참았으면 전리품은 얼마든지 취할 수 있었는데 안타깝습니다.'

작전 명령도 떨어집니다. 아이 성 뒤쪽 즉, 서쪽에 매복시키라 하십니다. 3절에 보니 매복조만 삼만 명입니다. 첫 번째에 올라갔던 삼천 명의 열 배입니다. 매복조를 아무도 모르게 밤에 보냅니다. 여호수아가 4절에서 말합니다. '성에서 너무 먼 곳에 매복해 있지 마라.' 그렇게 명합니다. 성 가까이에 있을수록 위험합니다. 그러나 성문을 열어놓고 이스라엘을 쫓아오자마자 성을 차지하려면 성 가까이에 매복해 있어야 합니다. 삼만 명이나 되니 정말 긴장해야 합니다. 군대의 '5분 대기조' 처럼 준비된 채로 있어야 합니다. 4절의 '다 스스로 준비하라' 는 '너희 모두 확고한 상태로 있어라, 준비된 채로 있어라.' 하는 의미입니다.

여호수아는 이스라엘 전체와 함께 아이 성으로 갈 것입니다. 갔다가 도망칠 예정입니다. 백성과 함께 할 것입니다. 아이 성 군인들을 성에서 완전히 끌어낼 때까지 퇴각할 것입니다. 그러면 아이 성 사람들은 자신감을 가지고 쫓아올 것입니다. '그때 성을 차지하라' 고 명합니다. 이번에는 성이 무너지지 않습니다. 재활용 예정입니다. 하나님의 약속이 선포됩니다. 7절입니다. "너희는 매복한 곳에서 일어나 그 성읍을 점령하라 너희 하나님 여호와께서 그 성읍을 너희 손에 주시리라" 아멘.

성을 취했을 때 반드시 불을 질러야 합니다(8:8). 아까워하거나 물건이나 가옥에 마음이 뺏기면 안 됩니다. 성에서 불이 나야 이스라엘은 돌아설 시기를 잡을 것이고 아이 성 사람들은 당황하여 전의를 상실할 것입니다. 매복이 이뤄지고 여호수아는 백성과 머뭅니다(8:9). 그리고 다음 날 아침 여호수아와 장로들이 앞장섭니다(8:10). 아이 성의 북쪽에 골짜기를 사이에 두고 진을 칩니다(8:11). 이어 5천 명 추가 매복이 이뤄집니다. 벧엘과 아이 사이에, 측면 매복이 이뤄집니다(8:12). 백성과 측면 공격대가 자리 잡게 하고 여호수아 자신은 골짜기에서 보초를 섭니다(8:13). 마침내 아이 왕이 아라바 쪽, 성 동쪽으로 나옵니다(8:14). 이스라엘은 동쪽으로 즉, 광야 길로 도망칩니다(8:15). 아이 성 사람들이 쫓아옵니다. 성에서 멀어집니다(8:16). 성문을 열어놓고 이스라엘을 쫓아옵니다(8:17). 그들 마음이 교만해졌습니다. 여호수아는 "단창을 잡아 든 손을 거두지" 않았습니다. 8장 26절입니다. "아이 주민들을 진멸하여 바치기까지 [헤렘하기까지] 여호수아가 단창을 잡아 든 손을 거두지 아니하였고" 아멘.

아이 성 점령 후, 에발산에 제단을 쌓습니다(8:30). 축복과 저주의 말씀이 선포됩니다(8:34-35). 야곱이 벧엘에서 서원했지만, 디나 사건이 있고서야 벧엘 서원을 지켰던 것처럼, 이스라엘 백성들도 요단 도하 직후에 에발 산에서 율법을 기록하고 선포하는 일을 하지 않았습니다. 아이 성 정복 실패와 성공이 있고 난 다음에야 신명기 27장의 명령을 순종했습니다. 아이 성에서 세겜까지는 직선거리 33킬로미터이고, 할례산에서 세겜까지는 직선거리 21킬로미터입니다. 할례받고 여리고 치기 전에 에발 산에 제단 쌓는 일부터 했다면 더 좋았겠다는 생각이 듭니다.

예배를 위해 제단을 쌓습니다. 그리심산이 아니라 에발산에 제단을 쌓았습니다. '시므온 레위 유다 잇사갈 요셉 베냐민' 은 그리심산에 서고, '르우벤 갓 아셀 스불론 단 납달리' 는 에발산에 섰습니다. 여러분 같으면 어디에 서고 싶으시겠습니까? 당연히 그리심산이겠습니다. 축복이 선포되는 곳이고, 서 있는 지파도 보면 레위, 유다, 요셉과 같이 당시 잘 나가는 지파들이 있습니다. 그런데 주님은 장자이면서도 장자 권을 상실한 르우벤 지파가 서 있는 곳, 그와 비슷한 입장인 갓 지파가 있는 곳, 이방의 갈릴리라 불릴 스불론과 납달리 지파가 서는 곳, 북쪽 끝에 기업을 받아 예루살렘 가기가 가장 먼 아셀 지파가 서는 곳, 유다, 베냐민, 에브라임뿐 아니라 블레셋에 밀려 결국 북쪽으로 이주한 단 지파가 서는 곳에 제단을 쌓게 하셨습니다. 주류가 그리심에 서고 비주류가 에발에 섰습니다. 지금도 그렇습니다. 그러나 제단은 비주류가 선 곳에 세워집니다. 저주가 선포된 곳에 세워집니다.

이것이 하나님의 방법입니다. 예수님 십자가가 하늘에 서지 않고 죄악 가득한 이 땅 위에 세워집니다. 회복이 필요한 지파들이 서는 산에 제단이 섭니다. 8장 31절의 '새 돌' 은 '평강의 돌들' 입니다. 쇠 연장으로 다듬지 않은 돌들, 온전한 돌들, 평강의 돌들 위에 온전히 드리는 제물인 번제물을 드립니다. 또한, 문제가 해결된 '온전' 을 기대하며 드리는 화목제물들을 드립니다. '쇠 연장' 은 당시 최첨단 장비입니다. 청동도 귀할 때이니, 철기는 최신식입니다. 하나님은 인간의 최첨단으로 일하지 않으십니다. 지금도 마찬가지입니다. 무릎을 귀하게 보시고 말씀 순종을 귀하게 보십니다.

이어지는 32절을 보면, '거기서' 즉, 에발산에서 율법을 기록합니다. 석회를 바른 돌판에 율법을 기록하자니 꽤 시간이 지납니다. 그저 되는 것은 별로 없습니다. 시간이 듭니다. 단, 쉬지 않고 전진하면 끝이 옵니다. 기록된 율법을 의미하는 '토라'는 어근을 생각할 때 '던져진 것, 주어진 것, 계시 된 진리'를 의미합니다. 기록이 끝나고 산에서 내려와서 33절 이하의 일들이 이어집니다. 제단을 쌓고 제물을 드리고 말씀을 기록한 뒤에 말씀이 선포됩니다. 33절의 "제사장들 앞에서 궤의 좌우에 서되" 하는 표현은 '제사장들 앞에서 법궤를 위해 지도자들이 이쪽저쪽에 선 것'을 의미합니다. 모든 백성도 법궤를 중심으로 나뉘어 섰습니다. 법궤가 중심입니다. 말씀이 중심이고 하나님이 중심입니다. 무게중심이 달라지면 안 됩니다. 교회의 머리는 그리스도입니다. 담임목사도 아니고 성도도 아니고 어린이도 아닙니다. 당회도, 제직회도, 공동의회도 아닙니다. 그리스도께서 머리이십니다. 그분 앞에 모두 무릎을 꿇어야 합니다. 나뉘어선 백성 앞에서 여호수아가 신명기 27장 11-26절을 낭독했습니다.

율법에 집중하라 명하신 하나님의 말씀이 이행됩니다. 그런데 여호수아의 판단 미숙이 또 발생합니다. 기브온 거민들에게 속은 것입니다. 하나님께 여쭙지 않은 것입니다. 9장 14-15절입니다. "무리가 그들의 양식을 취하고는 어떻게 할지를 여호와께 묻지 아니하고 여호수아가 곧 그들과 화친하여 그들을 살리리라는 조약을 맺고 회중 족장들이 그들에게 맹세하였더라" 아멘. 여기 '사흘'이 또 나오네요. 9장 16-17절입니다. "그들과 조약을 맺은 후 사흘이 지나서야 그들이 이웃에서 자기들 중에 거주하는 자들이라 함을 들으니라 이스라엘 자손이 행군하여 셋째 날에 그들의 여러 성읍들에 이르렀으니 그들의 성읍들은 기브온과 그비라와 브에롯과 기럇여아림이라" 아멘. 이스라엘이 머물던 길갈에서 기브온 거민의 성읍까지 사흘이 걸렸습니다.

평판, 공동체성, 리더십 측면에서 업그레이드된 이스라엘은 여리고와 아이에서 승리했습니다. 승리했지만 그들은 여리고와 아이가 아니라 길갈 진으로 돌아와서 머뭅니다. 에발산에 제단을 쌓고 길갈로 돌아옵니다. 그 많은 수가 먹을 물을 공급하려면 역시 아직은 요단강가가 좋습니다. 또한 안전을 고려할 때도 길갈이 좋습니다. 길갈은 이후 사무엘 때까지도 중요한 곳이 됩니다. 사무엘이 사울에게 왕이 될 여러 징조를 말할 때 길갈에서 칠 일을 기다릴 것을 명합니다. 사무엘상 10장 8절입니다. "너는 나보다 앞서 길갈로 내려가라 내가 네게로 내려가서 번제와 화목제를 드리리니 내가 네게 가서 네가 행할 것을 가르칠 때까지 칠 일 동안 기다리라" 아멘. 이후 사울의 대관식이 길갈에서 이뤄집니다. 사무엘상 11장 15절입니다. "모든 백성이 길갈로 가서 거기서 여호와 앞에서 사울을 왕으로 삼고 길갈에서 여호와 앞에 화목제를 드리고 사울과 이스라엘 모든 사람이 거기서 크게 기뻐하니라" 아멘. 그런데 블레셋과의 전쟁을 앞두고 사울이 사무엘을 길갈에서 칠 일을 충분히 기다리지 못하고 자신이 번제를 드려버립니다(삼상 13:9). 이처럼 길갈은 예루살렘에 성전이 세워지기 전까지 매우 중요한 곳으로 사용됩니다.

요단강 도하 이후 이스라엘 백성들이 여전히 길갈에 머물고 있지만, 여리고 성과 아이 성에서의 전투에서 승리함으로써 이스라엘은 상당히 많이 성장했습니다. 여리고에서의 승리는 뚝심의 승리였습니다. 하루에 10시간씩 걷는 뚝심, 아무 말도 하지 않는 뚝심, 나팔을 불며 한 마음으로 걷는 뚝심입니다. 그냥 순종하며 밀어붙이면 오는 승리가 있습니다. 줄다리기 같은 경기입니다. 그냥 박자에 맞춰 이길 때까지 잡아당기면 됩니다. 포기만 하지 않으면 됩니다. 운동선수가 기초체력 유지를 위해 날마다 뛰는 달리기와 같습니다. 날마다 반복되기에 하기 싫지만 포기하지 않고 하면 되는 일이 있습니다. 이런 종류의 승리가 여리고의 승리입니다. 수능 점수도 뚝심으로 얻을 수 있습니다.

그런데 뚝심으로 안 되는 것도 많습니다. 우선, 전략이 있어야 하는 전투가 있습니다. 아이 성 전투입니다. 경매나 카드 게임은 뚝심만으로는 이기기가 어렵습니다. 머리가 있어야 합니다. 길목을 지키는 제갈량의 전략이 필요합니다. 아이 성 전투는 전략과 타이밍으로 이겼습니다. 삼만 오천 명이라는 대군의 매복이 있었습니다. 아이 성의 어른 남녀의 수가 만 이천 명이었습니다. 어른 남녀 숫자의 세 배에 달하는 매복이 이뤄집니다. 두 단계로 이뤄집니다. 성 가까이에, 그리고 성에서 좀 더 떨어진 곳에 매복됩니다. 후면과 측면에 매복합니다. 여호수아가 단창을 든 순간 매복조가 일어나고 성을 점령한 즉시로 불을 질러, 추격자는 도망자가 되고 도망자는 추격자가 됩니다. 매우 치밀한 시나리오처럼 상황이 전개됩니다. 아이 성 전투에 이기려면 뚝심만으로는 안 되었습니다. 순발력이 필요했습니다.

여호수아 10장에 나오는 남방 왕들과의 전투에는 우박과 종일토록 내려오지 않은 태양의 도움이 있습니다. 11장에 나오는 북방 왕들과의 전투에는 이스라엘 군대의 향상된 전투력이 중요했습니다. 이스라엘 군대는 점점 능동적으로 변해갑니다. 처음 요단강을 건널 때만 해도 그들은 버티기 선수였습니다. 할례받을 때도 그들의 믿음은 견디는 것으로 표현되었습니다. 여리고성에서 승리를 거둘 때도 버티는 뚝심이 중요했습니다. 그러나 아이성 전투로 넘어가면서 전략이 중요한 요소가 되었고, 남방과 북방 왕들과 싸우면서는 여호수아의 전투의지와 이스라엘 군대의 전투력이 중요했습니다. 처음에는 어쩔 수 없어 싸웠는데, 날이 갈수록 보다 적극적인 자세로 전투에 임했습니다.

믿음의 선한 싸움도 비슷합니다. 처음에는 시키는 대로 순종하는 데에서 시작합니다. 술 안 먹고 담배 안 피우고 나쁜 짓 안 하고 예배 빠지지 않고, '안 하고' 에서 시작합니다. 그러나 믿음의 년 수가 길어질수록 '안 하고' 보다는 '하고' 가 중요해집니다. '큐티 하고 구제하고 사랑하고 기도하고' 와 같이 '하고' 가 중요해집니다. '안 하고' 에서 '하고' 로 넘어오십시오. '하고' 가 되어야 바뀝니다. 악한 것이 떠난 빈집이 주님으로 채워지듯, 건강하고 선한 활동으로 삶이 채워지면 헛된 일들이 틈타기 어렵습니다. 건강한 놀이문화가 밤 문화를 퇴치합니다. 성경을 읽는 것으로 시간을 채워가세요. 마음 상태가 바뀝니다. 만나는 사람을 바꿔도 삶이 달라집니다. 또한, '하나님 주신 특별한 도움' 에서 '주신 바 은혜로 키운 실력' 으로 넘어오십시오. 찍는 실력이 아니라 푸는 실력입니다. 하는 실력이 아니라 되는 실력입니다.

이 점에서 여호수아 9장은 매우 중요한 장입니다. 첫째는 라합과 같이 하나님에 대한 두려움을 가진 사람들이 구원받는 내용이 나오기에 중요합니다. 기브온, 그비라, 브에롯, 기럇여아림 거민들이 이스라엘과 언약을 체결하여 헤렘되지 않게 됩니다. 라합과 그의 아버지의 집은 많아야 수십 명이었을 것입니다. 그러나 네 성읍 사람을 합하면 최소한 수만 명입니다. 아이 성의 남녀가 만 이천 명이었는데, 10장 2절을 보면, "기브온은 왕도와 같은 큰 성임이요 아이보다 크고 그 사람들은 다 강함이라" 하기 때문입니다. 기브온은 아이 성보다 컸습니다. 그 사람들은 아이 성 사람들보다 강했습니다.

그러니 네 성읍 사람 수만 명이 하나님 백성으로 살게 되니 얼마나 중요합니까? 그리고 여호수아에 이와 같은 일이 다시 소개되지 않으니 9장은 매우 특별합니다. 11장

19-20절은 이 부분에 대해, "기브온 주민 히위 족속 외에는 이스라엘 자손과 화친한 성읍이 하나도 없고 이스라엘 자손이 싸워서 다 점령하였으니 그들의 마음이 완악하여 이스라엘을 대적하여 싸우러 온 것은 여호와께서 그리하게 하신 것이라 그들을 진멸하여 바치게 하여 은혜를 입지 못하게 하시고 여호와께서 모세에게 명령하신 대로 그들을 멸하려 하심이었더라" 이렇게 소개합니다. 집단적으로 항복한 경우는 여호수아 9장의 예가 유일한 예였습니다.

둘째로 기브온 거민의 항복은 예루살렘 왕을 포함한 남방 왕들과의 대전으로 이어집니다. 성을 하나하나 치려면 시간이 걸립니다. 성곽 안에 있는 사람들을 치는 경우, 성이 무너지든지, 성문을 열고 나오든지 하지 않으면 점령하기가 어렵습니다. 그런데 군인들이 성으로부터 나와서 모여 있으니 전쟁이 쉬워졌습니다. 남방 왕들과의 전투도, 하솔 왕을 포함한 북방 왕들과의 전투도 사실은 기브온 거민들의 항복에서 비롯되었습니다. 기브온과 같은 성읍이 통째로 항복하자 가나안 땅의 권세자들이 긴장한 것입니다. 이대로 가다가는 내분이 일어날 것만 같았습니다. 그래서 집단적으로 행동한 것입니다. 한꺼번에 몰려가면 이기리라 기대했습니다. 위기감 고조, 방어에서 공격으로의 전략 변화에 영향을 준 것이 기브온의 항복이었습니다.

셋째로 여호수아 9장은 하나님이 어떤 분이신지를 잘 보여줍니다. 하나님께서는 모든 것을 알고 계셨지만 침묵하셨습니다. 이스라엘 백성들이 여쭈었으면 대답하셨겠지만, 묻지 않을 때 아무 말씀도 하지 않으셨습니다. 어쩌면 하나님께서는 기브온 거민들의 구원을 마음이 두고 계셨을지도 모릅니다. 11장 20절을 보면, '그들의 마음이 완악하여 이스라엘을 대적하여 싸우러 온 것은 여호와께서 그리하게 하신 것이라' 소개합니다. 이 부분을 기브온 거민에게 적용하여, '기브온 거민이 이스라엘에게 항복하게 된 것은 하나님께서 그리하게 하신 것이라' 하고 말할 수 있겠습니다. 간섭하지 않으심이 살려 줌으로 이어집니다.

하나님은 때로 내버려 두심으로 일하십니다. 가끔은 하나님처럼 내버려 두는 것이 좋을 때가 있습니다. '긁어 부스럼' 이라는 말이 있습니다. 가만두면 되는데 긁었더니 더 악화됩니다. "아무렇지도 않은 일을 공연히 건드려서 걱정을 일으킨 경우를 비유적으로 이르"기도 합니다. 비슷한 표현으로, "공연히 긁어서 부스럼 만든다, 아무렇지도 않은 다리에 침놓기, 울려서 아이 빰 치기."와 같은 것이 있습니다. 내버려 두신 것 같지만 하나님은 기브온 거민을 살려주셨습니다. 하나님의 이름으로 한 맹세로 인해 그들이 살았기 때문입니다. 그분의 살아계심이 그들이 산 이유였습니다.

넷째로 이스라엘의 성장과 책임을 읽을 수 있습니다. 이스라엘은 스스로 판단하는 단계에 도달했습니다. 9장 14-15절을 보면, "무리가 그들의 양식을 취하고는 어떻게 할지를 여호와께 묻지 아니하고 여호수아가 곧 그들과 화친하여 그들을 살리리라는 조약을 맺고 회중 족장들이 그들에게 맹세하였더라" 이렇게 정리하여, 왠지 이스라엘이 하나님께 여쭈어야 했는데 그러지 못했다는 뉘앙스를 읽을 수 있습니다. 맞습니다. 그러나 이스라엘은 이제는 어느 정도 본인들도 현상을 보고 판단할 수 있다고 여기게 된 것입니다.

물론, 판단에 미숙한 점이 있기는 했습니다. 그들은 터져서 기운 가죽 포도주 부대가 언제 기워졌는지 확인하지 않았습니다. 오다가 터졌으면 기울 때 사용한 가죽은 조금은 새것이어야 맞습니다. 기운 신발도 마찬가지입니다. 더구나 기운 신발 안의 발이 오랜 여행으로 군살이 박혔는지 확인했어야 했습니다. 낡은 옷 안의 몸 역시 여독에 찌든 몸인지 확인해야 했습니다. 기브온에서 길갈까지는 직선거리 35킬로미터 해발고도 차이 1,100미터로, 기브온에서 길갈까지는 내리막길이므로 하루 반 거리, 길갈에서 기브온까지는 오르막길이므로 이틀 길은 되기 때문입니다. 실제로 이스라엘 백성들은 기브온 거민들과 조약을 맺은지 사흘이 지나서야 기브온 지역에 도달합니다(9:16).

사신처럼 꾸미고 온 이들의 외관뿐이 아닙니다. "너희는 누구며 어디서 왔느냐" 하는 여호수아의 질문에 그저 '멀리서' 왔다고만 대답할 때, 민족 이름이나 국가명을 다그쳐 물었어야 했습니다. 멀리 어디에서 왔는지, 누구인지 물어 따져 보았어야 했습니다. 12절에서 "우리의 이 떡은 우리가 당신들에게로 오려고 떠나던 날에 우리들의 집에서 아직도 뜨거운 것을 양식으로 가지고 왔"다는 말에서 그들의 실수를 읽을 수 있어야 했습니다. '뜨거운' 양식은 하루가 지나지 않아도 식습니다. 이들은 순간 실수했습니다. '뜨거운 양식이 식은 것' 이 자신들이 멀리서 왔다는 증거가 되지 못하지만, 실제로 그 전날 뜨거운 양식을 가지고 출발했다는 것을 말하고 말았습니다. 참고로, 5절의 '곰팡이가 난 떡' 은 '부숴진 떡' 으로 보시면 되겠습니다. 말라비틀어진 빵을 가져온 것입니다.

왜 판단을 정확하게 하지 못했을까요? 왜 따져 묻지 못했을까요? 우선은 양식이 그리웠을 것입니다. 채집(採集)으로 얻는 양식 말고, 비록 식었더라도 가공된 양식을 먹고 싶었을 것입니다. 14절입니다. "무리가 그들의 양식을 취하고는 어떻게 할지를 여호와께 묻지 아니하고" 아멘. 원하는 것이 눈앞에 있으니 판단력이 흐려집니다.

다른, 어쩌면 더 중요한 이유가 하나 더 있습니다. 7-8, 11절입니다 "이스라엘 사람들이 히위 사람에게 이르되 너희가 우리 가운데에 거주하는 듯하니 우리가 어떻게 너희와 조약을 맺을 수 있으랴 하나 그들이 여호수아에게 이르되 우리는 당신의 종들이니이다 하매 여호수아가 그들에게 묻되 너희는 누구며 어디서 왔느냐 하니 … 그러므로 우리 장로들과 우리 나라의 모든 주민이 우리에게 말하여 이르되 너희는 여행할 양식을 손에 가지고 가서 그들을 만나서 그들에게 이르기를 우리는 당신들의 종들이니 이제 우리와 조약을 맺읍시다 하라 하였나이다" 아멘. 첫인상만 봐도 그들은 가까이 이웃에 거주하는 사람들처럼 보였습니다. 이스라엘은 40년을 광야에서 돌아다니던 사람들이었습니다. 여독에 지친 얼굴에 익숙한 사람들입니다. 그런데 기브온의 사신들은 그런 얼굴이 아니었을 것입니다. 피곤으로 지친 얼굴이 아니었습니다. 그래서 '너희가 우리 가운데에 거주하는 듯하니' 말한 것입니다. 그런데 그들이 '우리는 당신의 종들이니이다' 하는 말에 깜박 녹은 것입니다. 종살이하다 출애굽한 이들입니다. 광야에서 누구를 부려 본 적이 없는 이들입니다. 그런데 자신들을 주인이라고 부르는 이들을 뿌리치기가 어렵습니다. 직원으로만 있다가, '사장님' 하는 말을 듣는 것과 같습니다.

이들은 자신들을 '종들'이라고 부릅니다. 그리고 라합이 죽지 않게 된 소문을 들었는지, 라합과 비슷한 증거를 듭니다. 출애굽 사건과 요단 동편에서의 사건을 들먹입니다. 9-10절입니다. "그들이 여호수아에게 대답하되 종들은 당신의 하나님 여호와의 이름으로 말미암아 심히 먼 나라에서 왔사오니 이는 우리가 그의 소문과 그가 애굽에서 행하신 모든 일을 들으며 또 그가 요단 동쪽에 있는 아모리 사람의 두 왕들 곧 헤스본 왕 시혼과 아스다롯에 있는 바산 왕 옥에게 행하신 모든 일을 들었음이니이다" 아멘. 물론 이들은 라합과 비교할 때 정보가 덜 정확합니다. 24절에서 '멸하라'는 단어로 '헤렘'이란 단어를 사용하지 않습니다. 하나님을 찬양하는 표현도 라합에 미치지 못합니다.

그러나 뭔가 라합과 유사한 표현 앞에서, 특별히 자신들을 종이라 부르는 이들 앞에서 이스라엘은 조약체결의 유혹을 넘어서기 어려웠습니다. 그러나 이스라엘이 성장했음을 우리는 '조약을 존중하는 그들의 태도'에서 읽을 수 있습니다. 19-21절입니다. "모든 족장이 온 회중에게 이르되 우리가 이스라엘의 하나님 여호와로 그들에게 맹세하였은즉 이제 그들을 건드리지 못하리라 우리가 그들에게 맹세한 맹약으로 말미암아 진노가 우리에게 임할까 하노니 이렇게 행하여 그들을 살리리라 하고 무리에게 이르되 그들을 살리라 하니 족장들이 그들에게 이른 대로 그들이 온 회중을 위하여 나무를 패며 물을 긷는 자가 되었더라" 아멘.

하나님의 이름으로 맺은 조약을 파기하지 않는 이스라엘의 모습에서 그들의 성숙을 읽을 수 있습니다. 아직 부족한 부분이 있지만 스스로 판단하는 그들의 모습에서 성장을 읽을 수 있습니다. 성장하고 성숙해져 가는 이스라엘은 이제 책임을 져야 하는 단계에 도달했습니다. 자신의 판단에 책임을 지는 단계로 넘어갈 때 실수가 있을 수 있습니다. 이건 퇴보가 아닙니다. 실수에 대해서는 책임을 지면 됩니다. 기브온 거민 사건으로 회중의 원망도 있었습니다. 18절입니다. "그러나 회중 족장들이 이스라엘의 하나님 여호와로 그들에게 맹세했기 때문에 이스라엘 자손이 그들을 치지 못한지라 그러므로 회중이 다 족장들을 원망하니" 아멘. 그러나 원망이 길게 가지 않았습니다. 지도자들의 설명을 듣고 기브온 거민을 받아들였습니다.

아이들이 성장하면서 스스로 결정하는 항목이 많아지고 책임질 일도 커지는 것처럼, 이스라엘도 기업이 늘어나고 경험이 많아지고 수준이 업그레이드되면서 성장하고 성숙하며 책임도 커졌습니다. 마찬가지로, 믿음의 년 수가 길어지면 '알아서' 주님 뜻 찾아가는 일도 많아지는 것 같습니다. 어떻게 할까요? 여쭙고 응답받아 살기보다, 하나님 말씀을 잘 알기에, 아버지의 뜻을 잘 알기에, 여쭙지 않아도 하나님께서 기뻐하시는 길을 잘 찾아 가게 됩니다. 알아서 할 나이가 되었는데도, 뻔히 알만한데도 물으면 답답하지요. 혹시 하기 싫어서 그러나? 하는 생각도 듭니다. 그러니 커 갈수록 묻지 않는 것은 지극히 정상적입니다.

그런데 이때 조심할 게 있습니다. 내게 유익 되는 것 앞에서 판단이 흐려질 수 있다는 것입니다. 기브온 거민들이 '우리는 당신의 종들입니다' 말하니 순간 기분이 좋아지면서 이스라엘의 판단력이 흐려진 것처럼, 아첨하는 말이나 허영의 말 앞에서 우리의 판단력도 흐려질 수 있습니다. 잘 분별해야 합니다. 기분을 좋게 만든 뒤에 뒤통수치는 일들이 있기 때문입니다. 그래서 잠언 27장 21절을 보면, "도가니로 은을, 풀무로 금을, 칭찬으로 사람을 단련하느니라" 훈계하셨습니다. 『칭찬은 고래도 춤추게 한다(*Whale Done*)』는 책이 있지요. 그런데 그 칭찬이 사람의 마음을 드러냅니다. 아첨이 지도자로 망하게 합니다. 그러니 칭찬은 도가니나 풀무와 같습니다. 누군가가 나를 칭찬하면, '아, 나를 단련하고 있구나.' 이렇게 생각하면 맞습니다. 이스라엘은 기브온 거민들이 '주인님!' 하는 소리에 넘어갔습니다.

그런데, 기브온 거민의 '주인님!' 하는 말에 넘어간 이스라엘의 마음이 더 분명하게 드러난 일이 있습니다. 바로 '나무 패며 물 긷는 일'을 기브온 거민에게 넘겨준 일입니다. 특별히 이 일을 '저주받은 결과'로 지칭한 것입니다. 23절입니다. "그러므로 너희가 저주를 받나니 너희가 대를 이어 종이 되어 다 내 하나님의 집을 위하여 나무를 패며 물을 긷는 자가 되리라 하니" 아멘. 성전에서 섬길 때 가장 힘든 일이 '나무 패며 물 긷는 일'이었습니다. 제물을 태우려니 나무가 많이 필요합니다. 나무를 옮기는 일도 힘들지만, 패는 일은 더 힘듭니다. 또한, 성막과 성전뜰에 있는 물두멍과 바다에 물을 채우려니 물을 길어다 채울 사람이 많이 필요합니다. 성막과 성전이 높은 곳에 세워지니 물을 길어다 나르기가 어렵습니다. 그런데 이 일을 하는 것이 저주받은 일입니까? 모두가 하기 싫어하는 업종에서 일하면 저주받은 것입니까?

실로에 있던 엘리 제사장 아들들의 타락이 왜 있었을까? 생각해봅니다. 힘든 일을 기브온 거민이 도맡아 해주니 제사장들이 타락하지 않았을까요? 사무엘상 7장에 보면, 엘리의 아들들이 제사장으로 있던 실로를 떠나 블레셋으로 갔다가 블레셋에서 돌아온 '여호와의 궤'가 기브온 거민의 네 성읍 가운데 하나인 기럇여아림에 이십 년 동안 있게 되었는데, 이것 역시 성막에서 나무 패고 물 긷던 이들과 무관하지 않았을 것 같습니다. 또한, 사무엘하 21장을 보면, 사울이 기브온 사람들을 죽인 것(21:1)이 문제가 되었는데 왜 죽였을지 생각해봅니다. 기브온 거민들이 성막 봉사자로 섬기면서 하나님의 복을 받았을 것 같습니다. 역대상, 에스라, 느헤미야를 보면, 포로에서 귀환한 명단에 성전 봉사자 느디님 사람들이 중요하게 언급됩니다. 이들은 기브온 및 다른 세 성읍 거민들과 관계가 있다고들 생각합니다.

성전에서 나무 패고 물 긷는 힘든 일을 한 이들이 하나님께 복을 받았을까요, 못 받았을까요? 당연히 받았겠죠. 그들이 복을 받았다고 사무엘상하, 역대상하, 에스라 느헤미야는 증거 합니다. 그런데 이스라엘 족장들과 여호수아는 이 일을 대수롭지 않게 여기고 기브온 거민들에게 줘 버렸습니다. 하나님으로부터 임할 중요한 은혜의 통로를 이방인들에게 줘 버린 것입니다. 큰 실수를 한 것입니다. 누리는 봉사보다는 힘든 봉사가 복이 많이 됩니다. 힘든 봉사를 한다고 하여 저주를 받은 것이 아닙니다. 그런데 '종' 보다는 '주인' 이 되고 싶고, '직원' 보다는 '사장' 이 되고 싶고, '학생' 보다는 '교사' 가 되고 싶은 마음이 있으면, 종으로 사는 것이, 직원으로 사는 것이, 학생으로 살고 부림을 받으며 사는 것이 싫어진다는 말입니다.

"너희 안에 이 마음을 품으라 곧 그리스도 예수의 마음이니 그는 근본 하나님의 본체시나 하나님과 동등됨을 취할 것으로 여기지 아니하시고 오히려 자기를 비어 종의 형체를 가지사 사람들과 같이 되셨고 사람의 모양으로 나타나사 자기를 낮추시고 죽기까지 복종하셨으니 곧 십자가에 죽으심이라"(빌 2:5-8) 아멘. 왜 이스라엘은 바벨론 제국만큼의 땅을 약속으로 받았으면서도 그것의 십분의 일도 제대로 얻지 못했을까요. 그리스도 예수의 마음이 없었기 때문입니다. 여호수아서를 읽어보니, 항상 하나님의 허락이 필요했습니다. 그런데 하나님의 허락은 그들의 마음이 겸비할 때 주어집니다. 다시 말해 그리스도 예수의 마음이 있을 때 기업이 확장된다는 말입니다. 총장도 직원입니다. 그런데 군림하려 하면 뜻을 이루기 어렵습니다. 교수도 학생입니다. 평생 학생이죠. 배우려 하지 않으면 더 이상 가르칠 수 없습니다. 주인도 자신이 하나님 밑에 있다는 것을 기억해야 합니다. 성경이 말합니다. "상전들아 너희도 그들에게[즉, 종들에게] 이와 같이 하고[즉, 기쁜 마음으로 섬기고] 위협을 그치라 이는 그들과 너희의 상전이 하늘에 계시고 그에게는 사람을 외모로 취하는 일이 없는 줄 너희가 앎이라" 아멘. 에베소서 6장 9절입니다.

나무 패며 물 긷는 일을 사모하십시오. 사모하기 어려우면 억지로라도 시작해야 그리스도 예수의 마음을 배우게 됩니다. 교회에서 '나무 패며 물 긷는 일' 이 어떤 일입니까? 인간적인 마음에 하기 싫은 것들입니다. 교회 봉사 가운데 뭐가 가장 힘들고, 뭐가 가장 하기 싫으세요? 그걸 하세요. 그러면 복이 옵니다. 설거지가 하기 싫으면 설거지가 내게는 '나무 패며 물 긷는 일' 입니다. 애들 돌보는 게 싫으면 주일학교 교사를 하세요. 교회 일찍 오기 싫으면 성가대를 하세요. 교회 곳곳에는 '나무 패며 물 긷는 일' 로 가득합니다. 정말 가득합니다. 집안에도 마찬가지입니다. 누구는 TV 볼 줄 몰라서 설거지하는 게 아닙니다. 집안에도 '나무 패며 물 긷는 일' 이 있습니다. 회사나 학교에도 그런 일이 있습니다.

그런데 있잖아요? 하나님께서는 어디에서고 '나무 패며 물 긷는 자' 를 기특하게 보시고 축복하십니다. 어쩌면 그 일보다 그 마음이 복 받는 근거 같습니다. 겸비한 마음이 없으면 '나무 패며 물 긷는 일' 을 오래 못합니다. '나무 패며 물 긷는 자' 는 못 되는 것입니다. 내가 하기 싫은 봉사로 교회 봉사를 바꿔보세요. 물론 그 전에 마음을 바꿔야겠죠. 그리스도 예수님의 마음으로요. 종 됨을 사랑하셨던 마음이죠. 우리의 구원을 위해 두 팔을 벌리고 못이 뼈를 뚫는 것을 허락하신 마음이죠. 인간들이 시기와 탐욕으로 자신들의 조물주를 저주의 상징인 나무에 다는 것을 내버려 두신 마음이죠. 하나님의 뜻을 알기에 '나무 패며 물 긷는 자' 로 살아가신 마음이죠. 우리 마음에도 그리스도 예수님의 마음이 무르익기를 바랍니다.

그러기에 기브온 거민을 "여호와의 제단을 위하여 나무를 패며 물을 긷는 자들로 삼" 은 것(9:27)을 적절한 조치라고 보기는 어렵습니다. 이유는 성소에서 하나님을 섬기는 일 가운데 가장 힘든 일을 이스라엘 백성들이 하지 않는 결정을 했기 때문입니다.

이러한 형편 가운데에서도 하나님께서는 이스라엘 백성을 특별하게 도우셨습니다. 10장 12-14절입니다. "여호와께서 아모리 사람을 이스라엘 자손에게 넘겨 주시던 날에 여호수아가 여호와께 아뢰어 이스라엘의 목전에서 이르되 태양아 너는 기브온 위에 머무르라 달아 너도 아얄론 골짜기에서 그리할지어다 하매 태양이 머물고 달이 멈추기를 백성이 그 대적에게 원수를 갚기까지 하였느니라 야살의 책에 태양이 중천에 머물러서 거의 종일토록 속히 내려가지 아니하였다고 기록되지 아니하였느냐 여호와께서 사람의 목소리를 들으신 이같은 날은 전에도 없었고 후에도 없었나니 이는 여호와께서 이스라엘을 위하여 싸우셨음이니라" 아멘.

여호수아 10장은 약속의 땅 남쪽 부분을 모두 얻었음을 요약하여 소개합니다. 40-43절입니다. "이와 같이 여호수아가 그 온 땅 곧 산지와 네겝과 평지와 경사지와 그 모든 왕을 쳐서 하나도 남기지 아니하고 호흡이 있는 모든 자는 다 진멸하여 바쳤으니 이스라엘의 하나님 여호와께서 명령하신 것과 같았더라 여호수아가 또 가데스 바네아에서 가사까지와 온 고센 땅을 기브온에 이르기까지 치매 이스라엘의 하나님 여호와께서 이스라엘을 위하여 싸우셨으므로 여호수아가 이 모든 왕들과 그들의 땅을 단번에 빼앗으니라 여호수아가 온 이스라엘과 더불어 길갈 진영으로 돌아왔더라" 아멘.

이어지는 11장은 북쪽 연합군과의 전투에서 승리했음을 알려줍니다. 여호수아가 순종을 잘하네요. 말에게 마음이 빼앗기지 않고 말 뒷발의 힘줄을 끊고 병거를 불살랐습니다(11:6-9). 순종만 한다면 하나님의 손에 들린 이스라엘은 모든 일에 형통할 것입니다. 그 결과가 12장에 나열됩니다. 이어 기업 분배가 이뤄집니다. 여호수아도 늙었네요. 13장 1절입니다. "여호수아가 나이가 많아 늙으매 여호와께서 그에게 이르시되 너는 나이가 많아 늙었고 얻을 땅이 매우 많이 남아 있도다" 아멘. 이어 남은 땅이 언급됩니다. 그런데 이상합니다.

여호수아 1장에서 하나님께서 이스라엘에게 약속하신 땅은 애굽 강에서 유브라데 강까지였습니다. 바벨론 제국에 맞먹는 땅입니다. 창세기 15장 8절을 보면, 이 약속은 아브라함에게 주어졌습니다. "그 날에 여호와께서 아브람과 더불어 언약을 세워 이르시되 내가 이 땅을 애굽 강에서부터 그 큰 강 유브라데까지 네 자손에게 주노니" 아멘. 이어 나오는 족속 이름도 일곱 족속이 아니라 열 족속입니다(창 15:19-20). 그런데 여호수아 13장 2-6절을 보면 '남은 땅'이라 불리는 곳의 범위가 민수기 34장에서 말씀하시는 기업과 같습니다. 그리고 여호수아 13장 이하를 보면 실제로 분배된 땅의 범위는 이보다 작습니다.

약속된 땅의 범위가 네 개입니다. 애굽 강에서 유브라데 강까지는 아브람에게 약속된 부분이고 여호수아 사역 초기에 약속된 부분입니다. 13장 2-6절에 약속된 부분은 이보다 적고, 실제로 분배된 부분은 더 적고, 여호수아 당시 점령한 부분은 더 적습니다. 요단강을 건너기 전만 해도 하나님의 약속은 아브람에게 주신 것과 같았습니다. 물론 발바닥으로 밟는 땅을 주겠다고 약속하셨습니다. 그러나 처음에는 약속된 땅 전체를 받는 것이 가능했습니다. 민수기 34장에 있는 말씀을 생각하면 모세 때 약속하신 것보다 더 넓은 땅을 얻는 것이 예상되었습니다. 여기서 우리는 민수기 34장의 이스라엘 백성에게 약속된 땅보다 여호수아 1장의 이스라엘 백성에게 약속된 땅이 더 넓다는 것을 알게 됩니다. 약속이 복원되었다고나 할까요? 뭔가 지도자가 바뀌고 새로운 시작을 할 수 있게 되었을 때, 하나님의 약속이 처음 상태가 된 것입니다. 그런데 5년 정도 이어진 전쟁을 치르면서, 얻을 수 있다고 약속된 땅이 현저히 줄어든 것입니다.

약속된 땅이 줄어든 이유가 뭘까요? '이스라엘의 안정 추구' 때문이었습니다. 이스라엘은 점점 성읍을 멸하지 않습니다. 처음 여리고 성의 경우, 성과 그 가운데에 있는 모든 것을 불살랐습니다. 심지어 여호수아가 "누구든지 일어나서 이 여리고 성을 건축하는 자는 여호와 앞에서 저주를 받을 것이라 그 기초를 쌓을 때에 그의 맏아들을 잃을 것이요 그 문을 세울 때에 그의 막내아들을 잃으리라"(수 6:26) 말하며 이스라엘로 맹세하게 하였습니다. 그러나 전쟁이 거듭되면서 이스라엘은 성곽이 주는 유익에 마음이 빼앗겼고 마침내 북쪽 동맹국과의 전쟁이 끝난 다음에는 하솔만 불살랐습니다. 11장 13절입니다. "여호수아가 하솔만 불살랐고 산 위에 세운 성읍들은 이스라엘이 불사르지 아니하였으며" 아멘.

애굽에서 종살이했습니다. 종살이하면서 남의 집 지어주느라 고생 많이 했습니다. 그러다 광야에서 살았습니다. 집만 없는 게 아니고 아무것도 없는 데서 40년을 살았습니다. 집이 그리웠을 것입니다. 추운 겨울, 산에서 야영할 때, 전기밥솥, 전기장판이 그리운 것과 같습니다. 집 없이 40년 살았으니 길갈에서 야영하는 것이 처음에는 아무렇지 않았습니다. 그러다가 가나안에서 사람들을 헤렘시키고 나니 집도 생기고 성곽도 생겼습니다. 처음에는 승리가 중요했기에 집과 성곽 모두 불살랐습니다. 그런데 전리품으로 가축과 물건들이 생기면서 집과 성에 대한 마음이 조금씩 자라기 시작한 것입니다.

직장을 구하지 못해 구직을 위해 전전긍긍하다 직장이 구하지면 열심히 일하다가, 직장 내에서 자기보다 열심히 일하지도 않는데 월급은 더 받는 사람들을 보면 열 받는 것처럼, 한두 해 일하다 보면, '월급이 너무 적어! 왜 보너스가 없는 거지? 휴가가 너무 짧아! 일이 너무 고돼.' 등등 불평이 느는 것처럼, 이스라엘도 처음에는 만나를 먹지 않는 것만으로도 감사했을 것입니다. 여리고 성 점령 전에는 '한 번만이라도 좋으니 이겨봤으면 좋겠다.' 생각했을 것입니다. 그런데 승리가 거듭되면서 이것도 누리고 싶고 저것도 누리고 싶어진 것입니다.

이것저것 누리다 보니 아무래도 약속된 땅을 얻는 데에는 마음이 덜 갑니다. 전에는 이 전쟁 끝나면 저 전쟁 준비했는데, 이제는 농사도 지어보고 소에 쟁기 매어 밭도 갈아보고 하는 것입니다. 11장 18절을 보면, "여호수아가 그 모든 왕들과 싸운 지가 오랫동안이라" 하였습니다. 처음의 파죽지세를 생각할 때, 오 년 정도면 약속된 땅을 모두 얻을 만했습니다. "태양아 너는 기브온 위에 머무르라 달아 너도 아얄론 골짜기에서 그리할지어다"(10:12) 했던 여호수아의 열심을 생각하면, 오 년도 길다고 하겠습니다.

누리고 싶고, 쉬고 싶고, 정착하고 싶은 것입니다. 정착이 시작되면 뻗어나가기가 어렵습니다. 길갈에 머무르고 있어야 요단 서쪽과 동쪽 모두를 공략하기 좋고, 요단강을 따라 북쪽으로 가기도 좋습니다. 홍해와 만나는 에시온게벨부터 사해 지나고 갈릴리 만날 때까지 거의 평지입니다. 완만하게 올라가기 때문입니다. 길갈은 물 걱정하지 않아도 되는 곳입니다. 사방 어디로든 뻗어갈 수 있습니다. 뒤집어 말하면 어디에서고 공격을 받을 수 있는 곳입니다. 그러니 이제는 안정을 취하고 싶습니다. 산지 성곽 안에 살고 싶습니다. 산이 막아주고 골짜기가 안전을 보장해주는 곳으로 가고 싶습니다. 이스라엘 백성들의 이런 마음을 아시기에 하나님께서는 남은 땅의 범위를 줄여주셨습니다.

이스라엘 백성들의 안정 추구만이 유일한 이유가 아니었습니다. 신앙교육이 제대로 이뤄지지 않아 구성원들의 수준이 하락하고 있었습니다. 어떻게 알 수 있습니까? 사사기 2장을 보면 알 수 있습니다. 사사기 2장 6-10절입니다. "전에 여호수아가 백성을 보내매 이스라엘 자손이 각기 그들의 기업으로 가서 땅을 차지하였고 백성이 여호수아가 사는 날 동안과 여호수아 뒤에 생존한 장로들 곧 여호와께서 이스라엘을 위하여 행하신 모든 큰 일을 본 자들이 사는 날 동안에 여호와를 섬겼더라 여호와의 종 눈의 아들 여호수아가 백십 세에 죽으매 무리가 그의 기업인 경내 에브라임 산지 가아스 산 북쪽 딤낫 헤레스에 장사하였고 그 세대의 사람도 다 그 조상들에게로 돌아갔고 그 후에 일어난 다른 세대는 여호와를 알지 못하며 여호와께서 이스라엘을 위하여 행하신 일도 알지 못하였더라" 아멘. 여호수아와 여호수아 뒤에 생존한 장로들과 그 세대 사람들이 모두 죽자 '다음 세대'가 일어나지 않고 '다른 세대'가 일어났습니다. 하나님도 모르고, 하나님이 하시는 일도 모르는 세대입니다.

이스라엘이 안주하지 않았다면 다음 세대도 하나님의 역사를 경험할 기회를 얻었을 것입니다. 그들이 성벽을 의지하고 성에 거주하지 않았다면, 하나님을 의지하며 살아 있는 삶을 살았을 것입니다. 그러나 일단 성곽에 들어가서 성을 의지하기 시작하니 하나님을 의지할 필요가 없는 것처럼 보이기 시작했습니다. 철밥통 직장이 생기니 의식주 걱정이 사라진 것과 같습니다.

안정을 추구하는 마음은 '나무 패며 물 긷는 일'을 싫어합니다. 기브온 거민에게 '회중을 위하며 여호와의 제단을 위하여 나무를 패며 물을 긷는 일'을 줬습니다. 가장 노동집약적인 일, 어쩌면 가장 힘든 일, 그러나 여호와의 제단을 위한 가장 근본적인 일을 기브온 거민들에게 줘 버린 이스라엘 지도자들의 마음에서, 안정을 추구하는 마음을 이미 읽을 수 있습니다. 아간과 그에게 속한 것들이 아골 골짜기 돌무더기에 묻혔지만, 아간의 마음은 점점 이스라엘 전체의 마음이 되어가기 시작한 것입니다. 하나님께 감사하는 마음보다는 내 것을 챙기겠다는 마음입니다. 하나님께서 하실 수 있다는 믿음보다는 '하나님께서 어떻게 하시는지 두고 보자.' 하는 마음입니다. 아간은 자신이 뽑힐 때까지 잠잠했습니다.

결국, '나무 패고 물 긷는 자'가 되지 않으려 했던 이스라엘의 지도자들, 안정을 추구했던 이스라엘은 어떻게 되었습니까? 포로로 끌려가 온 땅에 퍼져 살게 되었습니다. 에스더서 3장 8-9절에 있는 하만의 말입니다. "한 민족이 왕의 나라 각 지방 백성 중에 흩어져 거하는데 그 법률이 만민의 것과 달라서 왕의 법률을 지키지 아니하오니 용납하는 것이 왕에게 무익하니이다 왕이 옳게 여기시거든 조서를 내려 그들을 진멸하소서 내가 은 일만 달란트를 왕의 일을 맡은 자의 손에 맡겨 왕의 금고에 드리리이다". 정복하지 못하고 정복당한 채로 약속하신 땅에 퍼져 살게 되었습니다. 안정을 추구했는데 안정을 얻지 못했습니다. 나무 패고 물 긷지 않으려 했는데, 나무 패고 물 긷는 자가 되었습니다.

힘든 일을 피하고 안정을 추구하며 누리는 삶을 살다 보니 자녀들에게 하나님께서 어떤 분인지 알려줄 기회가 적었습니다. 이스라엘의 수준은 하락했고 이것을 아시는 하나님께서는 이들이 취할 수 있는 땅의 범위가 줄어들었다는 것을 아셨습니다. 그래서 남은 땅의 범위를 줄이셨습니다. 그런데 이스라엘은 그마저도 다 분배하지 않았습니다. 그리고 분배받은 땅마저도 다 취하지 못했습니다. 그래서 사울이 왕일 때 통치했던 영역을 보면, 여호수아 당시 점령했던 곳의 절반에도 미치지 못한 것을 알 수 있습니다.

하나님은 충분히 주십니다. 다섯 달란트 주십니다. 하나님을 신뢰하고 끝까지 나무 패고 물 길으면 다섯 달란트 남습니다. 약속된 바를 모두 받습니다. 그러나 안정을 추구하고 누리고 싶어 하고 광야를 싫어하다 보면, 남길 수 있는 달란트가 점점 줄어듭니다. 극단적인 경우, 하나도 남기지 못하게 됩니다. 결과는 심각합니다. '악하고 게으른 종'이라 불리게 됩니다(마 25:26). 하나님을 경외하지 않고 무시하는 마음이 있었기에, 기회를 선용하지 않고 달란트를 남기지 않은 것입니다. 분명히 능력도 있었고, 기회도 충분히 주어졌지만, 본인이 열매 맺기를 거부한 것입니다.

학생들 장학금 신청서 사인을 하다 보면 참 신기한 걸 발견합니다. 진짜 어려운 학생들은 마음을 강하게 먹고 공부도 열심히 하고 또 잘하기도 하는데, 어느 정도 잘 사는 학생들은 부족하다는 말도 많지만, 공부도 열심히 하지 않는다는 것입니다. 없는 사람은 없어도 잘하려 하는데, 있는 사람은 더 많이 누리기를 바란다는 것입니다. 다 그러지는 않지만, 대체로 그렇다는 말씀입니다. 여름성경학교 교사로 봉사하다가 다쳐서 재활치료 2년을 받고서도 지체 장애 1급을 받고 복학한 남학생이 있습니다. 그 학생은 수업시간에 눈이 초롱초롱합니다. 그런데 사지가 멀쩡한 학생들 가운데 딴짓하는 학생들이 있습니다. 선천적으로 왼쪽 눈이 없고 오른쪽 시력도 측정이 안 되어 눈앞에 바짝 대야 글씨를 읽을 수 있는 여학생이 있습니다. 부모님은 자신을 살리려고 전 재산을 다 쓰셨고 자신이 어느 정도 살게 되자 아버지는 암에 걸리셔서 돌아가셨답니다. 아버지 살리려고 대학 진학도 포기하고 회사에서 일하며 돈을 벌었는데 끝내 돌아가셨다고 합니다. 늦게나마 공부해서 대학에 진학한 이 여학생은 성적 장학금을 받았습니다. 자기 같은 사람도 살 수 있다는 것을 보여주려고 열심히 산다고 했습니다.

'남은 땅' 은 이스라엘의 마음이 부유해져서 얻지 못한 땅입니다. 이 정도면 됐다 만족하고 누리려다 남긴 땅입니다. 그런데 이 땅은 이후에도 거의 계속 '남은 땅' 으로 남게 됩니다. 여호수아와 당시 장로들과 그 세대에 버금가는 세대가 일어나지 못합니다. 사명을 줄여주셨지만, 그것마저 감당하지 못합니다.

요단 동편의 두 지파 반에 대해 언급된 다음, 갈렙과 유다 지파의 기업 분배가 소개됩니다(13:8-15:63). 14장 12절은 매우 유명한 구절이지요. "그 날에 여호와께서 말씀하신 이 산지를 지금 내게 주소서 당신도 그 날에 들으셨거니와 그 곳에는 아낙 사람이 있고 그 성읍들은 크고 견고할지라도 여호와께서 나와 함께 하시면 내가 여호와께서 말씀하신 대로 그들을 쫓아내리이다 하니" 아멘.

유다 지파의 기업 분배가 소개된 다음에 요셉 자손의 기업 분배가 소개됩니다(16:1-17:18). 요셉 자손의 기업에는 여호수아가 속한 에브라임 지파의 기업 분배도 포함됩니다. 조금은 부정적인 모습이 17장 14-18절에 소개됩니다. 유다 지파와 대조적입니다.

하나님께서는 므낫세와 에브라임에게 기업을 많이 주셨습니다. 그들의 수가 많았기 때문입니다. 민수기 26장 34절과 37절을 보면, 므낫세 지파 가운데 이십 세 이상 남자의 수가 52,700명이었고 에브라임 지파의 이십 세 이상 남자의 수는 32,500명이었습니다. 둘을 합하면 수가 가장 많았던 유다 지파의 수 76,500명보다 8,700명이 많습니다. 그리고 여호수아가 어느 지파입니까? 에브라임 지파입니다. 그는 에브라임 지파의 대표로 가나안 땅을 정탐했습니다. 요셉 지파 전성시대가 왔습니다. 수도 가장 많고 지도자도 요셉 지파에 속한 에브라임 지파에서 나왔습니다. 땅도 많이 받았습니다.

그런데 문제가 있다고 합니다. 17장 14절입니다. "요셉 자손이 여호수아에게 말하여 이르되 여호와께서 지금까지 내게 복을 주시므로 내가 큰 민족이 되었거늘 당신이 나의 기업을 위하여 한 제비, 한 분깃으로만 내게 주심은 어찌함이니이까 하니" 아멘. 요셉 지파는 '우리' 라는 표현 대신 '나' 라는 표현을 사용합니다. '내게, 내가, 나의, 내게' 라고 하면서 자신들이 하나라는 것을 강조합니다. 또한, 그들의 이기심도 드러냅니다. 그들은 이미 세 군데에서 땅을 받았습니다. 므낫세의 소실의 아들인 마길 자손은 요단 동편에서 가장 넓은 땅을 받았습니다. 남은 므낫세 반 지파도 이스라엘 산지에서 이스르엘 평원에 이르는 넓은 땅을 받았습니다. 에브라임 지파는 산지 가운데 가장 알짜배기 땅을 받았습니다. 그런데 땅이 부족하다고 말합니다. '나는 복을 받아 큰 민족이 되었는데, 당신이 한 제비, 한 분깃만 주었다.' 이렇게 말합니다. 여기서 '분깃'으로 번역된 단어는 구약성경에 매우 드물게 나오는 단어로, 부정적인 의미를 내포한 단어입니다. '한 조각밖에 안 돼요.' 말하는 것 같습니다.

다섯 명이 피자 여섯 조각 가지고 나눠 먹는데, 두 쪽이니 먹으면서 '피자 가운데 내게 준 피자가 너무 작아요.' 말하는 것과 같습니다. 아마도 유다 지파와 비교해서 나온 불평일 수 있습니다. 유다 지파는 비가 거의 오지 않아 사람 살기 어려운 넓은 남방을 받았기 때문입니다. 반면 요셉 지파는 비옥한 곳, 철 병거를 가진 사람들이 사는 땅을 받았습니다. 16절입니다. "요셉 자손이 이르되 그 산지는 우리에게 넉넉하지도 못하고 골짜기 땅에 거주하는 모든 가나안 족속에게는 벧 스안과 그 마을들에 거주하는 자이든지 이스르엘 골짜기에 거주하는 자이든지 다 철 병거가 있나이다 하니" 아멘. '산지는 넉넉하지 않고 골짜기에는 강한 적이 있다.' 하는 말 가운데에 요셉 지파는 산지와 골짜기를 기업으로 받은 것을 알 수 있습니다. 요셉 지파는 다른 지파들보다 넓은 땅을 받았습니다. 요단 동편에도 받고 서편에도 받았습니다. 비옥한 땅을 받았습니다. 북쪽도 남쪽도 아닌 '가운데 땅'을 받았기에 다른 지파들과 비교할 때 더 안전했습니다. 그런데 철 병거 가진 이들로 인해 넉넉하지 못하다고 말합니다. 15절에 있는 '르바임 족속'이 거인 족속임을 생각하면, 철 병거와 함께 거인족에 대한 두려움도 그들에게 있습니다.

또한, 하나님의 결정에 대한 무시도 있습니다. '넉넉하지 않다'는 말을 직역하면 '그 산지는 우리를 위해 발견되지 않았습니다.' 입니다. 분명 제비를 통해 주어졌는데, 얻기 힘들다고 '잘못 주어졌다.' 말합니다. '하나님이 실수하신 겁니다. 제비 잘못 뽑혔습니다.' 말하는 것과 같습니다. 요셉 족속의 말은 갈렙의 말과 비교됩니다. "그 날에 여호와께서 말씀하신 이 산지를 지금 내게 주소서 당신도 그 날에 들으셨거니와 그 곳에는 아낙 사람이 있고 그 성읍들은 크고 견고할지라도 여호와께서 나와 함께 하시면 내가 여호와께서 말씀하신 대로 그들을 쫓아내리이다"(수 14:12) 아멘. 하나님 주신 기업에 대해 '하나님의 결정이 잘못되었다.' 이런 식으로 말하지 않습니다. '하나님께서 나와 함께 하시면 가능하다.' 하는 믿음을 갈렙은 표현했습니다.

넓고 비옥한 땅을 받았지만, 철 병거와 거인족이 두려워 블평하는 요셉 자손에게 여호수아는 '개척' 이라는 해결책을 줍니다. 15절입니다. "여호수아가 그들에게 이르되 네가 큰 민족이 되므로 에브라임 산지가 네게 너무 좁을진대 브리스 족속과 르바임 족속의 땅 삼림에 올라가서 스스로 개척하라 하니라" 아멘. '삼림에 올라가서 스스로 개척하라' 이것이 해결책입니다. 이스라엘에서 '삼림' 을 발견하기가 어렵습니다. 나무가 드문드문 있거나 초원이거나 광야가 많습니다. 애굽에 '삼림' 은 드물고, 광야에는 '삼림' 은 없습니다. 이스라엘에게 '삼림' 은 우리에게 '정글' 과 같습니다.

'삼림을 개척하라.' '삼림' 은 '쓸모없는 땅' 이 아닙니다. '삼림에 익숙하지 않지만, 삼림을 삶의 터전으로 만들라.' 말합니다. 히브리어로는 '창조하다' 에 해당하는 단어가 쓰였습니다. 창세기 1장 1절에 "태초에 하나님이 천지를 창조하시니라"가 있는데, '창조하시니라' 에 해당되는 단어가 쓰였습니다. 이 '개척' 이라는 단어는 여호수아의 최종 해결책에서도 핵심단어입니다. 17-18절입니다. "여호수아가 다시 요셉의 족속 곧 에브라임과 므낫세에게 말하여 이르되 너는 큰 민족이요 큰 권능이 있은즉 한 분깃만 가질 것이 아니라 그 산지도 네 것이 되리니 비록 삼림이라도 네가 개척하라 그 끝까지 네 것이 되리라 가나안 족속이 비록 철 병거를 가졌고 강할지라도 네가 능히 그를 쫓아내리라 하였더라" 아멘. '네 말대로 너는 복을 받았어. 그래서 수도 많고 힘도 있어. 그러니 삼림이라도 개척해봐!' 말합니다.

당시 철 병거는 최첨단 무기입니다. 철이 이제 막 사용되기 시작되었습니다. 말이 이끄는 철 병거는 육이오 당시 탱크와 같습니다. 천하무적입니다. 그러나 탱크는 진흙을 이겨내지 못합니다. 무겁기 때문이죠. 철 병거도 마찬가지입니다. 사사기 4-5장을 보면 가나안 왕 야빈의 군대장관 시스라의 철 병거 구백 대가 어떻게 무력하게 되었는지 소개합니다. "여호와께서 바락 앞에서 시스라와 그의 모든 병거와 그의 온 군대를 칼날로 혼란에 빠지게 하시매 시스라가 병거에서 내려 걸어서 도망한지라"(삿 4:15) 아멘. 드보라의 노래를 보면, '기손 강' 으로 인해 철 병거가 무용지물이 됩니다. "기손

강은 그 무리를 표류시켰으니 이 기손 강은 옛 강이라 내 영혼아 네가 힘 있는 자를 밟았도다"(삿 5:21) 아멘. 문제를 만날 때, 때로 우리는 '해결할 수 없어.' 하는 응답을 받습니다. 그러나 성경은 하나님이 해결책이라고 말합니다.

이어지는 18장부터, 베냐민, 시므온, 스불론, 잇사갈, 아셀, 납달리, 단 지파의 기업 분배가 소개되고, 20장에는 도피성이, 21장에는 레위 지파의 기업이 소개됩니다. 이번 통독은 요단 동편에서 기업을 받은 두 지파 반이 세운 '큰 제단' 사건으로 마무리됩니다. 언제 문제가 터질지 모르는 이스라엘의 상황을 잘 보여주는 사건입니다.

질의와 응답

하나. "가나안의 왕들과 예수님이 어떻게 연결될까요?"

우선 '나무에 달리다, 내리다' 등 단어 면에서 연결됩니다. 그리고 갈라디아서 3장 13절에서 신명기 21장 23절을 인용하는데, 구약학자들은 신명기 21장 23절과 가나안 왕들의 죽음을 연결합니다. 신약학자들은 갈라디아서 3장 13절을 근거로, 신명기 21장 23절과 예수님의 십자가 죽음을 연결합니다. 그렇다면, 가나안 왕들의 죽음과 예수님의 십자가 죽음은 개념적으로도 연결될 가능성이 큽니다. 가나안의 왕들이 헤렘된 백성의 대표로 나무에 달린 것처럼, 예수님께서도 우상숭배와 같은 심각한 죄로 헤렘될 수밖에 없는 백성의 왕으로 나무에 달리셨다고 보시면 되겠습니다.

둘. "사흘에 요단강을 건넜다는 것이 그렇게 중요한가요?"

다윗의 '활 노래'(삼하 1:18-27)의 배경이 되는 '화살 셋의 신호로 다윗을 보낸 요나단'(삼상 20:17-42) 얘기에서 다윗은 숨은 지 사흘째 되는 날 떠납니다. 예수님의 삼 일째 부활의 배경이 될 수 있는 사건입니다. 마찬가지로, '정탐, 준비, 도하'의 사흘은 '약속이 이뤄지는, 죽었다가 다시 사는' 시간이라고 볼 수 있습니다. 제사장들이 요단강에 잠긴 것도 '세례'와 연결 지을 수 있습니다.

셋. "여호수아서에는 기업 분배 분량이 상대적으로 깁니다. 이유가 무엇일까요?"

중요해서 그만큼 길게 소개하지 않을까요? 13장 2-6절의 '남은 땅'과 '실제 분배된 땅'이 다르고, '실제 점령한 땅'이 다르다는 것도 중요합니다. 그리고 이후 역사서와 선지서를 읽을 때, 여호수아서의 기업 분배는 늘 기준과 배경이 됩니다. 신약성경에서도 '기업(基業)'은 중요한 주제입니다. 결국 하나님께서 성도들에게 주시고자 하시는 '구원, 영생, 천국'이라는 것도 '기업의 일종'이지요. 교회에서 사람들은 '내 힘으로 이룬 나의 업적'이 아니라 '하나님의 능력으로 이뤄진 하나님의 기업'을 보고 싶어 합니다.

넷. "여호수아 18장을 보면 회막이 실로에 세워집니다. 실로가 중앙성소 역할을 했을까요?"

요단강을 건넌 뒤 성막은 길갈에 섰고 후에는 실로에 섭니다. 이후 실로는 300년 정도 중앙 성소 역할을 합니다. 그러다가 중앙 성소가 예루살렘으로 바뀌죠.

다섯. "순종하는 칼과 주장하는 칼을 대조하셨는데, 주장하는 칼이란 어떤 것입니까?"

하나님을 향해 '주장하는' 일꾼을 그렇게 표현해 보았습니다. 여호수아서 7장을 보면, 아이 성 전투에서 패한 다음에 여호수아가 상황도 잘 모르면서 하나님께 따지고 들지요. 17장을 보면, 요셉 지파가 대우(待遇)해 달라며 따지고 들지요. 대체로 힘 있고 가진 게 많아질 때 '주장하는 칼'이 되기가 쉽습니다.

여섯. "고든 웬함은 모세오경을 '모세 전기 형태를 띤 토라'라고 정의했습니다. 모세오경을 하나의 장르로 이해할 수 있나요? 모세오경의 문학 양식은 무엇입니까?"

예수님은 모세오경을 '모세의 책'(막 12:26), '모세의 율법'(눅 24:44)와 같이 부르셨습니다. '토라'는 '율법'으로 보통 표현되는데, '던지다'에서 나온 단어입니다. 던져진, 어떤 면에서 계시 된 하나님의 말씀을 의미합니다. 모세오경에는 '율법' 도 있고 '언약' 도 있습니다. 모세에 대한 얘기도 있고요. '모세오경' 이라는 이름이 가장 좋아 보입니다. '모세를 통해서 주신 다섯 가지 거룩한 책' 입니다.

Weekly Reading

12

여호수아 23장 - 사사기 19장

"다름을 좇아"

수 23장-삿1장	삿 2-4장	삿 4-6장	삿 7-9장	삿 10-12장	삿 13-15장	삿 16-19장

check

여호수아의 매력을 한결같음, 변함없음에서 찾아보았습니다. 물론, 판단 미숙과 용기 부족의 단점도 있습니다. 여호수아가 죽고 사사들의 이야기가 시작됩니다. 본래 '판단하는 자'의 의미로 '판관(判官, 판가름할 판, 벼슬 관)'이라는 단어를 썼는데, 지금은 '사사(士師, 선비 사, 스승 사)'라는 단어를 사용합니다. '판단하는 자'가 벼슬은 아니고, 그렇다고 단순히 스승도 아닙니다. 때로 그들은 전쟁을 주도합니다. 재판도 하고 교육도 합니다. 그들은 '판단하는 자'입니다. 판단의 기준은 '율법' 즉, 하나님의 말씀입니다. 하나님의 말씀을 기준 삼아 전쟁도 하고, 교육도 하고, 재판을 베풀기도 합니다.

모세와도 다른, 물론 제사장 아론과도 다른, 왕들과도 다른 뭔가의 직임이 '사사들'에게 주어졌습니다. 사사기 2장 16-17절입니다. "여호와께서 사사들을 세우사 노략자의 손에서 그들을 구원하게 하셨으나 그들이 그 사사들에게도 순종하지 아니하고 오히려 다른 신들을 따라가 음행하며 그들에게 절하고 여호와의 명령을 순종하던 그들의 조상들이 행하던 길에서 속히 치우쳐 떠나서 그와 같이 행하지 아니하였더라" 아멘. 사사들은 하나님께서 세우신 이들이었습니다. 세우신 목적은 구원이었습니다. 다양한 사사들이 다양한 환경 가운데에서 세워졌습니다. 그러나 이스라엘은 점점 더 하나님으로부터 멀어졌습니다.

여기에 반복적으로 나오는 표현이 있습니다. '다른 신들' 입니다. 여호와 하나님, 아브라함과 이삭과 야곱의 하나님, 모세를 불러 이스라엘을 출애굽하게 하신 하나님, 그들을 만나와 메추라기로 먹이시고 반석의 물로 해갈하게 하신 하나님, 광야 학교를 졸업시키시고 가나안 학교에 입학시키신 하나님, 노예였던 그들에게 약속의 땅을 영토로 허락하신 하나님이 아닌, '다른' 신들입니다. 결국, 이스라엘이 하나님에게서 멀어진 것은 '다른 신' 에 대한 태도 문제였습니다. '같은 하나님' 에 대한 태도 문제였습니다. 이에 '다름과 같음' 에 대해 생각해 보았습니다.

다름과 같음

I.
다름이 어떤 사람에게는 견딜 수 없음으로 다가오고
어떤 사람에게는 새로움으로 다가온다.

같음이 어떤 사람에게는 지겨움으로
어떤 사람에게는 익숙함으로 다가온다.

다름이 때론 차별의 근거가 되고
때론 존중의 근거가 된다.

같음이 때론 뒤쳐짐의 근거가 되고
때론 성취의 근거가 된다.

II.
가나안에서 다른 신들을 만난 이스라엘
다른 신들에게서 역겨움이 아니라 매력을 느꼈다.

어제나 오늘이나 영원토록 변함없으신 하나님을 떠나
인생처럼 조변석개하는 다른 신들을 따랐다.

익숙해서였을까,
편해서였을까?

부패한 마음 때문이가,

약해진 믿음 때문인가?

III.
오늘도 우리는
성경과 다른 얘기를 하는 세상과 만난다.

새로움의 매력에 빠질 것인가,
아니면 신실함을 붙들고 변함없음을 추구할 것인가?

익숙함을 지겨워할 것인가,
아니면 따스함과 진리를 따를 것인가?

오늘도 우리는
다름과 같음 속에 서 있다.

이스라엘 열두 지파와 함께 약속의 땅에서 사명을 감당하던 여호수아의 마지막 말이 여호수아서 23장에 소개됩니다. 애굽과 광야와 가나안을 경험한 지도자의 말입니다. 3절입니다. "너희의 하나님 여호와께서 너희를 위하여 이 모든 나라에 행하신 일을 너희가 다 보았거니와 너희의 하나님 여호와 그는 너희를 위하여 싸우신 이시니라" 아멘. 하나님은 이스라엘을 위해 싸우신 분입니다. 애굽에서도, 광야에서도, 가나안 약속의 땅에서도 하나님께서는 이스라엘을 위해 싸우셨습니다. 앞으로도 그러실 것입니다. 그러므로 어떻게 해야 할까요? 6-8절입니다. "그러므로 너희는 크게 힘써 모세의 율법 책에 기록된 것을 다 지켜 행하라 그것을 떠나 우로나 좌로나 치우치지 말라 너희 중에 남아 있는 이 민족들 중에 들어 가지 말라 그들의 신들의 이름을 부르지 말라 그것들을 가리켜 맹세하지 말라 또 그것을 섬겨서 그것들에게 절하지 말라 오직 너희의 하나님 여호와께 가까이 하기를 오늘까지 행한 것 같이 하라" 아멘.

하나님의 말씀에서 좌로나 우로 치우치면 안 됩니다. 다른 신들에게 마음을 빼앗기면 안 됩니다. 하나님만을 가까이하고 그분의 말씀을 따라가야 옳습니다. 우파도 아니고 좌파도 아닙니다. 그렇다고 중도파도 아닙니다. '말씀파' 여야 합니다.

이어지는 24장에는 이스라엘과 하나님 사이의 언약식이 소개됩니다. 1-13절은 '여호수아의 고별메시지' 입니다. 유명한 구절인 '오직 나와 내 집은 여호와를 섬기겠노라' (15절)의 근거가 되는 부분이 1-13절입니다. 이것을 근거로 여호수아와 그의 집은 여호와 하나님만을 섬깁니다. 여호수아의 고별메시지는 '자신의 출생, 성장 배경, 교육 환경, 자신이 이룬 일' 과 같은 것과는 거의 관계가 없습니다. 교수님들의 퇴임식을 봐도, 대개는 연구업적, 교육업적, 상 받은 것, 이런 것에 대한 소개가 대세입니다. 그 사람이 빛납니다. 그런데, 여호수아의 퇴임식에서는 여호수아가 이룬 업적은 소개되지 않습니다. 그럼, 무엇이 소개됩니까? 하나님의 말씀이 소개됩니다.

우선, 모인 장소는 세겜입니다. 여호수아 8장 30-35절을 보면, 세겜은 아이성 전투 직후 하나님의 말씀이 새겨지고 선포된 곳입니다. 요단을 건넌 뒤 성막은 길갈에 섰고 후에는 실로에 섰습니다. 그런데 하나님의 말씀이 백성에서 선포된 곳은 세겜이었습니다. 세겜은 야곱이 밧단아람에서 돌아온 다음, 디나 사건으로 회개를 선포하고 '벧엘로 올라가자.' 말했던 곳이기도 합니다. 세겜은 이스라엘 백성이 엇나갈 때 회개하는 곳입니다. 그래서인지 하나님께서는 '요단을 건너면 세겜에 가서 축복과 저주의 말씀을 바로 선포하라.' 명하셨습니다. 그러나 이스라엘은 아이성 실패가 있고서야 세겜으로 갔습니다. 여호수아는 이러한 이스라엘의 역사를 기억할 수 있도록 세겜으로 백성들을 모았습니다. 여호수아가 에브라임 지파이고 딤낫 세라를 기업으로 받았으니 자기 동네로 부를 수도 있었겠지만, 므낫세 지파에게 속한 곳으로 부릅니다. 딤낫 세라에서 직선거리로 30킬로미터나 떨어진 곳입니다. 실제 거리는 40킬로미터 이상된 곳입니다.

이스라엘 전체가 소집됩니다. 23장을 보면, 여호수아는 지도자들을 중심으로 모았습니다. 아마 이때는 딤낫 세라에서 모였을 수 있습니다. 24장 1절을 보면, "이스라엘 모든 지파를 세겜에 모으고" 하였습니다. 모든 백성을 부릅니다. 이어 하나님의 말씀을 전달합니다. 2절에서 다른 신들을 섬기던 '데라, 아브라함, 나홀' 에 대해 말합니다. 그들의 기원입니다. 그들은 다른 신들을 섬기던 사람들의 자손입니다.

이어지는 3-4절에서는 아브람을 선택한 뒤, 자녀를 주신 하나님을 소개합니다. 아브라함에게는 이삭을, 이삭에게는 야곱과 에서를 주셨습니다. 또한, 기업을 주신 하나님입니다. 그런데, 에서와 야곱에게 기업을 주시는 방법이 달랐습니다. 에서에게는 세일

산을 금방 기업으로 주셨습니다. 그런데 야곱의 경우에는 기업을 매우 천천히 주셨습니다. 거의 500년이나 늦게 주셨습니다. 야곱에게는 기업을 매우 천천히 주신 하나님입니다. 에서는 세일 산을 소유로 주셨으나, 야곱과 그의 자손들은 애굽으로 보내신 하나님입니다.

더구나 기업을 얻기 전에 하나님이 어떤 분인지를 경험하게 하신 하나님입니다. 5-7절입니다. "내가 모세와 아론을 보내었고 또 애굽에 재앙을 내렸나니 곧 내가 그들 가운데 행한 것과 같고 그 후에 너희를 인도하여 내었노라 내가 너희의 조상들을 애굽에서 인도하여 내어 바다에 이르게 한즉 애굽 사람들이 병거와 마병을 거느리고 너희의 조상들을 홍해까지 쫓아오므로 너희의 조상들이 나 여호와께 부르짖기로 내가 너희와 애굽 사람들 사이에 흑암을 두고 바다를 이끌어 그들을 덮었나니 내가 애굽에서 행한 일을 너희의 눈이 보았으며 또 너희가 많은 날을 광야에서 거주하였느니라" 아멘. 모세와 아론을 보내신 하나님, 애굽을 치시고 이스라엘을 애굽에서 나오게 하신 하나님, 홍해 앞에서 진퇴양난이던 이스라엘이 부르짖자, 이스라엘과 애굽 사이에 '흑암'을 두신 하나님, 애굽을 물로 덮으신 하나님, 이 모든 것을 목격하게 하신 하나님, 이후 긴 시간을 광야에서 지내게 하신 하나님입니다. 무능한 상태로 기업을 얻으면 기업을 금방 뺏길 수 있기에 여러 모양으로 훈련하십니다. 그래서 하나님의 사람들은 더딜 때가 많습니다. 준비가 필요하고 훈련이 필요하기 때문입니다.

준비되자 기업을 주시기 시작합니다. 8절입니다. "내가 또 너희를 인도하여 요단 저쪽에 거주하는 아모리 족속의 땅으로 들어가게 하매 그들이 너희와 싸우기로 내가 그들을 너희 손에 넘겨 주매 너희가 그 땅을 점령하였고 나는 그들을 너희 앞에서 멸절시켰으며" 아멘. 헤스본 왕 시혼과 바산 왕 옥을 무찌르게 도우신 하나님입니다. 에돔이 받은 땅보다 더 넓은 땅을 주셨습니다. 에서는 동맹을 통해 땅을 얻었지만, 야곱은 동맹 없이 얻었습니다. 동업자가 없었습니다.

더구나 헤스본과 바산이 무너지는 것을 보고 발람을 불러 이스라엘을 저주하려 했던 모압 왕 발락의 계획을 무산시킨 하나님이십니다. 이스라엘을 저주하려 했던 발람의 손에서 이스라엘을 구하신 하나님입니다. 9-10절입니다. "또한 모압 왕 십볼의 아들 발락이 일어나 이스라엘과 싸우더니 사람을 보내어 브올의 아들 발람을 불러다가 너희를 저주하게 하려 하였으나 내가 발람을 위해 듣기를 원하지 아니하였으므로 그가 오히려 너희를 축복하였고 나는 너희를 그의 손에서 건져내었으며" 아멘. 11절에는 여리고 성과 가나안 일곱 족속을 이스라엘에게 넘겨주신 하나님이 소개됩니다. 여호수아는 자신이 뭘 했다고 말하지 않았습니다. 하나님께서 주셨다고 소개합니다.

예레미야 9장 23-24절입니다. "여호와께서 이와 같이 말씀하시되 지혜로운 자는 그의 지혜를 자랑하지 말라 용사는 그의 용맹을 자랑하지 말라 부자는 그의 부함을 자랑하지 말라 자랑하는 자는 이것으로 자랑할지니 곧 명철하여 나를 아는 것과 나 여호와는 사랑과 정의[공의]와 공의[의]를[1] 땅에 행하는 자인 줄 깨닫는 것이라 나는 이 일을 기뻐하노라 여호와의 말씀이니라" 아멘. 저도 자꾸만 제가 한 일에 대해 생각하고 말할 때가 많습니다. 이는 어리석은 것입니다. 여호수아에게서 배워야겠습니다.

마지막 12-13절에서는 이스라엘이 그들의 힘으로 기업을 얻은 것이 아님을 강조합니다. 헤스본 왕 시혼과 바산 왕 옥을 물리칠 수 있도록 왕벌을 보내신 하나님입니다. 이스라엘의 칼과 활로 물리친 것이 아니었습니다. 그리고 지금 그들이 가진 땅은 그들이 개간한 땅이 아닙니다. 그들이 거주하는 성은 그들이 건설하지 않은 성이며, 그들이 먹는 포도나무와 올리브나무는 그들이 심은 나무가 아닙니다. 개간하지 않은 땅, 건설하지 않은 성을 주신 하나님, 심지 않은 포도나무와 올리브나무의 과실을 먹게 하신 하나님이십니다.

결국, 이스라엘이 자랑할 것은 하나도 없습니다. 이스라엘은 에서처럼 동맹의 지혜도 없었습니다. 외삼촌 라반과도 잘 지내지 못해 도망 나오는 형편이었습니다. 그들은 형제간에도 잘 지내지 못했습니다. 그래서 요셉이 애굽으로 팔려 갔고 곡식을 구매하여 가져오는 과정에서 가족 전체가 애굽으로 이주하게 되었습니다. 그들은 그 땅에서 자신들의 지위를 유지하지 못하고 노예가 되었으며 자신들의 힘으로는 애굽에서 나오지 못하는 처지가 되었습니다. 하나님께서 보내신 모세와 아론이 아니었다면, 그들은 영원토록 애굽 사람의 노예로 살아야 했을 것입니다. 더구나 그들은 홍해 앞에서 막막했습니다. 쫓아오는 애굽 사람들과 자신들 사이에 흑암이 없었다면, 홍해 안에서 죽었

---

1) 『개역개정』에는 『개역』의 '공의(미쉬파뜨)'는 '정의'로, 『개역』의 '의(쩌다까)'는 '공의'로 번역되어 있습니다. 『개역』의 번역이 더 좋아 보입니다.

을 것입니다.

어쩜 이렇게 무능한지! 그런데 그들이 기업을 얻은 것입니다. 에서가 얻은 기업보다 더 큰 기업을 순식간에 얻었습니다. 그리고 당대 최고의 술사 발람의 저주를 벗어났습니다. 강력했던 가나안 일곱 족속의 땅을 몇 번의 전쟁으로 거의 다 얻었습니다. 군사 훈련 한 번 받은 적이 없는 군인들인데, 기병과 철 병거를 무찔렀습니다. 맨몸으로 탱크부대를 무찌른 것과 같습니다. 오직 하나님의 도우심으로 이 모든 것이 가능했습니다. 하나님의 도우심으로 자신이 짓지 않은 집에 살게 되었고, 자신이 심지 않은 과실을 먹게 되었습니다.

고별설교에 이어, 여호수아와 이스라엘 백성이 대화합니다. 14-28절에 있습니다. 백성들은 '다른 신들을 섬기지 않겠다.' 그렇게 거듭 다짐했습니다. 그래서 언약이 맺어졌습니다. 그리심 산과 에발 산이 있는 세겜입니다. 축복과 저주가 선포되었던 곳입니다(수 8:30-35). 그러나 이어지는 사사기는 그토록 다짐했던 백성들의 고백은 온데간데없이 사라지고 '다른 신들을 섬겼다.' 하는 보고가 이어집니다.

출애굽 연도를 주전 1446년, 가나안 땅으로 들어간 연도를 주전 1406년, 다윗 통치를 주전 1010-970년으로 잡으면, 사사기는 주전 1370년경부터 주전 1100년 어간의 얘기입니다. 가나안 정탐을 할 때 여호수아가 여로보암 지파의 대표였으니 출애굽 당시 그의 나이를 40세 정도로 잡으면, 그가 죽은 해가 주전 1376년이 됩니다. 110세까지 살았으니까요(수 24:29). 사사기의 시작이 "여호수아가 죽은 후에"이므로 사사기의 시작을 주전 1370년 정도로 잡을 수 있습니다.

다윗 이전에 사울이 40년 정도 왕 위에 있었다고 보면, 주전 1,050년 정도가 되고, 엘리와 사무엘 시대를 50년 정도 잡으면 주전 1,100년 정도가 사사기의 마지막 연대가 됩니다. 11장 26절("이스라엘이 헤스본과 그 마을들과 아로엘과 그 마을들과 아르논 강 가에 있는 모든 성읍에 거주한 지 삼백 년이거늘 그 동안에 너희가 어찌하여 도로 찾지 아니하였느냐")에 있는 입다의 말을 신뢰하면, 입다가 암몬 왕에게 말을 전한 시기가 주전 1107년 정도이니, 이 계산에 근거하여 사사기를 보아도 좋겠습니다.

출애굽	주전 1446년
가나안 정탐	주전 1445년
요단 도하	주전 1406년
여호수아 사망	주전 1376년 정도
사사들	주전 1370년부터 1100년 정도까지(약 270년)
엘리	
사무엘	
사울	주전 1050년경부터 1010년까지
다윗	주전 1010년부터 970년까지

약 270년의 이스라엘 역사는 점점 내려가는 역사였습니다. '긍정적인 의미의 내려감 – 겸손'이 아니라, '부정적인 의미의 내려감 – 망함'의 역사였습니다. 하나님에게서 멀어져갔고, 다른 신들에게 다가갔습니다. 풍요를 떠나 가난으로 갔습니다. 이번 통독은 사사기 19장까지입니다. '레위인의 첩 사건'으로 알려진 본문의 시작 부분입니다. 결국 길르앗 지방의 야베스 동네 사람들의 헤렘으로 귀결되는 사건입니다. 다른 신을 섬기는 것과 관련된 '헤렘법'을 심각하게 어기는 일로 사사기가 마무리되는 것입니다. 이러한 마무리는 1장 17절과 대조를 이룹니다. 1장 17절은 "유다가 그의 형제 시므온과 함께 가서 스밧에 거주하는 가나안 족속을 쳐서 그 곳을 진멸하였으므로 그 성읍의 이름을 호르마라 하니라"이고, 21장 11절은 "너희가 행할 일은 모든 남자 및 남자와 잔 여자를 진멸하여 바칠 것이니라 하였더라"입니다. 헤렘법 측면에서 긍정적인 모습을 보이는 내용에서 출발했는데, 헤렘법 측면에서 매우 부정적인 모습을 보이는 내용으로 마무리됩니다. '왜?'라고 하는 질문과 대답이 사사기에 있는 듯합니다.

동시에 유다 지파로 시작하고 유다 지파에 대한 언급으로 마무리되는 것도 중요합니다. 사사기 1장 1-2절은 "여호수아가 죽은 후에 이스라엘 자손이 여호와께 여쭈어 이르되 우리 가운데 누가 먼저 올라가서 가나안 족속과 싸우리이까 여호와께서 이르시되 유다가 올라갈지니라 보라 내가 이 땅을 그의 손에 넘겨 주었노라 하시니라"이고, 20장 18절은 "이스라엘 자손이 일어나 벧엘에 올라가서 하나님께 여쭈어 이르되 우리

중에 누가 먼저 올라가서 베냐민 자손과 싸우리이까 하니 여호와께서 말씀하시되 유다가 먼저 갈지니라 하시니라" 입니다. 유다 지파는 '내려가는 것을 막는 사람들' 입니다. 하향 곡선을 완만하게 만드는 이들이지요. 하향 곡선을 상향 곡선으로 바꾸는 이들이기도 합니다.

사람들이 묻습니다. 누가 먼저 올라갑니까? 사실 다 같이 올라가야 맞지요. 그런데, 올라가기 싫으니까, 미루고 싶으니까 묻습니다. '누가 먼저' 를 묻습니다. 하나님의 대답은 '유다' 입니다. 창세기의 상황이 반영된 대답입니다. 유다의 기여와 야곱의 축복이 반영되었습니다. 또한 광야 40년이 반영된 대답입니다. 수가 가장 많았지요. 유다가 순종합니다. 유다는 시므온과 기업을 같이 받았습니다. 일종의 동업자이지요. 유다가 시므온에게 같이 가자고 합니다. 시므온이 같이 갑니다. 3절입니다. "유다가 그의 형제 시므온에게 이르되 내가 제비 뽑아 얻은 땅에 나와 함께 올라가서 가나안 족속과 싸우자 그리하면 나도 네가 제비뽑아 얻은 땅에 함께 가리라 하니 이에 시므온이 그와 함께 가니라" 아멘.

사사기 1장에는 '점령된 예루살렘' 과 '점령되지 않은 예루살렘' 이 비교됩니다. 8절과 21절입니다. "유다 자손이 예루살렘을 쳐서 점령하여 칼날로 치고 그 성을 불살랐으며 … 베냐민 자손은 예루살렘에 거주하는 여부스 족속을 쫓아내지 못하였으므로 여부스 족속이 베냐민 자손과 함께 오늘까지 예루살렘에 거주하니라" 아멘. 예루살렘 남쪽은 점령되고 북쪽 즉, 여부스 거민이 사는 곳은 점령되지 않습니다. 장차 이곳을 다윗이 점령하고 다윗 성이라 이름 짓지요.

유다 지파 가운데 갈렙 집안이 특별히 소개됩니다. 헤브론이 점령된 다음, 드빌을 얻습니다. 11-15절에 있습니다. 14절에 보면, 악사가 '밭을 구하자' 하고서 샘을 구합니다. 남방은 비가 많이 내리지 않습니다. 연 강수량이 300밀리미터 정도입니다. 그래서 농사가 불가능합니다. 농사를 지으려면 샘이 있어야 합니다. 그러니 밭을 구하자는 말과, 샘을 구한 것은 연결되는 부분이 있습니다. 악사가 '샘들' 을 구했습니다. 그랬더니 갈렙이 윗 샘들과 아랫 샘들을 주었습니다. 15절입니다. "이르되 내게 복을 주소서 아버지께서 나를 남방으로 보내시니 샘물[들]도 내게 주소서 하매 갈렙이 윗샘과 아랫샘을 그에게 주었더라" 아멘.

이스라엘이 하향 곡선을 탈 때 그것을 막는 이들이 있었습니다. 올라가는 이들입니다. 유다 지파입니다. 함께한 시므온 지파입니다. 갈렙 집안입니다. 옷니엘은 첫 사사가 됩니다.

이어지는 16절에는 모세의 장인 이드로의 자손인 겐 족속에 대해 발합니다. "모세의 장인은 겐 사람이라 그의 자손이 유다 자손과 함께 종려나무 성읍에서 올라가서 아랏 남방의 유다 황무지에 이르러 그 백성 중에 거주하니라" 아멘. 무슨 말인가요? 종려나무 성읍 즉, 여리고를 그들은 떠나지 못했습니다. 정착할 곳을 얻지 못했기 때문이지요. 그런데 유다가 자리를 잡기 시작하자 유다 황무지에 자리를 잡을 수 있게 되었습니다. 이것도 유다 지파의 기여입니다.

이어지는 17절은 유다와 시므온의 순종을 헤렘 측면에서 정리하고 있습니다. 그리고 유다의 한계가 19절에 소개됩니다. '철 병거' 입니다. 헤렘은 두 가지가 있습니다. 당위적 헤렘과 자발적 헤렘입니다. 철 병거를 무찌를 힘은 자발적 헤렘에서 나옵니다. 자기 목숨까지라도 아끼지 않는 마음에서 나옵니다. 예수님의 마음입니다.

내려가는 것을 막는 이들이 있습니다. 유다 시므온 갈렙 옷니엘 악사 겐 자손입니다. 잘했습니다. 조금 아쉬운 것이 있다면, 자기 목숨까지라도 아끼지 않는 마음입니다. 기업보다 하나님을 사랑하는 마음입니다. 이 마음이 쉽지 않습니다. 그러나 그 마음이 있으면 죽음이 어렵지 않습니다. 그래서 주님이 베드로에게 물으셨습니다. 나를 사랑하느냐? 물으셨습니다(요 21장). 예수님을 사랑하면 세상을 사랑하지 않고, 하나님의 말씀에 순종하며, 철 병거도 무찌를 수 있기 때문입니다. 마치, 수류탄 하나 들고 북한군 탱크를 박살 내었던 이들과 같습니다.

반면, 계속 내려가는 이들이 있습니다. 예루살렘의 남은 반쪽을 내버려둔 베냐민이 있습니다. 얄팍한 술수를 사용한 요셉 가문이 있습니다. 1장 22절입니다. "요셉 가문도 벧엘을 치러 올라가니 여호와께서 그와 함께 하시니라" 아멘. '요셉 가문도' 가 눈에 띕니다. '도' 입니다. 당연히 올라갔어야 했는데, 유다가 올라가니 흉내를 냅니다. 안 한 것보다 잘한 것이겠지만, 마음을 바꿔 제대로 하지 않아 안 한 것만 못한 부분이 있습니다. 쫓아내지 않습니다. 므낫세 에브라임 스불론 아셀 납달리 단이 있습니다. 34절입니다. "아모리 족속이 단 자손을 산지로 몰아넣고 골짜기에 내려오기를 용납하지 아니하였으며" 아멘. 단이 밀립니다. 야곱이 축복했습니다. "단은 길섶의 뱀이요 샛길의 독사로다 말굽을 물어서 그 탄 자를 뒤로 떨어지게 하리로다"(창 49:17) 아멘. 결심했다면, 순종했다면 얻었을 텐데, 아쉽습니다.

창세기를 읽을 때 '유다'의 역할과 축복에 대해 살펴보았습니다. 출애굽과 가나안 기업 얻음의 시간에서 유다 지파 갈렙의 역할에 대해 생각해 보면, 사사기의 시작과 끝에 유다 지파에 대한 하나님의 선택이 이해됩니다. 물론 이어지는 룻기와 사무엘서에서 다윗은 매우 중요한 인물로 등장합니다. 하나님의 뜻이 유다 지파에게 있었다고 하는 것을 생각하면, 사사기의 어려움은 유다 지파가 자기 역할을 하지 못한 것과도 연결될 수 있습니다. 요셉 지파와 유다 지파 사이의 헤게모니 싸움은 유다 지파의 승리로 마무리됩니다. 그러나 헤게모니를 쥔다는 것이 다른 한편으로는 희생이 크다는 것을 의미하기도 했습니다.

사사기 1장은 유다 지파 이야기와 요셉 지파 이야기가 중심에 있습니다. 1-20절이 유다 지파 이야기입니다. 요셉 지파 이야기는 22-29절에 있습니다. 나머지 지파의 이야기는 간략합니다. 21절이 베냐민, 30절은 스불론, 31-32절은 아셀, 33절은 납달리, 34-35상반절은 단 지파 이야기입니다. 그런데 35하반절이 요셉 자손 이야기로 끝납니다. "요셉의 가문의 힘이 강성하매 아모리 족속이 마침내는 노역을 하였으며 아모리 족속의 경계는 아그랍빔 비탈의 바위부터 위쪽이었더라" 아멘. 결국 사사기 1장은 두 부분으로 나뉩니다.

1-21절	유다(베냐민)
22-36절	요셉(스불론, 아셀, 납달리, 단)

유다의 역할이 있고 요셉의 역할이 있습니다. 각자 자기 역할에 충실하면 됩니다. 여호수아 당시에는 요셉 자손 에브라임 지파의 여호수아가 지도자였고, 유다 지파 갈렙은 중요한 모델이었습니다. 유다는 남국의 중심 지파였고 요셉 자손은 북국의 중심 지파였습니다. 두 지파가 경쟁 관계도 아니고, 단순히 서로 인정하는 '상생(相生)'

관계도 아니고, 서로 돕는 '상보(常保)' 관계이면 좋을 것 같습니다. 서로의 '닮음'과 '다름' 모두에 가치를 두고 힘을 합친다면 매우 유익한 결과에 도달할 수 있을 것입니다.

이스라엘 백성은 그 땅에 들어간 지 얼마 되지 않아 언약을 어깁니다. 2장 1-5절을 보니, 백성은 울었고 여호와께 제사를 드렸습니다. 그들의 돌이킴은 신속했습니다. 그러나 그들은 더 속히 하나님을 떠났고 더 깊이 더 멀리 하나님을 떠났습니다. 2장 11-15절에 있습니다. 마침내, 가나안 일곱족속을 쫓아내지 않으시겠다는 결정이 전달됩니다. 2장 20-23절에 있습니다.

사사기 2장 1-23절을 통해, '사는 날 동안 가르쳐야 할 것'을 배웁니다. 10절입니다. "그 세대의 사람도 다 그 조상들에게로 돌아갔고 그 후에 일어난 다른 세대는 여호와를 알지 못하며 여호와께서 이스라엘을 위하여 행하신 일도 알지 못하였더라" 아멘. 사는 날 동안 가르쳐야 할 과목 두 개가 있습니다. 첫째 과목은 '여호와'입니다. 둘째 과목은 '여호와께서 이스라엘을 위하여 행하신 일'입니다. 성경은 이 두 과목을 이수하도록 돕는 교과서라고 해도 과언이 아니겠습니다.

이스라엘 국가 교회는 지역교회 성격을 가지고 있었습니다. 중앙 성소가 예루살렘에 있었지만, 평상시에는 함께 사는 레위인들을 통해 하나님 경외를 배웠습니다. 집안의 가장들이 자녀들의 신앙교육을 책임졌습니다. 6절입니다. "전에 여호수아가 백성을 보내매 이스라엘 자손이 각기 그들의 기업으로 가서 땅을 차지하였고" 아멘. 여호수아가 백성을 보내니, 각기 그들의 기업으로 가서 땅을 차지하였습니다. 그리고 그곳에서 살았습니다. 지역교회가 생긴 것입니다. 길갈에 같이 있다가 보김으로 처소를 옮겼는데, 각기 기업으로 흩어진 것입니다.

이어지는 2장 6절의 '전에'라는 표현은 첨가된 것입니다. 본래는 5절과 이어져 있습니다. 그런데 6절이 5절과 바로 이어지는 내용이 아니라고 생각하여, '전에'라는 표현을 첨가한 것입니다. 왜 그랬을까요? 사사기 1장에서 '여호수아가 죽었다.' 말했기 때문입니다. 그러나 1장이 기업을 얻을 때의 전체 모습을 조망해주고 있기에, 2장에서 여호수아 생전의 한 모습을 소개한다고 해서 글의 순서상 문제가 되지는 않습니다. 또 다른 이유는 2장 1-5절의 내용이 여호수아 당시와 연결되기 어렵다고 보기 때문입니다.

보김이 어딘지는 모릅니다. 그러나 길갈에서 멀지 않은 곳에 이스라엘 자손 전체가 모여있습니다. 그렇다면, 여호수아 생전일 수 있습니다. 여호와의 사자가 한마디 했는데, 이스라엘 모든 자손이 웁니다. 그리고 여호와께 제사를 드렸습니다. 이런 반응 역시 여호수아 생전일 수 있다는 생각을 하도록 돕습니다. 한편, 이들의 문제로 지적된 내용, 다시 말해, '이 땅의 주민과 언약한 것, 제단을 헐지 않은 것' 역시, 여호수아 생전의 일일 수 있습니다.

근거 구절로 여호수아 24장 14-15절이 있습니다. 여호수아의 말입니다. "그러므로 이제는 여호와를 경외하며 온전함과 진실함으로 그를 섬기라 너희의 조상들이 강 저쪽과 애굽에서 섬기던 신들을 치워 버리고 여호와만 섬기라 만일 여호와를 섬기는 것이 너희에게 좋지 않게 보이거든 너희 조상들이 강 저쪽에서 섬기던 신들이든지 또는 너희가 거주하는 땅에 있는 아모리 족속의 신들이든지 너희가 섬길 자를 오늘 택하라 오직 나와 내 집은 여호와를 섬기겠노라 하니" 아멘. 아직 그들에게 우상들이 남아있습니다. 여호수아 24장 23절도 읽습니다. "여호수아가 이르되 그러면 이제 너희 중에 있는 이방 신들을 치워 버리고 너희의 마음을 이스라엘의 하나님 여호와께로 향하라 하니" 아멘.

이스라엘 모든 자손이 보김에서 소리를 높여 운 사건은 여호수아의 고별설교 때보다 이전 사건일 수 있다는 생각이 듭니다. 이유는 책망의 이유가 '이방신들을 모신 것' 이 아니라, '그 땅의 주민과 언약을 맺고 그들의 제단들을 헐지 않은 것' 이기 때문입니다. 아무래도 그 땅 거민들과 언약을 맺은 다음에 이방 우상들을 모시게 되는 것이 순서겠습니다. 그러므로 6절은 본래대로 번역하는 것이 좋겠습니다. '전에' 는 '이어' 정도가 좋겠습니다. '이어 여호수아가 백성을 보내매' 입니다. 이스라엘 백성이 하나님이 주신 기업을 받는 일에 게으릅니다. 게으를 뿐 아니라 거스르기도 합니다. 이방신을 섬기는 이들과 가까이 지냅니다. 그리고 그들의 제단을 헐지 않습니다. 이때 여호와의 사자의 책망을 듣습니다. 모두가 소리를 높여 웁니다. 광야를 지나 요단을 건너 약속의 땅에 들어와 산 것을 경험한 세대이기 때문에 회개가 빠릅니다. 이들은 하나님과 그분이 하신 일을 아는 세대이기 때문입니다. 이 세대가 여호수아의 보냄을 받아 각기 기업으로 가서 땅을 차지했습니다. 이렇게 2장 1-6절을 이해하는 것이 좋겠습니다.

이렇게 이해할 때 7-10절이 이해됩니다. 7절입니다. "백성이 여호수아가 사는 날 동안과 여호수아 뒤에 생존한 장로들 곧 여호와께서 이스라엘을 위하여 행하신 모든 큰 일을 본 자들이 사는 날 동안에 여호와를 섬겼더라" 아멘. 모두 흩어졌습니다. 흩어졌지만 여호와를 섬깁니다. 하나님을 예배하며 삽니다. 여호수아가 사는 날 동안에 그리 삽니다. 여호수아 뒤에 생존한 장로들 곧 여호와께서 이스라엘을 위하여 행하신 모든 큰일을 본 자들이 사는 날 동안에 그리 삽니다. 이어 여호수아의 죽음과 장례가 소개됩니다. 그리고 10절에서 그 다음 세대 얘기가 소개됩니다.

하나님을 아는 사람, 하나님께서 하신 일을 경험한 사람들, 하나님을 경외하면 살았던 적이 있는 이들은 회개가 빠릅니다. 그들이 살아있는 동안은 사회도 건강을 유지합니다. 그런데, 그런 이들이 스러지고 나면, 사회의 신앙 건강이 도전을 받습니다. 11-15절을 보십시오. 15절의 "그들이 어디로 가든지 여호와의 손이 그들에게 재앙을 내리시니"라는 표현이 눈에 띕니다. 이들은 재앙의 이유가 하나님께 있다는 것을 생각하지 않습니다. 재앙의 이유가 하나님께 있음은 이미 말씀하신 것과 같습니다.

근거 구절로 레위기 26장 14-17절을 봅니다. "그러나 너희가 내게 청종하지 아니하여 이 모든 명령을 준행하지 아니하며 내 규례를 멸시하며 마음에 내 법도를 싫어하여 내 모든 계명을 준행하지 아니하며 내 언약을 배반할진대 내가 이같이 너희에게 행하리니 곧 내가 너희에게 놀라운 재앙을 내려 폐병과 열병으로 눈이 어둡고 생명이 쇠약하게 할 것이요 너희가 파종한 것은 헛되리니 너희의 대적이 그것을 먹을 것임이며 내가 너희를 치리니 너희가 너희의 대적에게 패할 것이요 너희를 미워하는 자가 너희를 다스릴 것이며 너희는 쫓는 자가 없어도 도망하리라" 아멘.

하나님께서는 이스라엘이 행복하기를 원하셔서 하나님의 사람들에게 하나님 경외 교육하기를 바라셨습니다. 그러나 충분히 이뤄지지 않았지요. 여호수아가 마지막까지 이 부분을 위해 노력했지만, 이 노력이 충분히 이어지지는 못했습니다. 일반 지도자인 장로와 가장들에 의해 하나님 경외 교육이 이뤄지지 않자, 하나님께서는 사사들을 세우십니다. 판단하는 자들입니다. 법에 따라 재판하는 이들입니다. 법을 지켜야 유지되는 공동체이기에, 법 지킴이를 지도자로 세우신 것입니다.

그런데 어떻게 되었습니까? 오래가지 못했습니다. 2장 16-19절에 있습니다. 사사들을 통해 구원이 임해도, 백성들은 사사들을 순종하지 않았습니다. 사사들이 죽으면 더욱 타락했습니다. 이로 볼 때, 구원이 목표가 아니라 교육이 목표가 되었다면 더 좋았겠다는 생각을 해봅니다.

사사기 3장 1-6절은 270년 사사시대의 요약이라고 할 수 있습니다. 이스라엘 백성이 바알과 아스다롯을 섬깁니다. 그랬더니 이스라엘 백성에게 임해야 할 안식이 그 땅의 백성들에게 임합니다. 매우 오묘하지 않습니까? 유대인들이 하나님의 말씀을 순종하지 않고 예수님을 대적합니다. 그러자 이방인들에게 구원이 임합니다. 오묘하지 않습니까? 사람은 관계로 선악을 분별하는 경향이 있습니다. 팔이 안으로 굽는다는 말이지요. 나와 가까운 사람이 먼 사람보다 옳다는 기준입니다. 나와 이권을 같이 하는 사람 편을 들어주는 경향입니다.

그런데 하나님께서는 아벨이 죽는 것을 내버려 두셨고 가인의 이마에 표를 주시는 은혜를 베푸십니다. 마찬가지로, 그 땅에 살던 백성들에게 은혜를 베푸십니다. 그들에게 안식을 주십니다. 누구이지요? 3절에 나옵니다. "블레셋의 다섯 군주들과 모든 가나안 족속과 시돈 족속과 바알 헤르몬 산에서부터 하맛 입구까지 레바논 산에 거주하는 히위 족속이라" 아멘. '모든 가나안 족속' 이라는 표현이 눈에 띕니다. 헤렘이 되었어야 했던 족속들입니다. 그런데, 그들이 안식을 누립니다.

두 번째로 발견되는 '오묘한 하나님의 계획' 은 이스라엘 백성들에게 전쟁을 가르치시는 부분입니다. 2절입니다. "이스라엘 자손의 세대 중에 아직 전쟁을 알지 못하는 자들에게 그것을 가르쳐 알게 하려 하사 남겨 두신 이방 민족들은" 아멘. 여호수아가 죽었습니다(2:8). 여호수아 뒤에 생존한 장로들 곧 여호와께서 이스라엘을 위하여 행하신 모든 큰일을 본 자들도 다 죽었습니다(2:7). 그 세대 사람들, 다시 말해 약속의 땅 정복 전쟁에 참여했던 이들이 모두 죽었습니다(2:10). 이제 남은 이들은 전쟁을 모르는 세대입니다.

이스라엘 백성 가운데 전쟁을 경험하지 않은 세대에게 하나님께서 전쟁을 가르쳐 알게 하려고 하신답니다. 이것이 오묘한 하나님의 계획입니다. 전쟁이 없는 것이, 전쟁을 모르는 것이 좋을 것 같은데, 전쟁을 배우게 하려 하십니다. 그러고 보니 하나님의 사람들 가운데에는 전쟁 용사들이 많습니다. 특별히 다윗이 그랬지요. 첫 데뷔가 골리앗을 죽인 사건이었으니까요. 사울의 첫 데뷔는 암몬과의 전쟁이었습니다. 아브라함은 어땠나요? 창세기 14장을 보니, 아브라함이 싸움꾼이었네요. 시날, 엘라살, 엘람, 고임의 네 왕을 무찔렀습니다. 8절에 나오는 '메소보다미아' 쪽에 있던 왕들입니다. '메소보다미아'는 '두 강'의 번역입니다. 티그리스와 유프라테스 강을 가리킵니다.

이스라엘 자손이 여호와의 목전에 악을 행하여 자기들의 하나님 여호와를 잊어버리고 바알들과 아세라들을 섬깁니다. 3장 7절에 소개됩니다. 그러자 여호와께서 이스라엘에게 진노하십니다. 그들을 두 강의 왕 구산 리사다임의 손에 파십니다. 8절에 소개됩니다. 내용인즉 이렇습니다. 하나님도 모르고 하나님께서 하신 일도 모르는 세대가 일어납니다. 그들이 자신들의 이익을 따라갑니다. 전쟁을 몰라서 그렇습니다. 특별히 영적인 전쟁을 몰라서 그렇습니다. 그들 삶 속에 있는 전쟁, 특별히 마귀와의 전쟁을 모릅니다. 그래서 하나님께서는 그들에게 전쟁을 가르쳐주고 싶어 하셨습니다. 특별히 거룩한 전쟁을 알려 주고 싶으셨습니다.

전쟁은 반드시 이수해야 할 과목입니다. 이유는 대적자 사탄이 있기 때문입니다. 그래서 하나님께서 블레셋과 가나안 족속에게 안식을 주셨습니다. 그런데 이스라엘은 더 심각한 죄를 짓습니다. 그들과 언약을 맺은 것입니다. 5-6절이 그것을 말합니다. 그랬더니 더 큰 전쟁들이 그들 앞에 임합니다. 7-8절입니다. "이스라엘 자손이 여호와의 목전에 악을 행하여 자기들의 하나님 여호와를 잊어버리고 바알들과 아세라들을 섬긴지라 여호와께서 이스라엘에게 진노하사 그들을 메소보다미아 왕 구산 리사다임의 손에 파셨으므로 이스라엘 자손이 구산 리사다임을 팔 년 동안 섬겼더니" 아멘. 이 문제의 해결은 '여호와의 영'에 있었습니다. 10절입니다. "여호와의 영이 그에게 임하셨으므로 그가 이스라엘의 사사가 되어 나가서 싸울 때에 여호와께서 메소보다미아 왕 구산 리사다임을 그의 손에 넘겨 주시매 옷니엘의 손이 구산 리사다임을 이기니라" 아멘.

세 번째로 발견되는 오묘한 하나님의 계획은 '시험'입니다. 3장 1절입니다. "여호와께서 가나안의 모든 전쟁들을 알지 못한 이스라엘을 시험하려 하시며" 아멘. 야고보서

1장 13절에 보면, "사람이 시험을 받을 때에 내가 하나님께 시험을 받는다 하지 말지니 하나님은 악에게 시험을 받지도 아니하시고 친히 아무도 시험하지 아니하시느니라" 말씀합니다. 그래서 '시험' 을 하나님과 연결하는 것을 주저합니다. 그러나 하나님께서는 '친히' 는 아니지만, 블레셋과 가나안 족속들을 통해 이스라엘을 시험하셨습니다.

무슨 시험입니까? 4절에 나옵니다. "모세를 통하여 그들의 조상들에게 이르신 명령들을 순종하는지" 시험하셨습니다. 우리 삶의 다양한 어려움도, 다양한 성공도 사실은 이 시험과 연관이 있습니다. 궁극적으로는 영혼 구원의 문제이지만, 단기적으로는 이 시험입니다. 고린도전서 10장 13절, "사람이 감당할 시험 밖에는 너희가 당한 것이 없나니 오직 하나님은 미쁘사 너희가 감당하지 못할 시험 당함을 허락하지 아니하시고 시험 당할 즈음에 또한 피할 길을 내사 너희로 능히 감당하게 하시느니라" 아멘. 형통과 어려움, 칭찬과 꾸지람 모두 시험이 될 수 있습니다. 그때의 합격은 하나님의 말씀대로 순종하는 것입니다.

사사기 3장 1-11절에서 하나님의 오묘한 계획 세 가지를 발견합니다. '대적에게 주시는 안식, 전쟁을 배우게 하심, 그리고 백성을 시험하심' 입니다. 대적에게 주시는 안식을 통해 하나님을 공평을 깨닫습니다. 전쟁을 배우게 하심을 통해, 연약한 자녀가 아니라 강인한 자녀가 되게 하시려는 하나님의 뜻을 깨닫습니다. 무엇보다 시험을 통해 내 마음이 하나님을 사랑하는지 확인합니다. 하나님을 사랑하는 자들만이 시험을 이길 수 있습니다.

옷니엘부터 시작되는 사사들의 이야기는 구체적인 사례에 속합니다. 3장 7절부터 16장까지의 사례들을 정리해 봅니다.

옷니엘(유다)	3장 7-11절
에훗(베냐민)	3장 12-30절
삼갈(베냐민?)	3장 31절
드보라(에브라임), 바락(납달리?)	4장 1절부터 5장 31절까지
기드온과 아비멜렉(므낫세: 서쪽)	6-9장

돌라(므낫세?)	10장 1-2절
야일(므낫세?)	10장 3-5절
입다(므낫세: 동쪽)	10장 6절부터 12장 7절까지
입산(스불론: 베들레헴[수 19:15])	12장 8-10절
엘론(스불론)	12장 11-12절
압돈(에브라임?: 비라돈)	12장 13-15절
삼손(단)	13-16장

사사가 속한 지파의 흐름을 보면, 유다와 베냐민 지파에서, 북쪽 지파 에브라임과 납달리, 서쪽 므낫세, 동쪽 므낫세, 스불론, 에브라임, 단 지파로 진행되는 것을 읽을 수 있습니다. 이 점은 1장에서 소개된 순서와 유사합니다. 유다와 베냐민 지파에서, 요셉(므낫세, 에브라임), 스불론, 아셀, 납달리, 단 지파의 순서로 소개되었습니다. 시작은 유다 지파이고 마지막은 단 지파입니다. 1장에 언급된 지파 가운데 아셀 지파 출신 사사만 없는 것 같습니다. 그러나 아셀은 계속 언급됩니다. 납달리 지파와 연관된 바락과 관련하여 5장 17절에, 서쪽 므낫세 지파와 연관된 기드온과 관련하여 6장 35절과 7장 23절에 나옵니다. 아셀은 납달리 및 므낫세(서쪽) 반 지파와 함께 등장합니다.

그런데 마지막으로 소개된 삼손은 단 지파 출신이지만 유다 지파가 받은 기업과 관련해서도 활동합니다. 그가 블레셋 사람으로부터 이스라엘을 구원하는 사사였기 때문에 이는 어쩌면 피할 수 없는 부분이었습니다. 삼손과 관련하여 유다 지파가 언급되는 구절이 있습니다. 15장 9-20절에 있습니다. 이 부분에서 매우 슬픈 장면이 있습니다. 11-13절입니다. "유다 사람 삼천 명이 에담 바위 틈에 내려가서 삼손에게 이르되 너는 블레셋 사람이 우리를 다스리는 줄을 알지 못하느냐 네가 어찌하여 우리에게 이같이 행하였느냐 하니 삼손이 그들에게 이르되 그들이 내게 행한 대로 나도 그들에게 행하였노라 하니라 그들이 삼손에게 이르되 우리가 너를 결박하여 블레셋 사람의 손에 넘겨 주려고 내려왔노라 하니 삼손이 그들에게 이르되 너희가 나를 치지 아니하겠다고 내게 맹세하라 하매 그들이 삼손에게 말하여 이르되 아니라 우리가 다만 너를 단단히 결박하여 그들의 손에 넘겨 줄 뿐이요 우리가 결단코 너를 죽이지 아니하리라 하고 새 밧줄 둘로 결박하고 바위 틈에서 그를 끌어내니라" 아멘. 유다 지파에게 어느 정도의 책임이 있다고 말씀드렸습니다. 그런데 유다 지파는 자기들이 살겠다고 하나님께서 세우신 사사 삼손을 결박하여 블레셋 사람들에게 내어줍니다. 삼손 홀로 당나귀 턱뼈를 가지고 블레셋 사람 일천 명을 죽였는데, 유다 사람 삼천 명이 삼손을 지지했다면 얼마나 좋았을까? 하는 아쉬움이 생깁니다. 별 볼 일 없었던 단 지파 출신 사사의 슬픔을 여실히 읽을 수 있는 부분입니다.

그럼, 한 사람씩 사사들을 살펴 봅니다. 우선, 옷니엘입니다. 옷니엘은 이미 여호수아서에 등장합니다. 15장 17절입니다. "갈렙의 아우 그나스의 아들인 옷니엘이 그것을 점령함으로 갈렙이 자기 딸 악사를 그에게 아내로 주었더라" 아멘. 같은 내용이 사사기 1장 13절에도 나옵니다. "갈렙의 아우 그나스의 아들인 옷니엘이 그것을 점령하였으므로 갈렙이 그의 딸 악사를 그에게 아내로 주었더라" 아멘. 긍정적인 일로 이미 알려져 있던, 갈렙의 사위 옷니엘에 대한 기사는 짧습니다. 그러나 그의 사사 기간은 짧지 않습니다. 40년입니다. 부족하거나 치우치지 않았기 때문에 기록이 간단합니다.

다음은 왼손잡이 에훗입니다. 왼손잡이인 것, 정공법이 아니라 공물을 바치는 체하여 모압 왕 에글론을 죽인 것이 부족해보이는 부분입니다. 그럼에도 당시 에브라임은 베냐민 출신 사사와 행동을 같이 했습니다. 3장 27-29절입니다. "그가 이르러 에브라임 산지에서 나팔을 불매 이스라엘 자손이 산지에서 그를 따라 내려오니 에훗이 앞서 가며 그들에게 이르되 나를 따르라 여호와께서 너희의 원수들인 모압을 너희의 손에 넘겨 주셨느니라 하매 무리가 에훗을 따라 내려가 모압 맞은편 요단 강 나루를 장악하여 한 사람도 건너지 못하게 하였고 그 때에 모압 사람 약 만 명을 죽였으니 모두 장사요 모두 용사라 한 사람도 도망하지 못하였더라" 아멘. 이 부분은 서쪽 므낫세 지파의 사사 기드온, 동쪽 므낫세 지파의 사사 입다 때와 비교할 때, 연합의 모습을 보여준 것입니다. 8장 1-3절을 보면, 기드온의 겸손한 반응으로 요셉 자손 사이의 갈등은 해소되었습니다. 그러나 12장 1-6절을 보면, 동쪽 므낫세 지파의 입다 사사는 에브라임 사람을 42,000명이나 죽입니다. 요셉 지파 내의 심각한 갈등을 읽을 수 있습니다.

삼갈은 에훗과 한 묶음이기 때문에, 유다와 베냐민 영역의 사사 이야기 다음에 등장하는 부분은 이스라엘 열두 지파 가운데 북쪽에서 기업을 받은 아셀, 스불론, 납달리입니다. 드보라는 에브라임 산지에서 라마와 벧엘 사이에 거주했습니다(4:5). 남편이 에브라임 지파였던 것 같습니다. 드보라는 가나안 왕 야빈을 맞설 사람으로 납달리 지파 바락을 세웠습니다. "납달리 자손과 스불론 자손 만 명을 거느리고 다볼 산으로 가라"(4:6) 명령합니다. 다볼 산은 잇사갈 지파의 땅에 있는 산으로, 납달리와 스불론 남쪽 경계와 맞닿아 있는 곳에 있었습니다.

바락은 빨랐습니다. 그는 '게데스'에서 '라마와 벧엘 사이'를 단숨에 달려옵니다. 직선거리 140킬로미터입니다. 4장 6절의 '갈릴리 게데스'와 4장 10, 11절의 '게데스'는 같은 곳을 지칭합니다. 물론, 돌아갈 때도 단숨에 돌아가고, 돌아가면서 스불론과 납달리 사람 만 명을 불러 모읍니다(4:10). 게데스에서 다볼산까지도 즉시 이동합니다(4:12).

반면, 시스라는 더딥니다. 시스라는 '열방의 조각물'이라는 뜻을 가진 '하로셋 학고임'에 그의 병거 및 군대와 함께 주둔하고 있었습니다(4:2). 시스라는 바락이 다볼산에 오른 다음에야 이 사실을 전달받고 이동합니다(4:13). 시스라는 자신이 주둔하고 있던 '하로셋 학고임'으로 가지 못하고 '사아난님 상수리나무'로 도망갑니다. 4장 11절에 나오는 '사아난님 상수리나무'는 '게데스'에서 가깝습니다. 또한 여호수아 19장 33절을 보면, '사아난님 상수리나무'는 납달리 자손 기업의 북동쪽 경계입니다.

'사아난님 상수리나무'에는 바락보다 더 빠른 야엘이 있었습니다. 시스라가 처참한 몰골로 헤벨의 동네에 들어가니 헤벨의 아내 야엘이 나옵니다. 야엘은 전쟁 소식을 들었을 것입니다. 사실 시스라의 철 병거가 동네 곁을 질주하며 가는 소리도 들었을 것입니다. 군대가 진격하는 소리는 두려움을 주기에 충분합니다. 야엘은 이스라엘의 사사 드보라가 한 말도 들었을 것입니다. 이번 전쟁의 영광은 여인이 취할 것입니다. 드보라가 바락에게 말했습니다. "내가 반드시 너와 함께 가리라 그러나 네가 이번에 가는 길에서는 영광을 얻지 못하리니 이는 여호와께서 시스라를 여인의 손에 파실 것임이니라"(4:9) 아멘.

철 병거 구백승을 거느리고 당당했던 시스라가 몰골을 하고 나타났습니다. 거느린 병사 하나 없이 말입니다. 병거를 몰고 온 것이 아닙니다. 걸어서 왔습니다. 야엘에게 뭔가 깨달음이 왔었나 봅니다. '드보라가 말한 영광은 내 것이다.' 하는 깨달음 말입니다. 드보라가 보인 매우 치밀하면서도 계획적인, 잔인하리만큼 철저한, 무모해 보일 만큼 담대한 행동은 이러한 깨달음을 추측케 합니다.

야엘은 시스라를 반갑게 맞이합니다. 두려워하지 말라며 초대합니다. 좀 주무시라고 합니다. 마음이 놓인 시스라는 물을 좀 달라고 했습니다. 이때 야엘은 우유를 주었습니다. 그것도 귀한 그릇에 담아 주었습니다. 지금이야 그릇이 흔하지만, 당시, 그것도 유목민의 아내에게 그릇이란 만져보기 어려운 것입니다. 더구나 귀한 그릇은 함부로 쓸 수 없을 만큼 귀한 것입니다. 향유 부은 여인들이 지녔던 향유와 같은 것이지요. 그런 그릇에 우유를 담아 시스라에게 주었습니다. 패전 장군에게 과분한 예우를 갖추었습니다.

시스라는 귀한 그릇을 보고 마음이 풀어졌을 것입니다. '맞아. 나는 장군이야. 나는 저런 그릇에 물을 담아 먹을 만큼 존귀한 사람이야.' 하는 생각을 했겠죠. 그릇을 받아 들고 보니, 그릇 안에는 물이 아니라 우유가 들어있었습니다. 더구나 막 짠 우유가 아니라, 연유나 버터와 같이 가공된 우유였습니다. 정성이 많이 들어간 우유입니다. 지친 시스라에게 엉긴 우유는 피로회복제였습니다. 달콤하고 영양 만점의 우유를 먹은 시스라는 잠이 들었습니다.

자기가 왜 이곳에 왔는지도 잊고, 자신이 장군이라는 것도 잊고, 부하들이 죽었는지 살았는지 확인해야 한다는 사실도 잊고, 자기 편안함을 즐기는 장군이 있습니다. 엉긴 우유 한 잔으로 모든 군대를 바꾼 장군이 있습니다. 잔인한 장군이요, 미련한 장군입니다. 사랑도 없고 생명을 경시하는 장군입니다. 그런 장군의 부하로 있다는 것이 슬픔이지요.

야엘의 눈에 비친 시스라는 그런 장군이었습니다. 미련한, 그리고 이기적인, 모든 부하를 우유 한 잔에 바꿔버리는 그런 장군이었습니다. 철 병거 구백승이 아니었다면 전쟁에 참가하지 않았을 장군입니다. 승리가 보장된 전쟁이 아니면 출전하지 않았을 장군입니다. 약탈에만 능했던, 시녀들을 말을 통해 짐작하건데, 전리품에 눈이 먼, 특별히 좋은 의복을 약탈하는데 눈이 먼 장군입니다. 다른 사람들이 사람을 전리품으로 취할 때, 시스라는 명품을 골랐습니다.

명품을 좋아하는 시스라에게 야엘은 명품 그릇에 담긴 명품 우유를 주었습니다. 명품을 좋아하는 시스라는 명품 그릇에 담긴 명품 우유를 먹고 명품 잠을 잡니다. 이때 야엘이 귀한 그릇을 놓고 말뚝을 듭니다. 그리고 방망이를 손에 듭니다. 성막 말뚝은 놋으로 만들었습니다. 출애굽기 27장 19절입니다. "성막에서 쓰는 모든 기구와 그 말뚝과 뜰의 포장 말뚝을 다 놋으로 할지니라" 아멘. 청동 말뚝입니다. 야엘이 잡은 말뚝에 대해 말할 때, 재료에 대한 언급이 없습니다. 그럼, 나무 말뚝입니다. 망치도 나무망치입니다.

말뚝을 나무로 해도 됩니까? 됩니다. 텐트 팩으로 플라스틱을 사용합니다. 돌 위에 박으면 깨지지요. 그러나 부드러운 흙에 박으면 플라스틱 팩으로도 충분합니다. 나무의 강도가 플라스틱 못지않습니다. 단단한 나무는 플라스틱보다 강합니다. 철 병거를 거느리는 장군을 끝장내기 위해 야엘이 집어 든 것은 나무 말뚝과 나무 방망이였습니다. 양손으로 받쳐 든 귀한 그릇 대신, 왼손에는 나무 말뚝을, 오른손에는 나무망치를 들었습니다.

뭘 할 작정입니까? 나가서 일하려고요? 시스라가 자는 장막을 더 견고하게 해주려고요. 아닙니다. 시스라를 죽이기 위함입니다. 시스라에게 다가갑니다. 시스라는 장막 입구를 향해 모로 누워있습니다. 혹시 누가 오면 바로 일어나도록 장막 문 쪽을 향해 누웠습니다. 시스라가 야엘에게 말했지요. "장막 문에 섰다가 만일 사람이 와서 네게 묻기를 여기 어떤 사람이 있느냐 하거든 너는 없다 하라"(4:20). 야엘을 보초 세울 정도였으니, 장막 문 쪽으로 몸을 향하고 누워서 잠이 들었을 것입니다.

야엘은 장막 문 쪽에서 시스라에게 다가갑니다. 만일 시스라가 깬다면 자신의 안전은 보장될 수 없습니다. 군대는 없다 해도, 철 병거는 없다 해도, 그는 장군입니다. 충분한 휴식도 취했으니, 아무리 강한 여성이라 해도 당해낼 수 없습니다. 도대체 야엘은 무슨 생각으로 나무 말뚝과 나무망치를 들고 다가갔을까요? 5장 23-24절이 설명합니다. "여호와의 사자의 말씀에 메로스를 저주하라 너희가 거듭거듭 그 주민들을 저주할 것은 그들이 와서 여호와를 돕지 아니하며 여호와를 도와 용사를 치지 아니함이니라 하시도다 겐 사람 헤벨의 아내 야엘은 다른 여인들보다 복을 받을 것이니 장막에 있는 여인들보다 더욱 복을 받을 것이로다" 아멘. 무슨 마음입니까? '여호와를 도울 마음' 입니다. 메로스와 그 주민들의 마음과 다른 마음입니다. 하나님을 도울 마음, 하나님의 백성을 도울 마음입니다. 놀랍게 전세를 역전시키신 하나님과 함께할 마음입니다.

사실 시스라와의 전쟁은 하나님께서 직접 싸우신 전쟁이었습니다. 5장 4-5절입니다. "여호와여 주께서 세일에서부터 나오시고 에돔 들에서부터 진행하실 때에 땅이 진동하고 하늘이 물을 내리고 구름도 물을 내렸나이다 산들이 여호와 앞에서 진동하니 저 시내 산도 이스라엘의 하나님 여호와 앞에서 진동하였도다" 아멘. 이스라엘 땅에 비를 주는 비구름은 보통 서쪽에 있는 지중해 쪽에서 옵니다. 그런데 이 비구름은 남쪽에서 왔습니다. 세일에서 에돔 들에서 왔습니다. 저 멀리 남쪽에서 왔습니다. 홍해 쪽입니다. 홍해를 가르신 하나님께서 홍해를 몰고 오셨습니다. 홍해 바다의 수증기를 모아 이스르엘 평원에 뿌리셨습니다. 기손강이 넘쳐 철 병거가 무력화되게 하셨습니다. 바로의 청동 병거를 수장시킨 하나님께서, 시스라의 철 병거를 빠뜨리셨습니다. 무거운 병거는 물에 약하니까요.

시스라의 어머니의 모성과 대비되는 야엘의 마음은 하나님을 경외하는 마음이었습니다. 하나님을 도우려는 마음이었습니다. 그래서 철 병거 구백승의 대장인 시스라를 향해, 나무 말뚝과 나무망치를 들고 간 것입니다. 어설프게 행동했다가는 뼈도 못 추릴 상황입니다. 시스라의 얼굴을 똑바로 보고 갑니다. 주님이 도우시지 않았다면 성공하기 어려운 시도였습니다. 시스라는 장군입니다. 역전의 용사입니다. 여인을 보초 세웠으니 긴장하고 귀를 쫑긋 세우고 있었을 것입니다.

그런 시스라를 향해 나무 말뚝과 나무망치를 들고 다가갑니다. 장막이라는 것이 무슨 대궐이 아닙니다. 작습니다. 그러니 그 안에서 만들어진 소리는 잘 들릴 수밖에 없습니다. 야엘이 조금이라도 뜸을 들인다면, 이상한 공기가 흐를 것이고 시스라가 금방 눈치채고 일어날 것입니다. 야엘은 소리를 내지 않으면서도 매우 신속하게 시스라의 머리 쪽으로 이동했습니다. 그의 판단은 이미 내려져 있었습니다. 시스라에게 다가간 다음에 '어디에 말뚝을 박지? 여기에 박을까? 아니면, 저기에 박을까?' 그런 고민을 한 것이 아니었습니다.

야엘은 신속했고 정확히 관자놀이에 나무 말뚝을 대고 한 번에 말뚝을 박았습니다. 벌벌 떨었다면 절대로 낼 수 없는 힘이었습니다. 목숨을 걸지 않았다면 절대로 하지 않을 시도였습니다. 모든 것을 걸고 내린 결정이었고, 하나님을 경외하는 마음이 있었기에 담대할 수 있었습니다. 그래서 그는 축복받을 여성이었습니다. 나무 말뚝은 시스라의 관자놀이를 꿰뚫었습니다. 26절입니다. "손으로 장막 말뚝을 잡으며 오른손에 일꾼들의 방망이를 들고 시스라를 쳐서 그의 머리를 뚫되 곧 그의 관자놀이를 꿰뚫었도다" 아멘. 목적어가 점점 구체화 됩니다. 시스라에서, 시스라의 머리로, 시스라의 관자놀이로 구체화 됩니다.

야엘이 시스라를 쳤다고? 어떻게? 어디를? 머리를? 어디를? 관자놀이를. 다윗은 골리앗의 이마에 몰맷돌을 박았습니다. 두개골(頭蓋骨)이 함몰될 만큼 강력한 돌팔매질을 했습니다. 거리낌이나 두려움이 조금이라도 있었다면 나올 수 없는 속도와 힘입니다. 다윗만큼이나 신속하면서도 정확하면서도 강력하게 야엘은 시스라의 관자놀이에 나무 말뚝을 박았습니다. 정확하게 단번에 신속하게 강력하게 박았습니다. 얼마나 강력했던지, 4장 21절을 보면, "말뚝이 꿰뚫고 땅에 박히니" 했습니다.

왼손잡이 에훗이 에글론의 비둔한 배를 뚫은 것처럼, 야엘은 시스라의 관자놀이를 뚫었습니다. 전리품을 기다리는 시녀들은 상상하지도 못할, 아들을 사랑하기는 하지만 그저 돌아오기만을 기다리는 어머니는 엄두도 못 낼 마음이 야엘에게 있었습니다. 하나님을 경외하는 마음이었습니다. 그분을 위해서라면 뭐라도 하겠다는 마음이었습니다. 그 마음이 있으시기를 바랍니다.

결과가 5장 27절에 있습니다. "그가 그의 발 앞에 꾸부러지며 엎드러지고 쓰러졌고 그의 발 앞에 꾸부러져 엎드러져서 그 꾸부러진 곳에 엎드러져 죽었도다" 아멘. '발 앞' 이라고 번역되었는데, 본래는 '발 사이' 입니다. 그렇지요. 관자놀이에 나무 말뚝을 그렇게나 강력하게 박으려면, 시스라의 머리가 야엘의 발 사이에 있어야 합니다. 시스라의 머리맡까지 다가간 다음, 단번에 그러나 정확하게 나무 말뚝을 내리쳤습니다. 시스라는 비명도 지르지 못했습니다. 4장 21절에 "기절하여 죽으니라"고 말합니다.

야엘과 같은 마음을 가진 여성이 한 명 더 있습니다. 누구일까요? 드보라입니다. 드보라는 자신을 이스라엘의 어머니로 소개합니다. 5장 7절입니다. "이스라엘에는 마을 사람들이 그쳤으니 나 드보라가 일어나 이스라엘의 어머니가 되기까지 그쳤도다" 아멘. 전쟁이 참여하는 드보라의 마음에서 야엘의 마음, 하나님을 경외하는 마음, 하나님을 돕는 마음을 읽습니다. 시스라의 어머니와 비교되는 마음입니다. '어떡하냐?' 하면서 걱정만 하지 않고, 칼과 활을 드는 마음입니다.

이런 드보라의 눈에 스불론과 납달리가 귀합니다. 18절입니다. "스불론은 죽음을 무릅쓰고 목숨을 아끼지 아니한 백성이요 납달리도 들의 높은 곳에서 그러하도다" 아멘. "죽음을 무릅쓰고 목숨을 아끼지 아니한"은 '죽으려고 자기 목숨을 경시한'의 번역입니다. 죽으려고 자기 목숨을 경시하지 않으면 출전하기 어려운 전쟁이었습니다. 수류탄으로 탱크 잡은 전쟁이었으니까요. 활 들고 조총부대 맞서는 전투였으니까요. 드보라의 노래를 보면 여러 지파가 도왔습니다. 14-18절을 보면, 에브라임, 베냐민, 마길(요단 동편 므낫세), 스불론, 납달리에서 돕는 자들이 왔습니다. 15절을 보면, 잇사갈이 도왔습니다.

그런데 이런 상황에서 르우벤 지파는 큰 결심을 합니다. 5장 15하반-16절입니다. "르우벤 시냇가에서 큰 결심이 있었도다 네가 양의 우리 가운데에 앉아서 목자의 피리 부는 소리를 들음은 어찌 됨이냐 르우벤 시냇가에서 큰 결심이 있었도다" 아멘. "양의 우리 가운데에 앉아서 목자의 피리 부는 소리" 들을 결심을 한 것입니다. 전쟁에 나가지 않기로 결심한 것입니다. 요단 건너 동편에 산다고 요단 서북쪽 전쟁에 대해 눈을 감았습니다. 르우벤과 비슷한 족속들이 있습니다. 길르앗과 단과 아셀입니다. 17절입니다. "길르앗은 요단 강 저쪽에 거주하며 단은 배에 머무름이 어찌 됨이냐 아셀은 해변에 앉으며 자기 항만에 거주하도다" 아멘. 길르앗은 전쟁이 발생한 지역 바로 동쪽 지역입니다. 요단만 건너오면 되는데 오지 않았습니다. 단은 베냐민이 올라오는데도 올라오지 않았습니다. 육지전이 진행되는데, 굳이 배를 타는 이유가 무엇입니까? 도망가려고요? 아셀은 스불론 바로 뒤쪽에 거주하는 지파입니다. 그런데 방향을 반대로 잡았습니다. 해변과 항만으로 잡은 것이지요. 남동쪽으로 와야 하는데, 북서쪽으로 갔습니다.

이어지는 18절을 보면, 스불론과 납달리가 특별히 많이 도왔습니다. 여기에 유다가 빠져 있습니다. 반면, 겐 사람 헤벨의 아내 야엘의 활약이 등장합니다. 이미 여기에서 유다가 자기 책임을 하지 못했다고 여길 만한 요소가 등장합니다. 사실, 드보라가 거했던 '라마와 벧엘 사이'는 유다 지파의 기업과 그리 많이 떨어져 있지는 않았습니다. 드보라 당시에 이미 이스라엘 열두 지파는 자신들로부터 멀리 떨어진 곳에서 발생한 일에 대해서는 '나 몰라라' 하는 측면에 엿보입니다.

마음이 나뉘는 상황에서 드보라는 자신에게 말합니다. '깨어나라, 일어나라, 노래하라!' 말합니다. 12절입니다. "깰지어다 깰지어다 드보라여 깰지어다 깰지어다 너는 노래할지어다 일어날지어다 바락이여 아비노암의 아들이여 네가 사로잡은 자를 끌고 갈지어다" 아멘. 바락에게도 '일어나라!' 말합니다. 누군가가 일어날 것을 기다리지 말고, 기대하지 말고, 깨어 일어나라 말합니다. 하나님께서 일하시니 다른 사람은 어찌하든지 나도 일어나고 너도 일어나자고 말합니다. 지금 우리의 싸움은 어떤 것입니까? 죄와의 싸움이고, 물질 만능과의 싸움이고, 외면(外面)과의 싸움입니다. 죄와는 연합하고, 물질은 추구하고, 거룩은 외면합니다. 죄는 외면하고 거룩은 추구해야 맞습니다. 물질은 지혜롭게, 야엘이 그릇과 우유와 말뚝과 방망이를 사용한 것처럼 사용해야 맞습니다.

드보라와 달리 기드온은 에브라임 지파가 아니라 므낫세 지파였습니다. 그의 승리는 놀라웠지만, 그의 결말은 처참합니다. 기드온은 우상숭배를 조장한 사사가 됩니다. 8장 22-27절에 있습니다. 그의 아들 70명 가운데 막내 요담만 빼고 69명이 첩의 아들 아비멜렉에게 죽임을 당합니다. 아비멜렉을 낳은 기드온의 첩이 세겜 사람이라는 것도 중요합니다. 이곳은 여호수아 24장에서 이스라엘이 하나님과 언약을 맺은 곳이었습니다. 사사가 우상숭배를 조장하고 첩을 세겜에서 얻습니다. 결국 그의 서자가 요담을 뺀 69명의 아들을 죽입니다.

돌라와 야일은 아비멜렉의 뒤를 이은 사사들입니다(10:1-2). 다음으로 넘어가는 영역은 요단 동편입니다. 여호수아서의 마지막 이슈도 요단 동편 지파에 대한 것이었지요. 입다의 외교는 눈여겨볼 부분이지요(11:12-28). 그의 딸을 번제로 바친 부분도 매우 독특한 부분입니다(11:34-40). 사사 기간이 6년밖에 안 되는 것이 특별하지요. 그의 뒤를 이은 입산과 엘론과 압돈이 요단 동편 므낫세 반 지파가 아닌 것도 특별합니다(12:8-15). 입산과 엘론은 스불론 지파이고, 압돈은 에브라임 지파로 보입니다.

마지막 사사 삼손 이야기는 많은 사람의 주목을 끌었습니다. 본문도 네 장(13-16장)이나 할애되었습니다. 삼손을 보며, '나도 저렇게 힘이 세면 좋겠다.' 생각하나요? 왜 그런 생각이 들까요? 힘이 부족하다고 생각하기 때문이기도 할 것이고, 힘이 세면 뭐든 잘할 수 있을 것 같기 때문이기도 하지요. 그런데 삼손 이야기는 슬프고 외롭습니다. 사랑하는 여자에게 배신당하여 힘을 잃은 삼손이 눈이 뽑히고 동물처럼 맷돌을 돌리다가 블레셋 사람들과 함께 죽습니다. 힘이 세어 좋아 보였는데 힘을 잃었습니다. 힘이 세니 왠지 사람들로부터 사랑을 많이 받을 것 같은데, 그러지 못합니다. 아무리 힘이 세면 뭐합니까? 눈이 뽑혀 앞이 안 보이니 조롱거리가 됩니다.

하지만 다행인 것은 삼손 이야기가 슬프고 외롭게 끝나지 않는다는 것입니다. 삼손의 결심, 삼손의 성공, 삼손의 회복, 삼손 평가가 나름 괜찮다는 것입니다. 삼손이 결심합니다. "블레셋 사람과 함께 죽기를 원하노라" 말하고 "힘을 다하여 몸을" 굽힙니다(16:30). 몸을 굽혔다는 말은 기본적으로 '뻗었다.'는 표현의 번역입니다. 두 기둥에 한 손씩 대고 힘껏 밀었습니다. 힘이 장사였지만, '힘을 다하여' 뭔가를 했다는 말은 이곳에만 나옵니다. '힘'이라는 단어가 16장의 중심 개념이지만, 삼손은 자기 힘껏 뭔가를 하지 않다가 이제야 힘껏 뭔가를 한 것입니다. 지금까지 그리 살았다면, 블레셋을 모두 물리치고도 남았을 텐데. 그리 살지 못한 것이지요.

힘껏 하는 것이 중요합니다. 게임도 힘껏 해야 이기지요. 테니스 칠 때 서비스를 힘껏 넣어야 에이스도 나옵니다. 공부도 힘껏 해야 성취가 있습니다. 졸린다고 자고, 하기 싫다고 멈추면, 성취가 더딥니다. 삼손이 힘을 다했더니 성공적입니다. 그 집이 곧 무너집니다. 모든 방백과 온 백성 위에 덮입니다. 삼손이 죽을 때에 죽인 자가 살았을 때 죽인 자보다 더욱 많았습니다. 성공 뒤에 회복이 있습니다. 삼손의 장례입니다. 삼손의 형제들 다시 말해, 그의 동생들과 아버지 형제의 온 집이 와서 장례를 치릅니다(16:31). 아버지의 장지에 묻힙니다. 영광입니다.

성경 기자가 평가합니다. 삼손의 사사 기간이 이십 년이라고 알려 줍니다(16:31). 이 이십 년 안에는 눈이 뽑히고 블레셋에서 멧돌 돌린 기간도 포함됩니다. 삼손 전에 언급된 사사들과 비교하면 꽤 긴 기간입니다. 12장을 보면, 입다가 6년, 입산이 7년, 엘론이 10년, 압돈이 8년이었습니다. 이 점에서 20년은 꽤 긴 시간이었습니다. 외롭고 슬퍼 보였지만 삼손은 나실인으로 살았고, 마지막에는 크게 결심하여 힘껏 행할 때 어떤 일이 일어나는지 보여주었습니다.

이어지는 두 개의 에피소드 '미가 집 이야기'와 '레위인의 첩 이야기'가 사사기 마지막을 장식합니다. 미가는 에브라임 산지에 사는 사람입니다. 그의 집에 "모세의 손자요 게르솜의 아들인 요나단"(18:30)이 찾아와 가정 제사장이 됩니다. 그런데 이후 그는 멀리 이동하는 단 지파의 제사장이 됩니다. 모세의 손자 이야기라는 점에서 사사 시대 초기 이야기일 수 있습니다.

에브라임 산지에 미가라 이름하는 사람이 있습니다(17:1). 에브라임은 요셉의 둘째 아들로 야곱에게 '큰 자'의 축복을 받았습니다. 요셉은 그의 이름을 지으면서 "하나님이 나를 내가 수고한 땅에서 번성하게 하셨다"(창 41:52) 말했습니다. 사사기에서 '큰 자'가 된 에브라임의 횡포를 봅니다. 기드온 때는 "네가 미디안과 싸우러 갈 때에 우리를 부르지 아니하였으니 우리를 이같이 대접함은 어찌 됨이냐"(삿 8:1) 했지요. 기드온이 "내가 이제 행한 일이 너희가 한 것에 비교되겠느냐 에브라임의 끝물 포도가 아비에셀의 맏물 포도보다 낫지 아니하냐 하나님이 미디안의 방백 오렙과 스엡을 너희 손에 넘겨 주셨으니 내가 한 일이 어찌 능히 너희가 한 것에 비교되겠느냐"(8:2-3) 말하여 간신히 그들의 노가 풀렸습니다.

입다 때도 비슷한 일이 있었습니다. 입다에게 에브라임 사람들이 말합니다. "네가 암몬 자손과 싸우러 건너갈 때에 어찌하여 우리를 불러 너와 함께 가게 하지 아니하였느냐 우리가 반드시 너와 네 집을 불사르리라"(12:1). 그러나 입다는 기드온과 다른 반응을 보였고, 이때 에브라임 사람 사만 이천 명이 죽습니다. 큰 자였으니 그들의 큼이 작고 약한 자를 돕기보다는 유세하는 데 사용되었지요. 사실 드보라와 바락의 노래를 보면, "에브라임에게서 나온 자들은 아말렉에 뿌리 박힌 자들"이라고 했습니다(5:14). 무슨 말입니까? 에브라임 본래 자손이 오지 않고, 아말렉 족속 가운데 에브라임 땅에 사는 자들이 나왔다는 말입니다.

에브라임이 어쩌다 이렇게 되었을까요? 앞서 언급한 것처럼, 하나님 나라의 일을 얄팍한 속임수로 진행하다 이리된 것으로 보입니다. 1장 22절 이하에 보면, 요셉 가문이 벧엘을 친 얘기가 나옵니다. 정탐꾼들이 성읍에서 나오는 사람에게 입구를 알려주면 선대하겠다고 말합니다. 어찌 보면, 여호수아 당시 여리고의 라합과 비슷하게 대한 것 같지만, 사실은 아닙니다. 라합은 여리고 성의 군사기밀을 팔고 살아남은 것이 아니었습니다. 하나님을 두려워하는 마음이 있었고, 그래서 신앙을 고백하고 정탐꾼들을, 다시 말해 하나님 백성인 그들이 죽지 않도록 돕기 위해 목숨을 걸었습니다. 그러나 사사기 1장에 나오는 요셉 가문의 정탐들은 자기가 살기 위해 동족을 파는 자를 선대했습니다. 결국, 또 다른 루스가 세워졌지요(1:26).

얄팍한 술수로 말씀에 순종하는 요셉 지파가 어떻게 됩니까? 1장 27-29절을 보니, 요셉의 두 아들 므낫세와 에브라함의 형편이 소개됩니다. 쫓아내지 못합니다. 므깃도는 매우 중요한 성입니다. 요한계시록 16장 16절에 나오는 '아마겟돈' 전쟁이라는 것이 '하르 므깃도' 전쟁입니다. '하르'는 히브리어로 '산'입니다. 므깃도는 성 이름이고요. 역사적으로 중요한 전쟁이 이곳에서 이뤄졌기에 '큰 날에 있을 전쟁' 이름을 '아마겟돈'이라 명명하셨습니다. 요시야 왕이 애굽의 바로 느고와 싸우다 죽은 곳도 므깃도이지요(왕하 23:29). 므깃도가 요새이기에 그곳에서 막으면 막을 수 있을 줄 알았는데, 패하고 죽은 것입니다.

이처럼 중요한 므깃도를 얻지 못합니다. 얄팍한 술수나 쓰는데, 어떻게 중요한 요새를 얻겠습니까? 목숨 걸고 싸우지 않으면 이길 수 없는 전쟁이 므깃도 전쟁입니다. 이런 므낫세를 보며 가나안 족속이 결심했습니다. 절대로 나가지 않고 그 땅에 거주하기로요. 므낫세가 하나님의 말씀을 순종하지 않자, 가나안 족속이 하나님의 말씀을 순종하지 않기로 결심한 것입니다.

대표 족속인 에브라임 족속도 마찬가지입니다. 여호수아가 에브라임 지파였습니다. 에브라임은 애굽에서 총리를 지낸 요셉의 자손이기에 애굽에서 영화를 누렸습니다. 더구나 야곱의 오른손 축복이 에브라임에게 있었습니다. 그러나 그들도 하나님을 사랑하는 마음이 적든지, 없었나 봅니다. 쫓아내지 않습니다.

대표 족속인 에브라임과 므낫세가 이 정도이니 스불론, 아셀, 납달리는 형편이 더 어렵습니다. 1장 30-33절에 있습니다. '노역'이라는 단어가 자꾸 등장합니다. 그들보다 힘이 있으니 부려 먹었다는 말입니다. 순종이 아니라 이익을 추구하는 그들의 상황을 잘 보여줍니다. 이러한 상황을 35절이 잘 정리해줍니다. "결심하고 헤레스 산과 아얄론과 사알빔에 거주하였더니 요셉의 가문의 힘이 강성하매 아모리 족속이 마침내는 노역을 하였으며" 아멘. 가나안 족속은 하나님의 약속이 이뤄지지 않게 하겠다고 결심합니다. 그리고 요셉 가문은 힘이 생기면 그 힘을 하나님 뜻 순종이 아니라, 자신을 위해 가나안 족속의 노동력을 착취하는 식으로 일을 진행합니다.

그들이 힘이 없어서 순종하지 않는 것이 아니었습니다. 그럼, 무엇이 없었나요? 순종하려는 의지가 부족했습니다. 자신의 이익을 하나님의 말씀보다 더 중요하게 생각했습니다. 자신의 이익을 위해서라면 하나님의 말씀은 언제라도 뒷전일 수 있었습니다. 힘이 없을 때는 '힘이 없어서' 라고 말합니다. 그런데, 힘이 생기면, 그 힘을 자기를 위해 사용합니다. 그것을 잘 보여주는 단어가 '노역' 입니다. 기브온 거민들을 쫓아내지 못하는 상황이 되자, 성전에서 물 긷고 나무 패는 자 되게 한 그 마음과 연결됩니다.

전쟁이 그리 녹녹하지 않습니다. 특히 마귀와의 전쟁은 더 그렇습니다. 그런데 에브라임 산지의 갑부 미가 집의 모습에서 얄팍함을 읽습니다. '얄팍' 이 무엇입니까? '얇다' 는 말입니다. "생각이 깊이가 없고 속이 빤히 들여다보이다." 로 정의됩니다. 미가는 어머니의 은 천백 개를 훔쳤습니다. 적은 돈이 아닙니다. 후에 미가가 자기 집 제사장으로 세운 레위 소년의 연봉으로 은 열 개를 준 것을 고려하면, 레위 소년의 110년 연봉입니다.

미가가 어머니의 거금을 훔쳤는데, 어머니가 저주하며 다닙니다. '그 돈 훔친 사람' 에 대한 저주입니다. 그런데 미가가 그 저주를 듣습니다. 그 저주로 인해 자수합니다. 자신의 잘못을 뉘우친 것이 아닙니다. 어머니의 저주가 자신에게 임할까 두려워 어머니께 알립니다. '그 천백 개 은을 제가 취했습니다.' 사람들은 '천백' 이라는 숫자 때문에 미가의 어머니와 들릴라를 연결합니다. 그러나 들릴라는 유다 지파의 땅 소렉 골짜기에 살았습니다. 혹시 들릴라가 삼손이 죽은 다음에 에브라임 남자에게 시집을 왔을까요?

들릴라가 돈을 사랑해서 삼손을 팔아치우기는 했지만 그리 약지 않았던 것을 생각하면, 미가의 어머니와 들릴라가 동일 인물 같지는 않습니다. 혹시 돈맛을 보고 변했을까요? 삼손 이야기가 미가 이야기로 넘어감에 있어서 중요한 것은 '은 일천백 개라는 거대 자본'으로 보입니다. 삼손에게 강력한 힘이 있었듯, 미가의 어머니에게도 거대 자본이 있었습니다. 그런데, 삼손의 힘처럼, 이 '거대 자본'도 바르게 쓰이지 못합니다. 아들에 의해 도난당합니다. 이어 900개는 여자에게 되돌아가지만, 200개는 우상이 됩니다. 신이 되고자 하는 자본의 실체를 잘 보여줍니다. 17장 2절입니다. "그의 어머니에게 이르되 어머니께서 은 천백을 잃어버리셨으므로 저주하시고 내 귀에도 말씀하시더니 보소서 그 은이 내게 있나이다 내가 그것을 가졌나이다 하니 그의 어머니가 이르되 내 아들이 여호와께 복 받기를 원하노라 하니라" 아멘. 분명 미가의 어머니가 한 맹세는 저주 맹세였을 것입니다. 그런데 이 어머니는 자기 아들이 자신의 거대 자본을 훔쳤을 거라는 생각은 못한 것 같습니다. 자기 아들이 도둑이라는 것을 알자, 즉히 저주를 축복으로 바꿉니다. 결국 아들이 받을 저주는 자신에게도 저주가 되기 때문입니다. 그러나 이 저주가 여호와의 이름으로 한 맹세였을 것이기 때문에, 저주를 뒤집어 축복으로 바꾼 것은 심각한 잘못에 속합니다. 그러나 미가의 어머니는 개의치 않습니다.

은을 돌려받은 뒤에 한 말과 행동의 왜곡은 더 심합니다. 17장 3절입니다. "미가가 은 천백을 그의 어머니에게 도로 주매 그의 어머니가 이르되 내가 내 아들을 위하여 한 신상을 새기며 한 신상을 부어 만들기 위해 내 손에서 이 은을 여호와께 거룩히 드리노라 그러므로 내가 이제 이 은을 네게 도로 주리라". 저주를 축복으로 바꾸더니, 이제는 은을 여호와께 거룩히 드린다고 합니다. 그러면 어떻게 해야 할까요? 은이 자기 손을 떠나야겠지요. 그런데 은이 자기 손을 떠나지 않습니다. 900개는 자기 손에 두고, 200개는 아들 손에 둡니다. 마치 자산가들이 재산을 사회에 환원한다고 하고서는, 교육재단이나 복지재단을 만들고 가족이 운영하는 것과 유사하게 처리합니다. 하나님께 드린다고 하고서 자신이 가지고 있으니, 자신을 하나님처럼 여기는 거나 마찬가지입니다.

더 심각한 것은 우상을 만든 것입니다. 하나님께 거룩하게 구별한다고 하고서, 하나님께서 가장 싫어하시는 일을 한 것입니다. 4절입니다. "미가가 그 은을 그의 어머니에게 도로 주었으므로 어머니가 그 은 이백을 가져다 은장색에게 주어 한 신상을 새기고 한 신상을 부어 만들었더니 그 신상이 미가의 집에 있더라" 아멘. 얄팍한 왜곡입니다. 누가 봐도 틀렸고 잘못되었습니다. 사랑한다면서 미워하는 것이고, 용서했다면서 괴롭히는 것입니다. 하나님을 경외한다면서 마귀를 옹호하고, 거룩을 말하지만 뒤로는 호박씨 깝니다.

그 어머니에 그 아들입니다. 미가가 어떻게 합니까? 5-6절입니다. "그 사람 미가에게 신당이 있으므로 그가 에봇과 드라빔을 만들고 한 아들을 세워 그의 제사장으로 삼았더라 그 때에는 이스라엘에 왕이 없으므로 사람마다 자기 소견에 옳은 대로 행하였더라" 아멘. 미가는 레위인이 아닌 것이 분명합니다. 레위 소년을 제사장 삼은 다음에, 13절에서 이렇게 말하기 때문입니다. "레위인이 내 제사장이 되었으니 이제 여호와께서 내게 복 주실 줄을 아노라". 모든 레위인이 제사장은 아닙니다. 레위인 가운데 아론 자손만이 제사장이 됩니다. 그리고 아론 자손은 하나님의 제사장으로 온 땅의 예배자들을 돕습니다. 그런데 레위인을 자기 가족의 제사장으로 삼고서, 이제는 확실히 여호와로부터 복을 받을 것이라고 말합니다.

어떻게 이렇게 어리석을 수 있을까 싶습니다. 그러나 이것이 미가에게는 지혜입니다. 어머니의 재산을 훔치고, 저주를 피하려고 자수하고, 떡 본 김에 제사 지낸다고, 우상이 생긴 김에 자격 없는 아들 하나를 제사장 삼고, 레위 소년이 나타나자, 어려운 처지를 악용하여 저임금 고용하고, '아버지와 제사장' 삼겠다 약속하고는 '아들' 같이 대하는, 그래서 한 마디로 '얄팍한 왜곡' 의 극치를 읽습니다. 왜곡이 미가에게는 지혜이고, 얄팍이 그에게는 처신술입니다.

그의 이름이 무엇입니까? 미가입니다. 의미는 '여호와와 같은 분이 누구인가?' 입니다. 이름 대로라면, 미가는 하나님에 대한 특별한 사랑이 있어야 할 것 같습니다. 아니, 그의 말을 들어보면, 그는 진정 하나님을 사랑하고 그분만을 섬기는 사람 같습니다. 그러나 그는 우상숭배자입니다. 그는 재물 우상을 섬깁니다. 축복 우상을 섬깁니다. 강한 자에게는 약하고 약한 자에게는 강한 자입니다. 어머니에게는 설설 기지만, 레위 소년에게는 군림합니다.

누가 그러셨지요. 교회 장로님들이 회사 이사와 같이 되어간다고요. 부교역자를 수

족처럼 부리면서 자기 종으로 부린다고요. 그러다 보니, 부교역자들 가운데 장로님들에게 잘 보이려고 노력하는 부류가 생겼습니다. 미가의 아들이 된 레위 소년처럼, 사람의 종이 되는 교역자들입니다. 그것이 지혜입니까? 그것이 세상 지혜입니다. 그러나 하늘 지혜는 아닙니다. 그러니 장로님들은 미가와 같이 되지 않도록 주의해야 합니다. 얄팍한 왜곡으로 어려움을 넘기려 하면 안 됩니다. 교역자들은 레위 소년과 같이 하면 안 됩니다. 18장을 보면, 이 소년이 모세의 손자요 게르솜의 아들인 요나단이라고 소개합니다(18:30). 모세는 하나님의 사람이었습니다. 그런데, 하나님의 종 모세의 손자가 이렇게 된 것입니다.

왜 이렇게 되었을까요? 모세의 손자는 하나님의 종이 아니었기 때문입니다. 이 소년의 특징이 무엇입니까? '거주할 곳을 찾는 것' 입니다. 그는 하나님이 주신 기업에 정착하지 못합니다. 거주할 곳을 찾아다닙니다. 하나님께서 주신 기업에 만족하지 못하고 왜 새로운 정착지를 찾아다닐까요? 연봉 때문입니다. 17장 10-11절입니다. "미가가 그에게 이르되 네가 나와 함께 거주하며 나를 위하여 아버지와 제사장이 되라 내가 해마다 은 열과 의복 한 벌과 먹을 것을 주리라 하므로 그 레위인이 들어갔더라 그 레위인이 그 사람과 함께 거주하기를 만족하게 생각했으니 이는 그 청년이 미가의 아들 중 하나 같이 됨이라" 아멘.

넉넉한 먹거리와 적절한 연봉이 만족스러웠습니다. 그래서 하나님께서 주신 기업 유다 베들레헴을 버리고 에브라임 산지 미가 집의 제사장이 되었습니다. 이어지는 18장을 보면, 더 나은 연봉을 제시하는 단 지파를 따라 떠납니다. 저는 약 28년 동안 교역자로 살았습니다. 이 말씀을 늘 마음에 두고 살았습니다. 나는 하나님께서 주신 기업에 만족하는 교역자인가, 아니면 더 나은 연봉을 추구하는 교역자인가? 질문합니다.

이어지는 사사기 18장은 힘에 대해 말합니다. '힘' 은 삼손 기사에서부터 중요 주제입니다. 사사기에서 '힘' 이라는 단어는 16장에 집중됩니다. 일곱 번이나 나옵니다. 삼손이 머리 가닥 숫자와 같지요. 우연 같지는 않습니다. 블레셋 사람들은 삼손 힘의 비밀을 알고 싶어 합니다. 마침내 삼손 힘을 비밀을 알아낸 이들은 삼손의 머리 일곱 가닥을 자르고 눈을 뽑고 멧돌 돌리는 일을 시킵니다. 옛날로 하면 정미소 기계가 된 것이지요. 삼손의 머리가 다시 자라고 그의 거룩이 회복되는 시점에서 삼손은 자기 사명을 인식하고 '블레셋 사람과 함께 주기를 바란다.' 는 결심과 함께 '힘을 다하여, 힘껏' 두 기둥을 밀었고 살아있을 때 죽인 자보다 더 많은 대적을 죽이고 생을 마감합니다. 그의 장례는 성대했고, 그에 대한 평가에도 반전이 있었습니다.

사사기에서 '힘' 이라는 단어는 여덟 번 나옵니다. 삼손과 관련하여 16장에 일곱 번, 그리고 기드온과 관련하여 6장 14절에 나오지요. "여호와께서 그를 향하여 이르시되 너는 가서 이 너의 힘으로 이스라엘을 미디안의 손에서 구원하라 내가 너를 보낸 것이 아니냐 하시니라" 아멘. 하나님 주신 힘이 기드온에게 있었습니다. 그리고 이 힘은 삼손에게 특별히 더 많이 주어졌습니다. 그러나 삼손은 힘껏 일하지 않았습니다. 대충 나귀 턱뼈 하나 들고 휘둘러도 일천 명을 물리칠 수 있는 힘이 그에게 있었습니다. 그러나 그의 힘은 방향을 잃고 헤맬 때가 많았습니다. 여자에게, 사자에게, 괜한 성문 문짝에게 힘을 썼습니다. 그에게 주어진 사명이 분명했음에도 불구하고 그는 사명에 집중하지 못했지요.

삼손이 나실인으로 태어난 이유는 여호와의 사자의 말에 분명하게 소개됩니다 "이 아이는 태어서 나옴으로부터 하나님께 바쳐진 나실인이 됨이라 그가 블레셋 사람의 손에서 이스라엘을 구원하기 시작하리라"(13:5) 입니다. 그의 힘은 블레셋 사람의 손에서 이스라엘을 구원하기 위해 주어진 것이었습니다. 사사기 기자는 16장에서 힘이라는 단어를 일곱 번 배치하고, 마지막 일곱 번째에 '힘을 다하여' 라는 표현, 다시 말해, 삼손이 블레셋 사람들의 우상 신전인 다곤 신당에서 '힘껏' 두 기둥을 민 것과 관련하여 '힘' 이라는 단어를 마지막에 배치함으로써, 삼손 그가 자기 힘을 목적에 맞게 사용한 것을 긍정적으로 소개하고 있습니다.

어떤 면에서 사사기는 속도와 힘의 문제를 다루고 있습니다. 동시에 가나안을 기업으로 얻는 문제는 속도전이라기보다는 힘의 문제였다고 소개합니다. 마지막 사사로 소개된 삼손의 힘이 그것을 반영하고, 그가 평생에 걸쳐 힘을 썼지만 힘을 힘껏 쓰지 않다가 마지막에 한 번 주어진 힘을 힘껏 사용함으로써 본인에게 주어진 사명을 매우 잘 감당했다고 소개한 것입니다.

그리고 이어지는 이야기가 미가네 집 이야기입니다. 이 이야기를 읽으면 에브라임 땅에 사는 미가 얘기 같습니다. 그런데 더 읽어보면 모세의 손자 요나단 얘기 같고, 마지막을 고려하면 결국 단 지파 얘기라는 결론에 도달합니다. 18장 30-31절입니다. "단 자손이 자기들을 위하여 그 새긴 신상을 세웠고 모세의 손자요 게르솜의 아들인 요나단과 그의 자손은 단 지파의 제사장이 되어 그 땅 백성이 사로잡히는 날까지 이르렀더라 하나님의 집이 실로에 있을 동안에 미가가 만든 바 새긴 신상이 단 자손에게 있었더라" 아멘. '사로잡힘'에 대해 말합니다. 결국 자기들 마음대로 얻은 기업마저 잃었다는 얘기입니다. 그리고 '하나님의 집이 실로에 있을 동안'을 언급합니다. 이 부분은 여호수아 18장과 연결되고 사무엘상 엘리 집 얘기와 연결됩니다.

여호수아 18장 8절입니다. "그 사람들이 일어나 떠나니 여호수아가 그 땅을 그리러 가는 사람들에게 명령하여 이르되 가서 그 땅으로 두루 다니며 그것을 그려 가지고 내게로 돌아오라 내가 여기 실로의 여호와 앞에서 너희를 위하여 제비를 뽑으리라 하니" 아멘. 요단을 건너고 어느 정도 시간이 지난 다음에 하나님의 성막이 실로에 있습니다. 기업을 나중에 분배받은 일곱 지파 얘기입니다. 베냐민, 시므온, 스불론, 잇사갈, 아셀, 납달리, 단 지파입니다. 스불론, 잇사갈, 납달리는 드보라와 바락 얘기와 밀접한 관련이 있는 지파들이지요. 그리고 단이 마지막으로 언급됩니다. 단 지파는 기업을 마지막으로 분배받았습니다. 어디서 분배받았습니까? 실로에서 받았습니다. 여호수아 18장 10절입니다. "여호수아가 그들을 위하여 실로의 여호와 앞에서 제비를 뽑고 그가 거기서 이스라엘 자손의 분파대로 그 땅을 분배하였더라" 아멘.

그런데, 그들이 실로로 가지 않습니다. 사사기 18장 31절이 말해줍니다. 하나님의 집은 여호수아 때로부터 실로에 있습니다. 사무엘상 1장 3절을 보니 이렇게 말씀합니다. "이 사람이 매년 자기 성읍에서 나와서 실로에 올라가서 만군의 여호와께 예배하며 제사를 드렸는데 엘리의 두 아들 홉니와 비느하스가 여호와의 제사장으로 거기에 있었더라" 아멘. 실로는 사사기 기간 내내 하나님의 집이었습니다. 예배자들이 갈 곳은 실로였습니다. 그런데 단 지파는 미가네 집 우상, "미가가 만든 바 새긴 신상"을 빼앗아다가 자기가 스스로 기업 삼은 동네에 두고 우상에게 절했습니다.

사사기 마지막 부분에 등장하는 두 가지 에피소드 가운데 첫째인 미가네 집 이야기는, 18장 마지막 부분을 고려할 때, 단 지파 얘기입니다. 그리고 이 부분이 모세의 손자와 연결된 것을 고려할 때, 단 지파 육백 명이 무장하고 있는 것을 고려할 때, 삼손 이야기보다 앞선 얘기입니다. 그러면서도 삼손 이야기와 연결점이 많습니다. 일단 지파가 같습니다. 삼손이 단 지파입니다.

그리고 '소라와 에스다올 사이' 라는 표현이 두 이야기 모두에서 중요합니다. 13장 25절입니다. "소라와 에스다올 사이 마하네단에서 여호와의 영이 그를 움직이기 시작하였더라" 아멘. 삼손에게 하나님의 영이 임한 곳이 '소라와 에스다올 사이' 입니다. 이 지역이 '마하네단' 이라고 불립니다. 삼손이 한 사람이지만, 그곳은 마하네단입니다. '단의 진영' 이라는 뜻입니다. 삼손은 일인 군대이기에 그가 한 사람뿐이지만 '단의 진영, 마하네단' 이지요. '소라와 에스다올' 은 삼손의 장지가 됩니다. 16장 31절에 나옵니다. 그리고 '소라와 에스다올' 은 18장에서 세 번이나 강조됩니다. 2, 8, 11절입니다. 이들은 삼손의 조상들입니다.

그리고 18장 12절에 '마하네 단' 이 나오지요. 삼손과 관련된 곳과는 다른 곳입니다. 기럇여아림 근처이지요. 기브온 거민의 동네 가운데 하나입니다. 소라와 에스다올 사이에서 9킬로미터 산지로 올라간 곳에 있습니다. 해발고도는 400미터 더 올라간 곳입니다. 단 지파가 분배받은 땅은 산지가 아닙니다. 골짜기와 해안가이지요. 그런데 그들이 산지로 오른 것입니다. 남의 떡이 더 커 보인 것이지요. 이들은 기브온 거민의 땅 기럇여아림에 진을 치면 안 되는 지파였습니다. 그런데 그들이 그리했으니 그 땅에 '단의 진영' 이라는 의미가 가진 이름인 '마하네 단' 이 붙은 것이지요.

결국 17-18장은 1장 34절과 관계됩니다. "아모리 족속이 단 자손을 산지로 몰아넣고 골짜기에 내려오기를 용납하지 아니하였으며" 입니다. 단 자손은 산지로 올라가면 안 되는 족속이었습니다. 소라 및 에스다올과 같은 골짜기에서 서쪽 지중해 쪽으로 나아가야 했습니다. 그런데 그들이 방향을 바꾼 것이지요. 서쪽이 아니라 동쪽으로 남쪽이 아니라 북쪽으로 방향을 틀었습니다. 그래서 사사기 17-18장은 결국 단 지파 얘기이고, 삼손 조상의 이야기입니다.

삼손의 실패가 하나님 주신 힘을 바르게 사용하지 못한 데서 기인하고, 삼손의 성공이 하나님 주신 힘을 다한 것이라는 성경 기자의 소개가 중요합니다. 삼손의 조상 단 지파는 무장한 600명이 있었습니다. 18장 11절에 나옵니다. "단 지파의 가족 중 육백 명이 무기를 지니고 소라와 에스다올에서 출발하여" 아멘. 단의 주력부대입니다. 특수부대라고 부를 만합니다. 정탐 다섯 명, 특수요원 600명이 지파를 떠난 것입니다. 그리고 제멋대로 힘을 쓰고 기업을 차지한 것입니다. 하나님의 뜻과는 전혀 관계없이 말이지요. 성공한 듯 보였습니다. 라이스 사람들을 모두 죽이고 성읍도 불사르고, 이는 헤렘의 성취처럼 보였지요. 그러나 대상이 틀렸고 지역이 틀렸습니다.

어디서 뺨 맞고 어디서 화풀이한다고, 비겁하여 '묻지 마' 살해하는 이들과 같이 행동한 것입니다. 막상 싸워야 할 대상은 무서워 건드리지 못하고 '한가하고 걱정 없이 사는 백성'을 무차별 살해한 것입니다. 단 지파의 주력이 이런 식으로 빠져나갔으니 전쟁은 어려울 수밖에 없었습니다. 그래서인지 삼손 때에 와서는 일인 군대가 형성된 것입니다. 혼자 싸우는 군대입니다. 외롭고 슬픈, 그러나 하나님 주신 특별한 힘이 있으니 힘껏 싸웠다면 꽤 괜찮았을, 엔학고레(15:19)에서 한 것처럼 했다면 블레셋을 모두 무찌르고도 남았을 일인 군대입니다.

그러나 본래 단 지파는 일인 군대가 아니었습니다. 군사훈련이 잘 된, 그래서 다섯의 정탐을 보낸, 그리고 그 정탐은 레위 소년의 목소리만으로도 그의 출신을 알아차리고 찾아와서 형편을 물을 만큼 능력이 출중한 정탐이었으니, 뛰어난 정탐꾼을 가진, 그리고 싸움에 능한 육백 명을 가졌습니다. 18장 21절입니다. "그들이 돌이켜서 어린 아이들과 가축과 값진 물건들을 앞세우고 길을 떠나더니" 아멘. 그들은 무슨 일이 일어날 것을 압니다. 그래서 '어린 아이들과 가축과 갑진 물건들'을 앞에 배치하고 자신들은 미가를 맞을 준비를 합니다. 이렇게나 전술에 뛰어난 이들이 하나님 주신 일에 집중했다면, 주신 기업을 넉넉히 다 받았을 것입니다.

그러나 그들은 힘을 다르게 사용했습니다. 이들의 모습이 삼손의 모습과 겹쳐 보입니다. 왜 삼손은 일인 군대가 되어야 했는가? 주력부대가 빠져나갔기 때문입니다. 왜 단 지파는 엉뚱한 곳을 기업으로 얻어 살았는가? 힘을 잘못 사용했기 때문입니다. 우리 교회에는 이런 요소가 없었는지 생각해 봐야겠습니다. 주력부대가 빠져나간 적은 없는지, 그래서 일인 군대 성격을 가지게 된 것은 아닌지, 힘을 잘못 사용하여 성공한 듯하나 실패한 것은 아닌지 생각해 볼 필요가 있다는 말씀입니다.

일인 군대, 그것은 특수상황에서 꾸려진 군대였습니다. 그나마 삼손은 혼자의 힘으로 꽤 많은 일을 했습니다. 자신을 결박하러 온 유다 자손을 보면서 무슨 생각을 했을까요? 비겁의 극치를 보지 않았을까요? 그러나 그는 마지막 순간 두 눈은 보이지 않지만, 지혜를 발휘하여 두 기둥을 찾았고 힘껏 밀어 사명을 감당하여 영광스러운 최후를 맞았습니다.

하나님 주신 힘이 있으십니까? 그 힘이 무엇인지 잘 파악해야 합니다. 다음에는 그 힘의 방향을 잘 잡아야 합니다. 힘 조절입니다. 아무 때나 힘쓴다고 일이 되는 것이 아닙니다. 송곳의 찌르는 힘이 센 것은 매우 좁은 범위로 힘을 모았기 때문입니다. 힘을 모아야 합니다. 어떻게든 모이기에 힘쓰고, 마음을 합해야 합니다. 이유 없이 모으자는 말은 아닙니다. 정신없이 움직인다고 일이 되는 것이 아닙니다. 방향을 바로잡고 힘을 모아야 합니다. 그리고 힘껏 해야 이깁니다.

이어지는 두 번째 에피소드에서 첩을 토막낸 레위인도 에브라임 산지에 사는 사람이었습니다(19:1). 그의 첩이 유다 베들레헴 사람의 딸이라는 것(19:2)이 사사기의 하이라이트를 장식합니다. 에브라임, 레위, 유다 세 가지 중요한 요소가 한 가정에 만났는데, 결과는 불행이었습니다. '다름' 이 축복이 되지 못했습니다. 말씀에서 멀어지니 언약이 축복되지 못했습니다. 현재 우리는 사사시대를 사는 것 같습니다. 다름의 가치, 같음의 가치를 간직하되, 하나님의 말씀을 견고하게 부여잡고, 우파도 아니고 좌파도 아닌, '말씀파' 로 살아갈 수 있도록 기도합니다.

질의와 응답

하나. "모세의 손자 요나단 이야기가 사사기 마지막 부분에 나오는 것을 보면, 사사기는 시간 순서로 기록된 것 같지는 않습니다. 사사기의 기록 의도가 무엇일까요? 기드온과 삼손을 길게 다루는 이유가 무엇일까요?"

사사기는 전체적으로 시간 순서입니다. 마지막 두 에피소드는 초기 얘기인데, 근본적인 이유를 알려 주는 듯합니다. '힘'의 사용이 중요했고, '유다' 지파의 자기 역할이 중요했습니다. 기드온과 삼손의 공통점은 설명한 것처럼 '힘'에 있습니다. 어쩌면 기드온은 성공한 것 같지만 실패한 사사이고, 삼손은 실패한 것 같지만 성공한 사사로 보입니다. '힘껏'이 중요했습니다. 유다가 힘껏 순종했다면 역사가 달라졌을 것이라고 말하는 것 같습니다.

둘. "사사기 시기를 주전 1370년부터 1100년 정도까지(약 270년)으로 잡으셨는데요. 땅 분배 시기와 과정이 어떻게 될까요?"

길갈에서 분배를 했는데(14:5), 실로에서 일곱 지파에게 다시 분배합니다(18:1-10). "너희가 너희 조상의 하나님 여호와께서 너희에게 주신 땅을 점령하러 가기를 어느 때까지 지체하겠느냐"(18:3) 하는 여호수아의 말을 고려할 때, 1차 분배 후 지체되어 2차 분배가 이뤄진 것으로 보입니다.

셋. "여호수아에서는 이스라엘을 '여호와의 칼날'이라고 부르셨는데, 사사는 '판단하는 자'입니다. 칼날에게 중요한 것이 판단하는 것일까요?"

'공의' 혹은 '정의'로 번역된 '미쉬파뜨'는 '판단하다'를 뜻하는 '솨파뜨'에서 파생된 단어입니다. 그리고 사사는 '솨파뜨'입니다. 하나님의 말씀을 기준으로 판단하는 이들이 '사사'입니다. 결국 기준은 '하나님과 그분의 말씀'이지요. '하나님의 손에 들린' 칼날이라는 것이 중요하듯, '하나님의 말씀에 근거하여 내린' 판단이라는 것이 중요하겠습니다.

넷. "지금은 사사기 시대 같습니다. 개개 교회로 흩어집니다. '자기 소견대로 행하는 것'을 어떻게 극복할 수 있을까요?"

특별히 노력하지 않으면 늘 사사시대가 되는 것 같습니다. 사무엘상 14장 7절에서, 요나단의 무기 든 자가 "내가 당신과 마음을 같이 하여 따르리이다" 말하고 따른 것처럼, 마음을 합해주는 것이 중요합니다. 박수치고 격려해주는 것도 중요합니다. 그러면 의리도 생기고 연합도 더 잘될 것 같습니다.

Memo